匡之文集 卷 7

Kuangzhi Personal Collection Volume 7

大道同天

Great Roads Under Heaven

齐匡之 著

竹和松出版社

©2024 齐匡之

出版：竹和松出版社 (Zhu & Song Press)

Zhu & Song Press, LLC

North Potomac, Maryland 20878

书名：大道同天

著者：齐匡之

责任编辑：朱晓红

责编信箱：editor@zhuandsongpress.com

封面设计：竹和松传媒

出版社网址：www.zhuandsongpress.com

印刷地：美国，英国

开本：8.27 inch x 11.69 inch

字数：258 千字

印次：2024 年 6 月第 1 版

发行：全球（中国大陆除外）

ISBN-13: 978-1-950797-50-9

ISBN-10: 1-950797-50-3

电子版 ISBN-13: 978-1-950797-51-6

电子版 ISBN-10: 1-950797-51-1

作品内容受国际知识产权公约保护，版权所有，侵权必究

2013 年 11 月，巴黎凡尔赛宫花园

作者簡介

齐匡之，笔名匡之。1950 年生于南京。籍贯天津。

是“老三届”一份子，曾插队高淳县顾陇公社松溪大队笠帽墩村。返宁后在南京市五金机械公司仓库工作，后任公司计统科专职商业情报员。就读于南京大学中文系，文学士。

曾辗转工作于数家企业，经历了国营五交化批发企业盛极而衰最后被外资集团收购兼并的全过程。

诗集《今夜无梦》和中篇小说集 《简单程序》千禧年由黑龙江人民出版社出版。另有数百篇文学作品散见于国内《诗刊》、《江苏文艺》、《新华日报》、《雨花》、《南京日报》、《青春》及香港《新晚报》、美国《世界日报》等各家报刊杂志。1986 年成为江苏省作家协会会员。

自上个世纪九十年代初不再给报刊投稿，闭门尝试感兴趣题材长诗创作，题材遍及两千多年前的牧野之战、十九世纪太平天国攻占南京及后来湘军攻陷天京、辛亥革命、二十世纪日军攻占南京、知青节拍等重大历史事件。

近年致力于“五古”（五言古体诗）的创作，所作一系列长篇五言古体诗，重点表现南京古城墙、雨花石、六朝建康繁华、历史胜迹、器与人之间关系、多维世界等，“以箫和歌”，体现南京悠久文化历史的独特魅力，实现形式和内容的统一。

目录

谁家传人

有一首歌中激昂唱道“……永永远远是龙的传人。”每次听到这句歌词，总觉得意义表达有些含混不清，有一种哗众取宠的感觉迎面袭来。中国历史上的龙一直是王权的象征，在长达数千年的封建社会中，谁家孩子若要失口唱出自己是“龙的传人”，或者身着龙衣，或者碗饰龙纹，统统会引来杀身之祸，并演出一场株连九族的悲剧。为什么今天仿佛是发“优惠券”似的，当今中国的每一位公民突然免费升级都成为了“龙子龙孙”?十几亿人不费一丝儿力气就全部登上了“龙的族谱”，沾到了龙的荣光。这一切好像来得太容易也太廉价了。心里一直想知道究竟是不是这么回事。

有一部分人很“享受”这种把龙变成中国族徽的表达方式。这有点像打土豪分田地,把以前是皇帝老子垄断独享的荣誉拿来，现在无偿分给平头百姓“利益均沾”，似乎这总归不是什么坏事。又不是突然把“封豕”弄成了族徽,做龙的传人总归比自己和孩子落得个“永永远远是猪的传人”好像要好得多。我理解这种“农奴翻身做主人”的逆反心理，但是我也想，在领取族徽这样的大事方面,我们要厘清自己的立场，不该任由我们的脑袋变成别人话语的跑马场。

龙是中国古代文化传说中的四种祥兽之一。《礼记·礼运篇》提到：“麟凤龟龙，谓之四灵。”也就是说麟是兽中之王、凤是禽中之王、龟是介中之王、龙是鳞中之王，传说中这些极有灵性的动物出现,都是祥瑞的先兆。两千多年前《礼记》这本书在撰写的时候，当时中国人并没有独尊龙王爷，龙与麒麟、凤凰和龟鼋等其他祥瑞动物还处在平分秋色的地位。在孔孟老庄的著作中，也没有说过龙是中国的图腾。自西汉以来,历代统治者开始装神弄鬼,把自己美誉成真龙天子,把自己子孙册封为龙子龙孙,那统统是糊弄老百姓，是为了巩固私人的朝廷才想出来的鬼魅伎俩。至于龙真正变成中国的“国家级”图腾，好像是近百年来才有的事，既然如此，废立当在两可之间。

我们是不是都属于龙的传人？这种“大一统”的廉价册封有没有什么实际意义？这些问题是每一个人在中大奖式的“鸿运当头”时分，应当冷静思考和认真捉摸的。尤其是这种精神“中奖”游戏并没有带来品德上、道义上的收益，只有一种空泛名分甚至只是浮光掠影，还有就是被民族主义旗帜挟裹着盲目地跟在别人的快马后从众奔跑。我们确实需要睁大眼睛，看清楚聒噪背后的一些名堂。

有些人宣称“在历史上，龙是中华民族的标志和象征，是民族精神的象征，曾起过凝聚中华民族的作用……”这种笼统的提法不知道所由何来。自西汉至满清的两千多年来，龙一直是皇家专用的图腾，与历朝历代的百姓根本无关。“朕即国家”，从这种狭隘意义上来说，张牙舞爪的大龙图腾才与中国扯上了一线联系。人首蛇身的伏羲形象可能是中国龙的滥觞，据考证，龙本是蚩尤族的图腾。作为游牧民族的黄帝部落打败农业民族蚩尤部落以后，为了政治与社会的稳定，遂袭用了被征服者的文化。几千年后，相同的一幕在中国大地上重新上演，满族图腾本来是由乌鸦等飞禽走兽组成，1644 年满族统治者大举入关后，顺理成章地全盘沿用了汉民族王室的龙图腾，清朝的旗帜上绘有一条飞升的黄龙，俗称黄龙旗。明朝的统治者是放牛娃出身，清朝的统治者是外来的族裔，明清两朝的天子的共同点是对于僭礼逾制的惩罚极为严厉，严禁地位低下者冒犯地位居上者的名分、规制和器物等，更不容忍广大百姓觊觎以龙形为代表的皇权和丝毫冒犯。后来广西那位读过村塾、屡试不第的洪秀全来到南京做了十年皇帝，也没忘了以真龙自居，沾沾自喜一番。可以看得清清楚楚的是在有文字记载的中国历史上，龙作为一种象征一直被“寡人家族”绝对垄断和严厉控制，这与一般意义上的部落图腾完全不同。印第安人如果把狼作为图腾，部落里的子民便以狼的后裔自居。而在中国“龙”的国度里则万万不行。除非你把皇家文化视作是中国文化的全部，否则你休想瞥见一眼“龙是中华民族的标志和象征”的影子。这种“鲸须，蟒身，虎眼，蜥腿，鹰爪，鲤鳞，鲨尾”的神奇动物，从来就没有机会为“民族精神的象征”提供一些起码的服务。

现在的时代完全不同了，王权已逝，坚冰已破。龙的象征过去被皇家视为禁脔，眼下一下子释放出来，变成了民族大众的招牌，难免令一干老百姓心旌摇曳，喜出望外。把几千年来一直是“御用”的一个传统符号“还俗”给亿万百姓，不能说是功德无量，至少也应该算有益无害吧？那毕竟是“三皇之首、百王之先”的伏羲氏部落的图腾和徽号，正本清源，至善至诚。

手指图腾而说事，本身就是由虚入实，是一种牵强附会，有些类似诗歌创作中的比兴手法。而把虚无缥缈，带有明显神话色彩的“龙”锁定为中华民族大一统的图腾，则更是“统战”方面的意义大过实际上的效用。自明代以来，中国古代年画神奇古怪应有尽有，但是罕有龙的图案，从一个方面解释说民间并非把这种神祇动物追认为自己的直系祖先。忽然之间，有人迎面拦住我们的去处，手指着一条龙的图案说是我们十数亿中国人的老祖宗，要求我们一起来顶礼膜拜，跪香叩礼，还真是有些不太习惯。

《百家姓》上记录了 400 多个常见姓氏，加上冷僻姓氏约在 1000 个以上，据说中国姓氏的总数曾经更多成千上万，反映出中国人的祖先来自不同部落和种族，因而有着不同的图腾是很正常的事情。如少皞部落的鸟图腾，太皞部落的龙图腾，黄帝部落的熊、罴、貔、貅、虎图腾等。少数民族文化中的图腾崇拜更是十分丰富，如彝族的虎、葫芦，苗族的枫树、水牛，白族的虎、鸡、鱼，傈僳族的虎、熊，纳西族的虎、豹和猴等。《山海经》中的许多“怪物”，如九尾之兽、十身之鱼、六足之虫、人面之鸟等，我怀疑其中一些也是先民部落的图腾。在今日看来，中国历史林林总总的图腾洋洋大观，阵容十分繁华。

是保持图腾的多样性好，还是删繁就简，大而化之，将九百六十万平方公里土地统统罩入一条飞龙的影子之下，这反映出不同的思维方式和不同的价值追求。美洲印第安人的传统领地虽然被现代文明社会大幅度挤压，但是他们还是尽可能完整保留下来自己氏族的图腾：鹰、蛇、野牛等。图腾的多样化存在总是为思维打开了一条快速通道，让现代人可以一目了然地了解到一个部落数百年甚至上千年来的渊源关系和发展史，也有利于这些部族尽可能多地保留自我，保存下来文化的多样性和丰富性。

与亚洲和美洲民族的图腾有些相似的是欧洲的纹章，据说纹章的起源较晚，是 12 世纪战场上的骑士们盔甲包裹全身，为了辨认敌我，才开始流行起来的一类特殊记号，免得误伤了自己的同伴。纹章后来成为一种按照特定规则构成的专属于个人、家族或团体的识别记号，如法国王室的标志是著名的蓝底缀金色鸢尾花的盾形纹章。纹章多呈盾形，有三分之一的纹章采用动物为主体的图案。中世纪纹章流行一度几逾百万，一直到法国大革命爆发开始了纹章大清洗，纹章的蔓延势头才在法兰西受到遏制。至今可以在欧洲多国的建筑物、旗帜、家具、藏品、用物和书籍上看到形形色色纹章的印记。纹章与图腾作用相同，而性质相反，图腾强调共性、厉行目标崇拜；而纹章突出的是个性，扩张自我，着力彪炳的是独特性。

时代变迁，文明嬗递。图腾的时代毕竟"永永远远"的过去了，时至今日，仍然希冀利用图腾崇拜或图腾文化来继续承担大量的社会文化功能，譬如协调各种内部的思想分歧，把内部的各成员体紧密联合成为一个有机整体从而应对各种来自于外界的挑战，以保证共同的生存发展需要，那已远远不是"一条龙的图像"能够完成的任务了。尽管中国龙是神话中能够兴云布雨、腾云驾雾的超自然的神瑞，但是，单凭空泛虚幻的龙的精神来凝聚和弘扬一个历经磨难民族的士气，是不是有点勉为其难了呢。

"……永永远远是龙的传人"这样的歌词，听上去更像是民族主义者的口号，对于有着 56 个民族的中国来说，又有点泛民族主义的色彩，好像还有点不合时宜。一个口口声声要实现现代化的国家把成为"龙的传人"作为主旋律来高唱，让人摸不清究竟你是把落足点放在一个图腾符号对于精神层面施加影响的渴求方面呢，还是把出路建立在"大一统"口号下同祖同根的乡土意识的尽头里？

反过来说，如果"龙的传人"的命题果真成立，13 亿人如果有谁想不成为"……永永远远是龙的传人"那也不成呀。这就是"天潢贵胄，世泽名门"，想躲也躲不掉的一种世袭名分。泰伯"三以天下让"禅让掉的只是王位，不能免除他是周朝祖先古公亶父的长子的事实。如此一来，即使不唱这句歌词，"永永远远……"的事实也不会有丝毫改变。用一个不需要付出任何成本的部族意念，来换取十分珍贵的团结、奋发和拼搏局面，这种虚幻的不着边际的事情，今后是不是可以不要再做了呢？再说，明摆着汉民族的祖先如原籍山东的少皞部落尊崇鸟图腾，黄帝部落也尊崇熊图腾，还有如苗族尊崇水牛图腾等，一并强扭到大一统的"独尊一龙"的旗帜下来，有没有给别人强加祖先之嫌呢？

相比之下，倒是纹章文化中蕴涵的哲理和喷薄的活力更有借鉴之处，也就是说，个人、家族或团体的识别物可以提倡不尽相同，应该让其以最适合其个性特征的方式得到良性发展。无数这样具有强大生命力的细胞或细胞组织聚集在一起，才会构成一个真正和谐的社会。品牌也是一种纹章，奔驰的纹章象征着精良的技术和质量，微软和苹果的纹章代表着 IT 技术的尖端和前沿，奥运会的五环纹章象征五大洲的团结，蕴含以公正、坦率和友好的精神在奥林匹克运动会上参加比赛一争高低。纹章内涵更丰富，更具有个性，更名副其实，更有发展前景，有什么不好？

你可以口口声声坚持说你是龙的传人，但是，请你不要限制别人一定要说同你一样的话，谢谢。

在乎脸面

1

脸面在中国实在是一个重要的概念，大体可用“可尊可敬，无辱无羞”八个字来概括，既要适当礼遇，又要避免可能出现的刺激，不可以忽视之。据《礼记·檀弓上》记载，“齐大饥，……有饿者曰：‘予唯不食嗟来之食……’终不食而死。”这件事如果放到今天市场经济环境下来看，那位蒙袂辑履的饿者实在是迂腐之至，负责发放赈灾食品的上大夫黔敖的服务态度固然出现了一些问题，但是远未达到逼使饥民要以性命抗争的地步。况且“左奉食，右执饮”都是真材实料的滋补食品，完全可以拯救饥民于水火。如果今人一味仿效这位不食“嗟来之食”的饿者，遇到注水肉、工业福尔马林泡制毛肚、“吊白块”粉丝、“敌敌畏”火腿、火锅“石蜡”底料、地沟油或者口水油……也一概皆不食，则路有饿殍矣。

中国社会的面子问题，有着显著的地域文化特点，既不同于欧洲的荣誉，也不同于日本的尊严。譬如在公众场合下，某甲拒绝与某乙握手，欧洲人也许会耸耸肩膀扮个鬼脸就过去了，日本人也许会走出僵局知耻而后发奋，但是中国人会觉得大丢面子，此衅既开，很有必要采取一些非常措施来赏给某甲一些厉害教训。中国人最讲究官本位和师道尊严，晋见一位长官或师长，称谓不得体或者疏忽于突出其官衔，都会让人觉得“放不下面子”，造成彼此尴尬的局面，何况当众拒绝握手乎？与中国人的这种穷讲究相反，美国人的称呼十分随意，无论是招呼老师、父亲或者州长，往往是一句“你好，比尔”就皆大欢喜，省却了许多缜密心思。当然在许多情况下日本人面子问题的负担也不比中国人轻松，据说日本企业的职员们下班后往往不立即打道回府却赖在办公室里磨蹭，营造出一幅致力工作忙碌不堪的假象，在“不忙瞎忙”这点上，我们的东瀛邻居爱面子的程度有时候又胜出了中国人一筹。

每个人对于脸面的认识和把握都有自己的分寸，稍加分析可以发现一个基本规律：越是学问不够精深，能力不够强大，群众关系不够和睦的人，越是十分重视个人面子的外部包装，衣必名牌，饮必美酒，食有鱼，出有车，唯恐旁人看不起他。这种人对于自己脸面的重视程度几乎到了自恋癖的境界。与此相反，齿德俱尊的大儒耆宿，对于自己的智慧和精神力量抱有足够的信心，往往对个人的外部形象不甚介意，甚至可以不修边幅。这时候如果一味地“以貌取人，”往往会差之毫厘，失之千里。王世襄先生曾于某年冬杪去访画家黄苗子，中装棉袄腰间缠着一条粗麻绳，怀里揣着几个装着鸣虫的刻花盖瓦罐……谁能想到就是这样一位其貌不扬的老者，本是仕宦人家子弟，身怀绝学，出版过三十几本专著，一次性捐出 80 件黄梨木明式家具给上海博物馆，真正是名播海内外的文史大家。

在外国人眼中看来，中国人重视的所谓脸面，其实与尊严、荣誉并不直接挂钩。一旦面临利益选择，一些中国人又常常会不假思索暴露出视脸面如弃履、不顾廉耻的许多心理特征，大演赤裸裸的“真人秀”。如中国各地此起彼伏爆发哄抢事件，有人哄抢水库里的活鱼，有人哄抢展览会上的盆花，有人在车祸现场哄抢运输的水果和肥猪。最不可思议的是某地一市民赴银行取款当街被抢，当持械劫匪被制服后，部分围观市民一哄而上，将散落在地的 10 万元现金抢了个精光。这个真是“匪未劫，众先劫”，民之脸面何在？民之脸面何存？

2

这些年媒体披露的负面新闻层出不穷，我已经熟视无睹，见怪不怪。但前两年南京一家晚报上登载的一篇报道还是引起了我情绪上的波动，让我觉得如鲠在喉，不吐不快。这篇报道的通栏大标题是《南京美眉争换‘韩国脸’》，下面还有一个同样耸人听闻的副标题“——宁挨千刀，但求一美”。

记者发布这样一篇报道，让南京以外的人看见，会产生一种很片面的错觉，误认为南京这地界女孩子的审美观走火入魔，剑走偏锋，竟对高丽女性的“果盘脸”入了迷。南京美少女向来是貌若天仙倾国倾城，可如今在记者笔下，一个个屈尊纡贵为了“变脸”竟然到了千刀万剐、粉身碎骨也在所不惜的地步，而且还要趋之若鹜，不免要引起举世大哗。当然这篇报道只是记者一家之言，原可以不予理会，但是标题口吻的绝对性以及这类报道扩散出去可能带来的偏见，不能不引起人们的忧虑。

这篇报道牵涉到的是一个基本的也是原则性的“脸面问题”。每个人都十分关心自己的脸面，一般人即使不是出于自恋情结，也会本能袒护自己的天然长相，如果眼睛细小，鼻梁塌陷，颧骨突起，牙齿错位，自己心里很明白有一个遗传学方面的理由，尽管比不得大明星漂亮，毕竟是自己个性化特征的一个重要组成部分，自己率先能够宽容自己。如果爹妈遗传给自己的模样让自己左右为难横竖觉得不合适，如果真的到了连自己都不要自己的脸的地步，非得“挨千刀”换上一副高丽面孔，用以来傲视众人，那么脸面观就不属于个人的外观问题，而是上升为一种审美意识。让我们不得不认真审视一下，什么才是真正的貌美？什么样的美貌适合于我们自己？

高丽面孔的一时红火，与几部韩剧在大陆电视台的热播有关。仨俩靓丽可人的韩国女演员在观众面前摇来晃去，牢牢吸引人们的眼球。可时过不久，就有消息传出，这几位女演员的姿色原非十全十美，“先天不足，后天来补”，是整容医师高超的外科手术，造成了影视圈一片“人工的美丽”。

既然是“人工脸”，而非丽质天成，媒体把几位女明星的人工造型盲目拔高，形容成了“韩国脸”，就有以偏概全的嫌疑。大众媒体并不把银幕上楚楚动人的周迅、张柏芝的形象笼统称之为“中国脸”，表现出一种对舆论分寸的必要把握。因此，此位记者笔下的“韩国脸”，明显带有一种哗众和溢美倾向。此外我们心里很清楚，除非是少数演员为了演艺圈上镜头的需要，绝大多数韩国女性并不会通过“千刀”整形而“一夜暴美”，我们的东方邻居并没有统统变成了高丽丽人。我没有机会去韩国实地踏勘和参观，然而南京现有一万余名韩国人常年居住，个个就像隔壁女孩、对面男孩一样普通，根本看不出“韩国脸”有什么优势。

爱美之心，人皆有之，女性为甚。多数情况下也仅限于“非手术模式”来扮靓，如面膜，描眉打鬓，涂抹价格昂贵的Lancome或者Esteelauder之类。中国人向来有自己的审美体系，“燕瘦环肥”，各得其所。天使般可爱的西洋儿童，“魔鬼般身材”的欧洲女子，皆为国人称赞，但对自己国人的审美观还是建立在东方文化的基础之上。韩国美女同为东亚人种，审美对象本与国人无异，况且平心而论，在此几位人造美女出现之前，在汗牛充栋的中国文化史册上，鲜有褒奖朝鲜半岛女性特殊美貌的文字记载。

倒是“宁挨千刀”几个字，无意间道出了“韩国脸”个中的秘密。人工美丽的唯一来源原来是整容医学，也就是说刀剪斧锤锯钻一哄而上，把原有的老本加长、削尖、磨平、隆起、降低、理顺、拉紧、牵引、漂白、切除和再造，彻底改变了原有的容貌和身姿。增之一分，减之一分，皆可以带来潜在的巨大欢愉，而人的欲望是无顶无底的，很容易就造成加工过度，过度加工。让人不禁联想起乐坛天王迈克尔•杰克逊，此君不仅歌唱得好，更是一位举世无双的易容天王，过度整容的后果，令其后来的健康处境不堪。天工造物，我们脸面上的每一个细节部分都是十分精致和灵巧，纤薄的皮肤下面，在一层层脂肪和肌肉组织之间，密如蛛网的毛细血管和淋巴管和神经纵横交错，毛囊和汗腺井然有序，一旦被严重打乱秩序，进行格局重组，连世界上最拔尖的整容医师诸如给杰克逊天王动手术的那班人马，都会有马失前蹄的时候。皮之不存，毛将焉附？奉劝那些准备放弃自己本来面目的年轻人三思后行，易容易，还原难。

再说，假如千人一面，都是双眼皮，瓜子脸，俩酒窝，美丽成为一种重复现象，就失去其本来的意义了。就像步入一望无际的郁金香花圃，葡萄酒杯般的花朵整齐划一，清一色的洋红明黄，清一色的深紫浅粉，倒显出来单调和寂寞，不如百花齐放来得多姿多彩，丰富充足。靓丽的色彩一旦看多了，黑郁金香反倒更显得弥足珍贵。

当然，如果认为脸面就是一张脸皮，实际上是把脸面问题简单化了。在“脸面观”后面，有一个以健康心态和科学观念为核心作为主要支撑的审美体系。常在公共场所见到一些天使般的面孔，朱唇轻启抛出一连串熟练的国骂，行为举止一似“牛二版本”，那可真是莫大悲哀。脸面不只是供目光欣赏的外观对象，它更是举止、气质、文化素养、精神的宏大集合。奉劝那些纯粹追求手术美容的人，先需要来一番“思想整容”，千万别搞成了“宁挨千刀，但求一丑”。

3

幸好这种持“挨千刀”脸面观的人并不多见，但它提醒和警示我们，脸面的标准因人而异，确实有很多种不同。

富豪在酒店消费，山珍海味点满一桌，叠盘架碟。席终人散，一些盘盅却筷箸未动，有钱人自己觉得很有脸面，但在旁人眼中看来却是丢脸的事情，暴殄天物，人神共愤。前德国总理科尔先生一次在宴请外宾时，刀叉不小心戳破一只荷包蛋，蛋黄流到盘子里。这位大人物先用面包擦拭然后吃掉，后来意犹未尽索性当众抱起盘子来用舌头一一舔干净，看到这则新闻的全世界读者，多为科尔先生的这种不同寻常的“丢脸”行为表示赞赏。

在读大学生去餐馆打工，蓬头垢面，双手油污，虽然贫困并不丢脸，打工助学在国外来说是很普通的事情。丢脸的是那些利用不正当手段不劳而获的行为，“大学生二奶”开跑车、住别墅，暴露出来却是精神沦落和品质异化。

官员们在面子问题上暴露出来的矛盾最为严重，贫困县的教师工资发不出来，官员却把衙门修建得皇宫似的。某地一个乡政府在一家饭店白吃白喝，698 张欠条加在一起重约 1 公斤，涉及欠款近 70 万元，“大嘴巴们”赖帐不还，照样做报告，发指示，布置检查，仿佛若无其事。某些官员的官声坏到了极点，把不重要的面子——其实是社会的潜规则，如疏通私人关系等，无法拿得到台面上来彪炳——看得分量极沉，终日迷恋于编织个人的关系网，为了“走关系”、“争面子”的需要，什么事情都敢做，而且什么事情都能够做得出来。而把社会上很重要的面子工程——如信用、诚实品质、群众影响等——看得无足轻重，遇到重大矿难、交通事故、环保灾难千方百计隐瞒不报，还经常与社会公平、法律尊严、大众利益背道而驰或激烈冲突，口口声声美其言要“保护地方政府的面子”，真让人对这些官员的基本素质和世界观产生了极大怀疑。

在商业化社会的今天，中国大陆的脸面问题变得格外复杂起来，让局外人越来越看不懂。在某些地方的某些行业，脸面问题如同是一个现场交割的交易筹码，随时准备主动予以放弃，以换取种种不当牟取的利益。如演艺圈的当事人有时会大曝其丑：吸毒，私生子，假唱，性丑闻，赌球……

在外人看来，凡此种种陋习一旦公布于众，此君的演艺前途可谓是“死定了”。但意想不到的是，当事人丑闻曝光后，幸运指数却随之直线上升，签约率翻了几番，还到处抛头露面会面粉丝。看得出这个社会的一些“腕儿”和“款儿”的脸面观一步步走火入魔，显现出非同一般的危险和威胁。如果不是这本面子的“小九九经”得大于失，你就是打死那几位当事人，他们也不肯这么干的。

一旦社会公德如泥石流般倾塌，一个人斤斤计较的脸面问题最终统统无足轻重。到了那时，韩国脸也好，罗马脸也好，希腊脸也好……列位公卿，尔等有何脸面去见江东父老？

贵族之贵

在“卷土重来”的传统语汇里，“贵族”一词深得各界宠爱，报章访谈，动辄得见，甚至一度成为市场营销和教育培训的招牌词汇。华宅别墅游艇豪车自不必说，一概被列为“贵族”生活消费品，光毫闪闪去大力吸引顾客袋中的银两。就连牙牙学语的黄口小儿要上幼儿园，家长们也纷纷被“贵族学校”的校旗迷乱双眼，手之舞之，足之蹈之，恨不能倾囊而出，大有一副“把贵族化的运动从娃娃做起”的趋势。

前回看到报纸上说，广州为提高民众素质，有人倡议推出“贵族分封制”，大意是在街上不吐痰，不骂人，不打架的市民，就有希望封个“男爵”当当。中国自古有“治乱世用重典”的传统，但南方的这种做法更像是“做凡人用巨奖”，不在大街上吐痰骂人打架是每个市民应有的基本素质，仅凭如此就破天荒赏个“公侯伯子男”的名份，会不会有滥封爵位的导向？就像太平天国后期一口气封了两千七百多个王，那样泡沫化的王，浪得虚名而已。

然而眼下的“贵族化”运动却有愈演愈烈的趋势，主要是市场化的营销活动企图借助复古和洋为中用。欧洲王权和贵族达成契约型关系，互相利用和牵制，贵族动辄传承十几代甚至几十代，历史十分悠久。而中国历史完全不是同一回事，历次改朝换代，无论是农民起义、宫廷政变还是外族入侵，新上台的统治阶级“一门心思”力求把旧王朝的人脉瓜葛统统斩尽杀绝，不惜株连九族甚至十族。屠刀之下，中国贵族就难以为续。殊为罕见的是山东曲阜的孔府，自汉元帝封孔子以来，宋至和二年（1055 年）封孔子四十六代孙孔宗愿为第一代“衍圣公”，世袭“衍圣公”七十七代，峨冠博带，世代簪缨。孔府九进院落，厅堂楼轩近五百间，是唯一一座完整保留至当代的中国贵族门户，号称“天下第一人家”。

一提起贵族，现代人就会联想起豪宅深院、饫甘餍肥、锺鸣鼎食的场景。南京是十朝古都，历史上的名门望族多不胜数，南京人向来对于什么是贵族并不陌生。如东晋时期云集南京的门阀贵族就有王、谢、桓、庾四大家族，离宫别馆，世卿世禄。从顾恺之《列女图》可以看出，魏晋贵族男子爱穿大袖翩翩的长衫，飘带萦绕，凌波微步，举止洒脱，翩然欲仙，成为一时的风尚。在升斗小民的眼中，贵族阶层宛若是天界的游仙可望而不可即。由于贵族家庭物质基础丰厚，衣食无忧，有利于形成淡泊功利、超越世俗的精神追求。一时贵公子和名士手执麈尾，雅赏玄谈，言论“玄远冷隽”，行为又“高简瑰奇”，形成了高雅的精英文化传统，魏晋风度名传千古。

中国的贵族传统在近代受到最严厉的狙击之一就是“五四”文化运动，那时候清室逊位不久，仍然觊觎九鼎的满族贵族和偏居一隅的西藏贵族均以政治黑暗和高度腐败示人。这些旧贵族阶层受到社会的猛烈冲击和彻底清算，固然是咎由自取。然而大军一到，玉石皆焚，包括“孔家店”在内的传统思想文化不分良莠统统成为“陪绑”或“陪斩”，“倒洗脚水倒掉了孩子”，我国的精英文化传统一时几乎丧失殆尽。时隔 47 年，又一场冠名为“文化大革命”的运动卷土重来，变本加厉摧毁一切，连孔家墓穴也被挖开，孔子第 76 代嫡孙衍圣公孔令贻的尸体被拖了出来挫骨扬灰。自那以后，精英一端不复存在，平民文化一举坐大，而糟粕文化也借尸还魂披上各种外衣在中国大陆不受节制地极端发展，侵蚀文化主流。然而平民文化毕竟是一种以世俗为主体的消费性文化，缺少精英文化的制约，遂造成文化生态的严重失衡，导致精神贫乏，感官享乐，时尚低俗，审美水准下降，青年人沦落为文化消费动物，留下了种种深刻的教训。这些消极影响的破坏性能量正在以世界吃惊的方式大量释放出来，引起人们严重的警觉。

既已碎之，再难全之。由于过去对于社会精英的摧残和践踏并未得到应有的批判和反思，今日重提贵族化，就有些像是无本之木，无源之水。贵族化运动并非是“认证”或“贴标签”那样简单，更非像德国容克贵族那样，在姓的前面加上一个“冯”的封号就显示出其贵族出身，如“冯· 王小二”。常言道：“三代仕宦，学得穿衣吃饭。”人们开始思考，贵族化应该从何处着手，才是比较适宜呢？

精明的房地产商和高度商业化的教培机构一眼看中了在中国重提“贵族化”思潮中的商机，抖擞精神来首倡贵族化运动。当然那些人的动机在于借助“贵族化”幌子来推销别墅、游艇、马术训练、高尔夫球运动或者学费十分昂贵的精英学校，他们的目标具体而细微：卖出商品，赚个钵满盆流。其实目前的中国社会最急需的倒不是贵族生活方式，商品可缓，文化为急，当下极度匮乏的是以负责、诚信、礼貌、谦让、自信和契约理念等为主的贵族精神，亟待重建和发扬光大。

今天来谈贵族化，并不否认物质于其中扮演的重要作用。古代贵族多来自富可敌国的豪门，或者祖上曾经是有钱人。今日一大批先富起来了的人也开始拥有雄厚的经济基础来考虑如何提高自身的地位、素养和价值。一旦拥有了曾经是贵族才能拥有的财富、地位或生活方式，是否就与真正意义上的贵族“等量齐观”了呢？答案是否定的。经济基础和生活方式“超人一等”，其精神层面的对应并不会自然而然地水涨船高。物质的增长可能会出现“一日千里”，而精神的升华绝不可能“拔苗助长”，江山易改，本性难移。在衡量一个人是否符合贵族标准时，金钱并不是唯一的筹码，甚至也不是重要的因素。资本家、土财主、暴发户、“先富起来的人”，多是腰缠万贯的阔佬。拥有巨大财富后，如果精神上有太大的落差，终究也只是一副暴发户的嘴脸。这些人拥有金山银海再多的资产，怕也与贵族无缘。那种认为学到一点贵族礼仪和绅士风度就学到了“贵族精神”，其实和以为学会了使用筷子就学到了东方文化一样是可笑的。

财富的众寡只是贵族化的“外部形式”之一，人品的正直和善良才是贵族唯一的“内在本质”。世界首富比尔·盖茨先生连续多年来高踞世界慈善榜之首，这一举动深刻阐释了什么是贵族精神，令世界心悦诚服。并非富豪才有资格来觊觎贵族名望，平民也有机会表达 “超人一等”的人性素质。2007 年 3 月，南京市江宁区一位售彩票的女士受托代别人购买彩票意外地中了 500 万元大奖，当时委托代购的那位彩民尚未付钱，买彩票的钱还是由她代垫的，而彩票也在她手中，但她毫不动心，立即通知当事人取走彩票去领奖。这位售彩票的女士家境拮据，从财富的标准来说她显然根本够不上贵族的起评线，但她在品格上至少够得上是一位高分的“精神贵族”。

在我心目中，贵族首先应该是精神层面的“高尚阶层”，如人格力量，诚信，情感操守，同情心，取得别人的普遍认可和诚挚推崇。《卫风·淇奥》："有匪君子，如金如锡，如圭如璧。"指的大概就是这样的人吧。法国现代社会科学的奠基人之一托克维尔认为贵族制度产生了自由思想，而民主制度产生了平等意识，他承认自己对自由的评价高于对民主的评价，就是因为大众的平等追求超越了对自由的追求，必然导致个性的抹平、相互隔绝、醉心于物质利益、人变得渺小无力等。广州有人提倡要给符合上流社会礼仪的市民封爵，其根本愿望是鼓励市民向善无可厚非，只不过没考虑到言行举止符合礼仪只是贵族精神的外化，更重要的在于贵族应该是对社会有高度责任感的人，是主动通过慈善等一系列活动去完善社会帮助他人的人，是爱护自己荣誉不受玷污并懂得尊重别人且拥有一颗高尚心灵的人。香港的太平绅士曾经就是近在身边的这样一批精英人物，其主要职责为巡视执法机关有无法外施刑，监理和接受市民的宣誓和声明使其具有法律效力。广为人知的是太平绅士于每次六合彩开彩时负责监理开彩结果，不过这时扮演的又是公证机关的角色了。

贵族阶层应该是有教养行为的具体体现，一个满口"市骂"和"国骂"的有钱人，即便是腰缠万万贯，即便亲爹就是当朝的上大夫，也只不过是一个发迹"牛二"的丑陋化身。人们之所以在潜意识中垂青于贵族，是渴求社会进步和优化的一种体现，如外出时遵守交通规则，听音乐会关掉手机，不随地吐痰，排队时循规蹈矩，善待底层人士，上车和进出房门礼让女士先行等。我想，如果思想道德和言行举止符合上流社会规则的人越来越多，即使没有贵族头衔和封号，谁还会在意呢？毕竟生活的质量已经得到了极大提高，而且在防止整个社会"牛二"化的精神攻坚战中，卓有成效地向前推进了一步。

上下其手

上下其手，这个成语的典故来自《左传·襄公二十六年》，大意是两位楚国的将领争功，请伯州犁来公断。伯州犁当时任楚国的太宰，他说，讯问战俘就知道了。可他是这样来当裁判的，他高高举起一只手向上对战俘说，“这位大人是我国的王子公子围，是国君的高贵的胞弟。”又低低伸出一只手向下对战俘说，“这位先生名叫穿封戌，是方城外的县尹。那么到底是谁俘获了你？”那位战俘十分识趣，见风使舵答道：“我遇见了贵国的王子，才被打败的。”真正的功臣穿封戌听了大怒，拿起长戈去攻击公子围，结果没有追上。这个故事告诉我们，远在2600年前，我们的老祖宗已经会娴熟地玩弄手法，串通作弊。

从此，上下其手的故事流传下来，历朝历代演出了许多版本。唐朝的侍御史周矩上书武则天，弹劾酷吏索元礼，在《为索元礼首按制狱疏》中称：“微讽动以探其情，所推者必上下其手，希圣旨也。”索元礼曾发明了两大刑讯逼供的法宝，其中的“宿囚”即“昼禁食，夜禁寐，敲扑撼摇，使不得瞑。”这一强悍手法流传至今，应对者无不望风披靡。

玩弄手法，作弊牟利。过去常见的是少数修理自行车的失德摊主在作业区周围散布图钉，故意破坏他人自行车胎，以增加自己的生意上门概率。一手作恶，一手行善，作歹恶棍和济世好人这两种截然不同的角色，让他一个人承包了。补一次车胎仅是几元钱的小生意，但是给车主造成的不便，可就大了去了。

前些年驾车从南京去淮安，苏北有这么一段道路被冠之为“司机捐款大道”，几乎是每过必罚，外地车辆的挨罚率更是其高无比。平坦大道，毫无预兆，限速标示就从90公里直线下降到60公里，待到司机捉摸不对时，无比敬业的交警已经开始收网，大批车辆被拦下告知“超速”，没收驾照后，排队缴纳200元罚金，路人无不怨声载道。我每次路过，总有一种被捉弄的感觉。眼前仿佛出现了伯州犁大人的影子，分明听见他老先生态度和蔼地问，“到底是谁俘获了你？”

警察执法，有时候会与一些执法对象形成默契结成搭档，让这些作奸犯科者协助警察破案，然后以这些人有立功表现为由换取对其的宽大处理。这种做法称之为“警察圈套”手段，公安机关在侦破贩毒、贩枪、贩假证、贩发票案等运用较多，一般来说无可厚非。但是，如果警察滥用这种特殊手段，故意设计圈套诱使不知情分子往里钻，其行为是否得当，就有必要质疑。各地常见执法人员与色情场所的小姐相互勾结，由小姐向执法人员暗中举报涉嫌嫖娼的嫖客，对其实施抓捕和处罚。更为甚者的是，据说为了鼓励色情场所的举报积极性，某些地方执法人员还会按罚金的一定比例给色情场所提成。据一位涉事老板介绍，通常是“三七开”，执法人员拿大头。这些容留卖淫嫖娼的色情场所本来是取缔的对象，之所以劫后余生得以存活下来，其中一个原因就是执法人员需要留着她们“钓鱼”。嗟夫，这种做法与民间“放白鸽”又有何异？滥用“警察圈套”这种方法，直接导致破坏法制、侵犯公民权利的结果，“执法者自身就不守法”。

上下其手这种戏法，玩到令人瞠目结舌的水平，就是“警匪直接勾结”。报载成都车站派出所的若干名警察，长期与站内“遂宁帮”等小偷团伙沆瀣一气，勾结起来谋取不义之财，形成了“你中有我，我中有你”的利益链。成都火车北站是全国八大特等客运站之一，平常日均客流量 7 万人次，客流密集，是盗窃团伙眼里的“木兰围场”。有了警察们作为内应，小偷们干起活来如虎添翼。这些警察对盗窃分子按人头收取“班费”，旅客报案失窃财物价值千元以上，还要按比例收取“烤火费”。盗窃团伙特地为一些警察办理了专用信用卡，以“月供”、“年供”、“节供”或每次分成的方式由小偷按时“打点”。“最多一次‘年供’，价目是 10 万元”。如此广开财路，致使该派出所的个别警察家产甚至高达上百万元。天下没有不散的筵席，贵阳铁路运输法院后来对成都火车站派出所“警贼勾结案”做出宣判，11 名涉案警察分别领刑 3 年至 7 年不等。

上下其手，有时候竟然成为时代特征，地方政府也会在其中扮演一个重要角色。过去几年中国房地产行业出现“井喷时代”，这种非理性繁荣，在很大程度上是地方政府过分依赖“卖地财政”的结果。政府低价征地，高价卖地，收取高额税费，成为哄抬房价的实际操作推手和最大赢家。各大中城市房屋价格飙升，与当地经济发展水平及民众消费能力严重脱节，离百姓的实际承受能力越来越远，严重透支了居民的未来消费能力。以北京为例，2007 年底城市家庭平均收入与当地房价的比例为“1：22”，而国际平均水平为“1：3”至“1：5”。如把发达国家相当完善的社会保障水平也计算在内，则我国居民承受的房屋支出负担那就更高了。2007 年全国财政收入为 3.2 万亿元，其中土地出让收入的比重为 28.53%，“卖地财政”因而得名。

中央政府决心实施宏观调控，以规范楼市秩序，挤压楼市泡沫，化解市场风险，增加全社会的福祉。但自从“房贷新政”实施以来，由于触及到地方政府、房地产开发商、商业银行和“炒房族”等的切身利益，遇到很大阻力。其中地方政府作为“卖地生财”的最大受益者，本不愿意在稳定房价上坚定地执行国家的一系列指令，甚至还会对房价的上升或明或暗地起到推波助澜的作用，上述几股力量搅合在一起，抱怨、抵制、阻挠乃至反对“房贷新政”，其危害不可低估。

政府的职责本是制订与维持规则，服务公众，保障公民实现包括居住权在内的宪法性权利，增加民众福祉，做到“居者有其屋”。其中平抑房价，建设保障性住房乃是政府不容推卸的责任。而目前地方政府在经济活动中充当“一身而三任”的角色：既是游戏规则的制定者，又是游戏的裁判者，同时还是主要的参赛者。地方政府深度介入土地市场，扮演与民争利的法人实体角色，而不再单单是公共产品、公共服务的提供者，才最终导致了楼市一连串问题的发生。

地方政府和开发商成为上下游的产业链，各类利益集团纷纷介入，游戏规则从一开始就出现政策性偏倚。如果伯州犁大人此时一觉醒来，对于上下其手的这一典型例子，他会不会佩服到五体投地、敬仰莫名的地步呢？

上下其手，就意味着翻手为云，覆手为雨。但上述几个例子都有一定的局限性。譬如我不骑自行车，无良摊主精心布置的图钉阵就无奈我何。

譬如我改乘长途客车去淮安，在路上布置圈套的交警就不能够把安坐在座位中打瞌冲的我单独从客车上揪下去说我梦游超速罚款。譬如我洁身自好，那些与“小姐”形成裙带关系的执法人员就拿不到把柄，只好恨恨地目睹我翩然离去。再譬如我远远避开成都火车站，我宁愿多花钱换乘飞机在锦城上空起落，“遂宁帮”等团伙只好望空兴叹。要不然我索性关起门来，成天呆在办公室里哪儿也不去，我只与电脑为伴，看你们怎样上下其手？

但是，且慢……君且莫得意，得意何太早。互联网上传来消息，北京一家杀毒软件的研制商竟然故意在网上传播病毒，成为全国首例涉嫌故意传播网络病毒案。这家公司开发互联网安全软件产品，但未依法在公安机关备案。他们擅自从国家明令屏蔽的、危险度极高的国外病毒网站直接下载大量计算机病毒，未采取安全技术措施，就在与互联网连接的局域网内进行测试和运行，直接导致病毒被传播到互联网上，引起部分网络瘫痪，仅两家受影响的公司直接经济损失就达数十万元。北京警方已将该公司副总经理刑拘。这就意味着，即使我把自己关在办公室里，也逃不脱那些玩弄手法、串通做弊的高人们的暗算。谁能想得到呢？也许来自于我的一位熟人的电子邮件，就会隐藏着一颗“可卡因肉弹”，杀毒软件的制作者先是故意制造灾难和恐怖场面，然后扮成善人收拾残局。

按照这种上下其手的可怕逻辑发展下去，这世界上很有可能会出现这样一系列局面：

数学老师在课堂上教授“1+1=8”，然后在收费补习班上纠正。

船夫炸桥，然后慢悠悠撑一支篙，来回渡人。

绿化工人毒死行道树，然后兜售遮阳伞。

药厂散布红眼病毒，然后叫卖眼药水。

医生在医院门前挖出陷阱，然后刊登广告“祖传接肢”。

消防员先纵火，然后喷水。

机长坠机，然后高价出售降落伞。

船长沉船，现场竞拍限量版救生圈。

警察先绑架人质，接收到赎金后再来破案……

上下其手这种游戏玩得过火，是会闹出人命来的。“戍怒，抽戈逐王子围，弗及。”这个故事告诉我们，全亏公子围珍惜生命，跑得飞快，才没有被拿起长戈穷追不舍的穿封戍撵上，保存下一条性命。每一个参与上下其手这种游戏的人物，亟需引以为戒。

情人节别解

根据我的印象，在国际癫痫署、国际抗癫痫联盟和世界卫生组织这三个专业机构中，拥有一大批世界顶级的幽默大师。那些楚楚衣冠的女士和先生们不但从世界各家名校掠去了一个个博士头衔，而且拥有鹰隼般敏锐的目光和超一流的品味和趣味。

2002 年，这三个组织共同发起了“全球抗癫痫运动”，以此来纪念意大利的一位著名癫痫病治疗专家。无巧不巧，这位严肃医生的姓名也是 Valentine，恰好与传统西方情人节所纪念的公元三世纪古罗马修士瓦沦丁同名。但那时候“世界癫痫日”究竟定在哪天并没有形成全球范围的共识，所以国际上存在着几个“区域性”的“癫痫日”，如欧洲议会不管不顾就自定欧洲的癫痫日为 2 月 14 日，与传统情人节重合。三个组织也一致选择每年的 2 月 14 日情人节大张旗鼓开展“世界癫痫日”的纪念活动。直到 2015 年国际癫痫署和国际抗癫痫联盟才发起了第一个全球性的“世界癫痫日”，时间定在每年 2 月的第二个星期一，每年的日期不固定。

对于癫痫病我并不感到陌生，癫痫俗称“羊角风”，是由多种病因引起的慢性脑功能障碍综合症。我上香铺营小学的时候，后排一名陶姓高个男生就是一位癫痫患者，他平时坐姿端正，行走如飞，却会在上课中途突然倒下，躺在教室地上肢体抽搐、意识丧失、口吐白沫不止，模样十分怕人，以至于我几次相信他肯定是当场死掉了。后来我才明白，癫痫是一种脑功能紊乱疾病，具有发作快、突然性和短暂性的特点，每次发作几秒或几分钟，如不及时抢救可能会导致生命危险。目前全世界癫痫病人超过五千万，而中国有一千多万癫痫患者。

在一般人看来，情人节与“世界癫痫日”，这完全是风马牛不相及的两件事，两个瓦沦丁无论如何也扯不到一起去。除非当年欧洲议会和三个国际组织在做出这个决定的时候，恋爱中的地球曾经肢体抽搐、意识丧失、口吐白沫了一把，否则这件事显得有些荒唐。

经过冷静思索和仔细回味，我的意见又改变了，完全推翻了自己原先的判断。在我看来，当年欧洲议会和三个国际组织的这项决定既不是无意，更不是巧合，而是意味深长的一个暗示，是煞费苦心的一个启发，是对于情人节的一个最新也是最终的诠释：情人节应该就是癫痫日，痴情犹同癫痫。

一旦有了情人，当事人往往会表现出与寻常人不太一样的举动，轻者憨哂傻笑，重者疯癫痴狂。《庄子·盗跖》中云："尾生与女子期于梁下，女子不来，水至不去，抱梁柱而死。"此处的"梁下"是一个周期性的危险区域，系指桥下水边也，潮水落而桥柱出，潮水起则淹无赦。该晚，红颜情人食言，未曾赴约，致使尾生先生很受伤，他大失所望，迟迟不肯离去，这是可以想见的一幅难受场景。女子无信，"潮有信"，潮水夜半升起，迅速淹没了桥柱。忠于自己单相思的尾生先生宁愿活活淹死，也不肯离开他与情人约会的这处地方，终于命赴黄泉。此事足以证明，自有情人之后，尾生先生的神志有时处于不太正常的状态。换句话说，正常人一般不太会效仿尾生先生轻易做出自杀殉情这般过激的举动。女子当晚未能如期前来，也许有多种解释，也可能有多项原因，补救方法也多。眼睁睁看着尾生先生这一趟驾鹤西去，永不回头，就使得一切的可能，全部化成泡影。作为情人的尾生先生当时的思维状态，可用吴语方言中的"一根筋"来评价，意思就是头脑简单片面，死板固执，视野狭隘。再发展下去，很可能肢体抽搐、意识丧失、口吐白沫，其预后说不定还不如癫痫病人。

也许有人以为，尾生先生，一布衣耳，不足道哉。其实，即便是贵如天子，一旦坠入情网也会变得举止古怪，行踪诡异。宋徽宗就是一例，这位君王是极具天赋的艺术家、丹青妙手和茶道高人，独创书法"瘦金体"，能诗善赋。自从迷上了京城名伎李师师，宋徽宗做出了一件不可思议的事情，他指示在皇宫和李师师所住的镇安坊之间，开挖了一条地下暗道，把中国"地下情"一词的缔造者与创始人的标签，当仁不让地别在了自己胸前。余生也晚，不了解当年汴梁城里各座建筑的相对位置，但我揣测，皇宫不可能紧邻风月场所，因此，这条地下暗道最短也要有数百米长，算得上是一个不太小的秘密工程。虽说是宋徽宗天潢贵胄，不至于自己亲自动手挖一锹土，但这种“为情所困”的举动毕竟非同寻常，可谓是惊世骇俗。

由此可见，无论是尾生先生还是宋徽宗先生，一旦有了情人，就会变得“非正常”起来，轻则上房揭瓦下河摸鱼，重则饶上自家性命。为情所困对生命的戕害程度，比之癫痫病有过之而无不及。欧洲议会和三个国际组织洞察入微，把情人节定位为癫痫日，实在是精准之至，中肯之至。

情人的“癫痫”行为，又可以分成未婚情人和已婚情人两种，表现基本雷同，性质却完全不一样。

对于未婚者来说，一朝拥有情人，犹如注射了一针强力的兴奋剂，会变得亢奋异常，其举止言行大大失常。时而狂喜，时而落泪，时而狐疑，时而绝望。一会儿“把吴钩看了，栏干拍遍”，一会儿又“独坐幽篁里，弹琴复长啸”。初恋情人最普通最常见的症状是凝想走神，失魂落魄，白昼打不起精神来，深夜里失眠，幻听加上梦魇，整个是精神错乱恍惚。情人如果是学生，成绩会一落千丈名逊孙山，假如是从业人员，不思饭水不说，敬业精神更是大打折扣。情人痴迷到了极端往往走火入魔，在公共场所当众依偎甚至搂搂抱抱，行为相当出位，而这些举止平时很少见到。由此看来，情人也与癫痫患者并无多大区别。

最典型的是到了情人节这天，平常一、两元一枝的玫瑰花，一下子价格暴涨，卖到了十多元一枝，明眼人个个看得出这是花店老板的肥己阴谋，只有情人们看不出，低下头一门心思往黑心老板的圈套里钻，不顾一切倾囊而出，花销半个月的伙食费，买上一大把玫瑰花巴巴结结递送到情人手里。依我之见，现在的情人节与情人之间的关系，远没有情人节与商家的关系来得密切和深厚，据我看来情人节整个儿成了商家撒欢尥蹶子最欢腾的时候，是商家最努力、最忙碌的日子。商家是节日的总指挥、大导演和策划师，又是怂恿送花，送礼品，送钻戒，送保时捷，又是布置出天价情人大餐，千方百计从情人口袋里挖金子。商家你呼我应联手张开一张张弥天大网，一顿恶炒爆炒，坐等傻乎乎的情人们往里钻。这时候也只有“癫痫”大发作的情人们自己不予觉察，引长脖子，凑近快刀。

如果未婚情人已经就业，大手大脚花的是自己挣的钱，这种情况尚可忍受。最无法容忍的是沉迷情网的大学生情侣，既要卿卿我我，又要同居，甚至还要结婚，小伙子大姑娘皆无财务自立能力，拿出一桩桩极不负责任的激情行为来，硬要家庭买单，这种行径迹近于勒索父母。我私下断言，大学生情人的这种极端表现，超过了最严重的癫痫症状，不仅是放纵糟踏自己，而且祸害双方父母。

至于失恋带来的精神痛苦，那简直比癫痫病发作还要厉害上百倍千倍。情人们会痛哭流涕，会绝望太息，会痴呆木呐，会绝食自虐，把学业事业全抛在脑后身后，对付这样重症的情人，连治疗癫痫病最好的药，一时也对其没有任何作用。

如果遭到家庭和社会阻力，情人决定玉石俱焚，撒手人寰，一同前去殉情，须臾间自裁了断，那更是连癫痫也不如了。绝望的情人往往会登上百层高楼去演绎“自由落体”，会步入深湖去做“吞食巨量水体”试验。视宝贵生命如草芥，置严父慈母的情感巨痛于不顾，简直就不是个知书达理、感恩图报的人了，无法理喻。

如此一般分析，从这个意义上说，情人节与癫痫日实际上并无区别。

假如说初恋情人痴迷颠狂，其症状堪与癫痫患者有上一拼。那么已婚者另找情人，其行为举止，一开始就大大异常于资深的癫痫患者，更把一班绝症癫痫患者远远抛在身后。

与未婚情人不同的是，已婚者一旦有了情人，外表上的“癫痫”行为往往收敛，而内心的“癫痫”症状会恶性膨胀。酒吧、夜总会常常是猎艳者施展手脚的场所，网络的迅速普及为已婚者提供了一条与异性接触的新途径，报纸上常见到“女网友”一时冲动越省跨市前去践“男网友”的约，结果被劫财劫色者人数不少。但披着羊皮的狼毕竟还是少数，暗中成全了好事的情侣应该占有较大比例。大多数网恋、网婚现象,犹如河底沙石，静悄悄伏在漩涡深处，鲜为人知。

贫富距离的两极分化，加剧了已婚情人现象。一方面多的就是钱，另一方面缺的也就是钱，双方一拍即合，心照不宣。钱多者金屋藏娇，钱寡者暗通款曲，各尽其材。

权力的加入，则更如巨大山体滑坡，直接撞入已婚情人市场的大湖，激起千尺巨浪。来自官方的一项数据显示，在查获的中国大陆贪官中，十个有九个包养情人，有些贪官赛过韦小宝，情人数量超过两位数，甚至要采取“团队化管理”。如果我被选中担任这些花心贪官的辩护律师，我会请求法庭对于贪官们的“生活问题”特别进行宽恕，理由就是他们的癫痫病大发作了，我会把欧洲议会和三个国际组织曾经确定情人节这天为“世界癫痫日”的官方文件拿出来给法官过目。

婚外情人的举止岂但是不如癫痫，实际上是有史以来的最可怖的疯魔之一。癫痫是不由自主，而婚外情是有意为之。癫痫多是一处病灶，而情人有时候不止一个，算得上是病灶多多。癫痫仅仅殃及本身，而婚外情人“殃及”的范围广大而且深远，家庭企业机关国家，统统要深受其害。

当然，已婚情人走得太远，一旦超越了法律的界限，就必将会遭到法律的追究。那就不是依靠一般的医疗手段，而是法网恢恢，疏而不漏，直接接受刑法的惩处。

公元三世纪时，古罗马修士瓦沦丁（Valentine）远近闻名。罗马人非常崇敬他，常群集在祭坛的熊熊圣火前，聆听瓦沦丁的传道和祈祷，这乃是情人节的来历，展现出浪漫而美好的一面。又过去了十七个世纪，欧洲议会和三个国际组织把情人节这一天更新升级为“世界癫痫日”，于无意间从医学的角度对于情人魔幻现象做出另类诠释和刻意注脚，不但不矛盾，反而更充实。

为此我建议，今后情人节的全称，应该正式定为“世界癫痫日暨全球高致病性情感疯魔集中爆发蔓延纪念日”。名称长是长了一点，但是为了校准一个节日的定义，我们有时候不得不做出一点牺牲，不是吗？

怪力乱神

我相信外星文明的存在，也相信尼斯湖水怪、喜玛拉雅雪人和北美大脚怪等。尽管我知道，我的这些观点不会得到中国传统文化的“终生教育总长”孔子先生的同意，在他看来，这些统统属于“怪力乱神”。

遑论孔子，连我本人有时也对自己存在这样“疯狂”的信念感到疑惑。因为我根本没有足够的物证来支撑自己的观点，我的信奉更多地是出自于唯心。譬如我相信外星文明和雪人就显然不是基于唯物主义，不像别人拥有照片、目击记录等确凿证据。可最近爆出新闻，现年 77 岁的埃德加•米切尔博士是美国“阿波罗 14 号”登月宇航员，他宣称外星人不仅存在，并且许多飞碟都曾访问过地球，还和 NASA 的一些官员进行过“第三类接触”。这位杰出的博士是登月的第 6 人，他的言谈肯定是基于一定的事实，其叙述和描摹应该都有已掌握的材料作为依据。

之所以肯定地说，我的观点更多地是唯心的，是因为我在下班路上一次也没有遭遇过绿色的巨瞳小矮人，也没有偶然地拍摄过树梢上方盘旋的 UFO。我在旅美期间，倒是由南到北穿过了加利福尼亚州，但是很遗憾我没有亲眼目睹过印第安人所说的“沙斯夸支”。我在灰狗大巴上多次昏昏欲睡，那些未经证实的一种似猿的巨型怪兽也没有趁机把我抱下车去，延宕几天后再听任我脱逸回家。

有些人天性十分严谨，凡是当下未被科学证实的东西，一概不予采信。在孔子时代，如果有弟子谈论“千里眼”和“顺风耳”，就很容易遭到老师的斥责，被认为是“怪力乱神”。而在现代人看来，手机就好似古代人所奢谈的“顺风耳”，而望远镜则胜过了“千里眼”，这些都已经是当今生活的常识。孔子在鲁国曾经当上了大司寇，行使宰相权力，如果他唯一的南方弟子言偃接到了从常熟老家打来的电话，说是吴王点将台的旗杆被狂风吹倒了，“卜凶否”？孔子就不能应答，不能为弟子释疑解惑，因为他根本不相信世界上会有“顺风耳”一说，只当是言偃一时神经失常在说胡话。当代一般望远镜的放大功率已达到了20倍，轻易可以看见数公里远的动物。耗资约1.8亿美元建成的“加那利大型望远镜”位于大西洋拉帕尔马岛的一座海拔2400米的山峰上，望远镜直径达10.4米，能穿透稠密的云层，观察到遥远的星系和物质。由此看来，在一个历史阶段被认为是不可能的奇迹甚至是怪诞或天方夜谭，在另一个历史阶段，就可能是最普通不过的现实。

如此看来，“怪力乱神”还是不能不信。我对于那些未经证实消息的信仰，一般来说基于简单的“二段推理”：一是人类认识世界的水平永远受到手段的限制；二是客观现实的存在向来不以人类的认识为转移。因此，我的态度是“大胆相信，小心求证”。

只有相信它，才会去研究它，进而辨清真伪，搞明白事情的真相。一概地嗤之以鼻，则容易束缚自己的手足，起不到积极的效果。我国云南省陆良县沙林风景区一处幽深的山谷里面，经常能听到兵器碰撞、战马嘶鸣的声音，附近的居民把这种奇怪的现象叫做阴兵过路。在秘鲁安第斯东麓的玛奥山谷等其他地区，也同样可以听到多年前的战场厮杀声。研究者后来在听到声音的地方找到了二氧化硅和磁铁矿，解释为在特殊天气条件下，岩石进行了录音又重新播放出来。一旦搞清楚了事情的前因后果，“怪力乱神”也就不成其为“怪力乱神”了。

当然也有少数荒谬事件会混淆视听，如永动机，水变油之类，受到了别有用心的人利用。但应该承认，就绝大多数“怪力乱神”事件来说，都存在一个人类认识水平有待于不断提高的问题。

譬如说，海怪是否存在，现在就不宜坚持绝对否定的态度。所谓海怪，按照我的理解，系指躯体巨大达到数十米以上的至今人类尚不了解的奇异大型海洋动物。人类是陆地动物，而海洋占地球表面十分之七，人类对于海洋的了解和利用，截止到目前来说仍是十分肤浅。科学家有关海底生命的知识非常有限。大部分陌生海洋生物是被渔民捕捉后或有尸体冲到海岸，才被人类发现。科学家利用统计模型计算自1830年以来发现大型海洋新物种的比率，发现这个比率仍在继续平稳向前发展，人们每年都会发现新物种。巨型鱿鱼、科莫多巨蜥都是在这种背景下进入人类视野的。人们曾为一只身长17米的大王乌贼测量其腕足上的吸盘直径为9.5厘米，但从捕获的抹香鲸身上曾发现过直径达 40 厘米以上的吸盘疤痕。由此我们不难想象，不曾目睹过的海底大型怪物其本相可能是何等可怖。

据说蚂蚁对世界的感知是二维的，而人类生活在三维空间中间。那么，这个世界是否还存在四维空间呢？也就是在三维坐标上，再加上时间，就构成四维的“时空联系区”。

再进一步推论，在四维空间的基础上，长、宽、高这“三维”与时间“第四维”的结合如果不是一个点，而是一个时间平面，那么就构成五维空间，它是由无数个四维空间根据时间这一轴线集合而成。就像生存于二维空间的蚂蚁不知有三维空间的人类一样，我们不能知晓生存于四维空间、五维空间的生命形式。那些外星文明诸如 UFO 或许就经常悬停在我们身边触手可及的地方，但超出了人类感官的认识范围，就轻易地让我们熟视而不能目睹。

五维空间的提出，据说还跟暗物质的发现密切相关，宇宙里有大量暗物质，从而提供了反物质能源。据科学家介绍，一分钱硬币大小质量的“反物质”能源，其能量释放可使现有特大宇航作业以接近光速的速度做 60 次往返。那样不仅可供人类进行太阳系或银河系旅行，甚至星系之间旅行或通过时空隧道做两个宇宙间的旅行，也是有希望了。现在科学家已提出了十一维空间的理论。空间维数愈高，其境界愈不可思议，被认识的难度愈大。但认识上的困难再多也决不意味着多维空间因此就不存在。

地球上最大的“怪力乱神”问题，还与人类自己相关，这就是人类起源问题。当年孔老夫子一辈子致力于儒学教育，无暇顾及到人类来源的本体论，至少在他的煌煌著作中没有提起过。

女娲造人，上帝造人，宙斯造人。各地的古代传说一窝蜂地把众神搬出来说事，在正统儒学看来纯属是不折不扣、地地道道的“怪力乱神”大聚会了。据说女娲是伏羲氏族风姓部落一位大酋长的女儿，近一万年前出生在陕西凤州。《山海经・大荒西经》郭璞注：“女娲，古神女而帝者，人面蛇身，一日中七十变。”《太平御览》卷七八引《风俗通》介绍：“俗说天地开辟，未有人民，女娲抟黄土作人，剧务力不暇供，乃引绳于泥中，举以为人。”我不知道女娲“抟黄土作人”的手艺是否会相对精良些，而“引绳于泥中，举以为人”的快速工艺是否又忒粗糙？人类现在分为精英和大众，会不会与此“出身”方式不同有些什么关系？

达尔文的进化论把森林里的猿猴说成是人类祖宗，一时惊世骇俗着实把世人吓了一跳。也许会有人特地对着镜子手舞足蹈一番，验证一下自己与动物园猴山上的各位精灵是否有神似之处，从而默认或否定自己的家谱一直上溯到“昆仑山第 12 峰第 3 桃园，白尾猿猴后裔”的传说。但是进化论也有许多漏洞不能自圆其说，主要是严重缺乏化石考古证据，而且越来越多的事实证明许多物种的由来看来不是渐变，而是突变，进化论不能解释突变。曾有一位科学家把刚生下的小白鼠切去尾巴，它们雌雄交配生下第二代后又切去尾巴，连续试验到 50 多代。每一代新出生的小白鼠都像它们的祖先一样生有尾巴，并没有产生“无尾白鼠”这一新物种。这一试验结果使人们对“生物变异长期积累产生新物种”的说法产生怀疑。从遗传原理看，即使成千上万代地连续坚持切去小白鼠的尾巴，其生殖细胞中仍然含有长尾巴的基因，“无尾”的特征根本不具有遗传下去的能力。

这就是说，如果我们的老祖宗身后确实曾经长出过尾巴，这条尾巴不会轻易地由于“无用”而自动消失，至少这条尾巴不应该会比现在还顽固存在、徒添人类痛苦而更加“无用”的智齿更快地消失。

那么，人类究竟从哪里来？

子不语“怪力乱神”，看来，不语“怪力乱神”还真的不解决问题。

这时，我仿佛听见宇宙中传来一个声音：“那个叫做地球的土疙瘩上，三维的微生物的思想活动最近突然变多了……”

文化出口

从北京奥运会开幕式的编排设计运筹可以看出，这一次组委会可真是煞费苦心，机关算尽。在美轮美奂，整齐划一的团体表演的背后，投放了大量金钱和时间，隐藏着人力物力的无穷耗费，其成本无法计算。但是官方始终认为十分值得，因为这毕竟是一扇向世界宣传中国文化的最佳窗口，机不可失，时不再来。中国在文化出口方面一向差强人意，这次总算是光彩照人、扬眉吐气了一把，在本土上实现了文化“出口”的一个大动作。

如此不计代价地要在世人面前显示一番中国文化，一定有着太多的郁闷要释放，一定积蓄了太多的压抑要排遣。我 10 岁左右一次从家里厨房出来端着滚烫的大号铝制饭锅穿过小院，逞强好胜一个箭步蹿上家门三级台阶，结果被门槛狠狠地绊了一下，一大锅刚刚煮熟的白花花米饭全部摊倒在地板上，惹来母亲一通埋怨。大院子里邻居家正好有一对洋娃娃双胞胎姊妹从武汉来访，眼睁睁地看着我出洋相，无人领情我那一次“虎跳”其实是带有表演性质的。

在“中国制造”名播天下的大背景下，我国文化产业的出口有着难言的羞涩。与洪水一般势不可挡汹汹出口的中国物质产品相比，中国文化产品的出口像一条弯曲小溪无声无息流淌，显然是含蓄寂寥了许多，两者完全不成比例。如果把物质和精神比喻成一种文明的两肢，那么在外国人眼里，中国物质生产的这条腿粗壮有力，结实得就像亚洲象的四肢，而中国文化生产的这条腿则纤细瘦弱，如同冰箱里摆放多日的一条干缩脱水的老黄瓜。中国巨人在追赶世界列强的道路上，就不可避免地一瘸一拐，步履艰难。

有着太多的数据来说明这一事实，2000 年到 2004 年，我国进口影片 4332 部，而国产影片真正具备出口概念的不足百部。我国文化出口的样式，主要是杂技、武术、京剧、民乐、地方戏剧、木偶、文物展览、工艺品展览等，其中杂技和文物是我国对外商演、商展的拳头产品。即使是那些已经出口的文化产品，港澳台地区和东南亚华人较多的国家又是消费的主要地区，有些自己演给自己人看的意思。据海关统计，2006 年我国文化产品出口中，外商投资企业占到 49.5%，贡献率 63.3%，成为拉动文化产品出口增长的绝对主力，而国有企业出口则下滑。这就又有了外国人来帮中国人搞中国文化产品出口的意思。据文化部统计，2006 年我国在境外的商业演出共计 35257 场次、演出收入 7954.9 万元。我大略计算了一下，平均是每场演出收入 2257 元，我很担忧的是，不知道够不够差旅费用。至于图书出口，我国与欧美的逆差比高达 100：1 以上，完全够得上让中国议会大张旗鼓来鼓捣一下“反文化倾销”的名堂。

这种态势，让一向以五千年文明自诩的中国人显然很难接受。在世界四大古文明中，唯一只有中华文明不曾中断。这样一笔丰厚充裕的传统文化遗产，即使后人们仅靠“吃老本”或“食利息”，也可以尽情挥霍，大派利是，怎么骤然间就混得捉襟见肘，时乖运蹇，让中国在国际交流当中一下子变得没有文化底蕴起来了呢？

更让中国人难以面对的是，一方面自己背靠着“五千年文明”大树梦想乘凉却被中国文化出口赤字的强烈紫外线燎灼得寝食不安；另一方面只有两百来年建国史的美国佬，摇身一变却成了世界文化出口的翘楚，1998 年美国文化产品出口第一次超过了汽车和航天工业，成为美国的第一大出口商品。其中，仅美国电影海外票房年收入一项，就成为继航天航空业之后的第二大出口换汇产业。好像年轻的“亚美利加”的文化积淀比老成的“亚细亚”更厚重丰富似地，仿佛安吉莉娜·朱莉在摄影机前一个华丽转身就贵重过一个中国杂技团队冒着危险辛劳表演一天似地。事实偏偏就是如此，一张迪士尼乐园的门票含金量，胜过了几台“中国制造”大彩电的利润。

我国文化产品出口的弱势，源于我国文化产业的薄弱状态，“田里没有，锅里哪里会有？”据统计美国文化产业总值占 GDP 总量的比重是 25%左右，日本是 20%左右，欧洲平均在 10%至 15%之间，韩国则高于 15%，而我国仅在 3%上下。对于一个自称文化传承深厚的国度，这一比值显然失衡。2006 年 4 月 18 日在国务院新闻办举行的新闻发布会上，文化部部长助理说："我国文化贸易的进出口存在严重逆差，前几年的粗略估算显示，进口和出口的比例大约是十比一。目前这个差距可能会更大。"

中国当代文化事业的功与过，最终要等到后人来评价，现在褒贬功过或臧否人物，受到了时间和条件的局限。但是不同声音总会响起，前有德国学者汉学家顾彬先生抨击中国当代文学是垃圾，后有陈丹青先生在湖南卫视的一档节目中公开表示一些当代的"文学大师"的文字没法读，这些公开言论对于中国人冷静反思一下文化现状，是有益的。皇帝新衣的谎言总是要戳穿的，问题是时间的早迟。一些体制文人见势不妙对于陈丹青先生的言论群起而攻之，说什么"民族的文学尊严受到了伤害"，我见了这种说法更加乐不可支，如果"民族的文学"根本在世界上没有什么地位，哪来的"民族的文学尊严"呢？你说你们竖起的偶像代表了"民族的文学尊严"，我们也要问：为什么陈丹青先生就不能也来代表一把"民族的文学尊严"？

值得反思的是在文化产业的发展明显落后于世界列强的同时，中国政府始终以国家的名义供养着庞大臃肿的文化组织和文化管理部门，绝大多数人浮于事，效益低下，进一步加重了国家负担。令我惊奇的是，文化产业虽然已成为美国的第一大出口产业，但美国在行政体制上至今却没有专门的文化管理部门，甚至至今也没有出台过一个官方正式的文化政策文件，美国实行高度商业化和市场化的文化生产体制，其文化政策可以说就是"无为而治"，事实上正是"non—activity, non—regulation"，助长美国成为了世界头号文化产业大国。世界跨国集团迪斯尼的产业规模及赢利，近年稳入世界 500 强的前 10 名。美国《读者文摘》以 19 种语言发行，发行量达 2800 万份，年收入高达 25 亿美元。而我国期刊发行量正常状态下超过 1 万份的寥寥无几。

凡此种种，清楚说明了一些问题。一是文化不是经济，不能像发展经济那样简单地搞"一种基调，条块管理"，更不能以"市场化"为借口把文化往外一推了之。一种时期的文化是一种时期社会经济的代表，当下中国文化产品出口的萎缩，从根本上讲是缺乏有影响力的文化作品，缺乏符合国际社会审美习惯的民族原创作品。说到底是缺乏一批文化人才，或者说缺乏给予文化人才以应有的创作环境和条件。国内影视界一些浅薄无聊的古装剧大肆泛滥，在我看来与现行的文化管理政策以及管理方式有关，也是过度的意识形态管理的必然结果。如果作家和艺术家一味躲避对于人性和生活的深入探索，躲避崇高，最终只能走向庸俗和浅薄。中国大陆的文化作品之所以在国际上认同感较差，原因是深层次的。

二是随着物质生活水平的不断提高，人们的需求自然会向精神文化转移，消费侧重点和注意力越来越转移到追求精神满足。人类对精神的需求又是无限的，恰好文化产业不像传统产业那样受到扩展边界的限制，文化产业本身具备社会化、大众化和批量复制生产的条件，消耗资源少，不污染环境，能够产生巨大的经济价值，是最有条件实现可持续发展的优势产业。日本文化产业的规模早已超越电子业和汽车业，仅动画产业就占据了世界市场的62%，而游戏则占世界市场三分之一的天下，日本每年出口到美国的动漫产品收入超过 50 亿美元，相当于日本对美国钢铁出口收入的四倍。韩国游戏曾一举夺去中国网络游戏市场总份额的四分之三。新加坡等国均提出“文化立国”的口号，曾几何时，我国各地也纷纷提出建设“文化大省”和以“文化立市”的目标，摆出了急起直追的架势。须知文化不是可有可无的精神点缀，也不是一种制度或一个政权的附庸品，文化是一个民族、一个国家精神文明的点睛之笔，如果人们的意识形态搞得蓬头垢面、鸠形鹄面，则很难“走得出去”。如果我们自己“搞不好”，我国的文化产业发展还将继续面临来自国际强势文化的严峻挑战，美国的迪斯尼游乐园已经成功运作过我国的古典故事“花木兰”，而日本人早就在打我国古典小说《西游记》的主意，认为这是儿童文学的好素材。群雄环列，虎视眈眈。

我在美国旅行期间，在飞机上经常看见旅客人手一册图书在专心攻读，我留意到绝大多数人看的不是杂志，更不是报纸，而是标准图书。尽管中国人口比美国多上很多倍，但是中国旅客在旅行期间读书的概率要少得多，也许有人会读花哨的杂志，也有很多人在翻阅报纸，但那不是同一回事。看报纸杂志主要是随机了解天下发生了什么事情，而读书的人则是系统地与作者在进行一次心灵交流，两者的收获全不相同。

话说回来，无论你自己把“民族的文学尊严”看得何其神圣和重要，倘若在世界文化领域无人愿意阅读和领教你的作品，你的吆喝在国际文化交流的大集上——譬如法兰克福书市——无人喝彩甚至谋不到应有的一席之地，那么，你竭力维护的所谓“尊严”比皇帝的新衣又能强到哪里去呢？

悍马非马

谁也不知道最先把“悍马”这个中文译名写在纸上的那位大师那天头顶上罩住了哪一块祥云，反正是几乎所有的中国人都毫无条件地顺从他的意思，一致地认可了这一译法，包括海峡两岸三地。中国人在译名方面从来是各行其是，要知道前美国总统肯尼迪在台湾译为“甘迺迪”，而美国总统布什在台湾译为“布希”，另在香港的译名又是“布殊”，你就明白了中国人认同一个名字的翻译是多么重要，不仅是音似，更重要的是神似。

也许 1982 年美国 AMG 公司最初设计出四方铁盒一般的悍马军车时，压根儿也没想到，这样难看的一款车辆，多年之后居然军民两界通吃，成为了各国都市青年富豪的新宠。当然，它同样也是广大平民青年的梦里偶像，只不过绝大多数年轻人囊中羞涩，无法把这位身价昂贵的丑女“迎娶回家”以示心头所爱罢了。悍马在中国大陆上的销价一般在百万元以上，在美国本土则值 3 万多美金。

研究一下“悍马”的血统，可知吉普是它的嫡亲祖宗，在二次大战后期，美国军队横扫欧洲追击德国佬，吉普就曾大出风头。美国佬通常会在吉普上支起一架被戏称为“地狱夫人”的布朗宁 M2HB 重机枪，使其成为一个移动的火力点，当这个踩云追月的祖宗“嗵嗵嗵嗵”怒射着跟在纳粹军队的屁股后面穷追不舍时，给轴心国人民饱受奴役的心灵留下了极其深刻的印象。

我小时候最亲密的玩伴就是三哥齐贯之，他自幼就是一名奇才，喜好滔滔不绝辩论，颇有东晋名士的遗风。无论我说什么都会立即遭到他的无情驳斥和批判，直至把我说得哑口无言溃不成军。也就是在他嘴里，我第一次听见了“白马非马”的理论，他长我两岁，当他挥动少年纤细的胳膊在我家厨房里把这个理论阐释得玄而又玄、高深莫测时，我还没有念中学，于是“白马非马”理论的启蒙在我小学阶段就完成了，令我一生牢牢记住，终身受用。两千多年前战国时期平原君的食客公孙龙牵一匹白马出关被阻，公孙龙便以“白马非马”的命题与守关的人展开辩论，守关的官员哪里辩得过他，于是公孙龙先生畅行无阻。东晋王朝看中了南京山川毓秀，人杰地灵，于是选在建康立都，一大批名士清流纷至沓来应运而生，形成了中国文化史上一个光辉灿烂的时代，“魏晋清谈”从此进入鼎盛时期。至今敲击家乡南京的任意一块岩石，回音都好似在重复东晋名士滔滔不绝的辩论话语。

然而，要说是“悍马非马”，则根本用不着三哥心传口授给我的古代雄辩术，杀鸡焉用牛刀。悍马军车脱胎于十轮大卡车那样的威猛彪悍，又不失吉普那样的俊朗悦目，乍看上去，完全就是条“国字脸”的严肃汉子扣紧了风系扣，正日复一日要去药品仓库提货似的。那种压抑感觉，与冷眼瞅见邻家大哥洞房花烛夜娶进一房粗手大脚的孔武有力媳妇差不多。

世界上有那么多靓车在诱惑人眼，令人目不暇接，这边是惊艳隽雅的设计和精雕细琢的工艺，那边是动感车身尽显优雅彰显出一股非凡的王者之气，这边是贵族气质，那边是王者风范。即使是一辆 SUV，也是“极富肌肉感的光滑车体和宽大的四肢流露出张扬和狂放的气势……传递着一种野性的力量。”对于中国的都市男女来说，一辆可供驱使的靓丽好车，就像是第三性别的情人，媚诱他们，魅惑她们，让大家一起坠入情网，无论他们是已婚还是未婚。按理说，悍马完全不该归属到情人一类，如果有人对这种五大三粗、巨人症状突出、“油”瘾十足的肌肉姐姐会感兴趣，那么，毛驴也应该晋升为好莱坞的当家花旦了。富豪车的世界本不该有悍马插足的位置。

偏偏悍马运气好得不可思议，就像是一百次掷下双骰，连续掷出 12 点一般，悍马中了上上签，不显山不露水地荣登“万人迷”的宝座，令世界青年车迷神魂颠倒，梦寐以求。2006 年初夏的一天我跟随小旅游团在拉斯维加斯的大街上行走，看见一辆黄色悍马霸气十足停歇在酒店的停车场上，我围着这座小屋似的机械制品欣赏了半天，最后得出一个结论是：载重汽车的骨架，外星飞碟的冷峻，世界拳王的灵魂。

悍马虽然在名称上与马扯上了关系，实际上冰炭不可同器，完全是两回事。首先是“马非悍马”。马匹是一种美丽、高贵而且通晓人性的高等生物，有着很强的奔跑和跳跃能力，听觉和嗅觉十分出色。马的外表显得温顺安静，但个性很强，内心深处那种强烈竞争的意识是其他动物所不及的。马在与同类的竞争中有着累死也不认输的性格。战场上主人受伤，战马往往会想方设法救助主人回家，表现出优良的“睦人”品格。自古以来，马匹就是人类最珍贵的朋友，甚至在周公解梦中也津津乐道说，梦见骑马，不久会名利双收。梦见全身披挂的马，会丰衣足食。

反过来说，“悍马亦非马”。悍马的形象显然不是食素动物可以代表，而是一种典型的肉食性猛兽，是一头渴望格斗、嗜求追逐和爱好杀戮的大型猫科动物。一些小排量汽车常常标榜着“省油”、“安静”，令人联想起素食类动物羞答答的容姿。而悍马的发动机自生以来就是喝油怪兽，速度则是悍马的天生优势，它一旦发动，立刻气势汹汹，这匹 3 吨重的怪兽 0 至 60 公里加速度仅需 11 秒，更像是一群北美草原上暴躁的野牛一往无前地自由驰骋。

说“悍马非马”，更是因为它颠覆了一切“马匹”的概念，悍马宽度通常在 2.2 米左右，“它朝你驶过来的时候，简直就像一堵墙拍过来，”颐指气使，生生地塑造出公路霸王的形象。古往今来，也许只有当霸王龙看见悍马时，才会流露出惺惺相惜的意思来，因为它们之间的共同点最多：肃杀冷酷气势，蛮不讲理态度、横冲直撞步伐和无所畏惧品性。悍马车的离地间隙达到了 410 毫米，也就是说履带式车辆能通过的路面，“悍马”基本上都可以畅通无阻。它密封的中央稳压装置能保持系统压力平衡并保护主要部件不受玷污，使悍马能在近 1 米深的河中开上一整天而不怕水、沙子、泥巴的侵袭。除了尚未学会飞翔之外，悍马整个儿是一头无与伦比的两栖类霸主。

说“悍马非马”，又是因为这头怪兽不会出现“马失前蹄”这样的低级错误，在战斗中悍马的四只车轮比较容易被枪弹击中，一旦出现这种情况，常规车辆会立刻像中风病人那样就地瘫痪，而悍马的泄气保用轮胎在被击中后仍能以 50 公里的时速坚持行驶近一小时。此外“悍马”装备了中央充放气系统，在驶离硬质路面进入沙漠后，士兵在不停车的情况下可以快速自动降低车辆所有轮胎的气压，使其宽截面轮胎的触地面积进一步加大。回到硬质路面后，又可以在疾驶中充足轮胎气压，恢复正常行驶。

美国军方轻装甲的M1114型“悍马”可防百米距离上的7.62mm穿甲弹攻击，车底安装防爆装甲板可抵抗5公斤装药的地雷攻击，悍马还具有“静音”功能,在敌方前沿侦查时会改用电流驱动4个小电动机带动4个车轮，达到“润物细无声”的效果。

“悍马”系列车辆至今生产已超过14万辆，其中美军就装备了10万辆左右，美国陆军大约每十个人就拥有一辆“悍马”。美军最精锐的第82空降师和第1步兵师已全部换装“悍马”，士兵们戏称其是“战场出租车”。海湾战争后，美国五角大楼公布题为《波斯湾战争的胜利》的报告中称：悍马车满足了一切要求,或者说超出了人们的要求……

现在民用版的悍马上，加装上了一些老百姓爱不释手的小玩意儿，仿佛是给霸王龙戴上礼帽，又配上墨镜，显得有点儿不伦不类。但是悍马的粉丝们永远不要忘记，这不是军用版的原型，如此强横的军用悍马，原来没有车门锁，绝没有空调，没有CD和音响设备，更不知真皮座椅为何物。1991年2月26日凌晨，美海军陆战队的“海豹”特战队员驾驶“悍马”奔袭科威特国际机场，成为进入科威特市的第一种军用战斗车辆。据当时新闻报道，为尽量减轻车重，提高该车的机动性，整车只有车架，也不加装甲，连车篷也省了，发动机不加盖，露在外面靠风冷降温。如此肌肉裸露，方显出铮铮男儿本色。依我之见，个人要收藏一匹真正悍马，除了“陶式”反坦克导弹之类的先进武器可以或缺，其他应该一应俱全，一样有防空灯和防红外线车漆，保留有直升机吊钩和坚固无比的防爆底盘。开着这样一辆悍马来到郊外，“我是悍马我怕谁”的感觉，才能淋漓尽致地流露于外。

思维方式

南京要动手修缮大报恩寺和琉璃塔了，这件事议论了很久，有赞成也有反对的意见。但这些互相矛盾的意见并没有相持不下，就像中国的许多做法一样，主张修建的那一方掌握着权力，于是便立项来做准备，让不同意者只好瞠目结舌。原大报恩寺是明成祖朱棣为纪念自己的亲娘碽妃所建，如今的政府来做这件事，并非是某位权要或富豪个人投资来纪念自己的母亲以尽孝道，也并非是南京刻不容缓要增加一些宗教祭祀场所来解决燃眉之急。如果把这项重建计划理解为地方政府着眼于开发旅游资源，打造第三产业，吸引更多的国内外游客，那就是说到点子上了。

这一处古迹毁于太平天国内讧的战火中，湮灭了一百五十多年，现在连确切的原址都找不到了。要在今天给大报恩寺和琉璃塔恢复原貌，无异是一次古建筑版的凤凰涅槃。大报恩寺和琉璃塔该不该重修，争议没有结束，分歧也许还会长期存在下去。但这件事释放出一个十分明确的信号，促使我们冷静反思一下，当代中国人流行的思维方式，有没有露出什么短来？一旦我们大张旗鼓地花了钱，究竟是在往自己脸上贴金呢，还是在缝制又一件皇帝的新衣？

最近的一个例子就坐落在南京市中心的大行宫附近，刚刚竣工的江宁织造府的重修工程便是这样一个“花钱买议论”的典型，原先预算是 3.5 亿元，最后工程结束了支出 7 亿元还要冒尖。虽然是企业掏钱，府名后面也后缀着“博物馆”三字表示并非原样，但毕竟是在营造一件假古董，一旦剪彩开门迎客，放进南京旅游业的大环境中去，正儿八经介绍给外地和外国游客，终归觉得名不正言不顺。江宁织造府原址是不是一定就在大行宫小学，现在还不能确切考证。这不禁使人联想起十多年前，全国各地纷纷兴建大观园，多数银子打了水漂。

官员们建功心切，本来不一定是件坏事。问题在于当代中国官府流行的思维始终摆脱不了一种单向的定式：一谈起保护某处遗址或者废墟，就恨不得立马大兴土木，修旧如新。一谈起开发旅游资源，就更是蹬鼻子上脸，如不挥金如土、立地成佛，似乎就浪费了自己的一身好本事。

其实，在开发旅游资源方面，许多钱或许可以少花甚至不花，许多古代景致历经风雨残败不堪，原封不动保存，可以维护下来更多的真迹，或许更具有值得品赏的韵味和价值。罗马和雅典两城在这方面就是一个成功的典范。被称为世界八大古迹之一的古罗马圆形竞技场建筑，坍塌了一角，让游人见了最深切不过地意识到建筑物岁月之古老，更增强了珍惜爱护的心理。而主要由帕提侬神庙、伊瑞克提翁庙等组成的雅典卫城，断壁残垣，许多散落下来的白色大理石，依旧横七竖八地躺在原地，乍一看上去，就像是昨天晚上才倒塌下来的事故现场。这一切在游客心头引起了强烈震撼，一方面真实还原了历史文物的原貌，另一方面让人们体味到历史建筑物生命力之强大，双重崇敬之情油然而生。倘若南京依葫芦画瓢在大报恩寺和琉璃塔原址分别建立纪念馆，把新挖开的地宫等残留文物进行公开展览，一方面花不了多少银子，另一方面也是忠实于历史，可以还原一个真实的历史环境，给所有慕名而来的旅游者一个满意的交待。

可是，一旦在平地上开始了重建工程，大型建筑机械纷纷进场，成百上千的民工开始编扎钢筋，成车成车的水泥浆灌输下去……以上两点优势，顿时就消失殆尽。无论今日经办人员如何努力，无论专家如何精心设计图纸以便尽可能地忠实于原建筑，都是徒劳无益的事情。古今建筑的一招一式，截然不同。明朝并没有留下一箱箱图纸可让今人如实返工重建琉璃塔，要想精致细腻地在斗拱、椽、枋、额、雁翅板、垂莲柱等结构中重现原貌，几乎是不可能完成的任务。再说，现代建造琉璃砖的技术与明初时期截然不同，当时琉璃砖表面飞天、飞羊、狮子、白象和金翅鸟等佛教题材图像，从设计到烧制成型，均代表了四百年前中国人的审美观点和工艺水平，稍作更改，就不是“重现古代辉煌”，而是“重造现代梦想”。

从这个意义上说，重建大报恩寺和琉璃塔的举动，稍不留意，就会蒙有两次毁坏古迹的嫌疑。一是彻底毁坏了这两座历史建筑的遗址风貌，二是又毁掉了由那些遗址风貌而引发现代游客心头遐想和未来各代人士从容回味的余地和空间。中国历史建筑的兴衰和复建，大抵遵循着这么一条规律：一是“毁于无知”，二是“建于无味”。 眼下，不就又要捧出来一座现代的仿古建筑物，突兀地强加于后人。世界其他民族在“发扬光大”民族历史建筑方面的积极性，似乎比中国人相差了不止一两个等级。或者反过来说，中国人在折腾古建筑方面的兴趣，比其他民族要强烈许多倍。

按照中国官人——在此应该注释一下，专指那些有权有势的中国人——这种我行我素的思维方式，古罗马竞技场坍塌了的一角是一定要尽快动手修复起来的，帕提侬神庙和伊瑞克提翁庙更是刻不容缓必须把屋顶先建起来，以便“抵御风雨的侵蚀，更好地保护远古文物”，然后在下一个五年计划中，逐步地分批补建墙壁和廊柱，把散落在草丛中的石块全部清除，让游客来了有一个“舒心”和“方便”的环境，再按照本届官方“既定的”欣赏角度去推出“整容一新、描眉打鬓”后的伪文物。埃及的胡夫大金字塔外表至少应该整修一下，把崩塌的碎石全部清理干净，再把表面装饰性石块重新铺一遍，然后最好是把狮身人面像的面孔换上一件复制品，使其符合完整和圆满的要求。如果这一切想法得到了满足，那么中国官人更加雄心勃勃的复建文物计划将迅速炮制出台，古代世界七大奇迹早就应该重建起来粉刷一新招徕游客了：巴比伦空中花园，亚瑟王灯塔，奥林匹亚宙斯巨像……唯一可惜的是那些地盘均在国外，这些我行我素、糟蹋纳税人钱财的中国官人鞭长莫及，管辖不到那里的财政拨款和营造商，遂只能悻悻作罢。

思维方式从来是一种审美方式，我很怀疑在那些当权人物的头脑里是缺少“残缺之美”这个概念的。如果这种片面狭隘的审美意识转嫁到文物维修方面来，随时都有可能形成灾难性的后果。这就像是在一张唐伯虎的传世画作上，先按照前任文化局长的意思，请大写意的画匠添上了几笔山水，又依据后任宣传部长的要求，由工笔花鸟画家加上了几只鸡狗。一来二去，那张原画就变得惨不忍睹，成了废纸一张。

据说，南京大报恩寺和琉璃塔的复建工程耗资约在 25 亿元左右，看上去今后这一双要“横扫”我们视野的仿古建筑果真是用真金白银堆砌起来。较多市民对于这种“大手笔”糟蹋银子的做法连连摇头，令我不禁联想起南京曾经有过的世界胜景“绿色隧道”。80 年代初期，中山路上六行法国梧桐并排延伸，遮天蔽日，蔚为大观。从中山路拐向南京的其他大道，至少也是四行法国梧桐并排延伸。盛夏时节，南京上空赤日炎炎，而南京大街上阴凉宜人，接连在大街上行走几个小时，市民逛街不必打伞遮阳，可免曝晒之苦。南京的绿色隧道当时被外国友人惊叹为罕见的世界奇观，那是南京独有的一种极其珍贵的旅游资源，是中国或世界其它城市都没有的美好景观，是南京的几代人可以坐享其成的一笔宝贵遗产。可惜，今天我只能用一种回忆的方式来述说南京的“绿色隧道”了，就像阿富汗人追忆他们的巴米扬大佛一样，又像韩国人缅怀被焚毁的国宝崇礼门。我的孩子出生在80年代，也已经对于南京的绿色隧道全然没有了记忆。

当初南京市政当局大规模砍树的理由是：为城市建设让路。“绿色隧道”由此被一点一点蚕食。到了后来，树砍没了，旧房子拆掉了，最后还是不得不在河西建立新城区。既有今日，何必当初？仅仅间隔二十年的功夫，就显示出了当初决策机构的鼠目寸光。市民难以理解的是为什么一座城市的规划者竟然连这么短的“远景”发展也估算不到，我们的思维方式是不是确实出现大问题了呢？一方面肆意砍掉无价之宝“绿色隧道”，一方面又花费巨额银子去复建业已消失的历史景观，纳税人的钱，难道真个的就不值得珍惜？

倘若我们当初稍稍改变一下思维方式，通过另建南京新城区的置换方式，让“绿色隧道”完整地保存至今，那将是独一无二的珍贵旅游资源，会像聚宝盆一样，每年为南京增加巨额的旅游收入。南京许多古色古香的小街小巷也可以因此完整保留下来，我所居住的那条小街周围就有许多历史名胜，如鸡鹅巷、相府营、安将军巷等，顾名思义就知道这里的一宅一路都颇有讲究，游客经过一定会留下深刻印象。可惜，俱往矣。与之成为鲜明对比的是苏州的一些小街小巷比较完整地得以保存，成为老苏州今天的一道鲜活风景。

可惜呀，失去的永远失去了。

新建的，却未必经得起岁月消磨。

认识异化

人究竟该怎么活着？这是个十分古老的命题，我是谁？我从哪里来？我该做什么不该做什么？在中国某朝某代，这就像是有奖征答似的，不等你把问题说完，就会有人迫不及待地向你提供所有的答案，企图解你困惑。问题还不那么简单，如果你不认可那些人的答案，或者你质疑那些人话语的可靠性，那些人就可能恼羞成怒，把你视作另类，把你打入另册，也许视条件的必要还会把你送到“该去的地方”好好反省和改造，或者干脆从此让你从眼前消失。这也就意味着，那些命题的解答实际上很重要，你想要也得要，你不想要也得兜着。或者说那根本不是什么解答，那就是当局带有强制性的绝对命令。朱元璋定都南京以后，曾经大规模地“安排”过他的子民们“从哪里来，到哪里去”，一是徙城内的元朝遗民举家迁往云南，以净化首都城市人口。二是选拔四方富户充实京师，“徙四方巨族实之”。那时候中国百姓想怎么活着，想在哪里生活，实在是身不由己，得由皇帝来“辛苦”主宰。你若不依，当局肯定会排列出刀剑斧戟来一一伺候。

皇帝为什么惧怕人们自己来寻求这个问题的答案呢？因为“人究竟该怎么活着”这个问题，本身很像是一把通过苦思冥想铸成的万能钥匙，通过它的检索、探讨和开启，就有可能寻求到一个石破天惊的意外结果，那就是每个人都有权力按自己的方式活着。

在中国的漫长历史上，没有一位统治者愿意放任自己的子民思考这样的本源性问题，大到一国之天子，小到七品芝麻官，无不如此。鸣锣开道，升官发财，百姓跪官，三纲五常……已经形成了统治阶层很享受的社会模式。如果放任你左思考，右顿悟，一下子醒悟出了“人人平等”的道理，到了下次上朝，一大批人“天子呼来不上船，自称臣是酒中仙”，朝廷的正常运转就会出现危机。譬如山西黑煤窑的昧心老板把掳来的工人当作奴隶一样欺压，连人身自由都被剥夺了，哪里还允许你思考问题，稍不留神鞭子就抽到脸上来了。这种现代版的奴隶制，成为了这块土地上现实的一个真实缩影。

如果搞不清楚“人究竟该怎么活着”这样的命题，人的异化就不可避免。人的异化，简单地说来就是指做人权利的放弃或转让，异化是一种损害个人权利的否定活动，肯定不是一件令人高兴的事情。现代社会不断推进的高度组织化、制度化，概念化和模式化，使人的自然属性极大削弱，而人的社会属性空前膨胀，这一切造成了异化的人，也造就了一个偏离人性的社会。人的自然属性被人的社会属性控制、主导、支配和利用，久而久之，人就蜕变成了社会的附庸物，进而又变得可有可无，最后会形成“只见社会不见人”概念。

譬如，年轻人是不是一定要上大学？这个问题本来不难回答。一方面年轻人应该努力求知，以求掌握丰富知识和熟练技能，以备将来在工作上可以驾轻就熟，游刃有余。另一方面求知的路途百千条，上大学只是其中一条，再说先参加工作后考入大学“充电”也是很自然而然的事情，并不一定非要按部就班，顺序推进。但是现实中的中国社会几乎不给予非大学学历的人才以任何良好的机会，林林总总的“招贤榜”就等于是变相的“学历和学位比较榜”，自学成才很难得到承认。一些企业的岗位则明码标价，非名牌大学的毕业生不予录取，这真是把人的异化运用到极致的一个鲜明标本，这并不能提升人们对这些用人企业或单位附加的尊敬和信任，反而赤裸裸暴露出该单位人力资源部门直线式思维的简单和粗糙，当前在美国，孩子们既可以免费去上公立学校，也可以上付费的私立学校，还可以上家庭学校（Home School）。在家学习作为一种教育方式正在流行，据美国媒体报道，目前在家里接受教育的学龄少年儿童超过 200 万。家庭学校的学生须向当地教育当局报告备案，每学年上课总的时间以及阅读、数学、历史地理、英文和科学 5 门主课的时间均有硬性规定。每次上课必须“签到”，孩子的作业和家长的批改记录都要保存，以备教育官员的抽查。有一组数字显示：家庭学校学生的平均水平比公立学校的学生要高。三分之二家庭学校毕业的学生上了大学，这个比例高于全美的平均水平。名校斯坦福大学对家庭学校的学生录取率为 27%，高出其平均录取率的一倍。可见求学大路坦坦，机会众多，可以不拘一格出人才。而中国教育观念之异化已经到了舍本求末的地步，教育别人的机构最后到了连校正自己前进方向也难的地步。

再譬如城市居民是不是一定要买房？这又是一个棘手的问题，如拦路虎一般挡在面前绕不过去。中国房价与居民平均收入之比，是一个天文数字。至少也要“不吃不喝几十年”才买得起一套属于自己名下的房子，对于要结婚的青年男女来说这是一个惊心动魄的难题，在南京购置一套婚房包括装修和购置家具电器动辄数百万元，这叫初涉职场、囊中羞涩的年轻人如何“消受得起”？假如准新郎建议成亲时先租套房子住住，按照时下的行情，这件婚姻大事十有八九会亮出红灯，就仿佛租房居住是什么见不得人的事情。其实仅仅就在二三十年前，南京大多数市民皆是承租户的身份，购房的排场和有房一族的面子，统统属于新近开发的时尚概念。为什么市民观念的这种异化来得这么剧烈而且凶猛呢？人生在世的主要意义绝不是为了买房，每个家庭寻求到一处合适的住房居住即可，只要实现了“有房可住”的目标，这房是买是租是借是建，本来全无要紧。毕其一生努力沦为可怜的“房奴”完全不值得。世人是不是应该由此引起警觉和反思，

人的异化，这股力量主要来自于他的社会属性，也就是来自于他必须服从的那个社会组织，他必须遵守的那套社会制度，他必须屈从的那种社会规则。中国各行各业都有着自己深不见底的潜规则，中国人就只有默默遵守，否则就会碰得头破血流。人的自然属性有七情六欲，崇尚真善美和排斥假丑恶是人类的本能，但人作为社会人——或者叫做社会化过程中的人——由于既存的社会类型对人的自然属性强制性地进行规范、遏制、筛选和提萃，最终决定了人的存在形式，或者叫做人的异化形态，人的社会属性最后起到了主导作用。社会的组织形态在这方面的作用显得非常重要，健康社会良性运转，崇尚高范，社会目标统一，有着强大的向心力和凝聚力。而不健康社会则相反，偏离人性轨道，阻碍个性充分发展，促成虚伪，欺骗和人格分裂。中国最近三四十年在巨大的社会转型过程中呈现出两极特征，此前是务虚为主的精神说教型，此后是务实为主的物质金钱崇拜型，前者是竭力用一种思想代替千万人的思想，后者又是以一种成功模式去衡

量千万种成功的模式，首鼠两端，人的异化表现得淋漓尽致，让年轻人一下子找不到北。

成功的企业家们摇身一变成了中国社会的新宠，创造利润是判断一切价值关系的唯一依据，GDP 上升为成功的最重要坐标。拜金主义加速了当代中国人异化的过程，文化也不可避免受到了巨大影响。文化艺术不再服从于自由的创造本性和审美精神的需求，而是依托市场规律和商业原则一味地迎合大众口味，走向平庸和媚俗。作家和艺术家屈从于受众的愿望，着意表现欲望和感官享受去满足大众对感官刺激与精神抚慰的需求，作品变得媚俗和低下，越来越肤浅庸俗。读者们追求高尚精神的艰辛被免除了，受众的无知与私欲得到了纵容，使他们的正义感和道德感逐渐麻木，思想幼稚，精神低迷。人在精神上失去追求，信仰越来越肤浅，对现实中的一切都显得无动于衷，人与“道”之间的距离越来越远……

而人的自然属性一直在持续退化和弱化，人的异化最明显之处是人的体能下降，如都市人步行能力明显下降和动手能力一再萎缩。公共交通和私家车的快速发展并不是人类行走变得蹒跚和艰难的直接原因，真正的理由来源于人类的惰性和贪图安逸。如果人类果真是从树上下地的动物的后裔，那么今天能够爬上一棵高树的人，千百不足一二矣，首先是手臂力量不够强壮，其次是腿部肌肉很容易抽筋。如果一群饿狼在野外追上了我们，我们只会徒劳地围着大树兜圈子，而无法像祖先那样嗖嗖地窜到树上去保住小命。其实别说是爬树了，登楼对于许多都市人已经成为一种越来越重的负担，以至于一旦电梯出了问题，高楼居民往往陷入“有家难回”的困境，却很少想过自己保持强健的腿力本来是如何之重要。百分比很大的都市居民都不认识身边的树木花草。如何辨识可以入口的菌类并准确排除有毒蘑菇成为了一种“高深”的专业知识，倘若有人举办这方面的品尝鉴别知识大赛，恐怕有一半以上的参赛者由于误食要口吐白沫被送往医院去急救。很多人的野外生存能力几乎为零，不能辨别野外什么水源可以解渴，不知道什么水池十分危险会把自己蒙翻过去。也不善于鉴别野菜的种类。至于结网捕鸟或者投石击兔的狩猎技巧，那更是一种奢望。倘若有朝一日现代文明全部被上帝收回，绝大多数当代都市人就只会一遍遍地拨打“110”，直至最后饿死。

强调人的异化问题，是期望激起对于人的自然属性和潜在本能的重视，并对如何安排好今后的生活有一点真正靠得住的正确认识。根据第欧根尼· 拉尔修的记载，有人向公元前 7 至 6 世纪的古希腊哲学家泰勒斯提问："何事最难为？"他应道："认识你自己。"这句话是刻在古希腊的德尔斐阿波罗神庙的三句箴言之一，是古希腊哲人对后世人类的不朽教诲："认识你自己。"

骑士之吟

“黄沙如海，一骑绝尘……”在多数男子的潜意识中，这场面才像是闯荡江湖、建立事业的一幅雄伟写照。可当代都市男子鲜有机会接近马匹，更多的是以车代马，而在琳琅满目的机械马中，又以摩托车的“骑感”最接近于驭马。对于我这样几十年骑龄的资深摩托车手来说，“摩托情结”如胶似漆，就不是意外的事了。

我乘用过几款摩托车，对日本原装本田 CG-125 和重庆望江机械厂生产的太子 125 这两种摩托车最为熟悉，既有足够动力，又比较经济实惠，从没发生过座驾罢工的事件。朋友的一辆日本原装本田 CG-125 摩托车曾经晚上落入桥下水中，第二天捞起来扶正了，一踩起动杆立刻“啪啪啪”地发动起来了，由此可见质量过硬。现在我的座驾是广东江门大长江集团生产的铃木 125 美式太子车，除了档位由循环档改成了国标档，其他没有什么不同。当年在南京五棵松摩托学校进修时懵懂无知，外出拉练时曾一度把两轮摩托车开到 100 公里以上的速度，后来驾驶技艺精湛和动作老练了，反而越开越慢，一般保持在 70 公里以下，觉得这样做无论是对自己还是对他人生命安全更有保障，遇见紧急情况也来得急从容处理。排量 125CC 的摩托车开到极限也会是“两耳生风”，如果从鼓楼隧道中高速通过，在风速的集中压迫下，会造成驾驶员泪眼婆娑的效果。当时若有摄像机一路跟拍过来，这种泪如雨下的场景，导演一次就可以喊 pass。

发动，起步，提速，再提速……那是我幼时的一个梦想。我十几岁时骑自行车去上中学，下鼓楼大坡时经常会不由自主用右手旋转握把，假装加大油门，可怜一辆永久牌的 26 英寸绿色坤车，就在一名少年骑士的狂热驱使下，扮演了一个它不熟悉的机器巨兽的角色，常常在疾驰中几乎散了架。那时我头脑中出现的是唐太宗的诗句“雕弓写明月，骏马疑流电。”要在珠江路到三牌楼的慢车道上达到“流电”的效果，全亏了那时自行车较少，否则这一路豕奔犬突的后果真是不堪想象。

后来自己竞拍到了摩托车牌照也买了车，拥有了快车道上的行路权，才算明白了李世民先生何以如此赞叹他的“昭陵六骏”，又是“应策腾空，承声半汉；天险摧敌，乘危济难”，又是“足轻电影，神发天机，策兹飞练，定我戎衣。”我想李世民先生倘若生在今世，一定也会是头盔墨镜流苏夹克皮裤皮靴一副酷呆了的现代骑士装扮，迷倒万千小女生。

摩托车款式百千，最不可思议的要数自己曾在大明路上一家企业大院内见过的一部日本进口大排量黄色摩托车，仔细一看居然装有空调。我的天啊，露天空调，这可真正是“天人合一”的伟大设计了，在夏天给燃烧的太阳火球降温，在冬季融化那千里冰原，那可真是“倾己所有，以利天下”的旷世思想境界了。自从上个世纪九十年代日本“大白鲨”摩托车风靡中国大陆以来，大踏板坐式摩托车颇得某些骑士青睐，但在我眼里，这种车太过于女性化，犹如是欧洲贵族淑女双腿合并侧坐在马背上，显示出娉娉婷婷的绰约风姿。一位中学同学曾建议我买一辆大踏板坐式摩托车，被我断然拒绝。2006 年我在美国旅行期间，走遍全美国自始至尾没看见过一辆坐式摩托车，可见对于骑跨式摩托车的爱好，始终是西方摩托世界的主流。

在南京市区骑摩托车，最主要的优点是通过能力超强，十分方便快捷，只要是一辆自行车能挤过去的道路，一般来说摩托车也能够亦步亦趋，顺利成行。上下班高峰期间，轿车一族往往在快车道上挤得叠床架屋，水泄不通，这时摩托车就可以伪装成两栖动物，龙头一拐理所当然地驶入慢车道。假如轿车也偷偷摸摸侵略进了慢车道，摩托车手瞥见人行道上无人，偶然……也会骑到人行道上去。这时候的驾驶要点是你确信看见前方没有交通警察，保证不会被执法者用手枪一样的手势指向自己的额头。

在摩托骑士看来，轿车过于绅士化，有些像是西部片中老爷小姐专坐的厢式马车。轿车空调还经常营造出宜人的恒定气候，这一点最为摩托骑士所不齿。只有风里来雨里去的摩托车专属于硬朗彪悍的骑士，直接面对原始本初的四季气候，热风就是热风，冷雪就是冷雪，骑士灵魂在冰与火中间淬火和升华。屈原在《离骚》中幻想道：“乘骐骥以驰骋兮，来吾道夫先路。”放到今天的时代背景来说，就是屈老夫子骑着一辆乘风追月的大排量名牌摩托车，一路狂奔疾驰来为楚王充当开路先锋。

正如古代骑士个个幻想拥有一匹大宛产的汗血宝马，今天的摩托骑士莫不幻想拥有一辆“哈雷”重装摩托车。我在华盛顿参观期间，十分眼馋停放在国家美术馆北侧的一溜警摩，女儿征得立在一旁的美国警察的同意后，让我试乘过一辆装备齐全的美国警摩，我一扶起手柄就觉得美国警摩的车身十分沉重，全副武装估计得超过 300 公斤重，骑行起来一定非常稳健舒适，排量看上去至少在 1500CC 以上，据说这种摩托车 10 秒内可加速到 100 公里以上。在纽约长岛的一个小镇上，我曾目迎一群哈雷骑士列队驶来，停车后几位骑士脱去头盔，披散出过肩长发，原来是飒爽的美女骑士。美国的摩托车性能十分卓越完全可以上高速兜风，我在由洛杉矶去大峡谷的高速公路上，一路看见一辆辆哈雷机车在忙着超越小汽车和大客车，风驰电掣的速度令人荡气回肠，神魂牵绕，时速至少也在 120 公里以上。美国把每年 5 月的最后一个星期一定为阵亡将士纪念日。每年纪念日前夕，华盛顿都会举行数十万老兵及家属参加的“滚雷”摩托车游行，以纪念在战争中阵亡的美国军人。2006 年 5 月 29 日是美国的“阵亡将士纪念日”，数十万辆主要由退伍军人驾驶的哈雷重装摩托车组成的游行车队浩浩荡荡从阿灵顿国家公墓进入华盛顿市区，开始了一年一度的滚雷摩托车大游行。此时此刻，我囿于行程安排已经处在从拉斯维加斯前往旧金山的路上，错过了心仪已久的这一摩托王国的胜景，但我完全想象得到那一望无际的哈雷重装摩托车队伍在美国首都一路怒吼的气壮山河景象，那可是惊鬼神，走貔貅。

中国目前约有 170 个城市对摩托车的使用进行了限制，我非常感谢南京市政府领导的豁达大度，对南京“市牌户口”的摩托车没有贸然采取一禁了之的简单措施。我国某些地区摩托“飞抢”猖獗，据说是导致禁摩令接二连三出台的重要原因，其实用于飞抢的摩托车不是假牌就是外牌（外牌也是假的），我认为没有一名劫匪会愚蠢到骑着真牌摩托车去犯案，那样做接近于自投罗网和大义灭己。可见当局“禁摩”的铁拳实际上应该用于“打假”，而不应该株连真牌摩托车来个一锅端。至于存在排放污染的问题，那是因为我国过去摩托车整体质量的水准不高，那也是我国相关政策催生的后果，过去长期不准发展大排量摩托车（恐怕是怕警察叔叔紧追慢赶也撵不上贼人吧）导致低技术、低水平、低排量的摩托车泛滥于市，但这可以通过限制排放级别的方式逐步引导和调整。我国国产品牌的摩托车已经成批量地达到欧III排放标准，国际上先进的摩托车排放标准则更高。关键在于引导更环保、更安全的新型摩托车进入市场。我期待在不远的将来，能够步入南京新街口的众多购物中心从容选购一款原装的哈雷机车，这一天的到来，对于所有骑士来说都会是一个重大节日。

总而言之，中国城市颁行的禁摩令实在是有失偏颇，我暗自祈祷南京的官员们千万不能盲目跟风和拍板禁摩。况且“禁摩令”只是不准老百姓骑摩托车，警察大员们却照样大摇大摆骑着摩托车来回巡逻，难道警摩就不污染，警摩就格外安全，警摩就可以法外开恩？这只会造成“只许州官放火，不许百姓点灯”的又一翻版而已。摩托文化博大而且深厚，如果这段历史在我们这个时代随着“禁摩令”一风吹散了，今后国际摩托车协会前来交流，我们只能派出自行车协会的成员接待，“鸡同鸭讲”，不是一个笑话吗，又会引出无限遗憾。

其实驾驶摩托车是一种充满乐趣的高端体育活动，哈雷机车长久以来一直是自由大道、原始动力和美好时光的代名词，这种精神上的契合，是车迷爱上哈雷的最重要原因。世界上有无数总裁、董事长等高端人士热衷于摩托车运动，就因为在迎风驰骋中找回了骑士的感觉。身为资深的骑士之一，我在这里还是要强调一下基本的骑士精神，如永远不向行人和自行车鸣喇叭，时刻注意避让和礼让行人，而无论这些行人在用何种不可思议的方式恣肆违反交通规则等。

杜甫在《房兵曹胡马》中写道：“胡马大宛名，锋棱瘦骨成。竹批双耳峻，风入四蹄轻。所向无空阔，真堪託死生。骁腾有如此，万里可横行。”谨以上述的骑士精神合并此诗，一起转献给身边所有的摩托车骑士、助力车骑士、电动车骑士和自行车骑士。

推崇骑车

中国曾经是世界头号的自行车王国，世人对此好像没有什么异议，人多嘛，骑自行车的人当然就多。三十几年前，乔治·布什到北京来当联络处主任，一眼就看见满大街穿蓝衣服的市民浩浩荡荡骑着自行车上下班，景象十分壮观。当时外国媒体惊称中国是“骑在自行车上的王国”，此言不虚。如果今天仍然有人这么称呼中国的话，我们心里就不会这么有把握了。

首先是城市公共交通发展而且发达了，南京的地铁一号线和二号线已经运行多年，在建的地铁编号竟多达两位数，看样子这座十朝古都的地下交通要率先实现“管网化”了。地上的公交线路也是四通八达，公交总公司与中北、雅高三分天下，豪华空调车的配置比例较大，“促使”乘客奢侈一把提升了市民的生活水平，公共交通确实无愧于市民出行的首选交通工具。

出租车作为公共交通的补充，发展十分神速。招手即停，路线任选，只要钱包里的银子足够使用，你就可以吩咐司机一直开下去，直到国境线上。经常看见小区门口静静停放着几辆出租车，就像是一群只要投币就可以任意驱使的金属貔貅一样，时刻准备伴你“路漫漫其修远系，吾将上下而求索”。

家庭轿车的普及速度，用“海啸”来比喻似乎夸张了一点，但是其对家庭生活传统和生活概念的颠覆，却不亚于有史以来的最强烈的海啸。一部分先富起来的人手握私家车的钥匙，踌躇满志地打开车门，坐进了驾驶位。随后在许多城市引起了关于路权平等的大讨论和种种疑问。

就这样，昔日的“自行车骑士”一部分选择乘坐改善后的公共交通，一部分经常“打的”，还有一部分自己当上了自己的司机，还有一大部分转向兴起的电动自行车。中国的自行车家族一直呈现出减员趋势。自行车毕竟属于人力车，需要骑车人左一脚右一脚辛辛苦苦蹬踏才能前行。劳苦自不必说，形象也打折扣，还要风餐雨沐。在机动车潮流日复一日的汹涌冲击、席裹和挤压下，昔日的自行车王国一度竟到了“古道西风瘦马”的地步。

作为“单兵”式的传统个人交通工具应用，自行车先是受到了燃油助力车的有力挑战，后又面临着电动车的生死决斗。燃油助力车自一开始就是摩托车家族“先天不足”生下来的怪胎，尤其是两冲程的助力车，被摩托骑士戏称为混浊气体发生器。按照国家标准《汽油机助力自行车》（GB17284-1998）规定：汽油机助力自行车是装有汽油机的两个车轮的特种自行车，汽缸工作容积应不大于30毫升，助力车的最高车速应不大于20公里/小时。如果真按这个标准生产，助力车甫一出世，可能自己就把自己先淘汰了，那速度可比人力自行车快不了多少，竞争优势太不明显了。但中国人是多么的聪明勤劳和勇敢啊，经车行私下改制后，许多助力车扩大了排量，变成了“小车身，大排量”的脾气暴躁的街行怪兽。于是在南京街头经常可以听见背后像是救火车那样轰鸣着开来一辆高速“助力车”，听上去引擎声音就像是运动员刚跑完“环球长跑”心脏在激烈跳动。回头一看侏儒车型的车把上面伏着一名不畏死的骑手，刷刷地超越一辆微型机动车飞驰而来。可怜燃油助力车的刹车、传动等系统都无法适应高速运行，一次紧急刹车就可能造成车身变形，骑手们可谓是“命悬一线”。

在此之后，自行车骑士们又纷纷被电动车阵营“招安”。在我印象中关于电动车的废电瓶处置问题的争论似乎还没有结束，大批电动车已经攻城掠府，呼啸而来。电动车普及的速度越来越快，一次在开会时听见南京电动自行车行业协会的秘书长介绍说，正在参与关于电动摩托车标准的拟定，顿时令我产生“洞中方数日，世上已千年”的感慨。原先的自行车女骑士们是这次被电动车招安的主要对象，她们囿于体力的限制，特别地对省力又轻巧的电动车情有独钟，青睐有加，“巧目盼兮，魂为之牵”，女骑士们义无反顾地纷纷加盟电动车大军。2009年春节我在苏州街头做过一次统计，慢车道上风驰电掣经过的车辆中，十有八九是电瓶车和助力车，十之一二才是自行车。昔日的自行车王国，如今风光不再。

在南京街头，自行车受到轻视的主要标志是慢车道越来越窄，甚至在有些路段干脆不打招呼就取消慢车道，让车子越来越难骑。譬如在市中心珠江路上，一些路段上的自行车道忽然无端消失，自行车统统被逼上了人行道，与慢悠悠的闲散行人争抢路权，险象环生。在另外的一些路段，自行车道不幸又与快车道合而为一，自行车骑士们被驱赶到轰隆隆疾驰的公交车的夹缝中间提心吊胆寻觅一条活路，冒险杀出重围。有些公交车站台的设置方式仿佛存心是向自行车手寻衅滋事，一旦公交车像一段移动的明城墙那样逼近并靠边停下来，自行车就根本无路可走，只有仰天长叹“天不我予”。

自行车骑手的这些苦恼，好像一直乏人同情，至少是政府根本没有把这些问题放在应有的位置来看待。以前城市管理者的奋斗目标是增高 GDP，现在换了个名字叫做扩大内需，实际内容都是一样：要求生产和售出更多的产品。这是一本不太难算的账：卖一辆汽车要顶上出售几百辆自行车，而修一条高速公路每年收费的效益更是相当可观，至于修一条自行车道完全是赔本的买卖。让那些屁股坐在自行车座垫上的家伙们靠一边去吧，没人有兴趣去倾听他们的倾诉，哪怕是装模作样听一下也不成。

如此一来就凸现出一个问题：关于城市交通的思维越来越单一化和程式化了。中国庞大的人口基数本来就决定了完全照搬西方交通模式行不通，一味追求省力和高效就不得不付出环境污染的沉重代价。而对于自行车交通的无意疏忽和有心轻视，更暴露出舍本求末的心态存在：那既是对最环保最健康的一种交通方式的漠视，又是对于人与自然自在合一为内涵的人本主义的放弃。把自行车归属到“不发达”一类的交通工具，以“车”取人，这个社会的价值取向就明显出现了偏差。

也许，人类社会的发展规律总是要先走上一段“歪”路，才会回归到正确道路上来。英国等老牌的资本主义国家经济率先发达了，终于醒悟到环保与自然和谐的重要性。伦敦市长鲍里斯·约翰逊带头骑自行车上班的照片一时间传遍了全球。这名出生于 1964 年的满头乱蓬蓬金发的保守党人身背公文包手扶龙头双脚飞踏快速穿行在伦敦的大街小巷，据说还曾因为自行车超速行驶收到过罚单。他显然很惬意自己的骑车生活，自诩是为了表达一种“开放、透明和个性自由的观念”。据说伦敦市长在英国是仅次于首相的高官，他的骑车举动确实震撼了很多人保守的思想基础。其他城市也有相同的借鉴，如圣彼得堡市长马特维延科决定大力发展自行车道，建设自行车环城线路，准备要求市政官员在自行车道建成后改骑自行车上下班。

对于自行车采取“敌视”态度的市政府却也大有人在。譬如以大连为代表的个别城市实施了禁止自行车交通的措施，鼓吹建设“无自行车城市”，据说这还是向首尔和莫斯科学来的经验，在这些城市里自行车只允许在特定的道路上作为健身之用，全球市民风雨无阻全天候的交通工具在这里被呆板地限定为健身器材。大连建成“无自行车城市”后，城市最直观的变化就是“景观上有很大的改善”。街道上基本看不到自行车，也没有非机动车道，没有了大量自行车“占据道路，成群成团行驶，干扰机动车交通的景象，交通显得十分简洁。”此外，很重要的一点是“拆除了机非分隔栏和机非分隔带，非机动车道改为机动车道，在不拓宽城市道路的情况下，增加了机动车道面积，增加了机动车容量，缓解了城市交通的压力，节省了政府投资。”

恕我直言，我对大连的做法感到相当反感和非常不解，非机动车给机动车让路，这本身就是一种令人费解的错误观念。大连曾经是一座拥有160万辆自行车的城市，自行车曾给市民生活带来了极大便利。单从环保的角度来说，原先依靠自行车交通的上百万市民一旦转向依赖机动车出行，新增加的空气污染和机动车停放压力就是不容忽视的问题。更何况自行车在生活中还扮演了许多特殊的功能，如市民从超市里买上一袋米，两壶油，怎么弄回家去就成了大问题。我不相信大连当局沾沾自喜自诩“公共交通十分发达”以至于到了公交公司能派人帮体弱市民把一袋米扛回家去的地步。市民在“禁自行车”后面临的许多新困难肯定被撰写报告的人们有意“忽视”掉了。全世界所有的自行车骑手都知道只要把沉甸甸米袋往自行车后架上一搁，就可以稳稳当当推到家门口。一座著名城市如此公然禁止自行车的做法，实在是异想天开，舍本求末，难为表率。

自行车的出现曾经创下了人类发明史上最重要的纪录之一，没有副作用也没有污染，技术简单，方便快捷。既维修方便，停放容易，又有益健康，环保节能。骑自行车是一种改善人们心肺功能的耐力性锻炼。现代运动医学研究结果表明，骑自行车是异侧支配运动，两腿交替蹬踏可使左、右侧大脑功能同时得以开发，提高神经系统的敏捷性。而国际有关委员会的调查统计表明不同职业人员中以邮递员的寿命最长，原因之一就是他们在传递信件时常骑自行车的缘故。发达的工业社会把人变成了丧失批判性、否定性和超越性的单向度的人，使人沦为消费行动和消费品的奴隶。在消费的过程中，人被逐渐异化。现代文明人的野外生存能力已然微不足道了，千万不要再从他们身边把自行车夺去。

请有魄力的城市管理者留意保护这种绿色环保的交通工具吧，充分发挥自行车“短距离交通之王”的威力，如省市政府可以提倡 3 至 5 公里之内公务员们一律骑自行车上下班，达到节能减排的目的。同时我衷心呼吁大连等城市尽早对自行车开禁。

让我们一起呼喊：“自行车，归来。”

垃圾食品

这几年，“垃圾食品”这个词汇，从呱呱坠地到长成“万人迷”，只用了很短时间。就像一枚超级蘑菇，“一衣扫风雨”过后，突然就在汉语词典的温床中挤出了庞大的身材，让其他语汇一时相形见绌。

我还没来得及搞明白什么叫做“垃圾食品”，许多昔日的美味和当下的佳肴和“梦里的大餐”就已经一串串、一排排、一行行身系囹圄，带着手铐脚镣发配食品王国边疆去效力了。我不禁无限遗憾，恨不能冲着西去的背影大喊一声：“嘿，再让我吃上一口……”涎水已然汹汹地夺口而出。

强行把一种美味食品定性为“垃圾食品”，那是一件多么残酷的事情。昨天还是“三千宠爱在一身”，今天已然“夕贬潮州路八千”，成为了万夫所指的过街老鼠。一些医生和专家充当了讨伐“垃圾食品”的急先锋，争先恐后打响了第一枪。连世界卫生组织也来凑热闹，搞出一个“全球十大垃圾食物”排行榜，指名道姓地通缉他们宣称的“垃圾食品”，一时间扮演了食品界的国际刑警组织的角色。

我至今还是不能释然，为什么一盘人见人爱的喷香的炸鸡块，就硬生生地与“垃圾食品”划上了等号。洋快餐刚开始登陆中国大陆的时候，南京所有的“肯特基”餐厅全部天天挤爆，我带着孩子虔诚地排队很长时间才能接近光环笼罩下的前台祭坛，又献上百元大钞，才领到一份组合复杂、香味浓烈、食客迷信色彩更加浓厚的心灵大餐。打开一看，里面的主要角色就是炸鸡块、烤鸡翅之类，价格十分昂贵，当年食上一顿要耗费我一日的工资收入。这样美味的、不菲的、受欢迎程度高的快餐，何时竟戴上了荆冠，成了千古罪人了呢？

其实岂止是炸鸡块，我必须老实承认，十大垃圾食物统统是我钟爱有加的心仪之物。譬如我很喜欢吃腌渍类食品中的咸猪肉，岳母大人特别擅长腌猪肉并且每年设法从苏州给我们带来，咸猪肉煮熟后切成扑克牌大小，肥瘦层次鲜明，脂肪部分颤巍巍地呈透明的珍珠色，夹在葱饼中间送入口中，我舌头像被催眠了一般不舍得轻易动弹，那笼络人心的滋味就像弥漫大雾渐渐散开遮得万物朦胧。我还酷爱冷冻甜品类食品中的巧克力冰淇淋，每当我捧起一支蛋筒，就缅怀起老街上的那口深井，在我儿童时分母亲就是从那井中汲来凉水冰镇西瓜让孩子们大快朵颐。我梦魂牵绕的还有一种江南传统菜肴，青菜切成细丝，速腌后，与肉丝一起快炒，再丢进去几根红辣椒丝，其味道十分鲜美迷人，至今还耿耿于怀。可这“腌菜炒肉丝”备受专家攻击，惨遭不幸，如今连垃圾食品也排不上队，恐怕竟要排到“健康杀手”一类中去。我想，世界卫生组织的官员如果当面听到我以上的“饮食忏悔”，一定会觉得“朽木不可雕也”，决意要把我图文并茂地印在小册子上当成反面教材永远也不宽恕我。

实不相瞒，我的同情心始终与一盘默默无闻的、顶着“垃圾食品”罪名的炸鸡块同在。我觉得，其实就一盘炸鸡块而言，无论如何也算不上是“垃圾食品”，一瓶可乐也不能算作“垃圾饮料”。这些受到人们偏见而被打入另册的食物或饮料，只有长时间地、单一地、大量地偏食偏喝，才会对人体健康产生负面影响，才应该被当作“垃圾食品”大量积累发出警告。据说炸鸡块沦为“垃圾食品”的罪名是使蛋白质变性和破坏维生素，导致心血管疾病，含有致癌物质。那些世界卫生组织官员在布告天下的同时好像是忘记及时地补充一句，偶然地吃下一盘炸鸡块，其对身体的不良影响实属微乎其微，现代医学指标根本无法衡量。那些对“垃圾食品”的指控，主要是针对理论上的基于偏食一族的食品群落。

所以，尽管对“垃圾食品”的指责和抨击甚嚣尘上，痴迷于鼓捣炸鸡块名堂的肯特基和麦当劳依然在全世界把生意做得越来越大，没受到什么影响。2006 年 5 月在参观尼亚加拉大瀑布的途中，中午妻子和我步进肯特基快餐店，一辆警车稍迟在门口停下，走进来一位高大魁梧的警长排在我们身后，过了一会儿警长端着上尖竖流一大盘食物走过我们的桌子，那盘食物丰盛无比足够 5 条中国大汉吃喝，警长以一当五地独自展开了“垃圾食品”攻坚战，看得我目瞪口呆。由那时起，我对于社会抨击“垃圾食品”的种种说法便开始产生了一系列疑虑。

女儿去美国留学，第一个周末就参加了一个中国家庭举办的烧烤晚会。美国人在家里待客，经常是在后院支起大烧烤炉来，备上几十、上百支竹签子，串上当天活杀的新鲜红鲷鱼，大虾、生蚝、三文鱼、鲜贝、牛柳置于炭火上慢慢烘烤，或淋上橄榄菜汁吊鲜，或佐以盐末与胡椒，肉片细腻的纹理如同大理石一般清晰，嫣粉的色块，嫩滑但却不腻的口感，人人唇齿生香。宾主手持酒杯在后院草地或坐或站，中国人、美国人、法国人、日本人还有非洲人济济一堂，简直就是一个小联合国在开联谊会，气氛怡然。

倘若此时，世界卫生组织的宣传车恰巧驶抵后院墙外，一定会抓紧时间加大喇叭音量反复提醒说："1 只烤鸡腿等于 60 支香烟的毒性"，那对于当晚所有食客来说不啻是当头棒喝。我不明白世界卫生组织为什么会得出如此一个异想天开的结论，香烟的毒性主要在于尼古丁，一支香烟所含的尼古丁可毒死一只小白鼠，20 支香烟中的尼古丁可毒死一头牛。按照世界卫生组织这种不着边际的说法，1 只烤鸡腿足可以毒死三头牛吗？面对这样奇葩的比喻，我想就连世界卫生组织的官员自己听了也会觉得荒唐莫名吧。据说烧烤可致产生"三苯四丙吡"，这种化合物随食物与胃粘膜接触后，是构成胃癌发病的危险因素之一。可是，如果那晚宾客细嚼慢咽吃下了一支烤鸡腿，身体健康就真的受到了极大荼毒吗？我认为这简直是危言耸听。

但那十类食品一旦戴上了"垃圾食品"的帽子，就受到了人间歧视，灰溜溜地抬不起头来。至于可乐，我依稀记得罪名是"含磷酸、碳酸，会带走体内大量的钙，还有就是含糖量高。""垃圾食品"与"有毒食品"其实有着霄壤之别，食一盘料理不当的河豚鱼，有可能造成顾客"五步倒"，步履歪斜地连餐厅的门都走不出去就丢了卿卿性命。而名誉蒙难的"垃圾食品"则从来不会像杀手一样取人性命，至于适量食用，利耶弊耶则很难说。正确的提法似乎应该是：不要长时间地偏饮偏食所有食品，譬如说某十类代表性的食物，而不要轻易直接冠名为"垃圾食品"。

更何况，我们这座星球上不是食品太多，而是食品偏少；吃饱的人多，挨饿的人也不少；营养过剩毕竟是极少数，营养不良才是人类亟待解决的头号问题。像古罗马贵族那样连吃三天三夜流水席，吃得过饱之后，走到外面呕吐掉，然后回转到餐桌前继续大吃大喝，这样奢靡的餐饮现象并没有出现。尤其是在中国贫困地区，“炸鸡块”就普遍意义而言还属于一种可望而不可即的美味食品，一般平民不是经常有机会都来亲近一下，所以，千万不要急于把“垃圾食品”的罪名强加于之。

反过来说，如果长时间地、单一地、大量地偏食偏喝，则现在侥幸跻身于健康一类的所有食品几乎都对健康有碍，甚至有害。就拿世界卫生组织顶礼膜拜、竭力推荐的番薯来说，在 40 年前大饥荒时期我们这几代人曾经与番薯家族亲密无间地接触了很多年。那时中国人没吃没喝，只好长时期地单一地只食番薯和“飞机包菜”，其结果让全世界人民有目共睹：几亿大陆华人严重营养不良，腿脚浮肿，这一切历历在目。

我多么希望，那些衣着考究、举止优雅的世界卫生组织官员下一步就把法国黑松蘑、烤鹅肝、俄国鱼子酱……统统定位成“垃圾食品”。那时候我一定会奋不顾身地冲出来大声疾呼：危险，你们闪开，让我来做出牺牲！可是我知道，一定会有无数抨击“垃圾食品”的人士抢先一步坚决地立在我的前面，阻挡住我，打消我的疯狂念头，然后毫不犹豫地把这些“垃圾食品”径直吞进他们自己理智的、但是深不见底的嘴巴里去。

北京奥运会上，男子 100 米和 200 米“双冠王”博尔特坦白，他最喜欢吃垃圾食品，而且他最嗜食的那种垃圾食品 Chicken Nuggets，是属于连“垃圾食品拥趸团”也觉得是顶顶垃圾的那种，连一般的垃圾食品档次还算不上，是公认的“垃圾食品”中最“垃圾”的一种。在记者招待会上，只要博尔特一提起他钟爱的 Chicken Nuggets，世界各国记者就会爆发出一阵会心的意味深长的大笑，让他们前仰后合，乐不可支。

博尔特的一席谈，以及唯有超级垃圾食品作为他的强劲动力让他在跑道上卷起一股罕见的龙卷风这种事实，构成了“2008 第一悖论”，足以让普天下所有抨击“垃圾食品”的人士当场语塞，痰阻中心，立马晕倒，在地下躺成一片。在救护车的铃声由远而近响起之前，我隐约觉得报复的时机到了，连忙大声疾呼：“快，救人要紧，赶快给他们灌……大瓶可乐。”

美食之患

“人活着是为了吃”，还是“人吃是为了活着”？这是两种完全不同的人生观念。前一种把吃喝当成人生顶级的追求目标和最高档的享受，如美食家和好吃鬼，一辈子没别的追求就讲究个口腹之欲，拜倒在美食的祭坛之下不能自拔。当然没有人能说这就是错误，人生追求不同，各有其志嘛。但是，如果一个国家吃喝之风盛行，从京城到边疆官员们毫无忌惮地带头吃喝，并且是公款大肆吃喝或利用权力免费吃喝，这就是一个令人侧目的严重现象了。美食在这里扮演的就是“祸患”的角色 。

余生也晚，不知道在历史上各朝各代美食受到重视的程度究竟如何。反正在我长身体时，恰好逢上中国的大饥荒，好多年里母亲竭尽全力可连一家人的基本营养都维持不了，一岁之中只能闻到有限几次肉香。“子在齐闻《韶》，三月不知肉味。”当然，那时我们是全民食素，但绝非是欣赏《韶乐》留下的后遗症。据说那场大饥荒饿死了四千万人，那时候美食要想成“患”，乃是一件无比奢侈和遥远的梦想。贫困养“廉”，经济基础决定了上层建筑。

大饥荒过去之后，大约在上个世纪九十年代，国家经济状况好转，缺吃少喝的问题在部分地区得到了缓解。没想到中国的吃喝风忽以前所未有的凶猛势头，呼啦啦地席卷北国江南。我想，六十年代初那场大饥荒与后来飙升的这股吃喝风也许还是脱不了干系。那一次集体大断粮肯定是把中国人真正饿狠了馋疯了弄苦了搞怕了，潜移默化中改变了几代中国人的遗传基因，集体潜意识中产生了一种空前强烈的饮食要求，暗示人们要抓紧一切时间山吃海喝，胡饮乱塞，以提防冥冥中大饥荒冷不几地突然杀个回马枪。如果饿断肠的历史真会重演，那么自己腆起的肚子和满腹脂肪至少可以抵挡好一阵时日。

装饰豪华的酒楼餐馆雨后春笋般建立起来了。山珍、河鲜、海味源源不断运送进餐馆后场去了。川菜、鲁菜、粤菜、湘菜、闽菜、徽菜、浙菜、京菜、客家菜、淮扬菜、海派菜、潮州菜、东北菜……餐饮业机器的齿轮像摩天轮旋转起来了。大批乡下妹子紧急补充到餐饮前线急需的女侍应生队伍中去了。价格昂贵的名酒佳酿、琼液玉汁像倾盆大雨渗进大旱后的土地瞬间就从餐桌面上消失了……根据一家餐饮学校的统计数字，中国目前大约有中餐厨师约 800 万人左右，未来 5 年内预计还需要增加 400 万人，这样一来中国的职业厨师就会变得比希腊的总人口还要多。两大古文明在横向比较上，这一个项目便出现了巨大倾斜和严重失衡，可惜中国人赢得这一强势的意义仅仅表示自己多么能吃、会吃和倾心于吃。夜夜笙歌，奢靡豪华。一些谙熟潜规则的人士透露，在北京请吃，动辄就是“万元席”，否则官场人士根本不来。

有吃本来是件好事，食有鱼，连冯谖都不会弹铗抱怨了。奈何是中国的这股吃喝风竟如一次次热带风暴登陆，铺天盖地，雷霆千钧，迅速席卷万物——包括企业利益、政府费用——都归于嘴巴这个无底深洞。政府的职能部门管天管地，却管不住自己嘴巴，有条件的吃，没有条件的创造条件也要吃，最后吃出麻烦，吃出债务，某乡政府在一家餐馆累计积下了一公斤欠条，无力偿还，引出了一场诉讼官司。至于饮酒过度，以身殉酒，吃出人命的丑闻更是此起彼伏。

这样一来，“中华吃喝风”与中华的美食文化之间就拉开了距离，赴宴者口口声声要发扬饮食文化的伟大传统，灯红酒绿，移樽换盏之间，却一览无遗地暴露出饕餮者文化品位的低下和个人素养的浅薄。曾有美国来访者看见中国城市餐馆天天晚间高朋满座热闹非凡，不解地问道：这些人都没有家庭吗？他们为什么都不回去陪伴自己的妻子？这句问话的潜台词是：难道吃这顿饭很重要吗？莫非在中国吃吃喝喝竟能超过了对于家庭的责任和重视程度？

吃喝风暴浩浩荡荡席卷全中国，西方人对此难以理解，这与他们对于吃喝行为的轻视和淡化，是直接相关的。普通美国人的业余生活绝少大肆应酬，他们更重视自己的家庭。一般下班后便直接回家，全家人共进晚餐后就足不出户。在西方，请吃有时也不会来，请吃也办不成事情。在这一点上，“人吃是为了活着”这个概念，倒是在西方文化上首先得到了印证。

中国的吃喝风历史上由来已久，有着博大深远的传统渊源，皇上的“榜样”在此起到了不可估量的示范作用。明朝万历年间御膳房的食料清单上注明：皇帝一天要享用 126 斤猪肉，5 只鹅，33 只鸡，60 个鹌鹑，10 个鸽子，20 斤香油，23 斤面。此外还有 16 斤核桃、8 斤白糖等。如果光看这份食谱我想应该能喂饱一群霸王龙。雍正年间的大学士、军机大臣张廷玉编纂的《国朝宫史》，对皇帝的“日用饮食原料额”作过以下统计：一般情况下，皇帝每日用盘肉 22 斤，汤肉 5 斤，猪油 1 斤，羊 2 只，鸡 5 只（当年鸡 3 只），鸭 3 只……另外，御茶房还要恭备皇帝每天用牛乳共 100 斤；茶叶 75 包（每包 2 两）。但依我之见，如此叠碗架盘为皇上专备的大批美味食品，他连百分之一也根本消受不了，他老先生又不是中国头号的相扑运动员，没有必要豁出去把自己的胃当作超负荷运转的饲料粉碎机使唤。中国封建社会物资匮乏，民间挨饿受冻是常有的事情，于是像皇上一样去山吃海喝，就成了许多人心底最大的愿望。

也有资料津津乐道记载，1949 年以后，高级领导人们动辄豪饮一斤茅台酒甚至更多。如此饮酒，餐桌上佳肴必不可少。大明、前清王室及官府的吃喝风传统，就这样“润物细无声”地传承下来了。

大摆筵席，豪华阵容吃喝，这大概算得上是第三世界的特色之一。如烤骆驼是非洲国家的一道国菜，马里外交部招待外国使节的大餐就是一道烤骆驼，骆驼被掏空内脏，一只烤全羊会被置于骆驼腹中，一只烤鸡又含于全羊腹中……俗话说“瘦死的骆驼比马大”，这一道烤骆驼大菜估计净重可达 200 公斤，按每名大使一次食肉 1 公斤分配，全球各个国家的大使全部到齐，也啃不完。

西方国家以自己国家和民族的美食传统为自豪，也会大肆对外进行宣传和推广。其中与中国重视饮食习俗最接近、最有资格媲美中华美食文化的是法国美食。法式大餐食料之珍贵，制作之繁复，配料之丰富，价格之昂贵，比起中国美食来一点也不含糊，如著名的香煎鹅肝、烤三文鱼土豆酪、法式焗蜗牛、法国黑松蘑等。但是，如果是公款请客，法国人的聪明才智就会充分发挥出来，美食是美食，公款是公款，两者之间没有直接的联系，他们绝不会大手大脚一掷千金地浪费纳税人的钱帑用于山吃海喝。我中学的一位老同学曾陪杭州市长去法国访问，到了马赛，当地市长决定款待中国朋友，一顿晚饭吃了接近 4 个小时，据老同学透露说，往往是隔很长时间才端上一道菜来，其余时间桌面上几乎总是空荡荡的，主宾之间便一股劲儿地空聊。老同学戏称说，完全可以在上菜的空隙中，两市的首长们抽空练习一把中法桌球对抗赛。这个例子生动地验证了法国菜过程复杂、耗时长、吃不饱的真理。如果说法国官宴有什么浪费的话，浪费的只会是时间，而绝不会浪费纳税人的金钱。

西方人遇到公务宴请，往往只派一人作陪，其他应邀的作陪者则需要自己付钱，账单会送至财务处，直接从工资里扣除，一点也不含糊。法国餐的菜单也很简单，主菜不过十来种，但制作都极其精美。法国餐的另一个特点是注重程序和礼仪，汤热不能用嘴去吹，要等到自然凉下来再喝。喝汤时不能发出声音。嘴里有东西时不要开口说话。至于饮酒则是十分随意，不劝酒、不猜拳，“干杯”只是意思一下。令人印象深刻的是一定要把面包用手掰成小块，再抹上黄油，切忌把整个面包都涂上黄油。据说在法兰西吃面包“吃一口掰一口”的习俗已流传了几个世纪，为的是可将吃剩下的面包分给穷人。

布鲁塞尔是欧盟的“首都”，东道主宴请欧盟各国的首脑一般也只有三道菜：冷菜，主菜是烤肉或鱼，然后是甜食。比利时国王宴请中国领导人的食谱是：第一道色拉；第二道牛肉土豆和煮青豆；第三道冰淇淋。饮料是葡萄酒、矿泉水和咖啡。西方上流社会那种把餐饮价值淡化到极致的做法，与中国上流社会铺排张扬、奢侈浪费的宴请风俗，风格完全相反。

美食本身，十分美好。但是被不恰当地追求和挥霍，就可能导致“误国、误人、误身”的三重危险。

一是美食误国。谈判桌上解决不了的事情，转移到餐桌上去往往就容易峰回路转，柳暗花明，这是有目共睹的事实。山珍海味诱惑了大量官僚，浪费了大量金钱，蹉跎了大量光阴，败坏了官风和民气。前些年来吃果子狸吃出来一场大动静，惹起一次 SAAS 流行，一些高官在 SAAS 事件中处置失当，为此还丢掉了乌纱帽。中国的官僚腐化堕落，“贪吃”往往是其迈出的第一步，望着衙门口每晚急匆匆赶赴各种应酬活动的那些黑压压背影，老百姓心头浮上了层层乌云。

二是美食误人。品味美食，要比品尝普通家常菜肴耗时，一般需要美酒导引，盘盏环绕，八冷八热，点心水果。如是公务应酬，没有两个多小时离不开餐桌。即使是私人宴席，也要花费大量时间和精力进行料理。把宝贵的光阴用来祭祀高高在上的食神，学习和休息的时间便受到了严重挤占，自己也不知不觉变成了低级趣味的人。

三是美食误身。“美食从来就不代表营养，”这是一条众所皆知的规律。美食一般意味着高蛋白，高油脂，高糖，高热量和高污染，对食客的健康来说没有什么益处。一些传统的腌腊食品——如咸鱼——更是屡屡爆出“多食误身”的告诫，中国历史上缺乏有效的保鲜方法，所以先民们只好借助盐腌手段，如今科技发达，回过头来追究风鸡这类传统美食的制作效果，实在令人心中怀疑。

一笔“吃喝史”，千秋糊涂账。美食名下，掩饰了一个社会不堪启齿的多少秘密。在这个以美食自豪的国土上，我期待着有朝一日建立起一座“饕餮博物馆”，让那些大快朵颐、以身殉食的各界人士也露露脸，金榜题名，青史留“芳”，流传千古。

食尽饭粒

中午到员工餐厅进餐，刷卡后领到一张大号的不锈钢餐盘，上面凹凸有致地排列出若干区位，依次顺着柜台前面走过去，餐厅员工为我分门别类打上五颜六色热腾腾的饭菜。再领取一双筷子，剩下来的事情就是动员自己的牙齿悉数投入战斗，把美味的“俘获物”一举消灭殆尽。

这家员工餐厅隶属于一家经营中高档时尚百货兼做商业地产的企业，员工的构成很有特点，多是二三十岁的年轻人，年轻姑娘居多。进餐时分，餐厅里叽叽呱呱的交谈声不绝于耳。大分贝的聒噪声并不会使我心烦，但是，每次出门时我都看见，在回收餐盘的桌前大量剩余饭菜堆积如山，这一现象令人心中忐忑不安。我有充分理由为那些浪费食物的同事们辩护说使用筷子在不锈钢餐盘上面进餐本身是一件困难的事情，很难扫荡干净盘中的食物，尤其是那些白花花的米饭。但我的心还是被深深地刺痛了，毕竟这是一个没有完全摆脱饥饿和贫困的国家，毕竟盘中之餐“粒粒皆辛苦”。

现代中国人的举止常常令人感到不可思议，最突出的范例就是在吃饭这件事上表现出来的非理性和不严肃性。当然，我这里所指的是在公共场所的饮食消费，而非私家的一日三餐，后者属于私密性很强的个人隐私不说也罢。而前者往往发生在公众的眼皮底下，虽不是有意展示，却也难分难舍地变成了社会生活不可分割的一部分。

公款吃喝，海量陪客，强行劝酒，靡费钱财，贪婪无厌……一些中国人酒席的吃相难看，一再被世人诟病，但这一切都不属于本文的话题。多年之前我曾在南京鼓楼一家高级餐厅看见过“炒雀胗”这道菜肴，当时就惊讶得不能平静下来，一盘雀胗至少来自七、八十只林中飞舞的精灵，人们非要吃吗，人们不吃就不行吗，是什么人不肯放过那些飞舞的仙子？我当时就强烈感觉到了人类本质背后的贪婪和卑下。在中国人饕餮残忍的食谱面前，天地万物，一概莫能幸免也。南方某省的食客们一向是餐桌上的急先锋，在2003年终于食出来一场轰轰烈烈大动静，引出SARS横行世界，枉送了许多人的性命。可见吃相不好是会遭到大自然强烈反弹和严厉报应。

饮食世界，乱象丛生。报纸上披露一些酒店所谓的鲜榨果汁其实百分百是添加剂，那些大快朵颐的餐客实际上是在狂灌百元一札的化学配方，近似于是在饮鸩止渴。当然，这些也与食客的吃相无关了，是属于无良店主的职业道德品质方面的事情，也与本文无关。

我在这里想说的只是一件小事：食尽你盘子中的饭粒。这举止本来十分简单，实行起来并不困难，男女老幼皆能完成。同时这又是一个妇孺皆知的道理，“节约每一粒粮食”这一原则耳濡目染早已是立家立国的基本柱石。但在中国的城市里，却始终无法将“食尽饭粒”这样一个简单道理变成现实。本文关心的只是关于吃饭一方的一件细微小事，属于进餐程序的最后一道环节，那就是在你起身离去之前，你有没有食尽你面前盘子里的饭粒？很多人不把浪费碗中的粮食当一回事，与此同时，很多中国人大大咧咧也不把其他重要严肃的生存大事当一回事，譬如说节能环保，又譬如说生态保护。

中国是一个发展中的温饱型国家，某些地区的某些阶层民众，在食物来源和食物结构方面还存在着很多由于匮乏引出的严重问题。每年的自然灾害都会不同程度地加重或延长这方面的危机。环境和气候并不一直是危机的主要原因，我怀疑中国人由于漫不经心地随意糟蹋和浪费食物而造成的损失，或许有时候要超过飓风雪灾洪水这些气象罪祸的影响。

大城市里餐馆酒店的饮食浪费长期以来十分惊人，山吃海喝的局势一次次失去控制。官员们接待外宾不知不觉就折射出了明朝君主“怀柔安远”的大国风范，场面盛大陪客麇集阵容铺张，开了豪华吃喝的风气之先。接着接待内宾也是山珍海味，杯觥交错，上行下效遂演化成了食不厌精脍不厌细的官宴风尚。企业宴席紧随其后在内容、形式和档次上不遑多让。就连当代中国的大学食堂也成了国人浪费糟蹋粮食的另一个样板厅，我在那里多次看见许多稚气未脱的学生把一盘盘食品直接扣进垃圾桶中去，似乎那些垃圾桶也是学生餐厅里进食的主角之一。

食尽碗中的饭粒真的那么困难吗？非也，不难也，乃不为也。多年前德国总理科尔吃完饭后，旁若无人地端起面前的盘子，伸出舌头把盘子上的面包屑和牛排渣舔得干干净净。德国的多家媒体当场拍下特写，登载到第二天报纸的头版头条，公众一致盛赞科尔是德国历史上最为简朴清廉的总理，赞誉他为德意志的财富。科尔总理在公众面前舔盘子是他自然性情的无意间流露，而绝非是一场明星秀。可想而知，这位身高 1.93 米的巨人平常在自己家里一定会善自珍惜每一粒粮食，绝不会让人在浪费食粮方面从他身上找到一丝一毫的毛病。一名严于律己、注意克制的人，正是公众可以对他放心的人，也是在科尔的任上，德国于 1990 年 10 月 3 日实现了统一。该年年底，德国举行完成统一后的首次全德大选。科尔所属的基民盟大获全胜并组成全德大选后的第一届内阁，科尔成为统一后的德国的第一任总理，获得“统一总理”的美名。一名政治家由舔盘子的动作到顺利出任“统一总理”，其间人气之贯通，联系之流畅，道理之自然，都是显而易见的。

当然我也不鼓励每个中国人都去舔盘子，中国的碗与西方的盘子相比，显得周径太小，碗底又太深，弄得不好会沾得鼻子和下巴上全是肉汁，假如这副尊容登载到第二天报纸的头版头条上去，只会叫人奚落一番。我只是期待每一位同胞食客循规蹈矩地端着自己的饭碗，使用筷子、调羹或者刀叉等进餐工具，干干净净地吃完面前的粮食，莫让白米饭遗弃在饭碗里。

为什么中国人会在国家并不富裕的情况下浪费和糟蹋粮食呢？这问题十分耐人寻味。当代中国人的精神文明体系早在“大破四旧”之后五雷轰顶，溃不成军，长时间处于分崩离析的残破状态，远未能够按照乌托邦者的预期建立起所谓的“四新”体系来。

当下浪费粮食首先应该是思想道德方面一种缺陷的暴露。暴殄天物，人神共愤，个人的素养素质是自己一切行为的根源。虽然不能说一个懂得爱护和节约粮食的人就一定是品质高尚和值得信赖的人，但是我可以肯定地说，一个肆意糟蹋食品浪费挥霍无度的人，一定不是一个严于律己和可以与之无忧共事的人。

其二，局部或个别的供大于求，餐桌上的食品之所以会变成垃圾，供大于求是原因之一。供应“>”或“<”会调节节省和浪费之间的关系，1960 年中国大饥荒粮食严重供不应求，数亿同胞饥不择食，那时候餐馆洗碗残存米粒就十分鲜见。食物供应在数量方面一旦做到大体与需求相当，浪费

就可以适度避免。在中国，自助餐始终是一块试金石，考验着国民性和公民素质。只要食物供大于求，浪费的现象就会变得厉害和突出。

其三，是否“AA 制”需要自己掏银子出来付账。免费饭局的大量出现，高档免费饭局的大量出现，豪华和超豪华免费饭局的大量出现，其直接结果就是造成了这些食物的受众其实对食品成本的漠不关心和对于浪费现象视若不见。当成本可以忽略不计的时候，一切想象不到的浪费场景都有可能出现。解决这个问题的方式其实也很简单：全部变成有偿进食，浪费就会大幅度减少。

其四，饭局有时候不仅仅是饭局。很多时候，大量商请饭局带有交易目的本来就是醉翁之意不在酒，“在乎山水之间”。杯觥交错，目光游弋，那些美味佳肴，飞禽走兽，山珍海味根本就没有被来宾看在眼里，美酒佳肴只是那种社交场合下的一个微不足道的道具、布景和点缀，更令人瞩目的实质内容统统隐身在幕后。成百上千元一瓶的美酒也许喝了几口就丢弃不要了，米饭之类的损失更是没有人会正眼来瞧。浪费就不可避免。

爱惜食物的行为要得到落实，必须要从社会精英们做起。德国社会的经济要比中国富裕很多，科尔的榜样仍会被中国精英们所不屑。中国精英们有的是浪费典型，却没有人会舔盘子，似乎那样做他们会大失颜面。我不知道这些精英们即使不舔盘子原本他们还有没有颜面留存？原初如果是有的话，这些颜面也早就被他们山吃海喝的行为扫荡一空了。

中国有许多是非问题远未得到应有的关注和对待，浪费是一种犯罪，其性质却往往被人小看甚至忽略。大至决策失误，小到公车私用、公款吃喝旅游等公职浪费行为，往往得不到认真制止和追究。至于一顿饭或一小团饭粒的私人浪费现象，就更无人理会和重视了。公职行政的浪费与私人的饭粒浪费之间有着上行下效直接的联系，公车私用一年浪费几千个亿，而一点米饭的浪费仅几角钱，老百姓心里会这样想，一座山被蛀空了也没有人查问，扔掉手上的一块石头算得上是什么罪过呢？于是乎，全社会泥沙俱下。

公民在餐桌上的饭粒浪费是一个值得深思和追究的现象，根源既深又远。反对饭粒浪费也不仅是节约与浪费之争，而是珍重农人的劳动，珍惜地球的资源，珍视可持续性发展，珍爱所有与人类同时存在的生命。

进步就从今天开始，就从食尽饭粒开始。

比较“江、苏”

江苏一词，来自江宁（南京古名，有1800年历史）和苏州两郡的合称。自清朝开始，“江苏”便用作中国最富庶之一省份的代称。把省内两个主要城市相提并论来给省份命名，除了江苏和安徽两省外，这种取名方式在中国绝无仅有，期许殷切而深远。

我出生在南京市玄武区廊东街36号，属地地道道的“江宁府人”，后来又被苏州人招做女婿，自打谈恋爱开始，三十年间我大约去了百多次苏州，算是与这两座城市结下了不解姻缘，有较多的机会来近距离直接比较“江宁”和苏州。南京和苏州相距两百来公里，算得上是“近邻”。依我之见，这两座城市的风格、内涵和面貌迥然不同。仁者乐山，智者乐水，总的来说，南京的庙堂气象更重一些，讲究肃穆沉稳排场。而苏州则似一座精致石舫，长久沉浸在恬静的山水园林氛围中。

每次回宁步出南京火车站，妻子总会嘀咕一句“闭着眼睛也知道回到南京了”。此言不虚，四面八方粗砺刚劲的南京话充耳可闻，其间混杂着在车站谋生的司机、掮客、小贩的淮北口音和浓烈方言，犹如一钵油腻辛辣的水煮鱼片，满足了老南京的饕餮胃口。而这一切对于刚从苏州度假归来、耳根流连着吴侬软语的我们来说，光是听觉上的对比，就是显著而且悬殊。

言为心声，一种方言会折射出当地民风民情。历史上南京居民“换过了几身血”，各地的方言五味杂陈，对南京方言产生了很大的影响。南京历史上十朝为都，北方士族、凤阳和尚和广西农民都来这里登堂入室当过皇帝。南京又是一座著名的移民城市，西晋末年北方战乱，百万北方移民源源不断涌入南京地界定居。这一幕在北宋亡后，再次重新上演。至元朝时南京已经是“民无土著”。明初太祖定鼎南京，“徙四方巨族实之”。所以南京话变成一种“混合型”语言，属江南语系中的另类，有别于吴越土语，又不似江淮方言。

一种方言的产生，有其内在的规律和道理。南京话刚猛，而苏州话委婉。南京话的语音语调语义定型为今天这种样子，既体现出对北方语系（晋、魏）的融汇和吸收，又流露出南方语系（吴、楚）的执着和保留，具有鲜明的“混合型”特点。一方面兼蓄众长，节奏分明，表现力强和活泼生动；另一方面也承继了粗鲁、刚戾、鄙下的语言基因。乍听上去南京话要比苏州“闲话”刚猛生活得多，可历史上南京籍的名人寥寥无几，例如清朝的南京籍状元只有三人。秦淮文化虽然闻名遐迩，但好像给人留下的主要印象就是“秦淮八艳”，似乎这就是南京地方文化的代表。“八艳”为人或许颇可称誉，但要作为城市形象和人民大使拿出去，与其他城市的杰出人士相提并论，参与优秀人才的竞争，就明显感到底气不足。

苏州民风的嬗变轨迹与南京完全相反。上古吴人尚武好胜，民风轻生重义。吴王北上争霸中原并成为春秋五霸之一，诸夏莫能撄其锋。吴王朝的军威在 24 世吴王阖闾和 25 世吴王夫差达到鼎盛时期。自那以后，苏州民风经历了一个由刚烈转向绵软的乾坤大挪移过程，最终形成了今天平和明理、崇文尚智、细腻聪慧的特点。这是一个天翻地覆的转变，也是一个聪明理性的进步。在糯软缠绵的苏州话熏陶下，苏州地区文人名士层出不穷，闹出了轰轰烈烈的大动静。譬如苏州是全国出状元最多的地区，在清朝的 114 名状元中，江苏占到了 49 名，而苏州就独占了 26 名，也就是说每五个清朝状元中，必有一人来自苏州。清朝苏州籍进士达到千余人。当代的两院院士中，苏州籍人士的占比也是名列前茅。苏州风物清嘉，真可谓是地灵人杰。

一闻其言，二观其神。今天的我们无法揣摸南京和苏州两地古人的行藏，难以直接比较，但通过两地古代建筑的遗存，可以横向分析和观摩，品会出两地人民不同的意趣和审美情操。

古代建筑犹如是古人精神的外衣。当然我们不值得拿官修建筑来与民修建筑横向比较，官修建筑耗费的是公帑，万民捐税供承一室，所以极尽华美奢侈，往往富丽堂皇，气势宏伟。此外官修的建筑多由衙门和官吏承办，匠气甚重，又显出霸气、罡气和戾气，很少能够展现出寓主的审美观念和情趣。南京保存至今的少数几座园林皆有官衙背景，如瞻园原是明中山王徐达府邸的西花园，清初为江宁布政使司衙门，后又为太平天国东王府，在内讧中血雨腥风过一把。煦园原是明汉王府邸的西花园，清初为两江总督署。南京著名的民国公馆区亦属“形式大于内容”的官修建筑群。

而民修的建筑完全不同，真金白银全是私人出资装修，一定是精打细算，内敛精致，饱浸丰富的美学理念和情操，完整烘托出主人精神世界的内宇宙。论起私家园林，苏州更是举国之翘首，坐大不让了。明清苏州私家园林达到鼎盛时期计有200余处，至今保存较好的宋、元、明、清风格的著名园林尚有数十处，有9处园林被列为世界文化遗产。在中国古典四大名园中，北有颐和园和避暑山庄，皆是当朝天子钦定装修的皇家园林，仰仗国库的财力，竭尽奢侈之能事；而南有苏州的拙政园和留园，均为弃官还乡的御史和退休道员的私家园林，倾其一生所有，自得其乐，移情山石庭院楼阁，造成了举国瞩目的大气候。建者用心，观者品意，苏州的拙政园和留园榜列全国园林的状元，这恐怕是淡泊江湖的苏州籍大佬始料不及的一份身后哀荣。

苏州私人造园，深受绘画、诗词和文学的影响，十分注重于意境的追求，在深切领悟自然美的基础上加以萃取、抽象、概括和典型化，酣畅淋漓体现出文人学士的审美心态。恰似庄子提出“乘物以游心”，达到物我两忘的境界，苏州私家园林风格清新秀雅，手法精妙，楼台亭阁错落有致，院落之间以漏窗、门洞、廊庑沟通穿插，互相对比映衬。苏州私人园林的意趣和风格，浸泽普及到周边乡镇，如木渎古镇明清时已有私家园林30余处，如严家花园、虹饮山房、灵岩山馆、古松园、榜眼府第。苏州山温水软，苏州人温文尔雅，苏州市儒雅平和，形成一个无与伦比、天造地设的人文景观良性“大循环”。

岳母家原住在苏州铁瓶巷19号，对门就有一座数十个房间和院落的大宅子，名叫顾家大院。清同治、光绪年间，顾家大院的原主人花费了20万两白银修造起一座私家园林，名叫怡园。每当我步出岳母家门，就接近了这么一座仙姿佚貌的绝佳去处，复廊，假山，荷池，石舫，洞壑。据说当时任伯年曾参与造园设计，庭院处处可以品味出花卉画的绝妙章法。

怡园近在咫尺，我常常在朝霞中步入，又在夕照中逸出。晨昏熏陶，乐此不疲，深切领会到苏州人“咫尺之内再造乾坤”的美学意趣。

南京历史上也有多座著名园林，东吴时期有华林园、乐游苑，六朝时期有上林苑等，皆在词赋中传唱千年，如今荡然无存。近代南京私家造林本来就少，始终不能够形成气候。晚清南京中华门西的愚园较为著名，“咫尺之地，而居千岩万壑之状”。自民国以降，愚园日趋衰败最终蜕变成民居大杂院。时至今日，南京的私家花园几乎不存，与苏州相比，不仅在园林景观方面，更重要的是在人文范畴、审美意趣方面，露出一块惨淡的伤疤式空白。

以上比较，当然是兴致所至泛泛而论，并无扬此抑彼的意思。但从些许细节可以得出一些印象：南京硬朗、热闹、开放、官派，偏向于迷信公权；苏州糯软、宁静、含蓄、君子，更倾向崇尚智力。

南京历史堂皇，府第辉煌，在硬件上或许不会输分。但在人文精神、文化艺术和道德素养等软件方面，经不起与苏州的认真比较。如南京当局的管理方式更易受到大一统思想的影响，动辄砍树填河，如果把这种风格“移植”到水域面积占 42.5%的苏州市，会不会用丑陋难看的水泥盖子把河道全部封上又让满街汽车污染空气就很难说。苏州的管理者一般来说更趋于理性和清醒，具有长远眼光，就拿今天的建筑来说，苏州工业园区品质堪称世界一流，金鸡湖开发美轮美奂，李公堤和苏公堤修建仙宇瓊楼，均是大手笔。我想，南京市当局当初倘能借鉴苏州城市管理观念，那些被大量砍伐的行道树或许可获“赦免”，环球闻名的“绿色隧道”也许不会遭到大面积破坏乃至消失，以致成为南京又一声沉重的叹息。

有比较才有鉴别，我很庆幸，身边有这么两座城市互补互动，相得益彰。让我们左右逢源，心往神驰。

南京名胜

南京十朝为都，山川秀丽，名胜古迹遗存比较丰富。明代万历年间，先后有几位状元、探花与榜眼把南京虎踞龙盘的锦绣江山看在眼里，在游览金陵名胜之后，诗作唱和，逐一汇入《雅游篇》刊行于世，一时以为盛事。后来“景各为图，图各为记，记各为诗”，编成了《金陵四十景图考诗咏》。清代宣统二年，南京人徐上添所画《金陵四十八景》图册刊行，承继了图文南京名胜的传统。而近几十年来，媒体又至少搞过“金陵新四十景”和“金陵新四十八景”两次评比，南京名胜，辈有记载。

大致说来，南京名胜可分为五大类：一是自然景致类，如玄武湖，栖霞山秋景，清凉山等。二是官衙公庙类，如总统府，明故宫，朝天宫等。三是标志建筑类，如中华门瓮城，明城墙，阳山碑材等。四是寺庙类，如鸡鸣寺，灵谷寺等。五是陵墓类，如明孝陵，中山陵，南唐二陵等。稍作比较就可以看出，明清古人曾经选取出的“南京名胜”，与今日官修版本的“南京名胜”有着很大区别，这引起了我的兴趣，认为很值得琢磨一番。同样景物，选取与否，可以看出“老南京人”的立场、意趣和取向。也可以甄别出“新南京人”的嬗变、局限和不足。

远者不说，就拿一百多年前南京人徐上添所画的《金陵四十八景》图册比较，就可以看出，百年前的名胜近半数现已不存，这些南京名胜到了今天不但是“物是人非”，简直成了“物非人非”。如“祈泽池深”一景，原先标示为南郊高桥门外祈泽寺的泉水，传说宋时东海龙女来此听法师讲法华经后所开。又如“木末风高”一景，记载的是雨花台永宁寺侧的木末亭前观筝胜景。祈泽寺和木末亭现已全无踪影，皮之不存，毛将焉附？

在保留至今的南京景物中，一百多年前画家选取的《金陵四十八景》与今人的评选在原则上也有很大差异。一是视野悬殊和价值取向显著不同，明清的文人墨客画家代表了知识阶层的观点和看法，在选取南京名胜的过程中，倾向于推崇自然景致和历史掌故。而当代评选南京名胜的活动多是官修版本，必然地掺杂进官宦认为重要的许多政治风物，如梅园新村纪念馆、渡江胜利纪念碑等。这种歌功颂德的做法在南京历史上殊不多见。明朝的那几位状元公身蒙皇帝御笔钦点之恩，也没有于此表露出知恩图报的意思，更没有急吼吼地抓住一切机会为统治者立碑，如在城北设馆纪念一下朱家军驱逐张士诚，城南勒石庆贺“撒里、高丽、占城、暹罗、日本、爪哇、三佛齐入贡。”据《明史·本纪二·太祖二》记载“二年春正月乙巳，立功臣庙于鸡笼山。”可见明统治者在南京确实建有“功臣庙”这样的专供歌功颂德的宏伟建筑，只不过是状元公们觉得那些丰功伟绩与南京名胜其实无关，未入法眼也就没有纳入《金陵四十景图考诗咏》罢了。无独有偶，晚清的那位南京人徐上添先生在一百多年前也没有把清王朝赫赫的军功霸业列入南京名胜的意思，那时硝烟留存正好有一场大血战相去不远，1854 年至 1864 年，江南江北大营围困天京十年，浴血苦战，殊为艰难，南京明城墙上处处留下了炮轰枪矢的痕迹，当初要想立个“十年鏖战”的景点还不是轻而易举的事情吗？可是历史先辈从来无人来为杀戮喝彩。我倒是觉得，如果一定要在南京名胜中掺进与国计民生相关的条目，有朝一日南京列出个减税纪念馆项目作为景点肯定更贴近民心顺乎民意。一旦梦想成真，老百姓会自发地立碑纪念“某年某月，个税征收起点在此会议室四次大幅调高，升斗小民免受捐税之扰”。那样的功德碑，才真正是功德无量。

南京名胜，古今不同，二是由于自然力量消减，景物更新淘汰，致使今日南京人眼中的名胜，多数已经“昨是今非”了。如“凭虚远眺”一景原是指在鸡笼山最高处的凭虚阁上远望市区及玄武湖。凭虚阁毁坏不存，如今在凭虚阁旧址景阳楼上放目四望，可惜近年来有许多新建的小区住宅和别墅肆无忌惮大块大块挤进视野，大煞风景。真不知规划部门的决策人如此“毁景不辍”是什么心思？天下之大，房子哪里不能修盖，非得挤进历史名胜里来杀风景吗？由此领悟到杭州西湖边上炸楼之举实在是不得已而为之的一步狠着。在一百多年前的《金陵四十八景》图册中，燕子矶及幕府山景区统统是南京名胜的重要组成部分，“燕矶六景”声名赫赫，名闻遐迩。譬如“嘉善闻经”是指幕府山东南铁石岗石佛阁的嘉善寺诵经朗朗；“达摩古洞”传说梁代达摩法师渡江前曾在幕府山东北麓的达摩洞休息；“化龙丽地”的典故相传是西晋末年琅琊王司马睿与彭城王等皇族分乘五马来此地，在幕府山北麓临江的“五马渡”，琅琊王所乘之马忽然化龙飞去，成为司马睿称帝前的“吉兆”。幕燕景区近几十年来被严重破坏并非是出自不可抗力，更不是为了大规模建设新南京做出的必要牺牲，仅仅是因为六七家采石场和江边十几家采沙场的进驻，蚕食鲸吞，就使得幕府山景区千疮百孔，千年美景毁于一旦。现在该景区在规划恢复之中。

莫愁湖曾被誉为金陵48景之首，“莫愁烟雨”历来号称是“金陵第一胜景”。然而，近十余年来湖边住宅小区相继密集开发，使得莫愁湖最初变成了开发商的“后花园”，进而又变成了开发商的“洗脚盆”。湖边一幢幢高楼拔地而起，切断了莫愁湖与秦淮河对流的渠道，莫愁湖成为了无源之湖，主要靠雨水自净和生物自净，再由泵站排出。就是这样一个自净能力十分薄弱的湖泊，前几年“湖边大规模开发建设，少数开发商将工地施工及生活污水直接排入湖中，甚至有的楼盘连完善的排水设计也没有，不采取措施与市政排水管连通，留下污染的隐患。”目前莫愁湖的水质远不能与十几年前相比。“举首望高楼，低头嗅水臭。”每到夏天，蚊子猖狂。如果不能杜绝人为的污染，即使每周换水都很难保证目前的湖水水质。

南京名胜，古今不同，三是由于时代进步和历史更新。一百多年前南京人徐上添所画的《金陵四十八景》图册中，“长桥选妓”赫然忝为南京的名胜之一。明清时期，夫子庙对岸一带尽是妓院的集中地，灯红酒绿，迎来送往，显示出一种畸形的繁华。时至今日，“选妓”乃是社会公认的丑恶顽疾，当然不能持续入选南京名胜的大名单。但是，公开的妓院虽然不复存在了，今日石城，大大小小的按摩室、足疗馆、桑拿池如雨后春笋络绎不绝，色情行业韬光养晦其规模也许远远超过了当年的长桥彼岸。布帘之后，床帏深处，裸露的肉体继续演绎着当年旧事。社会和民族的某些顽疾并不由于不在“名胜排列榜”上排名而稍加收敛，由此暴露出固有的国民劣根性来。不一样的时代，同一样的风华，就某些具体现象而言，社会究竟是进步了还是退步了，有时候还真是不太好一言以蔽之。

1983年在评选《金陵四十景》的活动中，曾将南京的第一座五星级酒店恭迎入景。当年金陵饭店入选的理由是，当时它乃南京的第一高楼，最上一层璇宫“坐地日行数十圈”，可以把南京的旖旎风光尽收眼底，“璇宫远眺”名正言顺成了《金陵四十景》之一。37 层高度的金陵饭店摇身一变成为了南京名胜中的一道新风景，犹如“飞来峰”一般突兀和无奈，令今人有些意想不到。公然把五星级酒店评为一座历史文化名城的名胜，姑且不谈主策人的品位如何，至少是暴露出了在当时物质基础十分薄弱的条件下，南京人精神世界和物质世界是一样贫乏和落后。

在我看来，南京鼎鼎有名的名胜之一，以前历朝历代至少是被无意疏忽或有意待慢了，那就是南京历史深远、阵容庞大的教育力和文化力。有明一代，南京的大学建设从数量到教学质量都曾经排位全国第一，明朝的国子监建于鸡笼山下，即今东南大学一带，是当时世界上最大的高等学府之一，规模宏大，面积广阔，有房屋 1089 间，正堂 1 座，支堂 6 座。开始时学生仅五六百人，到永乐二十年（1422 年），学生猛增至 9972 人，其中有数百名外国留学生。明朝政治中心北移后，南京国子监的学生数量逐渐减少，但仍保持在千余人左右。时至今日，南京的大学群更是蔚为大观，现有大学三十余所，仅位于北京之后，是全国著名的教育资源集中的大城市。近年来，南京的大学群又得到了长足发展，仙林、江宁和江北的大学城开发景势雄伟，其中仙林大学城占地 47 平方公里，入驻高校十余所，拥有学生十数万人。从“百年树人”这个意义上说，南京栉次鳞比的高等院校，算得上是南京名胜的一道“首席备选名胜”了。

我在旧金山游览期间，曾前往著名的斯坦福大学参观。斯坦福大学校园占地 3561 公顷，约折合 35.6 平方公里，对于一所私立大学来说，这实在是有点太大了，简直给人“无边无际”的感觉。车辆驶入正门，两边是大片大片树林和山地，具有一种粗犷开阔之美。连片的红瓦黄墙，古朴的砂岩建筑，优雅的胡佛塔，典雅庄严并饰满壁画的纪念教堂，罗丹深沉的雕塑群，处处显示出一所名牌学府厚重深邃的学术氛围。斯坦福大学成就了美国的硅谷，在科学与教育界均享有极高的声誉，也在美国大学综合排名中始终占居前 6 名的位置。所见所闻，美轮美奂，令我叹为观止。从那时起我就一直在想，外国游客抱怨在中国旅游的规律基本上是“白天看庙，晚上睡觉”，过于单调。其实我们不仅要引领外人参观南京的庙宇、殿堂、绿水和青山，我们更应该让他们多多见识南京人士的思想境界、重教尊师的氛围和智慧成果。把南京的教育实力誉为南京的第一风景名胜，我以为并不为过。

大道同天

每逢周末，我都会去九华山下大姐家中，探望 97 岁的老母亲。吾居城之西，姊居城之东，两家同处在城市中轴线上，相距九公里。我的探母路线犹如拦腰横穿过南京城的一条“赤道”线，沿着北京西路经过鼓楼广场前往北京东路，心系偌大一座六朝古都城。

这是一条静穆开阔的通衢大路，绿茵连绵，景色雅致，风光旖旎。沿途多是政府机关，甚少商业网点，人行道上清洁而且安静，徒步行人也不多，这样的道路品质在南京市中心绝无仅有，堪称是“金陵第一路”。原先我骑摩托车或驾四轮车往返，囿于驾驶员视野的“隧道效应”，与这条街上的很多景致失之交臂。近来多乘 11 路公交车往返，视线彻底解放，路旁景色一一呈现。

1

南京的行道树，夙有“绿色隧道”美誉。探母的这条大道，便是覆盖在密密匝匝的行道树下，绿浪起伏，仪态万千。河西多是丽影婆娑的香樟树，娉娉婷婷，犹如万千佳丽携手迎宾。草场门至宁海路口，一路排来是高大繁茂的法国梧桐，像是盛装的礼仪卫兵执旗持枪，蔽天遮日，挡风避雨。从宁海路开始至鼓楼广场，路边连绵不断排列着“国宝级”银杏树，让来自国外的旅游者见了兴奋不已。鼓楼广场至市政府清一色改成“市树”雪松，巍峨参天，挺拔美观。市政府至太平门一段道路又交还给了法国梧桐细心呵护。

在特色鲜明的行道树周围，伴有层层叠叠臭椿、栾树、榉树、意杨、水杉、本槐、枫香、广玉兰、白玉兰、白榆、高干女贞、五角枫、三角枫、槭树、重阳木、合欢、龙柏等。在快慢车道之间的安全岛上，植出大片灌木和花卉，组成立体绿化带。晚春一抹浓绿，初秋十里金黄。入秋时分，丹桂飘香，从省政府到鼓楼一路弥漫着馥郁的香味，花园城市名不虚传。

为这条大道增色的，还有花团锦簇的街区和公园。最西端是新开设的明造船厂遗址公园，草场门大桥两旁秦淮河堤行人步道修整一新，连接到清凉山公园。西康路以东，沿路排开是民国公馆区，较为完好地保存着225幢美、法、西班牙和日本式的民国建筑，形状各异，极具情调，全不重复。春夏，花树探墙而出；秋冬，桂梅隔楼飘香。公馆区的道路名称雅美至极：颐和，珞珈，灵隐，普陀，赤壁，天竺，莫干，牯岭，琅琊，西康……仿佛一串银铃在耳边被微风摇响。

沿途东去，依次是鼓楼公园，市民广场，北极阁公园，和平公园，九华山公园，道路的东端轻绾在美丽的玄武湖畔。这座城市是如此厚爱这条道路，我的"探母大道"竟像一条百宝钻坠，拴系着尊贵、美丽和典雅，移步换景，让人目不暇接，惊喜连连。

夜幕初上，琼山瓊河渐渐隐没了，取而代之的是灯的海洋。宁海路口至草场门段一带，上百盏行道数码灯变幻着七种颜色，美轮美奂，煞是迷人。草场门内外用霓虹灯带和光纤灯带勾勒出轮廓，夜间这条"探母大道"披上了五彩霓裳，胜似仙境。

2

这条大道的历史渊源更为深厚，就像珍贵的出土竹简，蜿蜒铺开，耐人寻味。我家西邻秦淮河畔草场门古城墙，大姐家紧挨着玄武湖畔古城墙，我的探母路线就是一趟"横穿明都城"之旅。明朝南京城便有如此宏大规模，令我叹为观止。

早在六百多年前，南京就是全国首屈一指的大学城，浓郁书香弥漫石城。明朝国子监就坐落在这条探母大道上，方位在进香河以东、珍珠河以西，是当时全国最高学府，学生多达万人，有许多外国留学生在此进修学习。总计二万二千九百多卷的《永乐大典》，也在这里编撰完成。如今，这条大道连接起十几所名校，如南京大学、东南大学、河海大学、南师大、江苏教育学院，南京艺术学院等；中小学和幼儿园名校有外国语学校、29中、宁海中学、北京东路小学和鼓楼幼儿园等。有趣的是我女儿在国内受教育的过程几乎全在这条街上完成：鼓楼幼儿园——鼓楼小学——29中

——南师大。这条大道由历史文化深处延伸而来，为培育人才输送来几多知识营养。

大道的东段途经鸡笼山下，山上绿荫万斛，古鸡鸣寺的钟声悠扬传来。南京古鸡鸣寺集山水林寺于一体，约有一千七百年历史，背湖临城，翠色浮空，负有“南朝四百八十寺”首刹的美誉，是南京最古老的梵刹之一。楼阁参差，宝刹庄严，烟岚蓊郁，山色湖光。路过鸡笼山下，不能不面对梁武帝其人，这位割据一方的君主在位 48 年，博学能文，勤政俭用。鸡鸣寺的前身即是梁武帝依照皇家宫殿规制兴建的同泰寺，宏大辉煌，盛极一时。梁武帝常到寺里亲自说法讲经，“爲四部衆说涅盘经……说般若经……讲金字三慧经……”他先后四次舍身为僧，“群臣以钱一亿万奉赎皇帝，”朝廷先后为他共付出四亿万赎金，全部用于寺庙建设。君王重佛本来不错，问题在于国家经济为此付出沉重代价，以至“肌肉略尽”，“骨髓俱磬”。梁武帝本人后于侯景之乱时被囚饿死，死前他叹息说：“自我得之，自我失之，亦复何恨。”言语间参透了一切人间祸福。

3

要想把这条大道的无穷造化悉数收入视野，殊为不易。今人视线不及之处，总有些曼妙曲折隐藏在深处，需要凝神体味和心灵触及，才能把历史深刻的内涵领略一二。

与这条大道成经纬之交的进香河路，原本是一条湍湍流动的河流，名叫进香河，是古南京的一条重要河道。史志记载，过去远在江宁一带的百姓到“古鸡鸣寺”来进香，便乘船沿秦淮河北上，再驶入进香河来朝拜礼佛。约半个世纪前，市政当局封河开路，把进香河压在水泥板下成了一条暗沟。沿街只留下了石婆婆桥，大石桥，莲花桥，老虎桥等一串地名，标示着往日水波粼粼、古桥璧连、桨棹翻飞的美好时光。然而，道路的变性就跟人的变性一样，你要说是真的看不出来，那不是实话。原本在市内纵横的大小河流是城市的天然血管，具有调水蓄水和净化环境的作用。近些年，雨水淹城的现象越演越烈，原因之一就是城市的“血管”纷纷堵塞了。南京有关当局已有动议，酝酿重新开挖进香河和九华山沟两条水系。

鼓楼始建于明初，有600多年历史，城阙红墙巍峙，飞檐迎风。明代钟楼原在鼓楼西侧，后倒塌，便改建在鼓楼东侧，名大钟亭，互成犄角之势。钟楼和鼓楼是古代城市的公共报时建筑，晨钟暮鼓，声音悠扬，周而复始地向都市大众宣报时辰，显示出井然有序的社会秩序。而今，十里回荡的钟声鼓音已不能听见，只留下两座古远的建筑默默屹立，一再提醒我们关注和重视社会秩序的建设。

一条条河流的消失及复出，暗示着事物本身自有一定规律，不能违禁而动。钟鼓楼的声音虽则不存，但是历史规律的基准音永不消失，今天走过这条路的行人无时不刻都在面对一个坚韧的提醒：一个有效的社会秩序应该建筑在客观规律的基础之上。亲爱的朋友，当您漫步在这条路上的时候，请仔细倾听自己的足音有无踏准历史的节拍。

在我办公桌玻璃台板下面，压着一幅石鼓文“大道同天”影印件，日思夜想，揣摩默写。这四个字本是贯通天下的意思。在石鼓文中，“天”这个字尤其令我印象深刻，下面一横犹如人的双臂弯弯下垂，而上面是重重一抹，强调了那该是人的脑袋。

“天”就是人的脑袋，我怀着这样的想法在“同天大道”上来来往往，视接千载，思通古今。南京的百街千巷和古往今来，所闻所见，所思所想，莫不提示今人每一步都走在历史积淀之上，不要一叶障目，更不要视若不见。凭借历史痕迹这根沧桑感十足的来复线，是否可以洞悉这条“炮膛”式笔直的大道对于今日生活的推送轨迹，并由此出发对达到未来目标做出进一步修正和调整。“同天”是大道的最高境界，也是做人的无上目标。大道同天，身体由此进入理想的地理坐标，精神世界更是要神骛八极，席地幕天。

写于2007年5月

居高临下

对于一般市民而言，升空俯瞰苍茫大地的方式，最佳莫过于乘坐缆车了。当然，乘坐直升机更便于自由活动，但那只是政要和富豪们的专用工具，听说一架直升机的主要部件使用寿命是2200小时，完了必须进厂大修，费用是机价的70%左右，至少在300万元以上。此外每年直升机的维修费用另要50万，这一切与“平民化”标准相去甚远。况且直升机噪音太大，当然，与直升机惊人的维护费用支出相比，直升机如飓风摧山般的巨大噪声，只像是蚊虫一曲轻柔的催眠小调了。

2007年7月初，昔日中学同学一行四人，开车去马鞍山采石矶游览。采石矶与岳阳城陵矶和南京燕子矶统称为“长江三大矶”，山翠峰绿，灵动而具张力。一路上赏景摄影，逸兴遄飞。时值小暑，闷热难当，在登临海拔131米的翠螺峰时，我们选择了乘坐缆车，不意竟收获了一番全新的视野。

此地的缆车是单座单人，无遮无盖，这样也好，便于与大自然全接触，无论烈日暴雪下雨刮风一概是照单全收。缆车升空后，一辈子匍匐地面的视角便来了个乾坤大挪移，目光被垂直拔高了30至40米，苍茫林海一下子乖乖躺平在脚下，这样的视野大概就是鹰隼惯用的吧？我不由地兴奋起来。

居高临下，最大的好处是一览无遗。从缆车中往下看去，郁郁葱葱的树冠如同绵延起伏的草坪平铺在脚下，把翠螺山遮掩得严严实实。平日在地面上习惯了被各种建筑物磕磕碰碰的视线一下子无遮无拦，一泻万里放射到了无穷遥远，变得无边无际。造化突然赋予我某种特殊力量，使得我对于大面积区域的整体把握一下子有了足够信心。极目远眺，神鹜八极，“天之苍苍，其正色邪？其远而无所至极邪？”左顾右盼之间，竟使得我认识世界和思索人生的方式随之发生相应的变化。

我的视线又梯次下落，穿过枝叶的缝隙看见一行游客正在山路上吃力地攀登，地形的高低起伏制约了他们的前进速度，山路阶石的崎岖不平考验着他们的意志和体力。我仿佛能感受到他们呼吸急促，腿脚沉重，而他们由下而上因此前进的视野变得极其狭隘，往往只及前方三五米远，更多的时候仅限于足下。一位气喘吁吁的小女生目不斜视头也不抬紧盯住自己脚下，倘若此时路边草丛突然窜出一条斑斓大虎气势汹汹举着一块标语牌“此山是我开，留下小命来”，那小女生由于视野限制，根本不会发现危险近在身边，无知者所以无畏，遂面不改色扬长而去，让被人忽视的大虎失望过度一声叹息颓然倒地。

一辈子匍匐地面，习惯了由下往上仰视，就觉得山峰巍峨十分伟岸，就觉得树木挺拔非常雄奇，看见“一行白鹭”施施然在云间飞过，也会油然产生“上青天”的电影蒙太奇。这种视角不妨称作是“地面视角，”而这种心态也姑且称作是“地面心态”。缆车在继续上行，我密切观察四周，把自己想象成为一只翱翔的鹰隼，正向下方四处搜索捕食对象的身影，同时高度提防猎鸟人出现。说实话，“地面视角”一下子变成了“空中视角”，我一下子还真的适应不过来，地面上种种熟悉的生灵和物品，由于视角转换，突然变得难以辨认起来。我从没练习过居高临下辨识世界的本领，譬如我从未见过一只飞翔中的百灵鸟背影，当这种机警的鸟儿滑过缆车下方，在我的印象中则与一片枯叶飘落根本无异。

这使我体会到，在密林中，地面上的人发现一架挟带着巨大轰鸣声掠过空中的直升机是多么容易，而反过来，坐在直升机中的人要想单凭肉眼寻找到密林中的失踪者，又是何等艰难，这种困难甚至大到了无法实现的地步。一些高科技设备因此应运而生。据《美国士兵》一书记载，在越战中，装有鼻状“人体嗅探器”的美军 UH-1 型“休伊”直升机一次探测到一处灌木丛有明显温热的二氧化碳呼吸迹象，表明灌木丛里有人隐藏。此时是 1967 年 10 月，当时汤姆 • 弗兰克斯少尉作为美军炮兵前线侦察员获得消息，便在黎明前呼唤炮兵攻击。6 发高爆快速引信炮弹齐射，疾风暴雨般倾泻到树林里，四轮攻击过后山坡遍布冒烟的弹坑，结果证明那只不过是一场虚惊。这位少尉后来不断擢升最后成为四星上将，担任过美国中央司令部中央司令，此人就是《美国士兵》这本书的作者。我想，那架在越南密林上空掠过的美军 UH-1 型“休伊”直升机上，如果不是装备了侦测地面二氧化碳变化的高科技设备，浓密树叶下方的任何信息其实都很难收集，即使树林中有成群亚洲大象正在经过。

几分钟后，缆车徐徐登临山顶。山顶上矗立着一幢五层高的恢宏楼阁，名为三台阁，始建于明崇祯年间。登阁远眺，风光无限。约一千三百年前，李白从宣城过天门山，在采石矶上吟出了七绝《望天门山》："天门中断楚江开，碧水东流至此回。两岸青山相对出，孤帆一片日边来。"李白晚年政治失意，生活困难，寄居在当涂县令李冰阳处，常游历于采石一带，留下不少脍炙人口的诗篇，这一带民间流传着李白跳江捉月、骑鲸上天的动人传说。浓荫簇拥下的太白楼壮观宏伟，是采石矶最重要的一座古建筑，初建于元和年间，已有 1100 余年历史。采石矶半山有李白的衣冠冢。太白楼二楼阁檐下，悬挂着郭沫若书写的"太白楼"匾额，我留意到公园大门前的"采石矶公园"几个擘窠大字也是郭老先生题写的。看得出来，郭沫若对唐朝的这位大诗人是敬爱有加。

我想，李白之所以名垂千古，除了文学艺术的卓越才能外，更重要的是他心雄万夫的不俗人格。"天子呼来不上船，自称臣是酒中仙"。历史上多将李白的这种心态解释为恃才傲物，但是在采石矶缆车上流连的那一忽儿，我突然想通了，李太白的不同寻常，更多地可以解释为他较彻底地抛弃了"地面视角"和由此产生的"地面心态"。

登高望远，居高临下，是每个人都曾有过的经历。今日在三台阁上放眼四野，雾湿云绕，烟锁大江，林木葱郁，明丽清净。顿觉心胸豁达，百忧不侵，自有一番不同寻常的情趣。登高远眺，一个人看世界的视角完全改变，就动摇甚至颠覆了自己平时的人生观和世界观，对于人生意义的认识会不断深化，比较个人的挫折和蹉跎又产生出许多唏嘘和感慨。往日生活中的无数烦恼，此时只觉得不值一提，一些朝夕困扰自己的身边琐事，更是如晨雾轻轻散去。

问题在于，多数人回到地面之后，思维惯性很快就卷土重来，高空产生的"豁达、开朗"效应像海滩上的脚印被生活的潮水迅速抹平。人们重新回到狭隘、局促和拥挤中去，并认同这种状况是生活的常态。"地面视角"是世人最寻常不过的认识世界的方法和手段，由此产生的"地面心态"则显著带有匍匐阶层的特点。现代都市人在互联网和发达的现代媒体技术帮助下，虽然一再萌生了超越“地面心态”的超级意识，但是躯体长久蛰伏在高楼林立的大都市中，他们的视野和阅历受到了更多钳制，“灵与肉”的矛盾进一步尖锐并一再挫伤了他们，心境愈加矛盾，进退愈加难择。时光苒荏，只有等到人们或许是疾病缠身辗转病榻时才会再次豁然开朗，彻底想通了世间一切俱是虚幻，只有生命、健康和有意义地活着才具有真正的价值。大多数人只有在那种特殊条件下，才算是与“地面视角”及“地面心态”做一个较彻底的了结。

极少数人，始终不能忘怀居高临下环视锦绣大地时的激扬情感和开放式视野，即使回到地面后，照样把追求超脱境界视作是生命中最重要的目标，须臾不能放弃。“夫鹓鶵，发于南海而飞于北海，非梧桐不止，非练实不食，非醴泉不饮。”这些人坚定地对于逼仄的“地面视角”和隐晦的“地面心态”大声说不。譬如李白就是这样一位杰出的典型，“安得摧眉折腰事权贵，使我不得开心颜。”是他的心声，也是“高空视角”和“高空心态”人士的开山宣言。

拒绝“地面视角”和“地面心态”是要付出代价的，“于是鸱得腐鼠，鹓鶵过之，仰而视之曰：‘吓！’”面对来自地面各方发出的厉声“吓”阻，文人郭沫若就不能免俗，不敢公然追随李太白采取蔑视世俗的“地面视角”和“地面心态”，他后来的生存状态，可惜要用“匍匐”这两个字来做一番概括。但他在采石矶两处的题词还是做到了神韵飞动，气势磅礴，无语地表达了他对于谪仙人的由衷景仰。

在走下缆车之前，我开始相信，认识到“地面视野”和“地面心态”的局限性，是人生中一种难得的机遇。于是写作此文铭记。

写于 2007 年 7 月

男子爱刀枪

说来事出于天性，自古男子爱刀枪。

当今世界，“刀”和“枪”这两种兵器的发展，样式繁复高级，品类异常丰富，已经达到了空前的水平。由于中国当局的严厉管控，大陆男子对于刀枪的天生喜爱，不得不停留在口羡眼馋、心往神驰的务虚阶段。

务虚归务虚，那毕竟是男子生命构成的一部分。

当然，今天的都市男子，没有太多必要随时使用刀和枪来捍卫自己的权利和反击敌人侵扰。不像在远古社会，一觉醒来，或许蟒蛇已经吞下珍贵的猪崽，或者他族的男子正在捆绑自己的婆娘，因此亟需一跃而起，立即投入到生死厮杀当中去。在那种危机四伏的情况下，贴身的刀枪就是自己牙齿和指甲的延长，在克敌制胜的近距离搏斗中发挥出至关重要的作用。

古代的枪，不过是长矛而已，属于冷兵器的一种，杀伤的有效距离，一般不会超过枪杆的长度，也就是两米左右。中国古代武士使用的长矛，一般不会轻易脱手。不像在古代欧洲的一些阵仗中，长矛手会集体向敌方阵营投掷长矛，犹如一阵密集的卫星巡航导弹齐发，杀伤距离陡然增大到六七十米。前民主德国运动员乌威 · 霍恩在 1984 年第 22 届奥林匹克田径赛上，把标枪投出了 104.80 米。这样的力度加上势能，飞掷中的长矛应该能够洞穿一般皮革的铠甲，可以把猝不及防的敌人像一只苍蝇牢牢钉死在地上。

现代枪支的功能，比起古代的长矛不知要高明千百倍了。毋论突击步枪和狙击枪，即便是一般手枪，有效射程也达到了三、五十米。最顶尖的武术家或者功夫高手，一旦徒手遇上现代火器，也只能悻悻地败下阵去。从某种意义上说，现代火器的出现，从此削弱了人类为了克敌制胜苦练传统武术的信心，使得飞檐走壁、腾云驾雾的武术本领除了在电影屏幕上吸引眼球，再无在实战中昙花一现、惊世骇俗的市场。

当然，男子爱刀枪，从根本上来说还是出于狩猎遗传基因的本能需要。在上古社会，男子的社会分工就是狩猎和保卫氏族安全，根据丛林法则，要和剑齿虎、华南豹和猛犸大象去争夺地盘和食物，划分势力范围，男子必须把自己武装到了牙齿，必须会娴熟地使用石斧、青铜剑和鹿筋制成的弓箭，不然的话，面对猛兽的尖牙利爪就丧失了话语权，进而丧失自己的性命。一旦危险来临，雄性荷尔蒙在快速分泌的同时，利刃和长枪必须同时迅猛出击。

狩猎的范畴很快就被扩大化了，有权有势的头人更加倾心于“泛狩猎”这种征战游戏，因为他们发现征战其他部落的收获不但不亚于狩猎，往往还会赢得许多附加值，如征服了一个部落，除了掠夺来大量食物和牛羊，还可以稍带着抓获大批可供驱役的奴隶。

征战对象就这样一步步由兽类转向了人类。对于刀和枪的升级要求，也就不断地得到提高。我手中有枪，你手中只有木棍，力量的悬殊，立刻高下判然。征战是一项危险的事业，本意是去赢得更多的“附加值”，一旦不慎战败，说不定自己会沦落为异族的“附加值”也未可知。刀枪不济，就会人为刀俎，我为鱼肉。

宝刀和利枪，就这样成为了世代男子的日间所思和夜间所梦，古往今来，留下无数故事和传说。春秋时期互为世仇的吴越两国，皆以铸剑精良闻名于世，炼就了一批千古名剑：干将、莫邪、湛卢、巨阙、纯钧、龙渊、太阿、工布、鱼肠等。《吴越春秋》记载下对“纯钩”剑的评价：“光乎如屈阳之华，沉沉如芙蓉始生于湖，其文如列星之行，其光如水之溢塘……”区区数句话语，便淋漓尽致展示出这把宝剑是如何令人销魂失魄了。剑是春秋战国时期主要的短兵器，士族必佩，韩信和冯爰贫不能食，仍身佩一剑。

唐刀是世界刀枪史上的又一座里程碑，唐朝发展出新的刀型，刀柄木质，外缠丝绳，镶金嵌玉、裹以鲛革，装饰华丽非常。李白在《侠客行》中这样吟诵：“十步杀一人，千里不留行。事了拂衣去，深藏身与名”。塑造出当时侠士身手矫健，刀剑锐利的不凡形象。杜甫在《观公孙大娘弟子舞剑器行并序》中描述剑技：“ 爧如羿射九日落，娇如群帝骖龙翔。来如雷霆收震怒，罢如江海凝清光。”剑的声光似闻如见，精湛技艺，如呈眼前。唐刀是日本武士刀的原型，受到日本人的精心模仿和千年推崇。

亚洲的大马士革钢刀在历史上一度声望达到鼎盛：锋利无比，装饰华丽，宝石镶嵌，金银错丝。其实，所谓的大马士革钢刀，是指印度、阿拉伯和土耳其等地使用印度生产的乌兹钢制造的刀剑。其中尤以波斯的施西利弯刀最为锋利，现在收藏者手中保存的施西利弯刀仍然可以将抛在空中的几根蚕丝轻松斩断。据说武松的雪花镔铁双刀就是珍贵的大马士革钢刀，孙二娘在赠刀时介绍说：“一个沙鱼皮鞘子插着两把雪花镔铁打成的戒刀。这刀时常半夜里鸣啸得响……”武松在大战飞天蜈蚣王道人时，便去腰里掣出那两口烂银也似的戒刀来，在月光下看了，然后卖了个破绽，杀了对手。近七百年来，这两把雪花镔铁打成的戒刀在无数水浒读者心里留下了难以磨灭的深刻印象。由于印度的乌兹铁矿在 17 世纪末被开采殆尽，所以大马士革钢刀的制作就此失传，成为千古绝响。

现代军用刀的质量和功能，比起大马士革钢刀来也许并不逊色。一般军用短刀都带有血槽、锯齿，柄内装有指南针、鱼钩、药片等求生工具和物品，手柄末端呈现锐角可用来击碎车窗玻璃。世界著名的 Strider 刀的座右铭是“为硬汉而造的高速工具”，一派强悍、锐利和独特的美感，代表着当今专业的精英部队和收藏家的最佳选择。Strider 的刀子可以切下一大片汽车板金，刺穿挡风玻璃，切开汽油桶，用铁锤将刀刃砸入钢管并且切断钢管，或是把蓝波刀刃砍出一个大缺口。Strider Knives 向使用者提供终身免费维修整理的服务，在无法修复的状况下甚至会更换一把新刀送给客户。所以每一把 Strider Knives 不但可以当作一件高品质的收藏品，更是一件供顾客终身使用的终极求生工具。

古往今来，在单兵武器中，要数枪支的威力最大。大约在一百来年前，袁世凯任山东巡抚，他给义和团的首领下了请帖，让他们来当面表演“刀枪不入”的“法术”。几个首领装神弄鬼，口吐白沫，声称神功附体后，袁世凯当场验证，随着两声枪响，两个首领倒地毙命。可见，在枪口面前是不能随便开玩笑的。如果时光倒流到战国西汉时期，我想，贫不能食的冯爰和韩信之流，也会每人在后腰悬一支王八匣子。

世界上有些国家允许私人持枪，如美国、加拿大、墨西哥的公民可以购买和拥有枪支。瑞士是中立国家，实行全民皆武，更是人人佩枪。在反映非洲和中东冲突的图片和视频中，经常看见人手一枪，随意对天开火，令人心惊胆颤，其中又多是AK47突击步枪。据不完全统计，AK47突击步枪及由它发展或仿制的系列步枪，在全世界范围的用量近一亿支。这种世界上最著名、流行最为广泛的步枪，装备了三十多个国家的军队。

枪支对男子的诱惑力和吸引力，或许甚至可与绝色女子媲美，这种本能是出自于男子的潜意识，不需要后天的任何教导和提示。上幼儿园时，我就会用哥姐的旧练习本叠成枪的配件，然后组合成一支纸驳壳枪。进小学后又学会自己用木头制成手枪，配上“牛皮筋”，撕下一小片火药纸装进木制枪膛，拇指一顶，便可击发，发出一声轰响，向世界宣告一名少年除暴安良、建功立业的幼稚梦想。

当今枪支，范本无数，美轮美奂，沉鱼落雁。其极致之一，当属美国巴雷特公司研制出的25毫米口径“佩劳德”XM109狙击步枪，这件武器凭借其超大口径和巨大威力，赢得了“狙击步枪之王”的称号。25毫米大口径子弹能够穿透50毫米的装甲钢板，足以对轻型装甲车、弹药堆放场、导弹发射架、雷达等通信设施以及停机坪上的飞机等造成极大的破坏效果。其有效射程达到2500米，具有较高的射击精度。巴雷特公司为此专门开发出了一体化计算机自动瞄准系统，自行测算气压、气温和枪的倾斜角度等数据。狙击手只要输进弹药型号，确定好目标距离，调整瞄准镜角度，等待正确射程数据出现在显示屏上，即可把目标置于瞄准具的“十”字线中心开始精确射击。计算机能根据首发射击的结果，对瞄准仪进行自动修正。这杆枪具有夜视和广角的功能，图像稳定，射程远，精度高，威力大，在作战中往往给敌人造成强大的心理威慑，被称为“肩射炮”也许是更为贴切了。

私人拥有枪支，在美国等西方国家，是作为民主和人权的一种重要体现。美国宪法第二修正案规定，“纪律严明的民兵乃保障自由国家的安全所必需，人民持有与携带武器的权利不容侵犯。”中国老百姓也有过这样的梦想和追求，那就是把枪支让中国公民合法拥有成为一种基本权利。无奈中国男子爱刀枪，而中国当局更爱禁刀枪，于是男子们产生了极大的失落感。往往是禁止益严，思念益眷。

中国禁枪的后遗症之一，是一旦发生外部战争，由于民众一辈子没有接触过枪支，既不会瞄准，也不会射击，更疏于保养，完全形成不了战斗力。恐怕到了那时，无论当局如何进行全民紧急动员，甚至把一支支 25 毫米口径“佩劳德”XM109 狙击步枪双手奉送到百姓手里，无人懂得怎样使用也只有放任强寇长驱直入，留下了兄弟姐妹一起成为异族俘虏的潜在危险。

禁枪的另一个后遗症，是中国男子自小在无刀又无枪的娘娘腔环境和氛围下长大，享受惯了让别人来保卫自己的理念和宣传，不知不觉顺理成章地就成为了顺民。这种自甘平庸的不争观念潜移默化，影响无远弗届。竞技体育首当其冲遭受重创，如对抗性强的中国男子足球项目等，自小垂眉顺眼连保卫自己也无手段的一小群中国男子，在绿茵场上的激烈对抗中，面对从小使枪弄棒、“强权意志”浓厚的外国强手，要想骤然勃发出战胜强敌的意志和坚强，那是几乎无法想象的奇迹。中国足球队一输再输，看来早已是命中注定。

只有做梦不被禁止。可惜啊，也只有在梦里，中国男子才能再一次重温“男子爱刀枪”的人类传统。

望断清澈

2006年阳春五月，太太与我开始了为时25天的美国之旅。于北京时间5月9日中午12时许上海浦东机场起飞；越过子午线，旧金山入关；转芝加哥，辗转抵达美国南部城市新奥尔良。空中接力旅行长达24小时，而当地才是美国中部时间夏时制5月9日晚上10时许，时间账目乱成一锅粥。

5月13日参加女儿在法学院的毕业典礼，这是我们此行的主要目的。Tulane大学本年度的毕业典礼在新奥尔良市的“新奥尔良竞技场”室内体育场举行，仪式十分隆重，请来了老布什和克林顿两位前总统作为嘉宾。总统们相继登台演说，倜傥不俗，活泼风趣，赢得全场来宾一次又一次起立致敬，爆发起雷鸣般的经久不息掌声。随后的日子，我们去了华盛顿、纽约、尼亚加拉大瀑布、洛杉矶、大峡谷、拉斯维加斯和旧金山。如果要我简短到只用两个字来概括此次美国之行的总体印象：“清澈”这个词汇是比较合适的。

自然环境是清澈的，天晴日朗，能见度很高，城区灰尘很少。旧金山提供了一次验证空气质量的机会，有几次座车从湾区出来，沿着圣玛蒂奥大桥疾驰，返回东湾的佛瑞蒙特。我隔着浩渺的湾区海面远眺，遥见旧金山市区在落日余晖下镀上一层银粉，高楼大厦历历在目。事后我在地图上做过测量，这一“极目远眺”的距离至少在25公里左右。在旅行途中我们经常见到游客或旅客随意地在公园小径、机场走道、博物馆台阶上席地而坐，神情极为放松，全没有任何忌惮。而我们这些来自东亚大陆的旅客在潜意识中本能地顾忌公共地面痰迹和龌龊而束手束脚放不开，此刻见了十分羡慕，

科罗拉多河清澈见底。我们在去大峡谷的路上，路宿亚利桑那州拉芙林市的一座亲水旅馆“Colorado Belle Hotel & Casino”。晚餐后陪太太

在科罗拉多河边散步，滔滔河水像刚从龙头放出来的自来水一样透明清澈，沁人肺腑，一圈圈涟漪轻轻拂过沙滩。我看见滨河房间的旅客静静地面河远眺，不时呷着啤酒，眼里充满了自信，仿佛这世界的和谐与美好是他的私人财产一部分，他天生可以尽情享用。孩子们在母亲陪伴下赤脚在沙滩上嬉戏。一群野鸭在太太和我之间大模大样飞过，落在面前梳理羽毛，宽容地瞧着我们小心翼翼避让到一旁，似乎它们才是这个世界的主角，而我们人类充其量只算得上是配角。著名的科罗拉多河流发源于科罗拉多州的洛矶山脉国家公园，全长 2333 公里。辗转流到这里，估计接近半程，水质能够“一如既往”地保持源头的清明和纯洁，“出污泥而不染，”令我这样来自中国的游客对于家乡江河的颜色和境遇记忆犹新感触良多。

5 月 23 日在美国北部边界的尼亚加拉大瀑布参观，上午十时左右，在国家大瀑布公园，一只机灵异常的小松鼠引起人们的注视。只见它在人前人后跑个不停，不像是认生的样子。我起先用中文招呼它说：“来吧，来来……”小松鼠目光炯炯盯着我，愣在那里不动。我恍然大悟这不是在中国大陆，便改口招呼它“coming,”谁知它果真一溜烟跑来面前，脚前脚后地绕着圈子，一副天真活泼模样。我让太太拿花生米给小家伙吃，还没有来得及付诸行动，后面跟上来一位游客递给它一块薯片。小松鼠衔着薯片立刻就窜上树去了，一如家养的宠物。人和动物之间的和谐，在这里达到了天人合一的地步。

相对自然环境来说，美国人精神层面上的健康与心灵清澈，是一道或可目击、更需意会的美丽景致。美国男女高大健壮，笑容出自心中，自信写在脸上，跑步，溜旱冰，骑自行车。开朗和乐于助人的个性“清澈”透明，一望便知。到美国的第二晚，我们在新奥尔良市法国区著名的波旁街（Bourbon St.）观光结束，立在街口候朋友的车。站立时间稍长，一位近五十岁的白人先生路过便上来关心询问：“lost?”环游美国的一路上，一旦我们举起相机拍照，机场工作人员、路人会纷纷主动停下脚步询问要不要为我们夫妇合影提供服务。

5 月 16 日，上午 7 时 40 分从新奥尔良起飞。10 时左右，飞到北卡（NORTHERN COLORADO）换机。我们此次乘坐的是 US Airway 的飞机，降落到北卡一看，到处都是US Airway的标示，“机场无处不Airway”。换在C4登机口等待时，登机口的一位黑人职员十分友善，一再向我们树大拇指，还主动提出要帮助我们合影来拍照，我和太太十分开心地与之合影留念。5月24日，由纽约飞洛杉矶，在亚特兰大转机，黑人旅客较多。亚特兰大好像是Airtrain的大本营。转机时，我为琪海拍照，刚停下来，一位迎面走过来的白人小伙子问：“Take a photo together?”然后热情接过相机为我们夫妇合影。在此次旅行中此类事例比比皆是。5月28日黄昏，在洛杉矶环球影城门口刚刚给太太拍完照片，一位高挑金发女郎迎面走来，目光对视，已是笑意盈盈，她立刻走过来做了一个帮助按快门的动作，三人都会意地笑了，于是太太和我愉快合影。女郎交还相机后，道了一句：“Nice to meet you!”便翩然而去，宛如仙子。

刚飞到洛杉矶的时候，通用旅游公司的张先生前来接站，他是福建漳州人，1982年来美。一头花白头发，干练而且沉稳。他已把我们夫妇西部下半程的旅行全部安排妥贴了。我们在机场等候行李出来的时候，有点惊异地发现，行李厅的旁边就是一条大街，门一推就可以出去了，转瞬之间就会融入大街上的人流里，进出行李厅也没有任何管理人员来照看，可以说任何人都可以自由出入。太太把这种担心讲给张先生听，张先生笑了说，没关系，他来美国二十多年，还没有听说过行李会因此而丢失的，行李是绝不会丢失的。那一刹间，我明白了人心可以是十分美好的。

在美华人的友善爱心，亦是处处闪光。“纽约—尼亚加拉大瀑布”二日游的华人导游大约40岁光景，姓乐。一路上普通话、广东话、英语叽叽呱呱轮番介绍不停。在回纽约的路上，阿乐收完乘客的小费，拿起话筒代表司机和导游感谢大家，其中有一句话“同时我也代表我的学生谢谢诸位……”令我屏息静听。据介绍才知道，阿乐和他的朋友们坚持捐钱资助大陆四川德阳的一所小学，去年他个人资助了61名学生，今年的目标是100名。全车游客一起为阿乐大声鼓掌，对他的这种侠义行为表示礼赞。阿乐中等身材，貌不出众，但在我眼中，他就是一名顶天立地的汉子。

在旧金山我曾提起阿乐的故事，款待我们的一对来自南大的年轻夫妇全乐了，原来他们都属于“献爱心”一族。女主人刘燕小姐现在硅谷一家电脑软件公司任财务经理，她参加的硅谷女性协会集中了旧金山湾区各行各业的优秀华人职业女性。硅谷女性协会正在举办第二届慈善筹款义演，希望筹得足够的款项，与欣欣教育基金会合作在中国最贫困地区建立第一所“硅谷女性”小学，并设立奖学金来资助中国失学儿童。刘燕小姐一五一十娓娓道来，仿佛讲述柴米油盐那样平淡无奇。可在我听来，字字句句恍如天籁。芝兰之室，暗香浮动。

《孟子·离娄章》记载龙阳歌谣曰：“沧浪之水清兮，可以濯吾缨，沧浪之水浊兮，可以濯吾足。”两千多年前，这首歌谣在楚国大地上广为传唱。“水清”乃至人性清澈，何时在中国大陆再度并举，我期许着。

美式毕业典礼

美国人对于毕业典礼的重视程度,大约只有出生洗礼和结婚大典可以媲美。2006 年 5 月，我和妻子赴美国新奥尔良市参加女儿的毕业典礼，对此留下深刻印象。这次毕业典礼分为三段式：前一晚的“wave goodbye 2006”，第二天上午的全校毕业大典,以及第二天下午法学院的毕业典礼。

“wave goodbye 2006”就是挥别 2006 的意思，是一年一度的新奥尔良风格的毕业晚餐会。前一日下午，Tulane 大学校园内，连绵几爿开阔草坪上，摆放出数百张圆桌，桌布整洁，椅子环列。本届毕业生约有 2200 名,按校方给每人发放 7 张邀请券计算,这两天至少有 1.5 万人光临盛会。会场中心搭起了一座舞台，当地一支著名的爵士乐队从傍晚开始演奏，女歌手 Neville 感情充沛,歌声浑厚嘹亮,磁性的嗓音吸引了来宾们的注意。几百张桌子很快坐满，迟来的宾客便用椅子自行围成一圈坐下来。草坪周围临时搭起一座座帐篷成为食品发放点,来宾入席后便四处去领取餐点和饮料。晚会食品极富当地特色，有一种 Jabamlaya 是用各种调料加入做成的米饭，有一种龙虾饺馅的面食，有一道菜是新奥尔良著名的海鲜风味 Gumbo。有几位在女儿留学期间给予援助的于当地教书和科研的华人朋友出席一同围坐，宾客们边食边谈边欣赏音乐，气氛极其欢快。同学们你请我邀一起亲密合影。家长们来自五大洲，互相点头微笑纷纷攀谈，倍感亲切，气氛一再推向高潮。这是一个气温宜人的五月之夜，环境美丽，宾客优雅。万人相庆的盛大聚会直至夜深才渐渐散去。这真是人生体验的一个巅峰时刻，身心愉悦，自不待说。

Tulane 大学 2006 年的毕业大典在本市 down town 的一座室内体育场举行，名为“新奥尔良竞技场”。过去历届 Tulane 的毕业盛典，均在市中心一座更大的体育馆“路易斯安娜超级碗（穹顶)”进行，去年该“碗”

在飓风中受到损坏，正等联邦经费拨下来修缮。Tulane 大学始建于 1834 年，素有南方哈佛的美誉，行事风格自然不同凡响。

来宾一概 dress up，男士西装革履，女宾盛装扮靓。主席台的左侧隔离出一块舞台，著名的马歇尔•怀特爵士乐队始终不断地在演奏乐曲，马歇尔•怀特是一名哲学博士，善吹单簧管。他的乐队演奏《与你走近》等原创音乐，时而低回舒缓，时而高亢激昂。新奥尔良是爵士乐的发源地，要想享受爵士音乐到新奥尔良来没错。今天的入场券上只印了两项会议内容，一是两位前总统发表主题演说，另一项就是 music by Dr. Michael White’s Original Liberty Jazz Band，至于校董、校长和其他贵宾们的信息一概省却不表。

毕业盛典十分隆重。风笛手和鼓手作为先导，资深教授手持法器和名器走在前方，1956 届的白发校友首先列队进场，代表毕业五十周年的老校友祝贺新生毕业，全场肃然起敬，掌声雷动。此后，前来出席的历届校友们均身着毕业生的袍褂列队进场。各式各样的毕业长袍，五颜六彩不同的颜色，成为一道盛大的风景。我刚来美国时，曾听女儿说过学校要每人花一百多美元自购硕士服，当时我尚不理解。在中国的大学，毕业时流行向校方临时借一套毕业服穿穿，顶多也就是集体合影留念才派用场，从此以后，永不再用。为什么美国学校既不让学生买校服，也不让学生租毕业服，却一定要买毕业服呢？至此我才恍然大悟，在十分重视教育的美国，出席别人的毕业典礼时，身着自己的毕业服是一套最正式的服装，此世此生这件衣服都会大派用场。当然这是指你有机会列队入场或者登上主席台而言，如果你只有机会坐在普通的看台上，穿上毕业服就显得没有必要了。

然后本届毕业生们陆续列队进场，分成方阵坐下。最后是贵宾们身着自己母校的毕业服袍褂从体育场的后方中央走道出场，在全场雷鸣般掌声中一直贯穿全场，直至登上主席台坐下。引人注目的是老布什和克林顿两位前总统先生这次联袂出席，给这所南方私立名校增添了一份特殊光荣，全场起立长时间鼓掌向他们致敬。两位前总统先生身着的服装大概就是耶鲁大学法学院和哈佛大学法学院的博士毕业服吧？我这样想。

全场起立，著名爵士号演奏家 Irvin Mayfild 用小号独奏美国国歌《星条旗永不落》。校董事会女主席和校长相继致词。女学生 Casey Hungner

在 Tulane 大学弗里曼商学院获得 MBA 学位，她代表本届毕业生发表了演说，声情并茂，光彩照人，两位前总统后来在演说中都提及到她的名字。老布什当年 82 岁，精神矍铄，中气十足，他的演讲妙趣横生，“……我们来时爵士音乐节已过去一周，但我得说我朝思梦想与曾经占用过美国总统办公室的萨克斯最佳演奏家（指克林顿）今天同来此地（鼓掌欢呼），稍等一下，也许他是唯一的萨克斯演奏家占用过（白宫）……”克林顿则戏称“……我到此地正是为了打探 Casey 小姐的 address.（此词两意，一是演说，二是地址，来宾会意大笑）（鼓掌欢呼），我与新奥尔良恋爱的时候是在她出生之前（大笑）……我三岁时来此探望在 Charity 医院护校的母亲（鼓掌欢呼）。我 15 岁来此听爵士音乐……顺便说一下，你们知道，我实在喜欢乔治•布什，若不是说我是占用白宫的最佳的萨克斯演奏家有几分像说我在纽约市拥堵的街道驾驶最快速的汽车（大笑）。我的意思是说我揣测代表两党的这种赞美能发展到何种程度会有一个限制（大笑）。但是在超越白宫之外，我喜欢你，如此而已（大笑）。”在演说中，克林顿对毕业生们寄予丰厚希望，“生活就像那样，”克林顿说，“它永远是新的开始，我无限祝愿你们。”

两位前总统演讲结束后，全场起立，长时间鼓掌。Tulane 大学校长向他俩授予 Tulane 大学名誉法学博士的学位，老布什原是耶鲁大学法学博士，克林顿原是哈佛大学的法学博士，美国政治家多数是法学博士出身，相比之下，中国领导人多数是工科出身，偏向理工思维。稍后，Tulane 大学法学院院长在大典的发言中提到了法学院以上的这份特殊荣耀。Tulane 各院系的领导人陆续上台，向校长汇报本院系若干学生学业已成，请求准予毕业。校长宣布同意毕业。院系的领导人上前与两位前总统握手，该学院的学生方队全体起立欢呼，场面十分宏大感人。

会场发言几度中止，转让给节目表演。负有盛名的黑人女歌手 Wanda Rouzan 演唱了《你知道失去新奥尔良意味着什么》。钢琴家、作曲家 Jeff Epstein 边奏边唱他的激动人心的作品《这是我的家，路易斯安娜》。会场气氛几度转换，得到了很好的调节和放松。

前总统们退场后，当地电视台著名的脱口秀女主持人 Ellen DeGeneres 身穿浅色浴袍突然出现在台上，全场气氛沸腾到达了顶点。女主持人一通俏皮的脱口秀，其中不乏拿已离席的总统们开涮的言辞，引来全场开怀大笑。

两个多小时后典礼结束，一声轰响，悬在竞技场中央上空的一只巨大花篮遽然解体，无数五彩纸屑、气球和彩带，瀑布般地倾泻到人群中来，把气氛推向高潮。在出口处，每位嘉宾都领到了 Tulane 大学的珠链徽章。停车场上各州牌照琳琅满目，美国学生的七大姑八大姨从全美各地赶来参加典礼如今纷纷散去，驶离停车场花费了很长时间。

下午 4 时，法学院在 Tulane 大学的体育馆举办自己的毕业典礼。彼时，商学院的毕业典礼刚刚结束，进进出出全是兴奋的面孔。等到法学院结束后，又一批家长和师生拥挤在门口，等待着举办本院系的仪式。典礼程序十分繁忙。

美国的法学院没有本科生，只有博士生和硕士生。全体学生身着毕业服列队出场，受到全场热烈欢呼。一位黑人小号手独奏美国国歌。院长先生演说，学生代表演说，法学院授予学习优良的学生“ABA”（全美律师公会）荣誉。一位白发苍苍的 72 岁老教授开始逐个念诵姓名，学生列队，顺序上台，从法学院院长手中领取发给自己的装有毕业文凭的圆纸筒。掌声、尖叫声、欢呼声此起彼伏，闪光灯熠熠亮起。黑人学生登台时，亲友团的尖叫声尤其响亮，仿佛是心目中的超级体育明星闪亮出场，许多女学生还会特意和留着漂亮小胡须的法学院院长拥抱触颊。女儿的班级原有 58 名学生，来自中英德法意等 29 个国家和地区，真似一个小小联合国，他们个个扬手挺胸，意气奋发。真难为了那位白发苍苍的 72 岁老教授，他在念那些外国学生无比拗口的姓名时居然准确无误，说明他事先做出了充分准备。最后国际学生们相约到 Tulane 大学正门前的吉卜森大厦前留影，家长们个个眉飞色舞，欢愉之情，溢于言表。过往汽车也来凑趣，纷纷向毕业生们鸣笛致敬。

感谢你，Tulane 大学，授业解惑树人，教育我的女儿成才。

大“烤”语言

大烤全羊，是指一席色香味形俱佳的传统蒙古大菜，系元代宫廷燕飨传承下来的一道整羊宴，当然这是从食客的角度来看。本文所说的大“烤”语言，则有些像是从那只羊——也就是当事人——的角度来看，在不同语言环境的灼热“炙烤”下，处境是何其尴尬，感受是何等难熬。

刚懂事时就听父亲说过，美语发音与英语不同。譬如 water，英式英语念“五奥特”，美式英语念“瓦特”。父亲曾在美国驻中国大使馆连续工作 25 年，与陆军武官处的鲍瑞德上校等交往甚密，对于美国佬所说的英语可谓是知根知底，谙熟于心。2006 年 5 月我乘坐美联航的飞机从上海浦东机场起飞，金发碧眼的空中小姐推来餐车第一次问我“瓦特？”我还真地愣了好几秒钟才做出反应。事后我心中连连称险，幸亏当年参加国家四级英语听力考试时，耳机里传来的不是美式发音，否则我一定会阵脚大乱，分数狂丢，名落孙山。

访美之前，女儿在 msn 上一再提醒我，老版《英语九百句》没人再说了，对于异域的交流一无裨益。即使美国人能够听懂你的“老话”，你一定不理解现代美国人嘴里叽里呱啦讲的究竟是什么。她提供一份最新版本的《英语口语九百句》给我，我这才明白，如有人问：What's up? 意思就是：有什么事吗？如果不理解还真跟不上趟。在旧金山入关时，我把事先准备好的说辞一通背诵，那关员误会了，以为我稔熟英语，便口若悬河排山倒海问了我好大一串话，我招架不住，只好赶紧坦白“Sorry, my English is poor”。

出国之前做了一些口语准备，挂一漏万，偏偏没想到研究食品的名称。参观尼亚加拉大瀑布那天，中午想吃土豆条，我记得土豆是“potato”，一说出口，侍者端上来一盆土豆泥。从此记住了，要吃炸薯条的正确方式是说 fries 或者 chips，切不要报出原材料的名字来。在离开拉斯维加斯去旧金山的路上，午餐时分瞥见一位年轻太太手捧蔬菜沙拉的三明治吃得很香，便要求女店主照样来一份，女店主在张罗中取出一种深色土豆似的水果，我不明就里，语言不通又没法问个明白，急忙打手势叫停。女店主对于我的拒绝表示惋惜，再三提醒我这是 AVOCADO，奈何我“无知者无语”，遂作罢。后来旧金山的朋友告知那是产自美洲的牛油果，好吃且贵，又是美容护肤元素和天然的抗氧衰老剂，就这样由于语言不通，那天珍贵的牛油果与我失之交臂。在纽约西餐店进餐时，打开菜单便按图索骥，可是女侍者“紧逼盯人”不依不饶提出许多问题，如牛排几分熟，调味是用西班牙汁，蘑菇汁还是白尼丝汁，如不是同学在一旁帮忙翻译，我没做准备还真不会用英语回答。

身在美国，问路当然得用英语，可是中国人入门级的英语有时帮不上忙还会冒出一些笑话。太太和我在纽约自由行参观时对“百岁高龄”的地铁发生了兴趣，决定乘坐一次。下得地铁车站，我便去问大都会博物馆乘坐何条线路，黑人工作人员坚持回答我在哪一站下车，阴错阳差，口语交流颇费周折。进站后终于发现本站并非枢纽只有单条线路，才明白对方言之有理。进站又遇到麻烦，妻子刷卡后进不去。又请黑大叔前来协调，了解情况后黑大叔撕掉了票，另开一扇小门让妻子进了门。我们又担心没票出不了站，此时黑大叔已经在语言交流方面对于我们做到了仁至义尽，他灵机一动从地上捡起一张弃票塞给我们算是交差。后来在第 86 街地铁站出站时，发现乘客们大摇大摆扬长而去，根本不要验票。一切口舌，均是白费。

好像不少美国人对于中文颇感兴趣也多少会说几句汉语，如乘坐洛杉矶国际影城超长的接龙电梯时，工作人员远远看见我们就用汉语打招呼：“你好！欢迎。”在迪斯尼乐园中遇到一位高个子老人，凑近来笑问“Japanese or Chinese?”，回答“Chinese”，对方立刻用汉语说：“你好，古老的中国。”态度十分和蔼可亲。

女儿和我参加过多次外语考试，属于外语考试中的“资深受难者”。女儿通过六级英语考试后连考了两次托福，首次进入南大托福考场发现没有耳机，仅有一只大喇叭还安装在教室中部，可怜女儿座位在第一排，考听力时必须侧过耳朵才听得真切，可这样一来眼睛无法同时看见考卷，顾此而失彼。一气之下她后来又去上海复旦大学重考了一次。

一家三人在华盛顿旅游时，晚上闲暇谈起学习语言的甘苦，自然是一言难尽。英语听力考试花样百出，如背景有时是欧美车站的大分贝噪杂声音，然后突然盘问你广播里某一句话的具体内容，同时给你四个答案分散你的注意力，这可是迹近于刁难的一种做法，我们深受其害。女儿在 Tulane 大学法学院就读，与一位一年级博士生美国女孩结成“一帮一”，互相学习语言。现在外国人来中国工作要考“中国托福”，也就是汉语水平考试（HSK），分为基础、中级、高级三种。我记得中级考生要回答的一道考题是：对面______一个人，选项有“过来、回来、起来、下来”四种，够老外抓耳挠腮绞尽脑汁了。欧美考生最难的是写汉字，那个一年级博士生美国女孩想写“赢”字，可她把这个字的“亡、口、月、贝、凡”几部分像七巧板拼图一样摆来摆去，始终摆不对。

女儿和我会心一笑，来而不往非礼也。当晚我们在华盛顿临时住处口编了一套汉语水平考试真题，且命名为 2006“中国托福”的最新齐氏版本题库，希望引起汉语水平考试委员会官员的注意，在适当的时候启用一下，好好难为一下曾经多次“难为”过我们的那些外国佬。命题主要有这些：

——“小王，昨晚忒冷，你去体育馆了吗？”“可不咋的。”

1、小王根本没去体育馆，2、小王反对天冷去体育馆，3、小王认为体育馆条件可不怎么样，4、小王冒寒去过了体育馆。

——“可怜无定河边骨，犹是香闺梦中人。”

1、古代的中国姑娘喜欢河边的骷髅，2、年轻女子面对枯骨会做香梦，3、无定河边的骨头是闺中少女多愁善感的源头，4、暗指女子梦中人已成新鬼。

——宋丹丹：“怎么是特别壮观呢？那是‘相当’地壮观……”

1、反对“壮观”这一说法，2、认为达不到特别壮观，3、汉语“相当”的程度高于“特别”，4、一种口语习惯而已。

——女儿在新奥尔良参加过 Madi Gras 狂欢节的盛大游行后，在博客上留言“该砍砍树了”。

1、女儿有砍树癖，2、女儿课余打工在乡间帮人砍树，3、砍树可以帮助学生安静下来看书，4、谐音“看看书了”。

我俩一边编纂一边偷笑。当时我很惋惜没带康熙字典无法再找出几个连我也不懂的词汇，隆重“奉献”给这份考卷，让外国佬紧锁眉头去吧。女儿临睡前想起一道妙题：《萝卜快了不洗泥》，作为考外国人的作文题，全题20分。我抚掌大乐，这可是一记实实在在的窝心脚呀，连我至今仍讲不清楚，到底什么叫做“萝卜快了”？

外语经历和外语考试，永远的苦痛，也是永远的快乐。

强作镇定

到了洛杉矶，进得游乐园，对于中国游客来说，一段惊心动魄的经历就此开始了。在好莱坞环球影城乘坐上游览车，一路上经历了山洪暴发，大楼烈火，待驶入一座地铁站后，又遇上一场 8.3 级的特大地震热情洋溢地演示了令人难忘的迎宾典礼，山摇地动，大水汹涌，隧道塌陷，地铁列车脱离轨道迎面冲来……面对“飞流直下三千尺”的美国文化冲击力，中国游客连连笑说：“受不了。”

在游览侏罗纪公园时，我们几位游客乘船漂流，河流在山洞里曲曲弯弯，周围世界眼花缭乱，我们仿佛是堕入一个巨大的万花筒，时空的错位和所有物体的相对运动，都是十分陌生和难以理解。到了最后，整条船抵达山洞口随着激流被凌空抛了出来，小船从 25 米高度的悬崖上直线坠落，那是何等刺激又令人窒息的一幕呀，相当于从八层楼上一跃而下。探险船上的中国游客哪里见过这种可怖阵势啊？我们退无可退，逃无可逃，只好死死抓紧身边一切可以抓住的东西，听天由命，心悬到嗓子眼，魂飞魄散。

整条船在飞速坠落中，那是中国游客平日的持重态度和稳健品格最受打击的一忽儿。可恶的美国佬偏偏在那里设计了一个自动拍摄的照相机，迎面把这条船上所有人的嘴脸全部拍下来了，记录在案，有据可查。

走出探险船，回到岸上，偷拍的照片已经快速印好，大模大样摊放在出口处的搁架上。妻子一眼就看见了我们那条船的照片，连忙取到手仔细欣赏。这一看，就看出了差距。照片纪录的是探险船被激流抛出山洞洞口即将从几十米高度随着瀑布垂直飞降最惊心动魄的那一刹那，这条船上只有我们两名中国人，但见我的表情十分紧张，嘴角笑容僵硬，眼神迷离不知道该看哪里，双手死死抓住胸前的栏杆不放。妻子更是吓得就像是世界末日已经来临，一副生死置之度外的架势，她耸起肩膀，紧闭双目，不敢面对即将到来的这一切。而挤坐在我们周围的外国佬们的表现，与我们的骇怕形成了极大的反差，那些本土居民无论男女老少黑白胖瘦，一概是开怀大笑，张大眼睛，高举双手庆祝，一路欢呼着从几十米高空直接栽冲下来，心满意足地过了一把“狠狠摔下来”的瘾，很惬意地享受着这惊险一刻。

假如我想收藏这张照片，我得付给公园10个美元。我不禁踌躇起来，因为我们的“即兴表演”实在是不敢恭维，等于是义务地为身边的美国佬们作了一次关于“勇气”和“胆识”的反面教材，绿叶映衬红花一般地衬托出他们的“胆大妄为”。如果还要我自己掏钱来购买这样确凿的证据来明示天下，我心里的不平衡就进一步加剧。我悻悻地把照片扔回原处，心想，我不控告他们侵犯肖像权丑化了我，不向公园索取10美元的精神损失费，就算便宜他们了。

如果中国游客在走出好莱坞环球影城时，还能笑着说出自我解嘲的话语，那么他还是没有资格步入洛杉矶中国勇士的行列。一旦迈进迪士尼公园的地界，他最后一道镇静防线随时将有彻底瓦解的可能。

我们去的“Disneyland Park”是世界上建造的第一座迪士尼公园，当时正在庆祝建园50周年华诞。相对来说，这座元老级的古老乐园，在游艺节目的设计与构思方面还远没有后来几座公园那么“疯”。后来在这座传统公园的正前方，面对面地新建了一座迪士尼公园，名为“Disney’s California Adventure Park”。导游解释说，新建公园的项目少些，但都是大型的惊险刺激项目。妻子当时一听就来了精神，坚持要去经历一把惊险，但最后我们还是顺大溜一起进了传统公园。随后的事实证明，幸亏我们没主动去冲撞惊险，对中国游客来说，就连一些传统项目都还是过于刺激和不堪承受，肾上腺素加快分泌，心脏搏动超速，两眼的焦距不在一个点上，口中只会喃喃重复“吃不消”。那么对面那座新公园岂不更是要闹出人命来吗？那天预定游玩的最后一个项目是“Space Mountain”，导游自称来美国17年一共只玩过一次“Space Mountain”，最刺激惊险不过了。导游事先帮我们早早订好了fast pass，发到我们手中。可惜临去时，机器发生故障。我们来不及久等，只好放弃了这个节目。但在离开时我看每人脸上都露出了如释重负的表情来。

在美期间，有多种游艺和参观项目都提供类似的照片拍摄服务，吸引你事后购买，价格通常也就是10美元一张。其中多数照片是在惊险场合下出人意料偷拍的，而在这种情况下，我照片上的表现每每不能尽如人意。与平时我有意识“摆放出来”的拍照姿势和表情，更有着霄壤之别。这促使我不得不思索一个以前被忽略的问题，那就是中西方在国民胆识培养方面，有着怎样巨大的差异？

中国传统的儒道释三教，更多地是教育子民“修身、养性、齐家、治国、平天下”，注重道德意识方面的塑造，偏重于思辨性的理性教育。又强调“身体发肤，受之父母，不敢毁伤，孝之始也。”既然如此，探险漂流跳伞攀岩之类的行为一概被清除出列，永不叙用。倘若一时贪玩练习“鞠蹴”不小心摔坏了筋骨，自己动弹不得受罪倒是事小，背上个“不孝”的罪名则是严重过失了。时至今日，中国教育部门的体育大纲仍然是谨慎有余，放开不足，生怕把瓷娃娃似的当代独生子女们磕一下碰一下摔一下，惹出大麻烦来。就这样，泱泱大国的历史越来越长，子民们的胆识无意中越来越小。

生命在特定的环境下长大，便留下了特殊的“谨慎”印记。再也料不到如今会端坐在异国他乡的“印第安纳·琼斯”探险车上或侏罗纪公园游船上，两足颤颤，几欲先走，可是被保险杠生生压住动弹不得，只好强作镇定，听天由命。

强作镇定，其实早已心乱如麻，而表面上还要装作若无其事的样子，属于一种高度不稳定的情绪状态。对于即将到来的外界惊险刺激，心理缺乏足够的应付准备，随时都会在外力的强击下流于崩垮、溃坍和瓦解。

强作镇定，实在是一种无比凄苦的状态，心里很明白自己由于缺乏锻炼，不具备过硬的心理素质和承载能力，和身边那些“西番”们不属于同一个层次。彼之天堂，我之地狱也；彼之甘饴，我之毒药也。可事到临头，却由不得自己畏葸不前，只好硬着头皮上阵，心里倒海翻江紧急征募心理素质精兵强将前来救驾，可是临时上阵的永远只是乱成一窝蜂的老弱病残。

强作镇定，还暴露出中国人文化上的一个缺陷：那就是心智成熟和行为弱化之间的矛盾。几千年文化传承把太多太重砝码全放在了心智培养方面，莫说是知识分子，就是普通男女也会被庄重肃穆的儒家文化氛围压得喘不过气来，迫使他们自幼年开始便受训提高思辨能力，一代代努力读书成长为思维巨人。而在行动力考核方面，传统文化似乎“缺只角”，疏于同等力度的理论建树和方法考量，于是意识形态的巨人们一个个全变成了行动的矮子，一面畸重一面畸轻，胆识畏缩就是一个很有力的例子。

而今，在照片前面，人人平等。你没有这个胆量，就露不出真诚笑容来。平时有意识“摆放出来的”拍照姿势和表情，那多是一种表演，一类表象，一个幌子，那是完全靠不住的。照相机一旦放在不同地方，有时就能充当一下“测胆仪”的角色，孰强孰弱，孰是孰非，立即大白于天下。代价还很便宜，譬如在美国“测胆报告”一次收费也就是 10 美元。

况且，这种“测胆”过程，是处在游艺场特定的环境下。游客事先就完全明嘹，这里的一切游艺程序和设备均经过科学设定，决不会对性命有虞，简而言之这不过是一种经过保险的“测胆”游戏而已。游客不必承担安全上的任何后果，游艺场一定会保证游客“毫发无损”回到地面。万一真的有游客“肝胆俱裂”，公园方则会耸耸肩膀，表示爱莫能助了。他们事先在告示中已经郑重建议游客自己酌情前往，免除了组织一方法律方面的责任。

这还是仅仅涉及到“胆量”，也就是勇气方面的问题。如果引申到“胆识”和“胆略”方面的考量，好像中国传统文化在这方面有所作为的记录就更少了。似乎胆略属于是个人先天形成的一种资质。孙中山先生领导的艰苦卓绝斗争推翻了满清王朝三百多年统治，黄兴先生身先士卒屡次亲率起义军与清军精锐做殊死搏斗……那样的“胆识”和“胆略”只好理解成一种异禀，很难把这种翻天覆地的赫赫功勋，计算到中国传统文化的功劳簿上去。

其实，无论是“胆量”，还是“胆识”和“胆略”，都是文化培养的产物。美国佬多数胆大但也不是天生的，美国家庭强调自小培养孩子的独立自主能力，幼童出生后便独居一屋，他们从幼年开始对于过山车之类的惊险项目就习以为常。据电视报道，美国有位胖敦敦的眼镜先生在一生中居然乘坐了 1500 次过山车，而这一纪录随着他年龄增长还在上升之中。而中国传统文化素来缺少“胆量”、“胆识”和“胆略”相关的文化基因，中国人在行动层面就少了一些自负和自夸。如果中国文化正视这一缺憾并从此强化国民“大胆”素质的培养，我想，明日之我也许会渐渐“胆大妄为”起来。

但从御民术的角度来考虑，国民胆子大了，主意就多，行为就不容易控制，不利于统治阶级坐稳江山。“控制论”者一定会有所顾忌，这些都属于孰利孰弊的潜台词，在此还是回避一下为好。

读书微醺

读书读到微醺的地步，其人堂堂，其心煌煌，其发苍苍，其视茫茫矣。

一卷在握，尽览天下，读书人的这种做派毕竟是老皇历了，抽动一下鼻翼或许就闻见一丝腐朽气息。当下媒体界群雄四起：电影、电视、电脑、网络、报纸、MP_3、MP_4、手机报、PSP……数不清的“后起之秀”仍在脱颖而出。早晨睁开眼睛，缤纷世界就是花团锦簇姚黄魏紫一路眼花缭乱到天黑，一颗心扑通扑通狂跳不已，谁还能静下心来，坐回到冷清寂寞的书桌前面去呢？

事实如此，读书，还有什么读头？

然而，书之于我，仍是稳居第一把交椅的精神挚友。

受到环境和条件的限制，我并不能接触到我想阅读的全部书籍。我能读到的那些书籍，有时也不畅所欲言，难以痛快流畅地表达清楚意见和尖锐提出问题，也不把道理分析透彻和合理。这就意味着，我的读书过程，就像是囊中羞涩的学生仔进得餐厅后那般尴尬，美食琳琅满目价格昂贵我却消费不起，一些合我胃口的美食缺货，又有许多食物的烹调缺油少盐，剩下来的不是太甜就是味精过重，有些著作牛头不对马嘴动辄“戏说”一番历史，边读边听得见棺材里的古人倍感困惑在不安地翻身。

即使这样，读书给我带来的快乐，远胜于其他娱乐加在一起的总和。一本好书，具有挡不住的诱惑。有时我甚至怀疑，在汉字的创造、书写和编排过程中，是不是暗合了天干地支焕发出等同于兴奋剂的效果，以至于我一见到好书，就忍不住双眼放光，呼吸急促，唾液加快分泌，急于一睹为快。

我在咀嚼文字、品味篇章的过程中，不止一次地感叹到龙肝凤髓般的精美滋味。有些作者思想深邃幽远，仿佛是浩瀚宇宙漫无边际，粒粒文字犹如晶莹星斗闪烁光辉。有些作者善于解剖问题，分析事物鞭辟入里。有些作者笔下生花，风生水起。读完后掩卷沉思，还会生发出无穷遐想。

不仅如此，我还学会了玩味文字的本领，像捉迷藏似地在字里行间窥探，从缝隙中发见出那些文字不曾明示、意思却昭然若揭的作者意图，这也算是在读书环境的“初级阶段”下练就的一种特殊本事。如一篇文章中写道：“作协……其实是一种现代养士制。”这句话看似平淡无奇，仔细捉摸，回味却无穷。短短十二个汉字，就把现在体制文人的命运和地位刻画得淋漓尽致，入木三分。一个“士”字点清身份，一个“养”字标明关系。如郭沫若当然是一位名播天下、才高八斗的文人，一旦成为了养士，曲直便不由自主，其在文革中间的“焚书言论”曾经惊世骇俗，他检讨自己“几十年来，一直拿着笔杆子在写东西，也翻译了一些东西。按字数来讲，恐怕有几百万字了。但是，拿今天的标准来讲，我以前所写的东西，严格地说，应该全部把它烧掉，没有一点价值。”“国士”郭沫若尚且如此，其他“士”们的委屈也就不难理解了。那一句仅有十二个字的短短考语，简直就是一部言简意赅的中国当代文学家和文艺家史，且是典型的春秋笔法。

读书的一大愉悦，来自于直接参与体验作者的亲身经历。美国博物学家艾温·威·蒂尔夫妇曾在一年四季中驱车纵横美国大陆一万七千英里，穿越 23 个州，写出了四本游记，分别是《春满北国》、《夏游记趣》、《秋野拾零》和《冬日漫游》，后由三联书屋翻译成中文并于 1988 年 9 月出版。书籍装帧十分简朴，但作者在书中栩栩如生地记载下亲眼目睹的美国四季中的千变万化，那瑰丽壮观的景色，丰富有趣的原生态野生动植物种群，样样都是无与伦比。对我来说，这四本书犹如 IMAX 电影系统的巨型球形影幕，毫发毕见地展现出魅力大自然。一一读来，神倾意往，齿颊留香。

《空袭伊拉克》一书的作者是耶鲁大学毕业生，当上了海军航空兵后在“中途岛”号航空母舰上驾驶大黄蜂战斗机，常在漆黑不见五指的深夜，驾驶着一架 15 吨重的战机以时速 500 公里向一艘在惊涛骇浪上颠簸不定的航母甲板上降落。航母在夜间降落飞机向来是非常危险，稍不注意就会机毁人亡。战机降落时非常讲究飞机状态、飞机速度与航母甲板的夹角等，由于航母总是在移动，且降落路线与航母跑道还存在一个斜角，因此战机飞行员在每一次降落时都经历一次生死劫。在漆黑的夜间，飞行员两眼一抹黑，所凭借的仅仅是驾驶舱前方的海军镜式着陆系统，看到黄色“光点”高于水平的一排绿灯，则飞机位置偏高；如果黄色“光点”出现在水平绿灯的下方，则飞机就低；如果光点变成红色，那么飞行员就明白自己正危险地处于下滑坡面的下方，如果不加大推力爬升，就会一头撞到舰舷上去。品味这本书时，读者可谓是身临其境，充满了强烈刺激，一般读者根本无法亲身体验这样的惊险场面，而读书帮助自己一览无遗。

读书的二大愉悦，来自于作者睿智的思辩方式和独树一帜的犀利分析解剖能力，往往会领读者峰回路转，别开生面。一本书中披露，法国戴高乐将军一次被招待看京剧《杨门女将》后一言不发，问及原因，戴甩下一句话：“欣赏女人打仗的男人不是好男人。”抛开中西文化理念的差异不谈，我记得这句回话令我思索很长时间，在那“娘子军”、“女英雄”、“女书记”高大完美形象充斥舞台的年月，我们沾沾自喜，窃以为是“妇女解放”大放异彩，殊不知这种观点却令我们在世界上受到许多误解和非议。

陈丹青曾在文集《多余的素材》中评价上海东方明珠“太难看了”。后来拜读同济大学教授陈闳先生的专著《文化街垒》时，接触到更加不俗的文辞和意象。这位专事文化批评写作和文化符号学研究的学者在“上海的情欲面具”一文中写道：“从表面上看，东方明珠似乎仅仅是一条用来炫耀的器官，除了具有象征性的勃起功能之外，别无他用。……但是，东方明珠还有一种更为隐秘也更为重要的功能，容易被人们所忽略，那就是发布和传输国家舆论信息的功能。东方明珠的全称是‘东方明珠广播电视塔’，这也就是说，每时每刻都有许多看不见的舆论的信息流，从这个柱状物的尖端喷射而出。这些无形的流体淌过上海灰蒙蒙的天空，灌注进每一个市民的感官的开口，对市民进行精神‘授精’。”可以认为，这里所谈的已不再是建筑本身的美学价值，而是理念的审视和道德的关注。

再如在一本书中读到光绪26年（1900年）12月，清帝下罪己诏：“近十年来，每有一次衅端，必申一番训诫。卧薪尝胆，徒托空言；理财自强，几成习套。事过之后，徇情面如故，用私人如故，敷衍公事如故，欺瞒朝廷如故……”借助斯言，反观当前，足见中国政坛的顽症由来已久，积习之深，实在是到了触目惊心的地步。

读书的三大愉悦，来自于领教作者丰富多彩的表达能力，鉴赏作者儒雅的造词遣句功夫。一篇美文，犹如一场五彩斑斓的时装秀，在眼前娉娉婷婷，袅娜多姿，操演往返，美不胜收。旗人后裔唐鲁孙先生撰写的系列美食专著就是这方面的典范，我读唐老的文字，句句汁满味足，时时都有大快朵颐的感觉。如：“礼失而求诸野，说不定总有一天要到曼谷去学习打烧饼呢”，又如“一饱馋吻”、“裙屐如云”等。作家的形象思维和想象能力十分重要，同样的文字可有多种表达方式和技巧，一位作家写道：“早在十七世纪，博物学家通过研究化石，便发现有些史前动物没能拿到诺亚方舟的船票，它们在现代世界已经绝迹。”表述科学上的这样一个枯燥发现，却通过如此智慧幽默的文字方式，会给读者带来多么大的愉悦啊。

我藏书不多，读书数据却可以量化，根据南京图书馆电脑系统的纪录，在最近一次换领新证之前，自 2000 年 3 月至 2005 年 9 月，我在馆内借书 864 册，平均每年借书 157 本。再加上平时阅读三联书屋的《生活周刊》等杂志，精神世界可谓充实。

读书饕餮，吾其一也。

歌会印象

门铃响起，快递公司送来两张林忆莲2008南京演唱会的门票。女儿特别在电话中声明，知道父亲喜欢听小莲子的歌，专门预订了这两张门票作为08年父亲节和母亲节的礼物。翻看着价值千元的薄薄一本门票，心情慨然。

演唱会地点在南京市五台山体育馆，早早入场在座位上坐定，触景生情回想起十多年前朱明瑛演唱会也是在这所场馆举行。朱明瑛原是中央东方歌舞团演员，歌舞双绝，后赴美国伯克利音乐学院学习现代音乐和文化产业，学成归来，更是光华万丈，神采熠熠。那次我们全家坐在第一排大饱眼福。朱明瑛邀请的是外国乐团，吉他手是黑人，而白人鼓手更是十分逗趣，演奏间隙会乘兴把鼓槌眼花缭乱抛上天空再伸手接住继续演奏，个性十分张扬狂野。那一次音乐会大获成功，唯一令我感到不习惯的是耳膜受到震耳欲聋的喇叭声的狂力冲击，使我不得不时时掩住耳朵减小一些音量。演出期间我和妻子之间的对话几乎是完全听不见，只能是脸冲脸的对口型。

林忆莲的歌声成熟妩媚又淡定从容，这位单眼皮、小眼睛的女歌手外貌并不出众，但是自有一种大气磅礴的女王风度，气质谦和，素养优雅，尤其擅长演绎缠绵悱恻的爱情歌曲，是我钟意的港台艺人中少数的演员之一。这次面对面地欣赏这位巨星的演出，果然勾魂摄魄，小莲子载歌载舞，一口气连唱下去，显示出惊人的深厚艺术功底。全场听众如痴如狂，不断掀起全场高声齐唱，从“全世界我也可以放弃，至少还有你，值得我去珍惜，而你在这里，就是生命的奇迹。”到“无心跌碎了酒杯，别理会。只是夜再黑，也遮不住那眼角的眼泪。暖暖的安慰，它给过谁？”现场气氛掀起一波波高潮。小莲子端庄高雅的台风和亲近观众的高妙手法，都是超一流的。

舞美又是一绝，背景墙是整片LED 屏幕，图像流动闪烁，恰到好处地配合现场表演，烘托出浓郁的舞台气氛。其中又有机关，屏幕中间有时开出一个方框，小莲子如在云中漫步，边唱边随着逐渐推出的自动阶梯车徐徐下行，最后还原到人间，犹如仙女下凡。

不满意的还是声响效果。一方面3位伴唱演员倾力演出，有时甚至盖过和模糊了主唱人的声音。这对于听惯了在录音棚中精心打造出来的主唱人天籁一般的歌声的我来说，已然是一重失落。另一方面，尽管我们这次没有坐在第一排，但扬声器仍如台风一般铺天盖地汹涌喷薄高分贝强音，犹如冲击钻一样地打磨听众的神经。我相信这些音响设备都是顶级品牌，功放调音台、功率放大器、音箱、均衡器、混响器和分音器的工作也十分出色，增益效果和衰减效果也恰到好处。但我怀疑，这是不是一次南京对月球广播的直播现场呢？那些远在外星的音效师和小莲子的月球粉丝们也许根本不需要任何接收装置，就可以膝盖一屈一伸地听得正欢呢。

听众对音乐的感知除了耳朵聆听外，据说还包括了肌肉骨骼和胸部腹部的感受。人类的耳朵一般只可以听到声波频段，由于身体骨骼部分参与感受，可以体验到低频部分，甚至可以延伸到次声频段，因而只有参加现场音乐会才有可能感受到音乐极其丰富的内涵和极其震撼的效果。然而，“极其震撼”一旦供大于求了，“极其丰富”反而会变得遥不可及，因为我自始至终不能适应现场那巨大的吞噬一切的扑面声浪。妻子偶然发现膝上的女式包一直在有节奏地抖动，好像那里面藏着一只受惊的猫咪。我听说后用自己怀里的摄影包做实验，果不其然那包也像心脏一样不停“跳动”，原来现场所有的物品包括椅子一直在声浪的强力冲击下不停抖动，直到换场时才归复于平静。我不愿意用“刺耳”这个词汇来描述这个优秀的工作团队奋力演出给我带来的总体印象，那样不太公平。我只惭愧自己的耳朵没有百炼成钢，尽管当时我耳朵受到的折磨完全可以用“车裂”这个词汇来形容。

我认为，对于我的耳朵来说，现场音量的十分之一，已经完全足够了。在历次体检中，我的听力均属正常，既不弱听，也不超听。医生手中的音叉从耳后传来细微“嗡嗡”声，从来没有病态地放大成轰炸机的引擎声响。

这就意味着，并不是我的耳朵“弱不禁风”，而是音乐会现场的声浪自以为是地达到了“核爆炸级”。

我觉得，听众既然花费了不菲的代价，就有资格在“享受”了两个多小时“声音核弹”的狂轰滥炸后，寻找一下自己这种不适的由来和原因。我相信，以音乐会的音乐总监为首的全体音乐人，显然以为自己这么倾力奉献是完全正确的，并无任何不妥。他们就是这样轰炸过香港红磡体育馆，轰炸过上海大舞台，轰炸过东京、大阪、名古屋……一路上声山浪海。不仅他们这么做，其他音乐人举办的其他巨星的演唱会，也是一概如此。至少在现场音响强度方面，丝毫不会逊色。

举办巨星演唱会，艺术是手段，商业机会才是终极目的。因此，雷鸣般的现场音乐并非是要开罪听众，而是要取悦听众。并非要折磨耳朵，而是要催眠耳朵。并非要驱散人群，而是要诱集人群。那么这只有一种解释——我突然意识到了——这样排山倒海的声浪，也许正切中了大多数年轻听众的需要，为他们所欢迎，所渴望，所鼓舞，所期盼。

想到这里，我不禁连退几步，倒吸一口凉气。那么，究竟是什么样“钢铁耳朵”的年轻观众，才需要如此狂暴的声浪来抚慰他们特种钢一般坚强的心灵呢？

显然，这是个不需要回答的问题：绝大多数年轻人构成了形形色色演唱会的听众主体，其中大多数是缺乏个人经济来源的学生。在校学生购买门票完全依靠家庭的金钱支持，其他的青年听众虽然经济上开始自立，但也是从向父母讨钱购买明星演唱会门票的这条学生路上走来的。

按理说，年轻人年富力强，耳聪目明，感受细腻而且敏锐。音乐会本不必“把音量旋转到最大”，用“撞车式”的音量，去回馈这些慷慨抛撒银子的青年发烧友们呀？

那就只剩下一种终极解释了，那就是现场多数听众过于贪恋音乐会现场那种音乐重车轰轰从身上碾过的疯狂感觉，从歌手宣泄式的淋漓表演中找到他们精神上需要的某种东西，并在光和影对视力的残暴掠夺中让原始祖先集体潜意识中的力量得到升华。

那是数千年乃至上万年前，原始部落遇到祭祀、征战或庆祝等重大活动，先民围着火堆，载歌载舞，如痴如醉。鼓声急促而且激昂，木棍对击，敲打着富有韵律的节奏。火光忽明忽暗，歌声时高时低。每个参与其中的人都在仪式中寻找冥冥暗示，并最终得到精神上的解脱。自那以来，每一种类似的仪式，都帮助后人在潜意识中亲近了一把祖先精神遗存的原始符号。而到了现代后工业社会，演唱会则成了最接近这种人类古老仪式的唯一方式，为年轻人们提供了又一个摆脱人格异化枷锁、放松精神、从众疯狂的宝贵机会。

音乐商人们明白，现场如果不热闹不疯魔，那些肯出大价钱买票的年轻人就可能不来。于是便把音乐会打造成文化领域最疯狂的场所。理性向消费屈服，文化向市场臣服，彻头彻尾全面的商业化。没有纯粹，只有疯狂。最终形成一种极度喧哗的气氛。

到头来，这些盛典本身已经不重要了，无论是名人会面，还是歌手献唱，还是巨星咏叹……主体已经被抽取，只剩下来赤裸裸的形式符号，只剩下喘气咻咻的莫名兴奋，只剩下震耳欲聋的犹如从天堂直坠地狱的沉甸甸音乐的轰然撞击声。

音乐会上，有彩带喷射，幸亏没有放焰火，港台的舞台监督和导演这次没有把哗众取宠的全部手段悉数表演一番，他们对于南京听众的智商和品位保留下尊敬的态度。

香港以前曾有文化沙漠之称，如今发展包装和改头换面，可谓是彩色的文化沙漠了吧。香港文化受到大陆青年的狂热喜爱，是不是而今大陆文化的沙漠化，也相差无几了呢？

音乐会散去，已是夜深人静。我和妻子步往停车场，打开车门，坐回到二人空间。路上车少人稀，轿车像小船在柏油马路上静静滑行，车载收音机中晶盈剔透地传来了小莲子天籁一般的歌声，似一股清泉“叮叮咚咚”顺坡而下，拨弄着细沙，滋润着草坪。也许倾听原版声带，亲近的会是更熟悉的林忆莲。

我想，新春音乐会那样纯粹的古典音乐世界，可能更适宜我。

这已经是另一个世界。

健身健心

2007 年是我人生体验的一个周期，健身 40 年。

1967 年，我自幼居住的玄武区红庙街上健身成风，出了好几个扬名立万、举市闻名的粗膀子和大力士。那年我 17 岁，正是从善如流的年纪，也伸胳臂蹬腿地顺大流卷入了健身潮流。有生以来我曾被动地经历了很多场“运动群众”，唯有这一次健身强体是纯粹自发的群众运动。岁月长橹，欸乃有声，四十寒暑渐渐化作身后的滔滔波浪，生活轨迹跌宕起伏，健身的习惯却坚持下来了，余一直不肯放弃。

健身于我，在入门阶段是一种不自觉和无意识，人云亦云，“人健我健”，混沌初开，朦胧万状。那时候的我还幻想着隔山击物和一苇渡江呢。年岁渐长，我开始懂得中国古代健身有很多学派，如老庄主张“归真返朴”和“清静无为”，《老子》说：“淡然无为，神气自满，以所为不死之药”，把安静调养人体的精神思维活动作为主要途径来养生益寿。而动形养生学派主张以运动形体来保养生命，提出“流水不腐，户枢不蠹，形气亦然。”《吕氏春秋》指出精气神与形体的统一是生命的根本。我们这群“张牙舞爪”的运动小子，一会儿“二郎担山”，一会儿“金刚举鼎”，一会儿“双手抱月”，大概就属于后者。

我必须承认健身的确是一件“苦差使”，每次一旦走向冰凉沉重的运动器械，灵与肉就开始矛盾、对抗和较量，每天都需要“初始化”一番意志力。“性本善”一说虽然尚无定论，“体本惰”一说我想人人都会认同。我有一对重磅哑铃，每只净重 12 公斤，用来练习肱二头肌和肱三头肌尚可，可用来两侧平举练做“蝴蝶飞翔”的动作，双臂对大脑的“抗议”情绪就比较冲动。需要深吸一口长气，调动全身肌肉予以密切配合，方如《通典·兵典》中那样“一鼓整兵，二鼓战阵，三鼓趣食，四鼓严办，五鼓就行”。使用哑铃锻炼上臂肌肉最强调动作正确，要求完全依靠双臂力量独立完成，需竭力谢绝腰腿肌肉的“大规模外援”。俯卧撑简便有效，能增强上肢力量，强化心血管系统，深受我的喜爱。健身的另一个影响因素来自于气候，冬天锻炼冻手缩脚，夏天则热不可支，动辄挥汗如雨，额上脊间“流下一条条欢乐的小河”。一年之中，除去旅游出差，我大约要有三百多天自觉地吃苦锻炼，持之以恒确属不易。

如果说持械运动是“被动自虐”，练习排打则属于“主动自虐”。在老庄静神养生学派的门徒看来，健身锻炼到了这个地步，已有“万劫不复”的意思。每天清晨，南京河西龙江小区某楼五楼客厅，一男子周身放松自然站立，吸气存于丹田，“自领数百军棍”，手持木棍在痛击自己，这“自责以谢天下”的家伙就是我本人。“服棍请罪”的过程大致如此：先用木棍排打手臂和腿部，密密匝匝，“不有一家”。“教训”完四肢后，棍头抢向躯体，正面从小腹到咽喉，侧面从腰到腋窝，背部从尾骶到颈窝，排打三遍。排打时要控制呼吸运用内力鼓荡来抗击外力。正宗功法本来还要求用铁棍再重打一遍，但我考虑到自己的罪孽没有那么深重，或谓本人身体的素质有限，很乖巧地给自己免除了“铁棍之刑”。外人视我排打健身是“过激”行为，这碰巧说到了点子上，在排打中身体会产生比平时安静状态下高出几倍的肾上腺素和皮质醇激素，一次次地演练人的应激反应。过激一说，实在是恰如其分。

健身辛苦，带来的益处也是明显易见的。运动时心跳血压呼吸加速，吸氧增多，各种组织代谢加快，促使肌体组织产生应激性反应，免疫系统也得到了良性调节。自我感觉首先是增添了一把蛮力，当年在五金机械仓库开铲车时，两只锉刀箱摞在一起共重 60 公斤，可以一把端起举过头顶，直接撂进一人多高栏板竖起的卡车车厢里去。1985 年随市作协去登黄山，一和尚捏住 20 来公斤铁棍的一端单手平行托起，可见腕力不俗，后来我接过铁棍也将其顺利托起。其次健身的好处是改善身体协调性，开铲车时动如脱兔，两根钢铁“猛犸长牙”升降自如，运斤成风，可以稳稳地把货物堆出三个托盘的高度，约有四五米高。此外健身还有利于直接“塑身”，常练俯卧撑有助于塑造上宽下窄的体形，防止体型退化，数十年来我的体重一直维持在 80 公斤左右。健身与良好的生活习惯常常密不可分，如早睡早起，眼保健操，戒烟少酒，控制饮食和体重，冬季冷水洗面，饮凉水等。

身体负重，精神淬火，健身最大的收益其实是健心。如此的吃苦耐劳，一方面磨练自己的意志和品质，一方面通过“意守”和“内视”把精神和心理调整到高能动性的积极状态。一副健康的体魄有助于塑造一颗健康的心灵，健身日久，心志弥坚，长此以往可形成坚定的自信心，敏锐的判断力，果敢的性格和冷静处世的态度。心智的不断强化和拓展，又一直在更新升级个人的品质和品味，塑造自己成为一个爱憎分明的人，镇定自若，胸怀坦荡，从容应对各种内外刺激，保持心理平衡，营造磊落的心境状态。健身又指导我遵守秩序，礼让他人。《黄帝内经》强调锻炼养生的重要性，提出了“不治已病治未病”。隋唐时期的孙思邈在注重“养心”（即精神修养）的同时，提出“养性之道，常欲小劳。”我暗自揣摩，在我身上，健身和健心大概就是这样得到了有机结合。

健身若想持久，关键在于选定的长期健身项目一定要适合自己。家务繁杂，工作忙碌，都会对体育锻炼造成干扰和影响，类似“每日登山”这样的奢侈计划非有闲者就很难坚持下来。多功能健身器材和跑步机进入家庭不过是近十来年的事情，此前家庭锻炼的项目主要是拉力器、杠铃哑铃、跳绳等。我有时也会去健身馆的一大排运动器材上去热身，或去郊外登山远足，但每日的“必修功课”主要在自家室内完成，如哑铃操，俯卧撑，排打等，一律是简单易行，可把客观环境的干扰减低到最低程度，由不得我找出什么“雨雪天暂停”之类的借口来偷懒。眼下我用来排打的木棍是一根大号擀面棍，昔日擀面，今朝塑人。有人追求健身怡情“一举两得”，一边健身锻炼一边戴着耳机欣赏音乐。殊不知指挥运动的神经中枢会因此受到干扰和抑制，令健身效果适得其反。健身最怕一心二用，没有全身心的投入，锻炼效果可能会大打折扣。当然，假如醉翁之意不在酒而在乎山水之间，那就全无所谓，皆大欢喜了。

行笔至此，未免有点儿沾沾自喜。偶然联想起老母亲今年高寿 97 岁，每逢周日，母子二人牵手散步，边聊边走，在九华山下的中科院地理所大院里能绕上一大圈。由此意识到我的健康体魄或许与我的辛苦健身无关，那本来是一种基因遗传也未必可知。一时无心自诩，意兴阑珊，一并补写在此，以飨读者视听。

写于 2007 年

整日面壁

2008年春节前后，我告别了云南路11号办公楼，在企业重组和分立之前，我曾在那幢人声鼎沸的楼宇里呆了整整十个年头。办公地点几经辗转后，我后来搬到了新模范马路5号科技创新大厦A座22楼，在一间新办公室里一个人“运筹帷幄”，除了接听电话，建设网站，击键写作，终日无语，开始了一段整日面壁的新生活。

虽说是“整日面壁”，我身处的周围环境，毕竟和达摩高僧当年直面的那爿山洞石壁完全不同。二十多年前我出差途中路过嵩山五乳峰，曾特地前往达摩禅师面壁十年的那个山洞参观。当时我十分留意地注视过洞内的石壁，设身处地幻想过如果是自己十年面壁，能否得到冥冥中的启示或神谕。我相信在那长达十年的盘膝静默和入定坐禅中，达摩高僧一定是外松内紧，在思想深处“苦心练魔”，精神马拉松长跑持续了三千多个日日夜夜，最终才修成了正果。如不是这样积极开展精神上的操练、突围和升华，让一个缺乏内功的凡人面壁十年后走出山洞，恐怕就会东歪西倒，口角流涎，咿呀失语，几乎与植物人无异了。

大隐隐于市，是几乎所有郁闷读书人的精神追求。实践起来，真正是谈何容易。我的这间新办公室虽然不大，只有14平方米左右，但由于北、西两面由上到下都是玻璃墙，又高在22楼之上，具有极好的光线通透性，室内空间与外界景物无形中连为一体，有无限延伸的宽敞感觉。随意看去，北半座南京城尽在望中。办公之余，我常会信步走到玻璃墙边，或居高临下浏览脚下宽广的新模范马路，欣赏车水马龙；或极目远眺南京城北部的布局和风景。由南望北，正好是顺光，视野开阔，远近景物异常清晰。窗户正北方向远处矗立着高约200米的幕府山，山麓应该有一座达摩古洞，相传1500年前达摩法师渡江北上之前曾在此洞休息。西边一处小山是约80米高的狮子山，明太祖朱元璋曾在此以8万军队大败陈友谅40万人马，为明王朝建都南京奠定了基础。狮子山上如今有一座高52米的七层阅江楼，碧瓦朱楹，檐牙摩空，朱帘凤飞，彤扉彩盈，具有明代皇家的古典气派。而在这两座山峰中间，可以清晰望见巍峨的南京长江大桥飞峙天边，架起滔滔江面上的高速路。空气质量良好的日子，凭借肉眼可以毫不费力地看见长江北岸的高楼，视线的这一跨度，足有10公里之远。这是我面临的第一面“壁”。

我整日面临的另一面“壁”，要比整面的玻璃墙小得多，但是更加精彩纷呈，那就是办公桌上一方普通的电脑显示屏。由于电脑技术日益普及，办公早已实现了自动化，办公室里几乎所有的工作全是在电脑上完成的，如收集资料，撰写报告，建立网站，维护数据，收发邮件等。电脑屏幕这一面“壁”，方寸盈尺，却是现代人观察大千世界的一扇巨大窗口，无数信息图片资料音乐电影……似奔腾江流铺天盖地而来，穿透过这扇窗口一泻排空，巨大的信息量足以把人载浮于半空之中忘乎归去。互联网技术的日益成熟和个人电脑拥有量的快速增长，让人们强烈意识到网络世界的神奇和强大，各种政权或集团对于信息的绝对控制、封锁和垄断也因此被一举冲破或者部分冲破，改写了人类社会发展进程的历史。譬如Google地图软件免费提供卫星图像，我足不出户就可以自由自在地鸟瞰自己住宅小区的方位；也可以前往警戒森严的克里姆林宫不受拘束地东张西望而不必担心遭到哨兵的斥责；还可以前往美国或日本某个著名景点来个网上一日游。我还可以在网上定期探望远东澄澈清冽的贝加尔湖，把这座曾属于大唐帝国版图上的面积3.15万平方千米、平均深度744米的巨大湖泊尽情看个够，平慰一下十几亿盛唐遗属们不平静的心情。当然，Google撤出中国大陆以后，与之而来的网络方便这一切也不复存在。

显而易见，我终日直面的这两座“壁”，与达摩高僧面壁完全不同。达摩高僧盘膝静坐。不说法不持律，终日默然面壁，双眼闭目，五心朝天，思想高度集中，在“明心见性”上苦下工夫。他面对的是日复一日的重复和单调，是一种极端的枯燥无味，是与外部世界联系的完全断绝，是对于一切外来的暗示、提醒和教唆的全然不接受。只有这样排除一切俗念恶念邪念贪念，外界的一切对他不再发生干扰，高僧修禅，高度造诣，达摩法师由此对禅学佛理才有了更深刻的彻悟，“直指人心，见性成佛”，从此始传禅宗，大弘扬，终于形成中国佛教的最大宗门。

而我所谓的“面壁”，直面的是一个光怪陆离、充满诱惑的大千世界，各种信息由外向内飞速涌来，新陈代谢迅速并填满了头脑所有的空间，让人应接不暇甚至无法思考。有时候我仿佛是随信息瀑布一同飞流直下的坠崖人，手忙脚乱却抓不住身边飞溅的万千信息。有时候我又有些像是纨绔子弟，随心所欲地任意挥霍各种宝贵信息而毫不心痛。我整日漂浮在取之不尽用之不竭的信息大海上游荡，而我的内心功能却在弱化，思辩能力在下降，言语表达在萎缩。长此以往，我或许会嬗变成一个良好的信息导体，全部意义，仅此而已。

所幸我的“面壁”还有第三面和第四面壁，对我形成了有力的牵制和约束，不让我在异化和退化的道路上滑得太远。

我整日面对的第三面“壁”，是占据整堵东面墙壁的两幅巨大地图，分别是南京市城区图和中国地图。据说喜欢观看、研究和辨识地图是男士们的专利。科学家们发现，女性的大脑中比起男性要多出15%的灰色物质，而这一部位主管着人类思维。但是男人的脑袋里含有更多的白色物质，它主要负责脑细胞之间的联络以及神经冲动在大脑与躯干四肢之间的传递，所以男人对空间的认知力往往更胜一筹。此言不辨真伪，但我确实会在两幅地图面前伫立很长时间，久久地凝望那些细小的字符，比对着它们之间的距离和关系，仿佛那是一幅寻宝的密码图，总能让我产生这样那样的灵感。

当然，地图与石壁相比，有着更多的不同，地图上的符号具有明确的指代性，会引导我产生思索和联想。譬如“厦门”对我来说就意味着三上鼓浪屿的阅历，让我联想起南普陀的繁华异草，让我追思曾经在海上住过三晚的一艘巨大海轮。我想达摩高僧面前的石壁上，肯定不会出现天竺之类的字样或符号让他追思故乡，那凹凸不平的石壁上只会出现少些细碎石纹或不规则苔藓之类，随着日光月影的推移，洞内的光线会出现有规律的变化，这就是激发高僧灵感的全部资源了。或者干脆是“眼前全无，心上已有”，在高僧的心里自有一幅逐渐清晰、反复验证的图案，经过一年年的不断修炼，终于形成了日后拥有亿万信徒的禅宗宏大结构。

我整日面对的第四面“壁”，就是我的文字作品了。最近十余年来，我不知不觉积累了近百万字的创作成果，这是我由内往外的一种劳动付出，是凝神苦思的丰富成果。平心而论，文人写作的过程与僧人面壁修行十分相似，首先这是一种自觉自愿的受苦行为，从来没有人挥刀举枪地逼使自己去从事这项劳动，写作者自始至终都是在苦苦约束自己，长年累月处在潜心问禅的出世状态。其次，写作的全部过程是一个从无到有的过程，字句，片段，层次，逐渐形成并次第写出，构成一个个篇章。为追求文风的唯一性，还要竭力使得自己的文章显得与众不同，逼迫自己开足思想机器，在写作的时候激发思索能力，想象能力和创新能力。写作的人是在近似于参悟的状态下，调用本身修养和美学审美经验，去完成每一部作品。其三是写作环境的高度封闭性，写作者常常会处于“闭关”状态，十分类似于“一心一意，室中坐禅修行”的僧人，身边一切的世间事务，对写作者来说都变得十分遥远甚至没有意义，而文章中的立意、境界和追求，则上升为当前的头等大事。一旦悟透某个理念，文章结构霎时间清晰凸显，笔下千言万语涌出。最后，也是最重要的一点，就是思想境界方面淡泊名利，追求精神解脱和透彻参悟人生。国内出版业长期以来“冰封千里”的现状让名不见经传作者的作品无法顺利面世，这在无形中反而带来了一个好处，那就是逼迫作者自觉不自觉地“雪藏”自己的精神成果，使之能够在不断反思和更改中持续升华和完善，更近一步地接近理想境界。

写作的过程，就是不断整理、排列和提升的过程。一堆纷乱的构思开始时像乱羊毛无序摊放在面前，通过作者的不断努力，散乱羊毛渐渐搓成长长细线，又编织成各种精美的图案，最后织成一条呼之欲出、腾云驾雾的飞毯。我想，写作的这个过程，可能最接近于面壁高僧的思维轨迹了：把世界一切俗事置之度外，“勿视，勿听，勿言，勿动，勿想，”一心潜入精神上的探索和追求，把人生的某个道理或境界思索得相对透彻，研辨得较前深入，阐释得淋漓尽致，发挥得出神入化，表达得美不胜收。

我忝为省市作协会员，但自觉地与一众体制文人们拉开了距离，我不大赞成那种仰瞻马首的生活方式和立竿见影的创作态度，自然也就不被体制所包容、重视和接纳。道不同不相与谋，遂自我边缘化和默默面壁，相辅相成，互为表里，倒因此有利于独立思考。

文学创作与禅宗唯一不同的是交流和影响他人的方式。禅宗强调的是“直指人心，见性成佛，不立文字，教外别传”，这种不著一字的弘扬思想方式让作家们自叹不如，因为文学创作毕竟还是要依赖于方块汉字一排排、一行行来说清楚。

在22楼办公室里，面“壁”生涯伴我度过数个严寒酷暑，消磨许多岁月。也许，只有耐得住“十年面壁”的寂寞，才能更接近“一苇渡江”的境界。

白日有梦

不止一次有人问我：你为什么写诗？这是个颇难回答的问题。在文学理论中有大量解释，说明一个人为什么写诗。“文字的诗可以简单界说为美的有韵律的创造……我把美作为诗的领域。”亚里士多德是欧洲美学思想的奠基人，他在《诗学》一开始就这样讲：“史诗和悲剧、喜剧和酒神颂以及大部分双管箫乐和竖琴乐——这一切实际上都是模仿。”象征主义文学的先驱者美国诗人埃德加·爱伦·坡提出，真理寻求的是理性满足，而诗歌则要震动人的灵魂，引起心灵的愉悦，从而促成精神的升华。维柯是历史哲学的创始人，他认为诗不是起源于理智，而是起源于感官。想象的主要功能是比喻；还不仅仅局限在语言形式上，还体现在诗性任务性格上，而想象和理性是对立的。维柯认为美的本质是和谐。被人称为“捷克结构主义之父”的雅可布森把诗学看作语言学的一部分，他提出的基本问题是：“话语何以能成为艺术作品？”这就要研究诗歌的语言结构、功能同其他语言结构、功能相异的特征及其相互关系。弗洛伊德则提出“里比多”也就是欲望，从根本上说是性欲……要想说明白“为什么写诗”就会扯上很多林林总总的观点，而在我看来，诗人实在是所有写作人群中最不理智的特殊家伙了，既然写什么体裁都是个写，为什么不干脆铺上满纸的大白话，偏要绞尽脑汁，与意境、韵律、对偶、博喻、想象等纠缠不休，把自己折腾得“一佛出窍，二佛涅磐”呢？

当然，我也可以简单一点，一言以蔽之回答说：“写诗是中国人的文化传统”，言下之意是，我之所以写诗是文化基因在起作用，欲不为也，却不能也。中国人的祖先喜好建造文学的金字塔，如唐诗，宋词，元曲。作为他们的后人，我们营造不出气势恢宏的文学大厦，盖个文字小楼亭来让精神避暑御寒也是好的。

但在我内心的深处，始终保留着一个我自己认可的答案：诗人是一群习惯于白日做梦的人。

弗洛尹德曾说："文学创作都是艺术家的白日梦。"做白日梦(day-dreaming)，在中国词汇中，通常是个贬义词。专门用来形容那些满脑子胡思乱想和异想天开的人，如彩民幻想中个500万元大奖，光棍汉希冀抱得空姐归，小科员期待着当上董事长等。在南京这个意思通常会招惹来外界不客气的评语"做你的大头梦去吧"，刻意指出白日做梦的人脑壳膨胀，有丑化对方的意思，潜台词暗示说那种黄粱美梦只可能是精神的一种产物，绝不可能变成现实。写诗的人，就是属于这样一类"做你的大头梦去吧"的人群。

诗人富于幻想，年轻人多富于幻想，这也是为什么诗人多为年轻人的缘故。写诗的过程，又是一种发散性的、开放的思维方式，特别适合于"由点到面"抒发个人对于天地世界乃至宇宙万物的感喟和情愫。"我爱你呀，地球"，张口就来。无拘无束，慷慨激昂。"做梦"十分容易进入，也就是说写诗门槛比较低，这是很重要的前提条件。

白日做梦，与夜间梦境有着显著不同。夜梦常常是不期而至，篇章凌乱，效果怪诞，有善梦也有恶梦。有时候会与美人意外地对眸，含情脉脉，意欲演化出缱绻。有时候也会遇到危机，需要赶紧拔足逃命，两条腿却灌了铅似地一动也动不了，只好焦急万分爬行，危险迅速迫近，然后一身冷汗就惊醒过来。夜间做梦是可遇而不可求，你追求的幻想一直迟迟不来，而你刻意躲避的则说不定在近前高低翻飞，盘桓不去。

而白日做梦，则是黎民百姓的感情或者意念的一种日积月累，有明确的方向性和目的性，一般老百姓的"白日梦"大抵集中在三大主题：一是幻想中奖，迅速暴富。二是美人入怀，一亲芳泽。三是事业成功，位居将相。总之世人多愿借白日梦来提升自己的地位，改善自己的环境。没人愿意在白日梦中面对险恶，更少人乐意涉足危难之中，除非他是个万劫不复的受虐狂。

诗人的白日梦，与个人切身利益关系有时并不大，多属于个人情感的喷薄或抒发。其中与个人切身利益联系较多的是爱情诗，"青年男子谁个不善钟情？妙龄女人谁个不善怀春？"古往今来大量美丽的爱情诗歌千秋传唱。诗人忧国忧民无处述说，便会借景抒怀，常见的是山水诗或风景诗。

譬如蜀道难走，但一般诗人毕竟不会在险峻山道上常来常往，李太白先生又不是贩盐卖茶的马帮帮主，蜀道的艰难与他个人切身利益之间的关联度不是很强。然而一曲《蜀道难》名垂千古，千百年来中外无数读者由这首诗中真切地领略到了“蜀道难，难于上青天”的雄奇景象，诗人的白日梦多不以利己为目的，唐诗宋词元曲的贡献名垂青史。

白日做梦，与夜间梦境有颇多相似之处。梦在主观上给人兴奋刺激或成功满足，但客观上始终是一团虚幻不可能在当下成为现实。少年时分我曾读遍儒勒•凡尔纳的科幻作品，被主人公历险和旅游的故事深深吸引，一再幻想自己身在其中出生入死，一时狂热得不能自拔，在某种程度上甚至减轻了三年大饥荒食不果腹对自己的生存压力。那时候，面有菜色的我显然是一名典型的白日梦患者，一谈起上天入地飞碟海怪就两眼放光，滔滔不绝。一方面是饥不择食，另一方面是精神过剩。白日梦越积越多，而客观世界却始终没有一个出口，旺盛的精力自然而然地就转投向写诗活动，形象思维的梦境转换成同样是形象思维的诗句，并没有太多的障碍，何况是堂而皇之地冠以“写诗”的名义，白日梦遂得以继续做下去。弗洛伊德认为，产生白日梦的原因简单说来是“未被满足的愿望”，我同意他的这种分析，因为在写诗的过程中我可以神骛八极，驾青鸟，驭苍龙。请问在现实中谁能给我以这样的机会？

诗人在白日梦中又往往表现出主动承担责任和迎接苦难，这是一般人的白日梦所不具有的品质。如陆游在《十一月四日风雨大作》 一诗中写道：“僵卧孤村不自哀，尚思为国戍轮台。夜阑卧听风吹雨，铁马冰河入梦来。”表现出诗人为国效力的迫切心情。他在四十多岁时才有机会在军中做一名军官，身着戎装来往于前线各地，豪迈和悲壮成为他一生诗歌创作的主基调。

反观我的前半生，我发现白日梦不是一种幻觉，更不是一种虚无，而是一种实实在在的人生方式，是人在清醒状态下产生的带有幻想情节的心理活动。自小我就不是一个精神生活贫乏的人，对此我感到十分欣喜，有时甚至揣测会不会是祖辈“齐健隆”数百年大规模经营年画事业果真带来了传人的基因变化，我有幸成为了一个想象力丰富的人。三岁时我曾对家人宣布第一个“诗歌级”的幻想是“我记得我刚出生那一天兄姐们挤在门口竞相一睹我尊容的场景，”惹得全家人大笑喷饭。事后我本人也对自己的话觉得十分疑惑，或许那只不过是年幼时一次我病愈后兄姐们很高兴我能“复出”淘气的记忆也未必一定。总而言之，奇思妙想，想入非非，使我童年的白日梦异常丰富有趣。

白日梦直接驱使我的行动力，激发出我的实践潜能。除了写作之外，我的另一个优势是动手能力较强。8 岁我上小学二年级时设法自己动手制作了一台简易的幻灯机，放在香舖营小学的教室里，用手来回抽动幻灯片，放映给小伙伴们欣赏。14 岁时上初二，我尝试在自己家厨房里磨制天文望远镜的镜片，还在中学化学老师的帮助下镀上了银膜，宣布要观察银河系的星象。后来我借二姐夫的上海 201 照相机镜头自制了一台放大机，把二姐的一吋底片放大到十二吋，人像居然没有走形。

做白日梦，对于一名诗人来说实在是非常重要。由此可以彻底卸去现实生活中言谈举止中规中矩的“人格面具”，让幻想超越现实，心绪变得无比宽广。艰难的现实世界可以一下子离得很遥远，不由自主地便进入了一种梦幻般的陶醉状态。这又是一次重新塑造和改变自己的机会，幻想促使我从全新的角度审视自己，提出新的课题和挑战。在清醒意识下，人们思考问题通常采用抽象和概括的方式，待人接物也注重可行性。而在幻想中，人们对自己内心的体察要宽容得多，幻想提供了一个全方位展现自己心理、人格和能力的机会，凭借幻想的助力，诗人一次次在白日梦中找到更适合自己的位置和前景。

有梦才有希望，才有未来，有梦才有诗。白日梦的积极因素显然大于消极因素。一旦人们老去后说：我什么也不想了。没有了梦，人的心理年龄会迅速老化，那将是一种何其悲惨的事情啊。

有研究发现，白日梦是人的本能的休息和放松机制。这就意味着白日梦是健康和安全的，不需要担忧，更不必有意抑制。亚特兰大松河心理治疗协会的心理医生魏斯表示说，导向正确的白日梦有益于身心健康，因此他有时会用这一方法诱导心理疾病患者走出眼前困境。

白日梦作过了头则是一件十分危险的事情，精神病人就是这样一群分不清现实和梦想边界的可悲人群，他们整日嗜梦不醒，沉湎于想象之中不能自拔，他们能够在徜徉中“入梦”，而不能够自主“出梦”。诗人与他们的区别主要在于，诗人既能够迅速“入梦”，也能够顺利“出梦”。

白日梦既然是梦，与社会现实自然就拉开了相当的差距。白日梦中的理想、幸福和快乐都是一团团巨大虚幻，返回到现实中来，对应的很可能就是粗糙与艰辛，还有灰心丧气和闷闷不乐。反差会是十分巨大，这是诗人做白日梦必须面对的社会现实，是他们必须付出的精神代价。

不懂得或不善于付出精神代价，诗人就无法写诗。

赏诗何难

不知从何时起，鉴赏中国的当代诗歌成为了一件十分吃力的事情，变成了一桩地地道道的力气活儿，赛过了解数学题、猜谜或者砸核桃仁儿。闲暇如“绿蚁新醅酒，红泥小火炉”不可随便读诗，免得平添“花溅泪、鸟惊心”之类的烦恼。病中、旅中或夜半时分，更是莫读诗为佳，“怪影兀自出，心结无端生”的情况，谁也不能保证就不会发生。

当代中国诗歌这种途穷状况，说是濒临“身败名裂”也不为过。日前，德国汉学家顾彬曾以“中国当代文学是垃圾”等惊人之语，炮轰中国文学，引发人们的空前注目。我的文学生涯从写诗入手，也曾在《诗刊》及国外报刊发表过作品并出版过个人诗集。当我转身阅读中国当代诗歌时，我也会与其他读者一样陷入深深迷茫和困惑。众里觅他千百度，新诗却在万劫不复处。我不知新诗的境遇缘何会这样急转直下，我只清楚知道一个事实，当代诗歌要想作为一种文学样式如同汉赋唐诗宋词元曲那样流芳千古，是“压根儿没门儿”了。

曾几何时，众读者在网络上讨伐声浪震天，对“国家级诗人”、梨花教主大加鞭挞，尘埃喧腾，几迫云霄。我无意臧否人物，也不想妄加评说。但我暗中怀着恶作剧的心理，按照网友的提示，下载了一个“写诗软件”。我按照要求输入几个名词和形容词后，“机器诗”十几秒钟就写好了，立等可取，如一份热呼呼又辣又香现做的麦当劳快餐，其中有这样深奥妙趣又不可思议的句子：“孤独的高原向环城路狂奔 /宇宙，在水果刀上出现…… /看，鹩哥是如此的自负！/暴雨，逃走吧！”我抑扬顿挫朗诵一遍，被逗得哈哈一乐。由于编写程序发挥了作用，使得“机器诗”看上去比较工整，像模像样颇得到一些“形式分”，达到了“自娱娱人”——或“自愚愚人”——的强烈效果。稍后，我心中升起一种大凄楚和大悲哀，通过电路板和硅器件批量生产的当代诗，竟比一些所谓诗人用燃烧血肉之躯升华出的那些当代诗歌还具有更多的可读性，这是一种何等辛辣的讽刺，对诗的糟蹋也到了何种登峰造极的地步？“战梨花”运动可以看作是强烈不满诗歌现状的社会舆论的一种有力反弹。

当代诗的没落，由来已久矣。一是虚假性，诗歌是抒情文体，浪漫主义占主要成份，这是打动和感染读者的情愫之源。一旦失足变成了大跃进诗歌那样的浪人痴语，虚情假意和大言不惭，只能给读者留下惊愕和厌恶，让人不堪卒读。此风一开，遗毒深远，五十年来，一批批御用诗人在献媚邀宠时无所不用其极，在自绝于读者方面走得太远，能够有机会刊登在报刊上与广大读者见面的诗歌，越来越变得丑陋不堪甚至臭不可闻，一批御用新诗从根部上烂掉了。这种歌功颂德的遗风至今尚未绝迹。

二是缺乏形式美。古代诗词的四言、五言、七言和长短句，形式异常完美，意境充满音乐性，可吟可唱，可圈可点。李商隐《锦瑟》中“沧海月明珠有泪，蓝田日暖玉生烟”的佳句，区区十数个汉字就营造出隽永曼妙的艺术氛围，活跃起一个个出类拔萃的艺术形象，让读者流连忘返，痴迷陶醉。当代诗并不一定要严格囿于格式，惠特曼在《草叶集》中多数是超常句型，翻译过来一行诗句动辄长达三、四十个汉字，是一种大气磅礴手法，纳须弥于芥子，读来气势雄伟，内容丰富，实在是艺术臻品。可惜中国当代诗往往忽略形式美，分行具有太大的随意性，破坏了内在的音乐结构。写诗可以“随心所欲”，但要注意“不逾矩”，如果完全没有规矩，读者如捧一把散沙，味如嚼蜡，诗迷们就很容易流失。读者们又不是自虐狂，没有必要把自己的宝贵时间耗费在那些类似“一元店”廉价商品似的破诗上面。

三是非交流性，一些当代诗主观封闭，艰深晦涩，如酒醉后的一通梦中呓语，完全视读者如无物，根本不考虑与读者之间互动交流。另一些当代诗则活脱脱是“山中太岁”，浑似无眼无鼻的一大块肉蒂组织，突兀而且陌生，全没有传统诗词韵律、平仄、想象等宝贵艺术成份，读者左右打量，无法消受，万般无奈，只好承认“爱你实在不容易”。以前朦胧诗中有不少这样的例子让读者在精神上着实地“匪夷所思”一番，如 2007 年某诗刊上发表的一首诗，“漆黑一团的天空/永远拒绝光芒的赝品”，这诗句连我这样写诗的人都很费解，“赝品”如指光芒，应该是什么一种具象？“漆黑一团的天空”本该排斥一切光亮，否则它本身价值就会消亡，所以它本能地拒绝光芒的真品和赝品，既然如此，单列出“拒绝光芒的赝品”的立意究竟何在？诗人所云，实在费解，当然，也可能是我等道行太浅无法理会作者深奥的大智慧。一卷卷当代诗歌在手，粗略翻阅，有时竟能令读者气急败坏，浑身战栗，如同置身于一间文学集中营。

中国曾是诗歌大国，然而很久以来，国内多数报刊杂志一概拒绝刊登诗歌，“诗歌大国”名不副实矣。文学圈内几乎无人以自我介绍“我是诗人”为荣耀，诗的含金量跌到了历史新低。假如把中国诗歌比喻成一只上市数千年的文学股票，在《诗经》时“一字斗粟”，在“唐诗宋词”时期“一字百金”，那么，在当代已经几乎沦为“负资产”。当代诗集的销售，在所有图书中间成为垫底，已是不争的事实。写诗的环境委实恶劣，诗人惶惶成了尺泽之鲵，优秀的当代诗歌一如广陵散，飘渺无踪了。

中国诗歌的粉丝，数量上或许并不比球迷为少。读诗活动的私密性较强，一人一册在手，蜷缩在沙发或端坐草坪上细细品味，实在读不下去，会愤愤地呸上一句，阖书走人了事，所以不会形成足球场上数万人一起“国骂”矿泉水瓶如陨石雨那样倾泻而下的火爆场面。中国当代诗歌与中国男子足球同样令人失望之极，精神疲软和身体疲软一样，让人“痛之深，恨之切”。

在这种艰难情况下，一些专业诗刊的出版发行变成了高危行业，难能可贵的是江苏还有一本纯文学的《扬子江诗刊》在坚持出版，我尊敬的诗歌前辈黄东成先生原是该刊的编辑，现在担任顾问，倾心拔擢和提携诗歌新人，在诗歌的沼泽地彳亍前行，对于这样坚持努力的前辈我实在是敬佩莫名。诗歌的颓势也许只是暂时现象，从全国范围来讲优秀诗人和好诗还是有的，只不过是我一时无缘得见罢了。

但愿我对当代诗歌的这种担心，只是杞忧。没有诗的生活是枯燥单调乏味的，一个没有诗的民族是可怕的。中国经济转型之后建设成为高度市场化的商业社会，“拜物教”盛行并形成了一股巨大的“无法度其项背”的膜拜物质势力，因此更需要以诗歌为代表的精神文化作为导向、补充和调节。“创造出如诗一般的美好生活”是每个重视生活质量的现代人的共同愿望。我期待着社会从写和读两方面共同关注和促进诗的良性发展，让佳诗泉涌，促人人诵诗。到那时候，“五花马，千金裘，呼儿将出换美酒，与尔同销万古愁。”该是何等爽快和惬意。

牛二出国

牛二这厮，在中国文化史上得以留名，缘自《水浒传》始。“只见远远地黑凛凛一条大汉，吃得半醉，一步一颠撞将来。此人就是京师有名的破落户泼皮，叫做没毛大虫牛二，专在街上撒泼，行凶，撞闹，连为几头官司，开封府也治他不下。”这天，牛二按照他一贯的地头蛇思维定式，无缘无故去招惹是非，不留神撞上了穷困潦倒寄卖宝刀的好汉杨志，杨志忍无可忍“连搠了两刀”，结果了牛二的性命。

牛二在大众中的印象如何，书中自有一小段描写：“来到天汉州桥热闹处，只见两边的人都跑入河下巷内去躲，四处乱撺，口里说道：‘快躲了！大虫来也！’”如此看来，牛二的出场与当今明星亮相差不多，都达到了万人空巷的效果，只不过是群众的奔跑方向完全相反，一是拼命挤向明星周围，一是竭力逃出牛二的视野。

牛二虽然死于杨志刀下，但是杨志那柄“砍铜剁铁，吹毛得过”的宝刀并不曾斩断中国历史上泼皮无赖的脉络。古往今来，形形色色的“牛二们”依旧随心如愿地在大街上“撒泼，行凶，撞闹，”形成中国社会一种独特的牛二现象。当然，宝刀不是解决牛二现象的唯一选择，而且也不是最佳选择，当年杨志因为过失杀人，付出了沉重的代价，虽然他是为民除害，仍被开封府“取一面长枷枷了……于死囚牢里监守。”最后“六十日限满，……断了二十脊杖，唤个文墨匠人刺了两行金印，发配北京大名府留守司充军。那口宝刀没官入库。”

引起我注意的一个细节是：牛二生前，率性“连为几头官司，”但是，“开封府也治他不下。”这就是咄咄怪事了。小说描写中的时代背景和市井生活均在宋徽宗时代，牛二死时大致在公元 1115 年前后，而在此 50 年前，也就是公元 1065 年，著名的“包青天”包拯回到京城，任开封府尹。包拯刚正不阿，以不畏权势和为民申冤著称于世，他敢于顶风办事，直击官僚、贵族、豪绅、恶霸们编织的保护地主贵族利益的人际关系网络。

包黑子迎难而上和不怕身败名裂的勇气，使得“贵戚宦官为之敛手，闻者皆惮之”。开封府大堂之上，三口御铡，威风凛凛。为什么仅仅过去了几十年的工夫，堂堂的开封府就连个破落户泼皮“也治他不下”了呢？这暴露出古代的法制建设一直存在着严重问题，古代法制的执行力长期处于阳痿症状。

有法不依，有法不行，主要问题还在于官府疲软。造成官府疲软的原因较多，普遍现象是官员腐败，谋私营利，吃里扒外。让一名不能够堂堂正正站直脊梁的汉子来当人民的执政官，他就不能像两袖清风的包大人那样敢于执法和严于执法，拖宕、推托和敷衍就难以避免。而牛二们都是何等精明厉害的角色，针大的窗纸窟窿里就能漏过去斗大的风，立刻就明白如何去对付和制服对手，牛二世界，历朝历代益发闹猛。

网上读到一则新闻，某省会城市的城管队员在执法过程中与卖土豆的无证小贩激烈撕扯，“互撒辣椒面”，造成眼睛急性炎症。卖土豆的无证小贩为何会在车上备有辣椒面，新闻报道并没有说清楚，但可以肯定的是，从今以后在社会秩序维护和保障中，必须面临“辣椒面风险”。无独有偶，同一天随手拿起当天的一份晚报，又看见一条社会消息云，南京市郊某居民小区的某位一楼女业主铲除公共绿地占为私家菜园，此类新闻本来是屡见不鲜，出格的是她又挖了一个大坑，置进去一口露天大缸，内装粪水和泔水，成天浇菜不已，搞得整个小区的空气臭烘烘。居委会和城管队员接到举报前来查处，她乘人不备便从粪缸中舀起一瓢粪水，天女散花般地泼向对方，让大家“利益均沾”，端的是个女牛二的化身，手段十分了得。当今世界牛二现象层出不穷，世风道德，江河日下。

由此看来，“也治他不下”并不是某朝某代开封府一个衙门单独面临的难题，而是古往今来中国官场的一个鲜明特色。为官一方如果连一个牛二也拿他不下，中国社会长期人治造成的社会秩序大面积荒芜本相就须眉毕现地显现出来，法制执行力的长期疲软自古一脉相承。我陡生怪想，如果中国现有的法制和官员实在是对付不了形形色色的现代牛二，那么，不妨来做一个实验，譬如以公款资助旅游的方式，让牛二们有机会组团出国，去与外国法律正面碰撞一下，看看可能会引出什么样的后果。

倘若牛二来到新加坡，他很有可能以最快的速度享受到鞭刑的“殷勤款待”，这几乎是毫无悬念的。1965 年新加坡获得独立后，法典中正式出现了鞭刑的名称。新加坡狱中使用的刑鞭是藤条制成的，长 1.2 米，粗细与成年男子的小指头相仿佛。在新加坡至少有 40 种罪名必判鞭刑，如强奸、抢劫、贩毒、非法拥有武器以及贩卖枪枝等。此外，非法入境或签证过期非法滞留 90 天以上，也必须判处最少 3 鞭。1993 年美国青年游客迈克•菲在新加坡旅游时由于一念之差大搞恶作剧，他向一辆私家车上喷撒油漆，又把西红柿，鸡蛋，奶酪等物品扔在公共汽车上，砸坏了一辆车的车门和后视镜，还偷盗了新加坡的国旗和公路上的一些交通设施，活脱脱展现出一个美国牛二的“光辉形象”。迈克•菲被新加坡警察抓住后，并没有遇到“开封府也治他不下”的好运道，一直以低犯罪率和建设花园城市著称的新加坡政府认为这是十分严重的行为，构成犯罪，判处迈克•菲四个月监禁，罚款三千五百美元，并实施附加刑，鞭打六下。这个判决一公布，立即引起了美国国内一片恐慌，要知道鞭刑的受刑人屁股会“肿成平时两倍大”，约有 10 天不能穿裤子，只能围一条围裙，不能坐，不能躺，也不能正常走路。克林顿总统立刻打电话给新方高层领导说情，斡旋再三，鞭刑仍不能免除，但是被降至四下。克林顿总统对此一直耿耿于怀，直至行刑的第二天还在对外宣称这种用鞭刑惩处一个异乡人的做法是一个“错误”，同时美国政府又向全国公民发出紧急通知，告诫去新加坡旅游的人必须品行端正和没有不良行为的前科，千万不要引火烧身。超级大国的元首亲自来说情尚且无用，就不要幻想其他二三流人物的斡旋会起任何作用了，即使宋徽宗愿意破格放下架子前来代破落户泼皮牛二求饶，无奈新加坡的政界大佬也不会给这个面子呀。

新加坡向来以严刑峻法著称，如果在不能吸烟的地方吸烟或乱丢烟头，要罚几百新元，情节严重者还要罚在东海岸的公园劳作 1 至 3 小时，记者会去拍照并登上第 2 天的报纸头版。游客用过厕所后没有冲水的行为会被罚款 75 元新元至 150 新元，也要被拍照登报。任何形式乱丢垃圾的初犯者，法律规定罚款 1000 新元，而对于有前科者则处罚 2000 新元，并当众劳作清理一处公共场所以示警告。如此一来，谁还敢以身试法在新加坡大街上“撒泼，行凶，撞闹”呢？按照新加坡法律，对于犯人最高可罚处

24 鞭，牛二倘若能硬挺过这场“鞭刑大洗礼”而不死，那么他对于闯祸受到的惩罚一定会做到刻骨铭心了，至少他的屁股早已经是“印象深刻”了。

倘若牛二来到沙特阿拉伯，没几天或许右手会被砍掉，很可能会变成一名残疾人，如果他侥幸还能保住一条小命的话。沙特的戒律很严，小偷一律砍手。汽车司机超速行驶，监禁一月，鞭笞 80。酒后驾车，监禁一月。因此，沙特几乎无人敢于以身试法。

倘若牛二来到美国，不出几个小时就可能会双手背铐，让一群五大三粗的警察提溜着送进拘留室去。美国警察是第一线的执法者，随身携带的不仅有警棍、警笛、手铐和辣椒水这样的冷兵器，而且人手一支特制的警察配枪，是那种射程远、威力大、可装 19 发子弹的格洛克半自动手枪，发射 9 毫米巴拉贝鲁姆手枪弹。绝大多数美国警察武器战术专家认为，警察无论在值勤或者非值勤期间，都必须携带火力强大的武器，不然的话就是在削弱美国刑法的权威。美国警察的严厉十分闻名，在他们手中，手铐和手枪的“出手率”很高。一次在美国的地方法庭，有位出庭老兄说西班牙语的声音很大，法警十分严厉立刻警告他噤声。过一会儿他又大声嚷嚷，警察转身就要铐他，他左求右求才算了事，可见美国警察绝对不是虚应故事。美国警察的待遇优厚，每个月的收入税后有五六千美元，政府还给警察全家包括太太孩子提供终生的医疗保险。同时政府对警察的管理也是相当严厉，只要有一次收受贿赂，就会开除警籍，绝不手软。所以美国警察绝大多数忠于职守，小心翼翼，决不敢有一点失误和疏忽。一次中国作家代表团赴美，中型客车的司机十分谨慎驾驶，沿途非常留意警察的行踪，相机行事。不久后他有一次在空旷的沙漠公路上超速行驶被下了罚单，事后才知道竟然是被天空上的警用直升飞机测速拍照。

桔生淮南则为桔，桔生淮北则为枳，可见并不是牛二们难以治理，而是这个社会环境和社会制度出了某种问题。正是因为知道连“开封府也治他不下”，牛二才能够有恃无恐地“扒将起来，钻入杨志怀里……牛二喝道：‘你说我打你，便打杀直甚么！’口里说，一面挥起右手，一拳打来。”由于地方政府软弱无能，便逼得杨志私下里代行了一把政府的管理职能，先把这条泼皮收拾了一顿，后来一怒之下干脆结果了这厮性命。这条人命虽然记在了杨志名下，但是这笔帐应该记在开封府尹的头上，正是政府的不作为，让百姓多吃了许多苦头。

法制疲软，官府疲软，除了诱使牛二们出国受罚，我们也实在想不出什么高明点子了。而牛二们则很简单，只要蛮横地回复一声“我不出国”，我们就又会一败涂地。

谎言为耻

谎言可耻，谎言不可取，谎言损害个人的名誉，这些都是现代社会的基本常识。在西方国家，公众人物必须检点言行，政治家、社会活动家等经常抛头露面的人物，更是要心口一致，言出行随。一旦被人揭发出曾经有过当众撒谎行为，公众人物的诚信记录立刻就会蒙受极大污点，基本上就宣告了他的公众生涯就此结束。因此那里的人们小心翼翼地对待自己的言行，一举一动要光明正大，说话一定要实事求是，一旦说错话，立即公开道歉并更正，更遑论公开撒谎一说了。

而在中国传统文化中，说谎似乎是一件不值得小题大作的“微恙”，这种行为也许从来就没有被看作是品质上的严重污点。不仅如此，有时候说谎不但不被指责，反而被当作机智来欣赏，或当作“急智”而加以推崇。“兵不厌诈”的说法古已有之，这种“不厌诈”思想后来泛滥溢出到军事领域以外，灌注到几乎全部人际关系中去广泛应用，是中国古代社会宽容说谎行为的思想模式的集中体现，俨然成为了一种泛行为主义艺术。大学士东方朔曾先后两次跟随汉武帝外出郊游，被汉武帝问到路边同一棵树的名称。东方朔先答是“善哉”，后答是“瞿所”，汉武帝沉下了脸，要治东方朔的欺君之罪。东方朔不慌不忙解释说，大马叫马，小马却叫驹，大牛叫牛，小牛却叫犊。同一种树，名字不同也是这个道理呀。东方朔的一番解释显然属于强词夺理，但汉武帝从此遂不再提治罪的事。可见中国古代君王对于当面撒谎这件事也不是看得很重，臣下为了应付差事撒个不太圆满的谎，得过也就且过了。

再说，大汉王朝那时没有测谎仪，也没有由于说谎而引起的法律责任需要担负。在如此宽松的环境下，说谎便从朝廷到民间不受节制地放任自流，终于红红火火形成了今天谎言横行的“大气候”。尽管儒家有君子“不诳言，不贰过”之类的说教，但面对全国“机智型欺言”洪流，儒家格言显得迂腐古板一个浪头就不知被打到何处去了。

应当承认，某些时候，在某种特殊环境下，针对某些特殊对象，某些谎言的确会具有善意的功能。譬如哄骗老人或者孩子让其放心等。但善意的谎言须有三个不可省却的前提，缺一不可：一是不以牟取利益为目的；二是如果不说谎可能会造成即时的重大人身安全损失；三是只发生在一对一，或一对几之间，不会对社会和公众产生不良的误导或影响。

善意的谎言，毕竟少而又少矣。绝大多数的谎言都属于别有用心，多是以愚弄公众、蒙骗公众为目的。近几十年来，中国谎言几次大爆发、大流行，酿成了一系列大灾祸，以至于成为近代史上的一道奇观。在那个疯狂的年代里，亩产小麦一再放出卫星，创造了令人匪夷所思的记录：安徽繁昌上报 43075 斤 9 两，广东北部山区连县就报告 60437 斤……上个世纪六十年代末期，中国发生了饿死近四千万人的通天惨祸，起因是谎言，进行是谎言，包庇是谎言，善后是谎言，“人相食”的惨剧迭出不穷。大饥荒祸害全国时，信阳专署机关党委李书记还在一条声说形势大好，被他批判的人反驳说：“你老婆吃过人肉，你爹饿死了，你还批我，你有人性没有？”连亲爹都受累于谎言而活活饿死，足见得谎言是一定会弄出人命来的。

说谎的社会诞生出无数说谎的“豪杰”，说谎的“豪杰”反过来又加速了说谎社会的沉沦。其中给公众留下深刻印象的是，一大批手握重权的官僚昨天还在大会上做报告信誓旦旦反腐倡廉，今日就卷入亿万元的经济大案被双规立案查处，贪赃枉法的官僚“变脸”技术之高，落马速度之快，前后反差之大，实在是连川剧变脸鼻祖也会自叹不如。为官说谎，为官不尊，“谎言官僚”的诚信指数下降到了最低，老百姓困惑不已，久而久之，便觉得这些心口不一的官僚们益发地靠不住。

SARS 在南方最早爆发时，当地政府禁止媒体报道有关病情，理由是“以免引起民众恐慌”。随后中国政府在国内封杀了关于疫情的讨论，所有的论坛对 SARS 的消息一律消音，人民网“强国论坛”有数位用户因讨论 SARS 疫情被管理员封账号。到 4 月上旬，中国的官方媒体一般说法都是讲疫情已经受到控制。4 月 3 日，中国卫生部在北京召开新闻发布会，卫生部长张文康宣布说疫情已经得到有效控制，他还说北京当时 SARS 病例只有 12 例，死亡 3 例。张文康笑着说，戴不戴口罩都是安全的。北京 301 医院的退休医生蒋彦永从自己目睹到的情况知道张文康没有透露实情，当时情况远比官员们说的严重得多。蒋当时得知，仅 309 医院就有 40 名病人，死亡 6 例，过了一天，增加为 60 个病例，死亡 7 例。蒋彦永同时知道 302 医院也有 40 个 SARS 病例。所以蒋彦永认为张文康公布的数字被严重缩小，是对中国民众和卫生部门的误导，是对人民健康的极不负责。蒋彦永依次向上级主管、国内媒体、香港凤凰卫视写信反映情况，但都没有结果。最终蒋彦永向美国《时代》杂志揭露中国的 SARS 疫情的信件得以发表，人们才了解到疫情远比中国官方公布的严重得多。截止到 2003 年 5 月 18 日北京区 SARS 疫情已经十分严峻：病例 2434 人，医疗人员病例 394 人，死亡 147 人，康复 332 人。世界卫生组织对中国政府提出批评，重新提出旅游警告并再次把北京列为疫区。多家国际媒体强烈指责中国政府企图隐瞒疫情，导致病毒在全球扩散。国内舆论也普遍认为这个事件暴露出了中国医疗体制中存在的众多问题和漏洞。

张文康身为主管卫生医疗的部级高官，置亿万人民的生命安全于不顾，当众撒谎被人戳穿，他的大名就这样“永垂千古”。张后来被迫辞去了卫生部部长的职务，可怜当时他已过了“耳顺”之年，还要被当作说谎人的典型无情地钉在历史的耻辱柱上。令人大跌眼镜的是，仅仅半年以后，63 岁的张文康摇身一变，移臀就任宋庆龄基金会副主席的职位，公然出席了广东中医院建院 70 周年的庆典。这样一个在全世界人民面前撒了弥天大谎的公众人物，就这样开始享受他的另一个高位的公职，撒谎着并且快乐着。这真让人们目瞪口呆，公众眼望着这些职业的“撒谎精”逍遥自在而无可奈何。

“华南虎”事件引起的轩然大波及其尴尬收场，再次暴露出今天的公众谎言现象已成为中国现实生活中不可分割的一部分。一个狡诘的山区农民，几张经过 PS 的拙劣数码照片，在特殊的社会背景下，就掀起一阵阵舆论浊浪，玩弄全国人民的智商于股掌之上。周正龙撒谎，目的是贪涎 2 万元奖金。而他背后的那些干部共同撒谎，志向则十分“远大”，目的也“深远不可揣测”。一个周正龙说谎，中国是不会有几个人当真去与他计较的，大不了一笑了之。而正是大大小小官僚们对于谎言“爱之弥深，害之弥切”，玩火自焚，形成“全国共讨，全党共诛”的自毁局面。最后弄得周正龙“几欲脱身而不能”，最后缧绁加身，被判了个“徒刑两年，缓刑三年”。要不是大批当地干部结成了撒谎共同体搞出了轰轰烈烈的大气候，“骑虎难下”的周正龙的形象怎会被无限放大，最后又成了个替死鬼呢？

乍看上去，在三鹿奶粉事件中暴露出来的主要问题倒不像是公众谎言的性质。一边是企业利益和“A 物质”，一边是 30 万患儿。事到临头，国家质检总局检出石家庄三鹿集团及其所属企业的产品中三聚氰胺最高含量达 6196mg / kg，三鹿集团的高管们这才意识到问题出在“A 物质”上面，一切悔之晚矣。虽然没有人在这个事件中公然撒谎，以淆视听，但是其公然“蒙骗”的性质，与公然撒谎完全是一样严重。原奶被稀释后，奶液变稀，蛋白质含量就不能达标，三鹿为了通过蛋白质含量检测标准，便开始添加替代物质，以便蒙混过关。语言在这里体现为动作，没有一句大声宣布的谎言，但是有许多同样触目惊心的蒙骗动作：“往牛奶里加水——产量增大——再往稀牛奶里掺进‘蛋白精’——原奶的蛋白质含量检测达标——压低价格收购——企业利润上升”。可怜 30 万无辜的婴儿，正是他们娇嫩的泌尿器官形成了一道弱不禁风的防线，在被摧毁得溃不成军的同时，向我们这些粗糙的成年人及时通报了一种隐秘的险情，“牛奶有毒”，快快预防。我们这些做爷爷奶奶、做爸爸妈妈的成年人会不会为此羞耻难当、以首抢地呢？

谎言之所以大行其道，是因为谎言在当代大有市场，是因为有那么一批人需要利用谎言为其服务，是因为谎言效应十分可观。于是大批假文凭，假证件应运而生。于是春晚这样的顶尖娱乐节目也需要借助假唱来补台。可怜的中国文艺人士何时孱弱到了这种地步？一定要靠“完美的”假唱来维系一台节目的高水平。南郭先生地下有知，定会自叹生不逢时。

一句谎言，需要十句谎言来维系。没有诚信，一切事情只会越来越糟。其规律大抵是：由撒谎开始，达到利己害人的目的，最后自己身家性命也毁于其中。如果今后有人指责我们这一代人，说我们容忍姑息，让奸人有机可乘，才使得公然撒谎成为了当代社会的品质之一，那可不是什么令人高兴的事情。假若外人指手划脚讥讽中国人是一个爱撒谎的民族，请问衮衮诸公，我们用什么理由去反驳他们呢？

大事不宜

我习惯边听广播边进早餐,早餐时分收音机节目恰好谈论一番当日天气，采用一种固定形式的播音套路，我便侧耳留心倾听。主持人在把云彩、降雨概率、温度等因素一番罗列之后，话锋一转，广播里就开始谈论“天气指数 3 级，听众该如何穿衣……紫外线强度指数 2 级，听众该如何防辐射……人体舒适度指数 1 级，听众该如何御寒……”

早餐进行到一半,我就不得不放下碗筷,生怕自己一旦失态大笑起来,会蹈先人喷饭之辙。现代社会以宽容和厚爱为美德，但是如果有人一味用言语的小动作来“挠”自己的胳肢窝，怕也会是忍俊不已，大乐忘形。

收音机里仍在延续天气报告节目，但在我心里，节目主旨与形式已经南辕北辙，渐行渐远。我疑心这档节目被广播电台里的一位“指数迷”编辑垄断把持，而此君的“指数情结”此时正处于“宇宙大爆发”时期。接下来，广播员又逐一谈到了“穿衣指数如何……晾晒指数如何……晨练指数如何……”我越来越觉得节目有点不太对劲，好像是江湖上某种旧把式的翻版。反复思忖了一会儿，我回想起来了，这种表述的风格和套路其实大有名堂，它来自我国古老的皇历，历史悠久而且正统。

牛年春节前，我接收到一份礼物，足有一块明城砖大小，捧在手间沉甸甸的，也与城砖的重量相去不远。打开一看，原来这是一本名为《汉典》的皇历，装潢十分精美。相传皇历是由轩辕黄帝创制，故又称为黄历，是在中国农历的基础上产生出来的一种历法,其显著的特点是载有许多预示当天各种活动吉凶的信息。

过去皇历在中国人的生活中一度扮演了大祭师的角色,一年中的某个时候，该干什么，不能做什么，通过皇历早就给你安排停当，井然有序，不得逾越。皇历印在纸上，挂在墙上，但要求你“溶化在血液里，落实在行动上”。譬如皇历提醒说今天“宜：经营，交易，求官，纳畜，动土”，那么你就可以放心大胆地买卖股票，备下重礼或贿金去走后门追求提升，或者破土奠基悄悄盖上一栋违章建筑。假如皇历警告说本日“忌：登高，行船，安床，入宅，博彩”，那么你就千万要注意，赶紧把走进六合彩售彩点的步伐收回来，上苍暗示你说今天无论投进一元或一万元都是在打水漂；你也不应该今日爬到屋顶上去东张西望否则会摔断腿；你今天出门如有陆路可行则千万不要去尝试水路，谁知道今天是不是某个水怪出来散步的日子呢，一旦路遇极有可能会把你当作一道午后的点心。

历书里面刻有农历日期和节令，还印有耕作种植方面的一些基本常识，这样一种传统而古老的文化载体，在封建社会里就算是民间的《百科大全》，用以具体指导农事并参谋生活。历代皇帝都很重视历法，9 世纪初，唐王朝下令历书必须经皇帝亲自审定后才能颁布，只许官方印制，不准私人仿印，从此历书就又成了“皇历”。宋太宗每年岁晚都要向文武百官赠送来年的历书一本，蕴含着规劝官员们参考一定的行为准则来约束自己举止的良苦用心。历法上关于日期和时辰的吉凶之说，则有些扑朔迷离，看上去荒诞无稽，但它包含我国古代哲学、天文、地理、自然生态等诸多方面内容的丰富内涵，蕴藏着人们如何顺应自然规律的一些朴素论述。

官员们如何看待皇历，我不得而知，但是民间百姓一直比较迷信皇历里关于吉凶的分析，将之视作为来自冥冥中的一种最高指示，是一种“可以使知之，不可以使由之”的神秘告诫，用来作为自己行动的重要准则。在那个科学不发达的时代，有一种来自上界的慎重其事的提醒，对于许多心灵贫瘠的老百姓来说，是一个很重要的参考因素，起到了帮助他们安排自己行动计划的重要作用。倘若皇历上说今日“宜：祭祀，求财，签约，嫁娶，订盟”，而你正好计划今天把女儿嫁出去，那么全家人凭空增添了一份喜欢，因为皇历上说今天适宜办理婚姻大事，天地人和，岂不是抽到了一支上上签？假如近期天气大旱，田里的庄稼干枯冒烟，你聘请的打井队一大清早已聚集在田头摩拳擦掌准备打一口深井以解燃眉之急，回头一看皇历上明明白白写着“忌：种植，置业，卖田，掘井，造船”，那么你也只能稍安勿躁，按兵不动，谁知道今天破土打井会不会破了自家的风水，一锹下去，生生地挖出个面目难辨的太岁来呢。

皇历对于生活的干预是全方位的，从祭祀，求财，移徙，嫁娶，订盟，到开市，安床，安葬，入宅，破土；又从疗病，结婚，词讼，入仓，求职，到出行，立券（订立买卖契约），会友，签約，納畜……总之，皇历无所不包，无所不容。动不动皇历还会来个一次性的全面否定，郑重其事告诫你说：“日值月破 大事不宜三天”，或者是干脆宣布“餘事勿取”，那就是宣布你基本上只能关门打烊，面壁思过了。

皇历毕竟是远去了的一种精神教条和思维方式，他说他的，我干我的，在多数情况下百姓与皇历倒也能相安无事。突然之间，我在当今收音机的天气报告中听出来了，那些林林总总的告诫似乎是皇历附体，道君现身。问题出在哪里呢？思前想后，症结恐怕就在于那些由软件和专家们合谋炮制的意味含蓄的“指数”上面。

“指数”对于市民生活的觊觎由来已久了，生活指数、健康指数、交通指数、旅游指数、运动指数、化妆指数等，皆已有之。一干指数，繁多而且琐碎，多是出自于善意，看得出来其出发点是设法帮助市民更好地安排生活。令人不解的是，指数科学到了后来渐渐演变成了“指数魔咒”，负责制定指数的少数专家也好，利用指数的众多市民也好，统统沦落成为了指数奴隶。指数本身也由于过于抽象空洞，过于叠床架屋，过于蛮横干预，开始变得像周易那样晦涩难懂起来。

如天气报告中经常会提到“人体舒适度指数”，据说这是一条“从气象角度来评价在不同气候条件下人的舒适感，根据人类机体与大气环境之间的热交换而制定的生物气象指标。”一般而言，气温、气压、相对湿度、风速四个气象要素对人体感觉的影响最大，人体舒适度指数就是“根据这四项要素而建成的非线性方程。”这个方案，听上去很美。人体舒适度指数把人对于天气的感受从负 4 级到 4 级共分为 9 个等级，从“人体感觉寒冷，极不适应，希注意保暖防寒，防止冻伤”一直标示到“人体感觉很热，极不适应，希注意防暑降温，以防中暑”。人体舒适度指数虽有一定的参考价值，但由于热平衡机能、体温调节、内分泌系统、消化器官等个体存在的差异，各人对于气象的反应会有较大差别，因此那些指数的效应并不一定能“放之四海而皆准”，也不一定完全精确。同样道理的还有天气报告中附列的一系列疾病指数，如高血压指数、中暑指数、支气管哮喘指数、感冒气象指数、消化道气象指数，慢性支气管炎指数等，皆属于那种有益无害，可有可无的数据。

有些指数则不然，恐怕是要归属到带人绕圈子把人搞糊涂的那种类型，譬如说“穿衣指数”。“穿衣指数”具体细化为“穿衣厚度指数”和“增减衣等级”两个组成部分。在第一部分里，又分为指数从≤1.5 直到>22，等级从 1 直到 9，建议从“短袖为主的炎夏装”直到“羽绒服、裘皮等隆冬装”等三块内容。而在第二部分里，则分为指数从≤-9 直到≥9，等级从 1 直到 5，建议从“温度明显下降，请您加衣”直到“温度明显上升，请您减衣”等三块内容。倘若你在南京新街口广场连续拦下行人并告诉他们：“今天的‘穿衣厚度指数’是 3 级，‘增减衣等级’是 5 级”，请路人回答出正确内容并提供 1 克拉的钻戒作为奖品。依我之见，这钻戒将永远无人有幸赢取，因为根本不会有人记住这些指数的确切含义，也没有人明白那些繁琐而且复杂的“穿衣指数”到底有什么实际意义。

指数泛滥，指数膨胀，如果这还不足以让你领略到迷茫和虚无的话，那么“洗车指数”会加重你在指数盲区中的晕头转向和眼花缭乱。中央气象台 2008 年 8 月 6 日 8 时发布的“洗车指数预报”，对于 57 个城市和景区是否适宜洗车，做出了自己的判断。譬如南京当天的洗车指数是 1 级，提示为“适宜洗车，未来持续两天无雨，天气较好，适合擦洗汽车，蓝天白云、风和日丽将伴您的车子连日洁净。”这还比较好理解。再看重庆是 3 级，提示是“较不宜洗车，过去 12 小时有降雨，路面少量积水，如果执意擦洗汽车，要做好溅上泥水的心理准备。”这就有点无话找话说了。再看厦门是 4 级，“不宜洗车，未来 24 小时内有雨，如果在此期间洗车，雨水和路上的泥水可能会再次弄脏您的爱车。”中央气象台这番良苦用心的建议，就离开车主洗车的初衷有一定距离了。一般来说，洗车主要是因为要用车，只要用车的目的不变，一般就会坚持去洗，至于洗车的时机如何，则退而求其次了。不能因为明天早晨可能有雨，今日白天就开一辆脏兮兮的轿车满大街疯跑。再说汽修专家指出下过雨后不及时洗车，对车漆伤害更深，酸雨很容易腐蚀车漆，雨后车身上的泥水遇到阳光的照耀会提高车身表面温度，使车漆表面一点一点被腐蚀，因此雨后更要及时清洗车。如此说来，中央气象台关于重庆人洗车的建议就应该修改成：“你个哈宝啦，雨都歇啦，还不赶快颠儿颠儿地窜出去洗洗车子？”

还有同样古怪的是“空调开启指数”，什么 1 级是“长时间开启制冷空调”，4 级是“一般不需要开启空调”，绕一个弯子实在没有必要，直截了当地说出口：“感到热了就开空调，不热就关上”岂不更加明白？至于钓鱼指数具体是 1 级还是 3 级就更不太好评说了，你知道了，我知道了，可是鱼们知道吗？上海市气象局甚至于 2011 年 8 月 14 日发布了一项全国首创的健康气象指数“鼻腔清洗指数”，根据天气状况，提醒市民在空气污染时要多多清洗鼻腔，以避免呼吸道疾病。这一创举立刻受到外界广泛关注和质疑，也就不足为奇了。

对于那些偏执的指数迷们，我也有一言相送，赠言的形式也与皇历的格式完全一致，那就是：

“今日宜：祭祀，求财，签约，嫁娶，订盟……百事咸宜。

“今日忌：指数制造，画蛇添足，冠上加冠，弄巧成拙……从此打住。”

法绳曳地

在中国这块土地上，法制建设的道路崎岖漫长，无数坎坷和磨难一直在考验人们的意志和耐心。随时随地，所见所闻，总在不断地提醒人们，在这里“法律面前人人平等”的美好愿景其实只是海市蜃楼和一现昙花，并非一切都会如愿以偿。2008年发生的三件事情，像三块疾速飞行中的陨石，严重地砥砺了一下金光闪闪的中国法律，露出了表面底下的铜绿。

一是汶川地震遇难学生家长集体上诉校舍质量是“豆腐渣工程”遇阻。家长们看见地震中别的楼房不倒，校舍却齐斩斩地倒塌了，把花朵般的孩子们压在下面，心里自然悲愤不平，决心要追究营造商和有关部门的责任，寻求一个令人满意的答复，要求得到相应的赔偿。但是，德阳、成都、北京等地的律所分别接到有关通知不予代理上诉，法院接到有关通知不予立案。就这样，这些失去爱子伤心欲绝的家长们，实际上处于“上告无门”的悲惨境地。

能有资格通知律所和法院“不准受理”并让这些机构一致按令遵行的，必定是来自“上面的意思”。倘若开发商们自作主张一厢情愿擅自发过一纸“商请函”来，律所和法院肯定不会搭理他们，老百姓对此一点笃信不疑。最令人难以接受的偏偏也正在这里，如果“上面的意思”真的是不准家长们集体告状，那么实际上就承认了中国的百姓有理无处说，有冤无处伸，至少在这一类集体诉讼案件上是这样，令人实在难以理解。因为即使是在“朕即天下”的封建社会，还有滚钉板和告御状一说，在杨乃武与小白菜剧中，杨淑英为了搭救弟弟便大义凛然演出了滚钉板一幕，获得了向王朝的最高领导人直接告状的权利。

不准老百姓告状，中国的法律体系和法制机构就率先滚了一通钉板，露出了满身的伤痕。在大地震中，校舍的“垮塌率”遥遥领先，直接导致数以千计的学生死亡。“在垮塌的学校废墟中，很多人都看到了一些无法掩盖的事实：水泥楼板中的钢筋被换成了铁丝，砖块之间几乎没有水泥砂浆。”“像聚源中学这样在地震中校舍呈现粉碎性垮塌而致成百上千名师生遇难，在地震灾区多处都有发生。”根据不完整的统计数字，四川地震毁坏了约6900间教室，这还不包括两个重灾区的统计数字。而香港慈善团体“苗圃行动”（Sowers Action）在靠近四川地震震中所建造的六所学校，大致上都没有受损，这和其他如豆腐般垮塌的学校形成强烈对比。“你能收买工程监理，但你收买不了地震。”无论是承包商，还是负有监管责任的建设部门和主管部门，是不是应该要牢记这句话？

地震十来天后，绵竹市富新二小127名不幸遇难学生的家长于5月25日上午组队前往绵竹市的上级德阳市委反映问题，希望彻查倒塌校舍的质量问题。面对受灾公众表现出来的巨大愤怒，当时绵竹市委书记蒋国华一度采用下跪的方式来挽留上访家长，其复杂的心态可见一端。然而，“目前遇难学生家长普遍对当地政府部门抱有极端不信任态度。”当局也很快地显示出了强硬立场。约一周后，美国《纽约时报》于6月2日和4日相继报导说，“几个中国记者证实，宣传部门的官员已经发出指示，禁止国内媒体继续报导有关学校建筑的问题。”“最近几天，几个中国记者都说，中央政府官员已经通知新闻机构不要继续报导这个问题了。”封口令正式下达。

媒体一时沉默不语。但是每个人心里都明白，不让人说话只是一种饮鸩止渴的解决办法，与地震积蓄能量愈释放力量愈加巨大一样，强烈的愤怒在迫不得已的沉闷中会更强地积蓄自己的力量。

二是三鹿奶粉事件。三聚氰胺事发之后，数以千计的毒奶受害者家属拟提出集体上诉。“三鹿奶粉事件志愿律师团”覆盖了22省市一度扩大到100多人。但是很快便有一些地方官员和律师协会找到相关律师开会或谈话，要求他们“自我约束”，“不要参与三鹿奶粉事件”。来自官方的影响直接导致京冀豫等地数十名律师宣布“迫于压力”而退出志愿律师团，原先在网上公布的手机也已暂停。

以上两种事件本来全不相同，一是“天灾”导致带有共性特点的豆腐渣校舍一次性祸害了许多孩子性命，二是“人祸”造成某国有企业利用伪劣产品在短时间内戕害了三十万婴幼儿的健康。唯一相同的是，当受害群众沿袭古俗期望“当衙击鼓，拦轿鸣冤”时，意外地却发现上面早已颁下了 12 道金牌禁止通过法律程序来解决。

伤天害理的开发商和丧尽天良的奶业公司成为众矢之的，是他们罪有所得。东窗事发后，受害的百姓第一时间想到运用法律武器来维护自己的权利，来惩治利益薰心的奸佞之人，是群众法律意识提高和法制思想增强的表现，这种表现可圈可点。可怎么也没有想到，官衙居然会忙不迭地紧闭大门，不准百姓进来告状，又讳莫如深地禁止受害群众通过律所的帮助来昭雪冤屈。人们不禁怀疑，是谁和这些肮脏的家伙不能厘清关系、分清立场和划情界线？政府中的这些人的屁股究竟坐在哪一条板凳上？

第三件事发生在 2008 年底，公安部部长助理郑少东在 12 月 23 日召开的全国公安机关经侦系统执法工作电视电话会议上说，在当前的经济形势下，各级公安经侦部门要严格把握法律政策的界限，讲究执法方式方法，对负责企业正常经营的高管人员要慎用拘留、逮捕措施。

一言既出，举国沸腾。如果说在前两类事件中，政府官员偏袒开发商和奶业公司的表态还是十分暧昧的，还采取了某种隐蔽的方式，那么到了年底，这种态度开始变得公开化和明目张胆。紧接着在 2009 年 1 月 6 日下午，广东省检察院对外公布了帮助企业解困、促进企业发展的“十条意见”。“意见”中明确规定，查办企业经营管理者和关键岗位工作人员的职务犯罪案件，检察机关要及时与主管部门或企业领导沟通，慎重选择办案时机，犯罪情节轻微的，酌情暂缓办理。对涉嫌犯罪的企业特别是目前仍在营运的困难企业，要慎用查封、扣押、冻结等措施；对企业法定代表人、生产经营负责人和技术业务骨干，涉嫌一般犯罪的，在确保刑事诉讼顺利进行的前提下，可不采用拘留、逮捕等措施。

这可真是石破天惊，图穷匕见，水落石出。夏秋之交有关当局还在处心积虑暗无声息地设法免除那些已构成犯罪事实的开发商和奶业公司面临的“集体诉讼”的压力，年尾便公开地向或露出马脚但还没有东窗事发的大大小小“开发商和奶业公司”们奉献上了一味强力定心丸，让他们放下包袱，大胆妄为，轻装上阵。此时，尊贵庄严的法绳似乎是主动向他们作出了承诺，一定会在他们头上远远地虚晃一下，然后及时避开，好让形形色色的不法分子从容不迫地销匿罪证，订立攻守同盟，甚至席卷赃款远走高飞到外国去做寓公。

我国刑法第四条明确规定“对任何人犯罪，在适用法律上一律平等。不允许任何人有超越法律的特权。”刑事诉讼法第六条规定了“人民法院、人民检察院和公安机关进行刑事诉讼……以法律为准绳。对于一切公民，在适用法律上一律平等，在法律面前，不允许有任何特权。”这两部涉及刑事犯罪主体和程序问题的基本大法明确将法律面前人人平等作为其基本原则。也就是说，无论何人，一旦达到了应该“拘留、逮捕”的条件，就要让其“享受”相应的“待遇”，何来“慎用”一说？

这种“慎用”很容易就被曲解为对特殊阶层的一种有意偏袒、法外施恩和格外照顾。对高管“慎用”的法律而对老百姓不慎用，从而引发社会上对平等公平原则的疑虑，触发广大群众新的不满，酝酿出新的社会不稳定因素，相信这是决策者所不愿看到的。如果说高管犯事可能会影响一个企业的运作，暗伏着许多员工的生计危机，可以暂不拘捕，那么民工犯事该不该拘捕呢？民工身后也有一大家人，上有白发高堂，下有待哺幼童，也是“牵一发而动全身”。如果法律“这个……可以有。”“这个，真没有。”一会儿卿卿，一会儿我我，沦落为少数群体受益的双簧戏，公然地向某些特殊人群抛出了媚眼，那是不是暗示着，事至如今中国法律是见风使舵看人下刀呢？

何况某些企业本身就是官商勾结，更何况有些企业高管自己就是黑帮老大，如元曲《窦娥冤》中唱到：“〔卜儿云〕亲家，这不消你嘱付，令爱到我家，就做亲女儿一般看承他，你只管放心的去。”一番言语，道出了多少难分难舍之情啊。检察机关该如何酌情做出不同的选择呢？法绳时松时紧，时宽时严，时高时低，时重时轻，是不是也会让执法人员感到太吃力和太为难了呢？

就这样，一些阶层的人群或明或暗地得到了以国家名义做出的保护和保证，承诺对他们网开一面，不按照法律应有的强度和刚度去追究他们的不可推脱的责任。“来自上面的做法”再次向世界释放出一个最清晰不过的信号：在中国，法律的形式大于内容。

最后还有一个小小的插曲，公安部部长助理、经济犯罪侦察局局长郑少东在上述电视电话会议发言后不到 20 天，就于 2009 年 1 月 12 日被中纪委办案人员将郑少东以涉嫌在金融大案中受贿带走并实施“双规”审查。卿卿尚未事发，自己身陷囹圄。

高贵且尊严的法绳，便这样在人治的泥污中拖曳和牵引，变得不堪入目。

专家之“专”

对于学问深厚，德高望重的专家，百姓们从来是又敬又畏，崇拜有加。最著名的例子莫过于用粉笔划一道线就要收费 1 万美元的故事。上世纪初，德国技术专家斯坦门茨在美国福特公司的一台出现故障的大型电机外壳上划了一条线，嘱咐打开电机把记号处的线圈减少 16 圈，电机果然就修好了。斯坦门茨收费 1 万美元，而当时福特公司的薪酬口号是“月薪 5 美元”，这在当时是很高的工资待遇，全美经验丰富的技术工人和优秀工程师为了这 5 美元月薪纷纷从各地涌来，1 万美元相当于一个普通职员 100 多年的收入总和。斯坦门茨笑笑说：“用粉笔划一道线并不贵，只要 1 美元，但知道在哪里划线却要 9999 美元。”老板为这句话折服，照付了钱，并重金聘用了他。

自打这个故事流传以来，不知道有多少男孩子梦寐以求将来长大后当上一名同样出色的专家，即使不为赚取那巨额的财富，仅仅是挺身而出，一举令错综复杂的困难迎刃而解，凭借着才华横溢和智慧超群赢来四方巨大欢呼声和万众仰慕的目光，就足以令人陶醉和满足。等我长大以后，才明白这世界上的绝大多数专家并没有享受到如此的风光和待遇，他们一生勤奋，却在清贫和寂寞中度过。我的大姐夫陈志明先生是中国科学院南京地理研究所的一位研究员，他毕其一生研究学问，是《亚洲地貌图》一书的作者，他整日通过卫星图像、地学资料、地形图及其数字模型对比分析亚洲与邻区陆海地貌，一周工作七天，分分秒秒可用清寒两个字来概括。他的工作剪影是绝大多数专家的真实写照。

但是，不知从何时开始，一些有机会经常在媒体上抛头露面的中国专家们，自己给自己描黑，自己出自己洋相，你抽一砖，我拆一瓦，逐渐损毁了专家群体在民众心目中那座伟大的丰碑，让民众充满敬仰和爱戴的热情目光渐渐黯淡下来，心里充满了疑惑。

前些年伊拉克战争时期，被称为“军事专家”的中国国防大学教授、海军大校张召忠先生就在 13 亿中国人民面前留下了“永不磨灭的”深刻印象。张召忠作为阿拉伯语翻译曾在伊拉克工作过一段相当长的时间，自称对伊拉克和萨达姆的研究有着很深造诣。就是这样一位被央视隆重请来的专家，在点评伊拉克战争这样重大事件的全过程中，却像从 15 世纪穿越而来的一位山区农夫被要求演示苹果计算机一样，谬误百出，呓人说梦，完全不知所云。譬如美军长驱直入伊拉克领土，张召忠说这是萨达姆诱敌深入的特殊战略，要以游击战和人民战争来袭击美军的补给线。美军打下了巴格达机场，张召忠说这是伊军的战略战术，故意放美军一码，然后以精锐的共和国卫队重创美军。当现场传来美军第三机步师直抵巴格达城区边缘的电视录像，张召忠又说“这大概是好莱坞导演的一场闹剧”，“不能相信好莱坞式的宣传……”当美军完全攻进了巴格达，张召忠又说这是“空城计”，萨达姆在静待十万美军进城后要来个全锅端，一举全歼美军。后来发生的事情正如大家所知道的那样，张专家所说的一切均没发生，军事形势一直都朝着张召忠解读的相反方向发展，让他一而再、再而三地在铁的事实面前颜面扫地，无地自容。难怪观众连连叹道，身为中国最高军事学府里的培养高级军事人才的教授专家，认识能力和分析水平却是如此低下，实在是中国军事现代化的不幸，更是共和国的不幸。事过境迁，张专家现在已晋升为海军少将，看来伊拉克战争时期他在央视演播室里那几出天方夜谭式的解说并没有对他的升迁带来不利的影响。

不久之前，在广州举行的中国森林城市论坛上，中科院的蒋有绪院士呼吁，政府可以考虑对企业甚至对排放二氧化碳的市民征收生态税。一言既出，立刻在国内掀起轩然大波，引来国人对专家言论的强烈质疑。蒋有绪先生就职于中国林业科学院，是国家气候变化专家委员会中的一员，在他那个专业领域里属于金字塔顶尖的少数人物。这样货真价实的专家，竟也会在公开场合下说出如此有欠考虑的愧对民生的言语，群众的愤怒如山崩海啸般强烈反弹，的确不能说是没有道理。

众所周知，中国的生态环境确实到了“最危险的时候”，其主要原因来自于各级政府片面追求 GDP 发展，大肆招商引资，破坏和浪费自然资源，污染环境，让原本美好的碧水蓝天不复存在。中国的生态危机是各级政府不讲科学发展带来的深刻教训，是自然环境的一次强烈反制。早在 1996 年国务院就曾专门发文规定，所有污染企业必须在 2000 年底以前实现达标排放，否则坚决予以关停。然而，国家关于环保的法律法规被各级政府以各种借口和理由拖宕执行，大大小小的官员们对于生态环境的日益恶化负有不可推卸的直接责任。公民有理由要求政府出面维护国民生存必需的洁净空气，由于呼吸到污染空气而造成的公民健康损害，必须要深入追究有关方面的责任，并有权利得到必要的赔偿和补贴，这才应该是来自于专家们的观点和建议。

百姓们万万没想到的是，少数利益集团以破坏环境为代价大肆攫取金钱，可专家们考虑的却不是建言政府给破坏者开出巨额罚单以补偿受害的公众，而是反过来要让公众“代人受过”为此买单。譬如蒋有绪院士就认为，生活在地球上的居民作为二氧化碳的排放者，理应为节能减排付出代价，“可以考虑让市民每个月买 20 块钱的生态基金”。言下之意，是暗示政府可以直接向公民征收呼吸税。

呜呼，吾侪不幸，一生下来就要吸进氧气，呼出二氧化碳，这是人的自然属性，这一事实我们个人无法改变。以前百姓呼吸不到新鲜空气，被动地吸饱了被污染的气体，心中啧有烦言还“妄想”要求得到补偿。现在可好了，根据专家的所谓建议，就连被动地呼吸被污染的空气，还要百姓接受缴纳呼吸税的惩罚，天下哪有这样的道理？此时此刻，这位专家显然是露出了一副几近狰狞的嘴脸，他们连人体新陈代谢的自然过程都不放过，还祭出了国家税收的终极法器，要对符合自然规律的事物进行无情惩罚，这专家的如此作为岂不是过于“凶猛”了一点？退一万步来说，假如果真要征收生态税，污染企业才应该是纳税群体，而普通民众只应该是获益者。

蒋有绪院士的大胆建言，再一次让中国民众刻骨铭心地体验到自己与专家之间越来越大的“差距”。群众开始怀疑是不是政府的特殊津贴发得多了领得久了，专家们就下意识地忘掉了民众立场，自然而然地与发薪方——政府“心往一处想，力往一处使”了呢？这样的天方夜谭的“院士”是不是越来越让老百姓觉得忍无可忍了呢？

假如非要把来自专家们的荒诞不经的奇谈怪论像“超级女声”大赛那样评出个高低先后，以上两位专家的鸣放还属于“初级阶段”，只好屈就末席。一段时期以来，中国房地产论坛上群雄竞起，各类专家不甘寂寞，纷纷横刀立马，大放言辞，演出了一幕幕“瓜分公室，互相争斗，扩充领地”的惊心动魄的连台好戏。

北京大学中国经济研究中心教授徐滇庆曾表示，2008 年深圳房价肯定要涨，“如果 2008 年 7 月 11 日比 2007 年 7 月 11 日低一分钱，即用整版篇幅向深圳市民道歉。”结果房价持续下行，徐教授言出行随，随于 2008 年 7 月用整版报纸篇幅向深圳市民道歉。据悉徐滇庆移民加拿大已经有 20 多年，他在加拿大西安大略大学享受终身教授待遇，在北京大学中国经济研究中心只是兼职教授。徐教授不谙国情也就在情理之中。

但是其它专家的奇谈怪论却不似徐教授那么简单，用心也叵测得多，在混淆视听方面“发挥”出巨大作用。试举几例如下：其一是政府本意要房价稳定，不是要房价下降。其二是抛开家庭年收入不同的因素不谈，我国房价与发达国家城市相比还是处在低位，还有上行的空间。其三是市场供求关系导致了房价上升，有人需求所以房价上涨。其四是如果打压房价，房地产建设急刹车会造成相关产业连锁反应，造成国民经济不良影响。其五是打压房价会损害金融稳定，言下之意是房价持续高涨反而有利于金融稳定了。其六是住宅价格上涨也对市民有利，譬如市民的家庭财富会随着住宅价格上涨而增值，住宅价格上涨加快了居住条件改善的速度等。

专家们的这些高谈阔论，升斗小民们实在是听不下去了。高房价对老百姓有百害而无一益，这是明摆着的事情，专家们不会不明白。他们一味地对高房价大肆溢美，很显然他们早已不再把说真话说老实话看成是一件很重要的事情，他们与利益集团结成了联合战线，在关键时刻一个个挺身而出，赤膊上阵，纷纷尽最大的本领来忽悠百姓一把。

就在这时，孙东东教授的一句高论使他立时异军突起，声名大噪，名播天下。这位专家突然忍不住了，十分明确地对记者表态说：“对那些老上访专业户，我负责任地说，不说 100%吧，至少 99%以上精神有问题——都是偏执型精神障碍”。一时舆论哗然，沸反盈天。孙是北京大学法学院的教授，此外他还有三个身份：北京大学司法鉴定中心主任，卫生部专家委员，还是《精神卫生法》起草的主要成员之一。就是这样一位在鉴定证书上签下大名就可以把别人送进精神病院强制“治疗”的高级专家，不经意地流露出了他心底最想说的那些话语:“把他(们)送到医院就是(对他们人权的)最大的保障。”

我只能无语。如此说来，古代四大奇案之一的“杨乃武与小白菜案”的当事人绝对就是一群精神病人在无理取闹，“杨乃武不甘俯首就戮，在死囚牢里书写亲笔辩状，请其胞姐杨氏代为京控。以后屡审屡覆，历时三载有余，轰动朝野。”上访三载，在戏剧中还出现了杨姐“滚钉板，告御状”的情节，博得了朝野同情和重视，“最后在慈禧太后的关注下，经开棺验尸，澄清了案情，得以翻案。300 多名涉案官员有 30 余人被革职、充军或查办，150 多名六品以上的官员被革除顶戴花翎，永不续用。”封建王朝尚能容忍冤狱平反,而今天所谓的专家则恨不能一棍子把喊冤平民统统棒杀。

专家之专，终于让我们看到了底线。

总有一天，我们会怀着“深厚”的感情，缅怀这些年来坐在专家席上面对媒体大放厥词的这班脱口秀大师们，赞叹地说，“瞧，瞎白唬得多么像回事呀。”

人微言“重”

一个人在公共场合下说话声音的大小，以及他本人对于这个问题的重视程度，在很大程度上反映出了这个人的修养、素质和水平。有这么一种有趣的现象，一般来说个人素养和社会地位越是较低下的人，越是会在公共场所粗喉咙、大嗓门地肆意散布噪音，形成了一道独特的人微言“重”景观。

一个人说话音量的高低，本来取决于天生禀质，有人生来粗喉咙高嗓门，讲起话来汽锤一般落地有声，犹如京剧中的花脸。也有人素来细声柔语，稍不留神还真不察觉到对方早已经轻声向自己道好，正准备悄然离开了呢。音量大小，本不妨事，一个人在私下场所——譬如说在家里——说话论事，可以随心所欲放开喉咙，只要他家人的耳膜经得起足够强度的振动或者他们很享受这种高分贝音量所传达出来身体健康的信息。本文关注的是，在大庭广众公共场合之下，一个人朗声说话，这种喧闹现象后面隐藏着怎样的一种社会背景，是怎样的社会心理演变成了当众喧哗的“盛景”？

中国人一旦聚会于公共场所，一个显著的标志是“人影未睹而声浪先至”，唧唧呱呱的高谈阔论不绝于耳。商场和饭店往往是首当其冲，一次与几位朋友在新街口一家酒店大堂里用餐，本来想交流一下关于动漫剧本创作的思考，未料到邻桌餐客情绪欢快，欢声雷动，全体客人动辄立起碰杯欢呼，声遏流云，沸反盈天。我们只好侧身与周边的朋友“朗朗”私语，而坐在对面的同席根本听不清楚你讲的任何言语。乘坐公交车对于乘客耳朵有时也是一种折磨，无论男女老少乘客，一旦结伴而行，话匣子有时候便欢畅打开：东家长，西家短，公园里的蛤蟆三只眼，一站一站地持续下去，没有个完。公交车的发动机轰轰作响，乘客交谈的音量也随之提高，声音不知不觉就达到了“对全车乘客广播”的强度，本来私密性很强的个人谈话，后来达到了“强迫”同车人集体共享。

中国人自小在闹腾喧嚣的环境下长大，对于公共场所朗声说话、音量爆棚的现象可谓是司空见惯，见怪不怪。你若对于乘客声音太吵表示出不满，别人马上会反唇相讥，说你嫌公交车上太吵可以自己去坐出租车呀。似乎喧闹才是本色，而安静实属强求。东面以70分贝噪音袭来，西面则回报以85分贝的喧哗，“洋洋乎盈耳哉”，便汇成了一个十分聒噪的社会。“关起国门来，天下共喧嚣。”由南到北，由东往西，凡有人群的地方，都有大嗓门。近年来国外媒体屡有抨击中国游客的不文明习俗，其中抱怨之一就是中国游客在公共场所肆意用噪音“轰炸”他人。

中国人“喧嚣文化”的源头，或许潜移默化来自原始部落时期表现自我的一种本能。先民中出现了一位高声说话、声震峡谷的人物，自然会更加吸引别人的注意，在公共场所的厉声疾言，展示出发言人的强烈自信和谕旨天下的欲望，容易赢得别人的器重和认可。“高分贝”的附加值，在生产力低下的原始社会往往会产生意想不到的利好效果。这种“人声合一”的潜意识代代相传延续至今，如在“文化大革命”中，大喇叭和霸道的话语权曾又一次集中展示出大鸣大放的哗众效用和“魅力”。

中国人的“喧嚣文化”，或许还与公民主体脱胎于农业社会环境有关。田原上的劳作者相隔两条田埂互相大声通报信息，要比“比肩接踵”窃窃私语更节省体力和时间，而通话的有效性是完全一样的。远距离通话逼迫劳动人民不得不饱吸空气收缩下腹提高音量，以保证远程通话的效果。如陕甘宁地区沟岗纵横交通不便，两座山梁上的放羊娃要想坐在一起叙叙家常也许得花上半天路程，“通讯基本靠吼”，高亢逼仄的秦腔也许正是这种文化背景下的独特产物，南方听众对此很不习惯，容易引起血压波动。

中国人的“喧嚣文化”，又与时代的造就和社会的熏陶密不可分。近几十年来，在历次运动洗礼下，出脱成一大批“暴言暴语”的猛士。上个世纪五、六十年代，中国人的“语言暴力”登峰造极，一度达到了前所未有的“高峰”，不仅形式夸张威猛，而且内容荒诞古怪，如粮食产量大放卫星，“斗私批修”荒唐绝伦。不仅人与人之间喧嚣无比，还祸殃到麻雀等其他物种，在“除四害”运动中，各大城市的民众一度通宵达旦地打锣敲鼓扔脸盆，企图通过噪声大战一举消灭可怜的麻雀家族。幸亏麻雀命不该绝，侥幸逃过了那一劫，现在麻雀摇身一变又成了保护对象。

中国人的“喧嚣文化”，还是低效率社会中迫不得已的一种行为展示。譬如银行厚重的防弹玻璃把柜台内外分隔成两重世界。为方便银行职员的意思表达，还特地设计了微型麦克风，窗内低声讲，窗外播四方。可是储户在通话方面就没有了这种方便，无论他们肺活量的大小，都不得不低下头来对着递交钱钞的窄小通口说话，客户声音一旦细微，柜台里面就什么也听不见，再三重复于是在所难免，徒生出许多不必要的噪音来。

人声鼎沸，哓哓不休，訇然作响……中国人的“喧嚣文化”就这样茁壮成长起来。在车站、机场或公共交通工具上，在电梯、邮局、银行里，到处充斥着大声说话交谈的人物，声音之响，十步可闻。手机的普及本来有利于把许多高声喊叫转化成绵绵细语，接听移动电话从来是一项私密性较强的个人行为，但在一些公共场合下，手机有时会演变成一台台移动的广播电台，手机持有者精力充沛冲着话筒朗声喊叫，强迫旁人一起接受无干信息的摧残。手机无辜，断然料不到自己居然助纣为虐会为“喧嚣文化”来推波助澜。我曾在一辆 11 路公交车上不幸坐在一位中年女士的前面，在长达半小时的行车时间里，这位身材肥硕的女士一直在大嗓门地使用手机，话语内容不外乎是家庭装修之类，可言谈音量之大，用“穿云裂石”一词来形容也不过分。我怀疑她的那位受话者如果住在公交路线的附近街区，几乎可以不借助手机帮助就直接凌空聆听到这位女士的谆谆话语。乘客们一个个为之侧目，而这位女士完全不为所动，依然我行我素地高谈阔论。那次下车时我真是长长地松了一口气，彻底理解到了身心解放的美好滋味。

中国当局一般会采取提醒和告诫的方式，引导公民注意自己在境外公共场所的文明礼仪，但这种提醒和告诫没有法律法规的约束力，环境比较“宽松”，效果就难以预料，噪音的放纵和蔓延也就在所难免。报载 2009 年 2 月初，一名内地女乘客在香港机场延误了航班，便躺在地上撒泼开始了长达三分钟的号啕大哭。她轮番运用尖叫、在地板上打滚、发飙等手段，“她大叫着奔向登机口并推开一名女安检人员，用力拍打桌面，随后更躺在地上大声哭喊。”她“不依不饶地哭闹，并不断地拍打桌面。”直至最后被人劝走。这段视频被上传到 YouTube，短时间内攒下了数百万次点击率，可谓是大大地出了一把“洋相”。如果同样的事情发生在美国，她很可能会被机场保安人员用高压眩晕枪电晕，然后直接抬走并被机场告上法院。据美联社报道，几年前美国马里兰州威顿市的一名年轻妇女在街头使用手机时情绪激动地与通话对方吵了起来，最后冲着手机大声谩骂。巡逻警察走上前提醒这名怀孕 5 个月的女士在公共场所说话时声音要轻一点。可是后者非但不听劝告，反冲着警察破口大骂还撒泼。警察一把将她拽住按倒在地，掏出手铐把她铐了起来送进警察局。警方指控这位女士犯有行为不端及妨碍执行公务的罪名。如罪名成立，她将面临一定数额的经济处罚及若干小时的社区义务劳动。两相比较，中美两位女士分别在公共场所咆哮，得出了完全不同的后果。一些中国公民也许从来没有把在公共场合下轻声说话当作是一种必要的礼节，有时候反倒是外国媒体的提醒给我们补上了一堂文明礼仪课。

在中国，那些身居高位、前呼后拥的封疆大吏中，也有许多原本是草根人物，可能也曾“厉声疾言”地大声说话。随着地位变化和权势集中，这些大人物说起话来，逐渐有了一个声音放轻，语调放缓，音量降低的过程。“人物显赫，话语轻微”，形成了“人‘重’言‘轻’”的现象。这倒不一定是出自个人修养的自觉性，而是他们不怕自己说出的话没有人听，秘书和下属们时刻在竖起耳朵随时随地把他们的任何一点细碎的表达“铭记在心坎里，溶化在血液中，落实在行动上”。既然如此，达官贵人们还有什么必要像发迹前那样朗声说话呢？他们在公开场合下的言行举止，不知不觉地就符合了礼貌和文明的效果，言简而意赅。

而广大的普通百姓却没有这样的待遇和好运，在一个低效率的臃肿社会体制中，与各方神圣打交道，都是十分伤神耗时费力的过程，也许随时随地都用得上大声抗争、厉声辩解和怒斥不公。一位言语木讷，声音细嫩的公民也许还来不及让对方听到自己真正的意见，就会淹没在来自各方的敷衍、训斥和指责下，被撵出门外打发回家。久而久之，“喧哗者昌，婉约者亡”成为民众的一种生存本能，逐渐形成了中国独特的喧嚣文化，人微言“重”也许更多的是一种迫不得已的现象。“声音之道，与政通矣。”

这样一来，喧嚣文化的问题就不是补上几堂礼貌课就可以解决的事了，而是要待社会秩序极大整饬、社会效率极大提高、社会风尚极大变更之后，我的故乡，我的同胞才会由原先的“其声哓哓”变成“其声嘤鸣”。

不堪一“失”

传统的中国文化人一向崇尚委婉的表述方式，看见什么社会弊病或者丑陋现象，一般不会当面一语戳穿，而是拐弯抹角寻求一个不伤大雅的表达方式。有趣的是这种委婉的表述经常与“失”这个汉字联系起来，组成一个个风雅之至的单词，供各种不同场合下分别使用。如客人入访来不及出迎，可以口口声声自称“失敬”。高朋满座谈今论古时，一不留神打了个喷嚏，则连连检讨自己“失态”。临到客人谢辞主人用膳的殷勤邀请告别出门，还要连连口誅自己“失礼”。如此高雅措辞在修养上频频得分不说，还赢得了旁人优越的印象。

用“失”来构词，确实是中国人爱用的一种表示方法。“失”这个汉字表述出了“失去”、“没把握住”和“背弃”等多重意思。一般来说，由“失”组成的词汇中，后面那个字多数是正面意义，表示社会原本应该具有的礼仪架构，或政府组织必须履行的基本职责，或当事人应当完成的行为义务，由于种种原因却没做到位。比如封建社会要求寡妇从一而终，恪守妇道，维护节操，倘若做不到这一点，万一改嫁，便有一顶“失节”的考语写进档案。在某些乡绅或儒生眼中，寡妇饿死事小，“失节”事大，事主平生无论怎样杰出，一旦再醮，终究得不到立牌坊的荣誉，一票否决抹杀去一切功绩。由此看来，这个“失”字还是轻易不要沾上身为好，一旦“失”去，问题便变得严重起来，成为了一次遗憾，一种缺陷，一项不足。

曾几何时，“失”字当宠起来，我们留意到一旦出现什么事故或者灾祸，当权者或负责人或当事人变得越来越喜欢用“失”来构词。

譬如某大型国营企业经营亏损，年末在财务报表“亏损原因”分析上注明决策“失误”，便有可能把泰山压顶般的重大责任移花接木嫁送到集体领导承担的架构上，让总经理们全身而退。譬如教育事业的商业化运作，十余年来，重创了原本虚弱的教育体系本身，高昂的学费令很多家庭一贫如洗，教育质量却难以保证。有关方面轻飘飘一句运筹“失策”便庶几敷衍过去。又如某局长酒后驾车还与被撞的行人发生冲突，惹起周围人群的公愤最后移交警察，事后抛出一句行为“失检”的托辞，着意淡化、减轻、弱化这一事件的负面意义和严重性，企盼着侥幸脱身。久而久之，“失”字系列的词汇受到了社会精英们的无上青睐，反复把玩，收放由之，腾挪转移，久练成精，到了后来“失”字系列的词汇俨然成了某些阶层人士不可须臾离开的保驾宝物，化险为夷，遇河搭桥，轻描淡写显现出来精湛的“化骨”功夫，最后简直酿成了一种可以意会不可言传的精神享受。在一份份卸责的托辞后面，事实本来的真相被有意消弭，恐龙轻而易举变成了苍蝇，陨石变成了花粉。精英们一而再、再而三地开发出了这组词汇的无限功用，登峰造极，鬼斧神工，用于推卸责任，弱化灾祸，粉饰太平。

一来二去，用“失”构词成为了当代精英的一种典型修辞风格，但凡情况不妙，事无巨细一股脑儿就用这种修辞来应付，形成了一种特殊的当代“官阁体”。“失”这个字，原本是文人雅士用于自贬的词汇，委婉自责和有限修饰，如今峰回路转出现了根本性的变化，率尔膺此大任，被用来“一字把关，智却三军”，连累到“失”字系列语汇越来越令人不敢恭维，须敬鬼神而远之。

国有银行内鬼巨盗，动辄数亿资金流失，再加上多如牛毛的收费项目盘剥民生，面对上级主管部门的监察和愤怒公众的质询，有关部门往往则轻描淡写回复以监管“失察”两个字。

土地财政，房价暴涨，官商勾结，无房公民实在看不懂“逆国家调控政策而动”的房价上升形势，遍诉无门，最后仅仅得到了经济“失调”这个解释作为回应。

医药费用天价，大批“医药代表”公然登堂入室，贿赂公行，国家一十二道金牌限制药价，最后竟然是形同虚设。患者一方面受到病魔的无情折磨，另一方面又受到了高额医疗费用的狠毒摧残和盘剥，额外多出来一重精神痛苦。医德沦丧，医风日下，医品不堪，卫生主管部门仅用发展“失着”两个字岂能够交待过去？

城管队员对摊贩动粗，吏呼一何怒，妇啼一何苦，民意沸腾，难道这仅仅叫做工作方式方法“失当”？

乡民械斗，刀枪相向，剑拔弩张，连土炮也抬了出来，在地方官员的口中解释，这叫做邻里“失和”。

此外还有失常、失衡、失控、失利、失灵、失时、失算、失真等大量“失”字系列的词汇，一长溜地排在精英发言人的演讲稿上面，等待他们酌情使用。头疼医头，脚疼医脚，可以组成诸如“供需关系失常”、“国民经济失衡”、“宏观调节失控”、“投资失利”、“经济杠杆失灵”、“盈利失时”、“海外投资失算”、“统计数据失真”之类的话语，用来对上级塞责，或者用来糊弄别人。

不管怎么说，面对出现的形形色色问题，有话语权的人们最喜欢使用“失”字构词的词汇系列，成为了不争的事实。不如此则不足以大事化小，不如此则不足以规避责任，不如此则不足以侥幸脱身。其实明眼人一望即知，无论是此失彼失，人失我失，千失万失，以上种种，皆一律是“失职”无疑。但是，由于只有他们把持着话语权，他们就这样把“失”字组词说出十几或几十个，偏偏不说“失职”两个字，让别人不同意也没有办法。

之所以出现左失右失、前失后失、一失再失的这种局面，精英们的个人素质“失宜”是一个重要的因素。遇到重大事件需要投票表决时，他们往往就会意外地“失聪”，丧失了原则性。上级违反纪律要提拔带病干部或者介绍关系工程，他们则会理智地制止自己举止“失措”，一概点头默许。在巨额利益的诱惑下，他们破釜沉舟很快成了“失节”之人，默默地收金纳银暴富起来。酒足饭饱之余，看见妙龄女郎又往往忍不住“失礼”一番。民告官证据确凿，他们则或而“失明”，或而“失神”，或而“失音”，或而“失语”，或而“失态”。面对纪委和检察院的官员空降而来突如其来的询问，也许有些人还会紧张得“失禁”。有这样一大批人马争着抢着来做我们的父母官，来办理教育和医疗事业，草民们要想不感到“失落”，还真是不太容易。

于是，失学少年渐渐多了起来。城乡四野失业人士比比皆是，靠低保补助和打麻将混日子。失地农民全家老小，拖儿带女一下子被迫当上了城镇居民，变成了既无地可种又无技艺谋生的两不像，陷入了长久的困惑和疑虑。失足青年成群结队在街头手持凶器斗殴逞强，也不再是轰动一时的新闻。

几千年的文化传统本是一笔优越的财富，几经失传，几经失真，几经失魂，所剩能有几何？最可惜是各城市原先特色鲜明的古街旧巷一概拆毁推倒，再按照所谓的现代化模式改建成钢筋水泥森林，这笔历史财富肆意删改后面目全非，价值丧失殆尽。这一切，又岂是“失察”、“失当”几个浅薄的单词可以交待得了责任呢？

有多少“失”可以从头再来？这一切本不该失，也不能失，这个国家这个民族实在是经不起“一失再失”带来的巨大损失。然而，草民们的这种“失落”感，从来也就没有被人真正重视过。

如此这般下去，千失万失，一概可以归结于“失道”于朝、“失信”于民，最后就只剩下了“失效”二字，落得了“白茫茫大地真干净”的结局。大概只有到那时候，草民们才会第一次感到不再“失望”了吧？

其实，失就是缺，失就是无。“失真”的关键在于“缺真”，“缺真”的真相在于“无真”。百姓们看的清楚，认得明白，因为这从来不是一件难以理解的事情：失之毫厘，谬之千里。

大而“化”之

近几年来，“文化”一词从众多汉语词汇中一跃而出，在媒体的“上镜率”大增，独占鳌头。大抵一种现象，后面必定拖着一个“文化”的尾巴，如饮食文化，服饰文化，民俗文化，旅游文化等。传统文化自不必说，就是厕纸，缠足，麻将，乞丐之类，也使尽浑身招数拼命挤进了文化的队列，堂而皇之地冠名为“厕纸文化”、“缠足文化”、“麻将文化”、“乞丐文化”。放眼天下，千头万绪，一概是大而“化”之，无有例外。从这个意义上讲，中国似乎已姗姗进入了一个后文化时代。

我于是有些困惑，不知道是否自己思想落伍，跟不上趟。要不然就是现代社会果真有一种滥封“文化”的倾向，移花接木，张冠李戴，一来二去，阿狗阿猫一族统统把自己幻想成了传奇的文化巨人。当代“文化”大潮风起云涌，波浪排天，自己要捉摸一下如何来应对时代潮流。

“文化”一词的临界滥用，与人们对于文化的定义过于宽泛有着密切联系。据说英语中文化的定义多达260多种，是英语体系中意义最丰富的几个词汇之一。文化的定义也从“一个社会整体中知识发展的一般状态”，到表示“各类艺术的总体”，再到19世纪末“一种物质上、知识上和精神上的整体生活方式，”不一而足，令人莫衷一是。

最后人们自己也被弄糊涂了，干脆就把文化定义为“窄义”和“广义”两种。前者专注于精神创造活动及其结果，如政治、法律、历史、文学、艺术、伦理、道德、教育、宗教等，特指社会的意识形态以及与之相适应的制度和组织机构。也就是说，“窄义”文化是形而上的文化。而“广义”文化则包容万物，泛指人类所创造的一切物质产品和非物质产品的总和。农人烧荒是一种形而下的行为，但由于是人类有意识的行为之一，也属于“广义”文化的范畴。其实在很多情况下，“广义”文化通常只具备历史学、人类学和社会学的意义。“形而上者为之道，形而下者为之器。”目前泛滥成灾的“泛文化现象”，就来源于人们喜欢把“形而上”和“形而下”

来个一锅炖，就连农人烧荒也从“形而下”一把熊熊烈火一直烧到了“形而上”。

在中文中，“文化”之意由“文治教化”一词演化而来，用来泛指人类社会的精神现象，更接近于“窄义”文化的概念。如“文化人”是指读书识字的人，这一点千真万切。倘若按照现在“泛文化”的概念，饮食文化中的名厨应该也属于“文化人”范畴，但是有可能这位大厨是个半文盲或者根本就不识字，那么，“文化人”就也有可能等同于文盲或半文盲。如此一来，就容易混淆视听。

在我理解中，之所以出现千行万业争“文化”的现象，恐怕还是因为“文化”这个词汇有吸引力，颇具价值，还有点光彩。换而言之，是文化这面大旗能够在某种条件下为我所用，壮我威风。譬如斗蟋蟀本是民间一种传统的游戏活动，一向不入大雅之堂，动辄被人讥讽为“玩虫丧志”。一旦冠名为“蟋蟀文化”，又与鸣虫文化、斗虫文化紧密挂上了钩，高高挂起研究中华传统文化的幌子，那就摇身一变，焕然一新而成为博大精深的一门学问，不由得四方人等刮目相看。在一般情况下，“文化”一词常常还真能起到点石成金的作用，可以令人名声大振，甚至可以帮助一个行业起死回生。没去过泰山的人，向往鲁地而不得去，本来只抱有一种小小的缺憾。一旦旅游系统的大佬把泰山风景资源打造成深不可测的泰山文化，那么前面谈到的“有眼不识泰山”这种缺憾就可能上升为意识形态的一种大面积的盲区、无知和愚昧，施加于旅游者精神上的压力陡然增加许多倍，旅游业的投资人借此机会可以诱惑更多游客“到此一游”，以尽快地收回自己的风险资金，赚个钵满盆流。难怪经久以来下海“捞”文化的人乐此不疲。

然而“文化”并不是万能药膏，并非是贴到哪里就是包治百病的灵丹妙药。落后反动的东西沾上了文化，还是一样会被无情淘汰，譬如贞节牌坊本来是旌表烈妇的象征，起到了麻痹女性甘作名节牺牲品的作用，史载唐代只有“烈女”、“节妇”51 人，宋代增至 267 人，明代竟达 36000 人，到了有清一代，仅安徽省休宁县一个地方就有 2200 多人。“贞节牌坊文化”的恶性膨胀，吞噬了无数女性宝贵的青春和生命，遭到了绝大多数人的唾弃。

尽管如此，还是有人心存幻想，努力把一种现象，一项物类，一类风气，不分良莠尽量沾上“文化”二字，仿佛这样一来就会自然而然地笼罩在思想光环下，就会无中生有地滋生出精神含金附加值，就会灵魂附体地幻化出大师风范，就会灵童转世般被认定为一代奇迹。其实，挂在某些人嘴边沾沾自喜的有些只是糟粕文化，迷信文化，垃圾文化和毒害文化。尤其是经过数千年封建主义社会漫长的黑夜，中国的传统文化几乎无一例外地序列出“封建主义基因”，因此，越是冠名于传统文化的东西，就越是应该引起戒备和警惕，要拭目以待，看清楚华丽文化外衣里面的实际名堂。

斗鸡斗狗这种习俗，在中国由来已久。斗鸡之风在春秋时期就已盛行。据山东《成武县志》记载：“斗鸡台在文亭山后。周渲王三年(公元前679年)，齐桓公……曾搂诸侯伐宋，……斗鸡其上。”可见当时奴隶主玩斗鸡已颇盛行。《列子》有“纪渚子为周宣王养斗鸡”的记载。宋代皇宫里，皇亲国戚嗜好斗狗、斗鸡，博彩下注多达百两黄金。朝廷还设立了七品官衔的官员专门负责养狗。至今开封依然盛行着斗狗斗鸡这样的娱乐。2003年漳州市政府为了促进地方斗鸡产业的发展，曾举办了“鸡王争霸赛”，把斗鸡作为发展漳州旅游业的一个重要内容来抓。如此一项源远流长、“官民咸宜”的活动冠名于“斗狗斗鸡”文化应该是没有什么问题了，关键在于这种文化是一种残忍的嗜血文化的变种，与过去奴隶主观看角斗士血腥搏斗的性质没什么两样，只不过是把角斗士换成了斗鸡和斗狗而已。从保护动物的角度出发，我们还是希望这样的“文化”适可而止，越少越好。

即使是不少同胞引以为自豪的中华美食文化，其实也存在许多弊病和败笔，“食不厌精，烩不厌细”是一柄双刃剑，一般中国菜肴制作特费时间和功夫，假如中午四菜一汤，摊上了有荠菜、菠菜和黄豆芽等几样，从择菜到烹饪好上桌，没有一个多小时的紧张劳作是不行的。浪费时间只是其一，暴殄天物是其二，娃娃鱼，穿山甲，扬子鳄、果子狸等保护动物一概是饕餮们猎奇的对象，一盘鱼唇属于穷奢极侈，一碟雀胗更要祸害多少飞鸟的精灵。近来媒体披露鄱阳湖上的白天鹅每天最多会被猎杀数百只，全被贩卖到餐桌上成为人们的果腹美食。至于食品加工业的弄虚作假和坑蒙拐骗则更是层出不穷，已经成为一种“文化”奇观，可以洋洋洒洒另出厚厚一本《中华饮食文化伪劣产品分册》来披露于天下。我认为当前的要务之一是简化、净化和优化我们的食谱，博大精深的中华饮食文化必须要顺天然，谙天理，合天道，才真正是一种经得起考验的文化。

正宗的传统文化起伏跌宕也必须服从社会规律。譬如蹴鞠是中国人的国粹，起源于春秋战国时期的齐国故都临淄，流传了两千三百多年。唐宋时期蹴鞠最为繁荣，经常出现“球终日不坠”和“华庭观赏，万人瞻仰”的情景。李太白就曾经写过“斗鸡金宫里，蹴踘瑶台边”的诗句。2004年7月国际足联主席布拉特先生在第三届中国国际足球博览会上向世界正式宣布“足球起源于中国”，山东淄博被正式确认为世界足球起源地。如此一项得到世界公认的带有滥觞性质的中国体育运动，不堂堂正正冠名于“足球文化”实在是说不过去了。可偏偏当代中国的男子足球太不争气实在是烂得像一堆铁锈，一副有意与自己过去的光荣历史过不去的样子。“足球文化”越发扬光大，中国足球越腐朽空虚，一副病入膏肓的败家子模样，扶也扶不起来，叫人哭笑不得。

可见，口头上自封有文化，有时是算不得数的。一种文化要想被人们认可，必须经受来自各方面的严格检验。城市地面上和墙面上屡禁不绝的“办证广告”虽然也属于人类有意识的活动之一，花样不断翻新，手段层出不穷，甚至形成了凸起的手机号码很难清除，但是它永远也不会登堂入室形成所谓的“办证文化”，因为它本身就是一种违法犯罪行为。同理，尽管盗墓贼屡禁不绝，尽管盗墓小说畅销一时，但是“盗墓文化”不会在历史上留下一席之地。

具有讽刺意义的是，当代中国社会一方面在奢谈文化现象，另一方面暴露出我们没有文化的事实。德国汉学家顾彬以“中国当代文学是垃圾”等惊人之语，炮轰中国文学，令人振聋发聩，大为警醒。促使我们幡然醒悟到文化“形而上”基础的缺失，必然带来不可避免的意识形态硬伤。任何与“形而上”渐行渐远的所谓文化，只会被人们称之为“伪文化”，只会与历史上曾经昙花一现的“活人祭祀文化”、“陪葬文化”等一起，永远成为不再复活的过去。

美学丑学

前几年夏季，南京大街上风行过一种遮阳帽，其状貌之丑陋，实在难以形容。这种遮阳帽构造简单：一个类似发箍的圈，前面带一个黑色的塑料面罩，与电焊工的工作面罩惊人相似，上下左右把嘴脸眉眼全部严实遮住。倘若在大街上冷不防地和戴这种面罩的人迎面相撞，浑似一个“黑无常”装扮的剪径劫匪横空出世，令人不由自主一哆嗦。

戴这种遮阳帽的，多是骑车人，尤以女性为主。她们之所以这种装扮，当然没有打劫运钞车和勒索路人的企图。她们所追求的，充其量就是尽量减少盛夏炎热阳光曝晒对于面部皮肤的影响，使得自己的外表看起来比较“美白”一些罢了。

令我纳闷的是，夏季曝晒，古已有之。女士爱美，古已有之。为什么这种“黑无常”面罩外国不用，而南京用？为什么南京以前不用，而现在用？

外国之所以不用，南京以前之所以不用，其实都很好理解，实在是因为这种“黑无常”面罩太过丑陋。不到万不得已，不到最后关头，就不会出此下策。这是以一种刺眼的低俗、招摇的丑陋和对公众眼光的肆意亵渎，来捍卫个人追求的岌岌可危的一份美丽。至于别人怎么看，当事人认为完全无所谓。这就触及到了当今大众审美的底线。

眼看这一底线，正被轰然击穿。

以白皙皮肤为俊，似是当代多数中国女性审美的普遍标准。夏季紫外线强烈，容易把皮肤晒成褐色，这有益于健康并非坏事，况且夏去秋来，原本白皙或者“准白皙”的皮肤又会自然恢复原貌，无伤大雅。现代的西方城市女性崇尚健康美，有机会便实行阳光浴，遇到节假日，巴黎、罗马等繁华都市大抵变成空城，女性要去海滩或郊外把自己晒成巧克力色，周一上班或出现在公共场所，才显示出自己的周末是以高价值的休闲方式度过的，而不是蜗居在自家客厅里看电视。因此，精明的西方商家还特地开发出一种女性化妆品，涂抹后可以化白为褐，以供无暇或无钱旅游的居家女性在周一上班时满足一下她们的虚荣心。

她们爱“褐”，我们爱“白”，各人钟意而已，与美何干，其实难说。南京女性的审美观点有悖于追求巧克力色皮肤的西方女子。除非是来自于西藏高原，如果你的皮肤呈现出褐色或者黢黑，在城市则暗示你有可能与室外干活的农妇贩姑为伍，是劳苦大众，属于社会下等阶层。这种“不能晒黑”的心理，还停留在一种“白永远美”的思想基础上，是那种“一白遮百丑”审美意识的残余。一干城市女性向往着社会贵妇和闺房小姐的白皙皮肤趋之若鹜。至少，中国平民大众现在还没有做好全面接受阳光浴的精神准备。

遮阳帽，太阳镜，防晒霜，林林总总花式阳伞应运而生，成为了外出遮挡阳光的主力装备，历来如此。眼下突兀地硬要整出个“黑无常”面罩来作为南京女性市民的时尚标志，无视穿衣戴帽基本准则和品位，借助丑陋，追求俊美，满街都是“黑无常”，扑面皆为墨金刚。心里觉得审美体系陷于错乱。与“面罩姐”的行为相对应的是闹市中的“赤膊客”，虽然一是增之面罩，一是减之上衣，实质上完全一样，都是根本不在乎旁人的感受，肆意凌驾于传统审美习俗之上，是社会装扮百相中的一股罡风。

当然，本文的主旨，并非是与一种难看的遮阳面具过不去。而是触景生情，隐约感觉到，流行的大众文化正戴着“黑无常”面罩，汹汹向我们逼来。

无所不用其极，这种思维方式不是中国文化的主流。几千年来儒家的中庸思想千丝万缕地影响到历朝历代的君君臣臣直到乡野父老，“不偏之谓中，不易之谓庸。”国人的言行举止唯“中庸”为圭臬。然而近百年来，受到种种政治运动的冲击，大众的是否标准几度混淆，社会的审美体系多次摧毁、重组与兴建，早已是面目全非。

美与丑的定义、标准和概念，在这片土地上当然也就随之几番颠覆。譬如当今社会各种“潜规则”大行其道，一切利害关系均以“潜规则”为转移，官员升迁要践行潜规则，演员出名要践行潜规则，孩子上名校也要托人走关系送礼……而传统社会的道德规范和个人行为准则反倒失去了意义。这倒有点像蒲松龄先生在聊斋故事中描述的“罗刹海市”了，美男子马骥泛海来到以丑为美的“大罗刹国”，成了罗刹国最丑的人。马骥后来以煤涂面，作张飞状，罗刹国的人惊叹：你原来那么丑，现在这么漂亮，立刻推荐他做官。顺便说一句，“罗刹”在梵语中是“恶鬼”的意思。一旦审美观被彻底颠覆，当美和丑完全颠倒，人们就学会了以丑示人。

云南省富民县一处关停的采石场，2800 平方米岩石大面积裸露，大煞风景。数年前，忽如一夜春风来，光秃秃的岩石被人煞费苦心用油漆涂抹成绿色。这一事件被媒体发现后名声大噪，当地梨花村村民揭露说是县农林局花费 40 余万元搞的面子工程，如用这笔经费购买树苗，“可以绿化几座山了。”但也有人解释说这是当地一名装修老板出于风水考虑把这面山体“装修”了一下。无论谁是事主，这种以假美代替真美的企图和弄虚作假的行为都大大出乎人们的意料之外。“绿化山河”本来是想“示人以美”，没想到恰恰相反，大曝自己行为之丑陋，显示出了当事人审美观浅薄和举止荒唐。

另一个与“油漆涂山”相媲美的例子，就是以电视为主阵地的娱乐圈正在大踏步前进变成一个自我愚弄的“愚乐圈”。电视节目越来越多，审美底线却越来越低。活动的策划者们放弃了自身需要承担的社会责任，忽略了娱乐节目的本质意义，一切唯商业利益的马首是瞻。节目风格由活泼欢快逐渐演变成为虚假恶俗。极度的娱乐化、游戏化和感性化，取代了日常生活中的一般美学准则。种种恶搞、假唱、潜规则、乃至艳照门事件……已然让娱乐节目变质成为庸俗浮躁、急功近利的“娱乐市场”，剑走偏锋地把观众引向低级“审丑”趣味，一而再，再而三地直至把我们“娱乐死”和“丑陋死”。

譬如，假唱算得上是中国娱乐界由来已久的一大丑陋现象，据说多届 CCTV 春节文艺晚会皆以“保证演出质量”为理由，现场演出时让歌唱演员“对口型”播放早已准备好的录音，“忽悠”观众长达几十年之久。从某种意义上说，春晚假唱是当代中国文艺界公然大规模造假事件的祖师爷，是体制下娱乐事业的“一道奇观”。

假唱事件一经张扬，顿时群情沸腾。观众皆有被当成阿斗戏耍的感觉，心中愤愤不平。当事人的戏法被人揭穿，却显得相对平静和沉着。官方对外的解释归纳起来无非两条，一是“央视一号演播厅是综艺节目的演播厅，不是音乐厅，就设备而言，上真唱有很大的困难。”二是春晚彩排期间，也曾确实尝试过歌手现场演唱，但众多知名歌手都出现了跑调的现象，影响了晚会的效果。因此，“为了给电视观众最完美的效果，”所以，CCTV春节文艺晚会一是不得不假唱，二是少了假唱就不行，三是非假唱不可。言下之意，堂堂央视今后还会克服阻力一往无前再接再厉地把假唱进行到底。

如此解释，实在是开天辟地，石破天惊，观众无不感到匪夷所思。央视春晚节目近年来倾情奉献连台假唱，客观上其实也很难达到自己所宣称的“最完美的效果”。放开这种水平高低姑且不论，首先，电视观众从来就没有要求过央视春晚必须达到“最完美的效果”，中庸所追求的修养最高境界是至诚，精诚所至，金石为开。在真实的现场演出中万一出现瑕疵，观众完全可以理解。就像一场球赛，如果球员尽到最大努力冲刺拼搏，观众看在眼里，对于最后的输赢就会通情达理予以接受。一旦你拿假唱来忽悠他们，性质就完全不同，即使你现场演出美满无缺，也会被人指戳脊背弃如敝履，因为你首先违背了诚实这条基本原则，一切优劣都将无从谈起。就像是一张技术合成的照片不能参加摄影评奖一样，“做过手脚的”春晚节目，偏偏事后每次还要在元宵节晚会上大张旗鼓自我评奖，实在是不知己丑和以丑当美的一个现代典型。

其次，春晚演员手持的高保真话筒据说一支售价 10 万元价值不菲，原声原味传输歌手的咏叹调应该没有什么问题，能够保证较完美的演出效果。君不见外国明星和港台歌手上台使用的也是同样类型的话筒，境外人士拿在手里，张口就能够高山流水，发皇耳目。一旦落到境内人士的指间，为何就要百般挑剔，埋怨其设备是如何“不堪”呢？

至于内地大牌演员唱歌跑调的问题，那根本就不算是一个问题，其实北漂歌手人才济济，完全可以通过更换演员的方式来激励所有演员——包括那些唱歌跑调的内地大牌演员——提高艺术水准。北京文艺圈等待重新排序一鸣惊人的优秀人才很多，少了张屠夫，不吃连毛猪。春晚之所以“钦点”少数大牌演员，不肯广泛引进竞争机制，只是再一次暴露出现代体制刻意保护和优待少数体制演员的“小心眼”。可怜这种偏爱又到了需要假唱才能掩护过关的地步，春晚导演不顾一切“牺牲自己，保护别人”的良苦用心，也实在升华到了“可歌可泣”的境界。明眼人一看就知道，假唱主要是一班大陆歌手。港台及海外歌手个个抖擞精神真刀真枪亲力亲为，基本上不吃假唱安排这一套，反衬出大陆歌手虚应故事的可怜表演。

事至于此，一位春晚总导演索性把话讲开了，明确对媒体表示说，春晚上播放的歌曲录音带，只要是歌手本人演唱的，就算是真唱。我听后惊诧莫名，觉得这位春晚总导演太“可爱”了，简直比外星人还要令地球人吃惊，而春晚导演组真是有资格去角逐诺贝尔级的“毁人不倦”奖。按照这位总导演的高妙逻辑，奈杰尔 · 肯尼迪的小提琴独奏，马友友的大提琴演奏，都可以一次录音成功就终生万事大吉，遇到维也纳新年音乐会或者纽约卡内基音乐厅的邀请，这两位大师根本不需要事先刻苦练习，只要记得带好录音磁带出门现场随意比划几下就可以万事大吉了。怪不得当代中国社会假冒伪劣屡禁不止呢，问题就在于那些“要人”眼里，美与丑根本就没什么要紧也没有什么区别，当众出丑也根本算不上是一回大事。按照这样的思路，今后 CCTV 春节文艺晚会就可以直接冠名如“2012 年对口型播放录音春节文艺晚会”，名至，实之归也。

美国教授尼尔·波兹曼在《娱乐至死》一书中告诫世人：“如果文化生活被重新定义为娱乐的周而复始，如果严肃的公众对话变成了幼稚的婴儿语言，总而言之，如果人民蜕化为被动的受众，而一切公共事务形同杂耍，那么这个民族就会发现自己危在旦夕，文化灭亡的命运就在劫难逃。”假唱和假冒伪劣商品从来就没有什么不同，而“黑无常”面罩的丑陋是实实在在看得见的。

也谈几率

有时候，几率就像是一场恶作剧，不期而至，突如其来，令人哭笑不得。都说是造化弄人，几率其实就是造化的别称，几率常常会狠狠地捉弄人。

譬如当你行走在雨后的大街小巷，一旦听见身后传来引擎急促的声音，你就不得不提高警惕，因为这是几率起作用的一种典型环境。如果你恰巧走近一摊积水，如果身后驶来的出租车方向盘后面恰巧坐着一位愣头青，如果驾驶那辆出租车的司机恰巧由于种种琐事今日心绪很差“烦不了那么多”，那么，藏在暗处的几率便向你露出了坏笑，出租车无意减速一定会劈头盖脸溅你一身污水，让你半身透湿狼狈不堪，冲着扬长而去的车影瞠目结舌，还不知道该去与谁论理。

这种遭遇，人人历之，感触颇深。当然，我们都知道这种情况的发生本来与几率没有什么相干，这其实就是驾车人的素质问题。但是，如果身处一个素质普遍不高的社会环境，类似的事情经历得多了，就会变得麻木起来，从此不再抱怨市民素质，而是认真计较如何与几率打交道了。

有时在电视上看见交通事故的录像回放，会催生观众对于几率的无限感叹。无论是撞人者，还是被撞者，其实只要前后相差一秒钟或者更短时间，双方就可以逃过一劫。偏偏双方在十字路口的态度一律是旁若无人，一意孤行，便像飞碟射击决赛一样，子弹和飞碟这两个高速运动物体的不同轨迹竟然神使鬼差交合在一起，发生惊天动地的大冲撞，汽车和路人皆作“飞天”扮相，汽车零件和身体零件漫天飞舞，观众同情之余，便会大为感慨几率弄人。

几率作为喜庆的神秘使者在生活中常常是以中奖号码的形式悄然出现。一小组普通号码，一直默默无闻，分文不值。主人默默持有，几年十几年不动摇。突然一天脱颖而出，这组号码猛地焕发出冲天魔力，成为开启神秘宝库的密钥，为主人赢来了巨额财富，撼动了所有知情人的心灵。

彩票中奖相当于一次高速的心理冲撞，对于中奖者和未中奖者来说，其撞击力丝毫不亚于一辆疾驰的汽车。中奖是快乐的，买彩是痛苦的，最为清苦的就是这样的彩民采取“守株待兔”的策略，多少年一贯制地苦守住一组自以为吉祥的号码，那通常是一家人的生日号码的大拼盘。耐住长久的苦候，投入大量彩金，忽有一日中得大奖，于是普天欢庆。殊不知这次爆发是以如法炮制的千万群体作为异常庞大的分母，以绝大多数彩民终生不中大奖作为惨痛代价，才换得这一粒流星般的耀眼闪光。几率在这里就像是吉萨大金字塔的顶尖上那一块石砖，之所以立得高，看得远，全在于下方千万吨石材的默默支撑。

既然几率在身边频繁地以各种形式出现，人们便试图通过某些办法或措施来尝试对几率产生影响，去减少某些不幸几率的发生，或者增加某些幸福几率的抛头露面。譬如南京市中心鼓楼坡的地势比较陡峭，行人就必须要牢记一定在两侧人行道上端走规行矩步，那么被车撞的几率就可以大为降低。偏偏有人酷爱在鼓楼慢车道上漫步，边吃东西边打手机注意力分散，身边密蝗似的自行车和电动车高速下坡一辆辆“嗖嗖”驰过，一路上险象环生。我路过这种“慢车道探险家”身旁时，总忍不住回头多看一眼，因为我知道冥冥中几率一定会发生作用的，“何时君再来”？危机或许会先行一步呢。法国黑森林里的松蘑是一种极其昂贵的块菌，只生长在地下，发现的几率很小。“松蘑猎手”通常在猎狗的帮助下采集这种食品界的金子，后来他们发现母猪对于松蘑的嗅觉比猎狗还要敏锐得多，因为松蘑散发出一种公猪发情的特殊气味，极大地刺激了母猪的侦查积极性。于是，“松蘑几率”发生了作用，采蘑人纷纷牵着母猪在森林里转悠。唯一令采蘑人感到紧张的是，挖出松蘑后他们必须眼明手快抢在母猪下口前一把夺回战利品，只要稍一疏忽，凡尔赛宫中苦苦期待的美味就会变成猪食了。

大自然作为人类的家园，亿万年来一直安静而且沉着，即使有山壳隆起，大陆沉陷之类的变化，也是以几千万年作为尺度，让个体生命约为百年的人类几乎觉察不到任何动静。但是大自然灾害的几率一旦出现，动辄会给人类社会造成巨创。2004 年末印度洋发生世纪大海啸，近三十万人遇难，几百万人流离失所。2008 年四川汶川大地震，也有 8 万多人罹难。大量生命转瞬逝去，突如其来的生离死别让活着的亲人们痛不欲生，几率在其中扮演了一个残忍无情的角色，让人对其又恨又畏。当时有一对北川新人外出拍摄婚纱照，侥幸逃过了这一劫，而他们双方的亲人不幸在地震中全部丧生，这一对青年男女紧搀着手泪流满面形影不离，他们知道是婚礼的计划无意中与生存几率暗中吻合，以爱情的名义引导他俩脱离了危险，走向一番新天地。与他们侥幸脱身的例子相反，几率却给其他人士颁发了死亡令，其中最令人唏嘘不已的是一户阔别四川几十年在外地谋生的家庭返回原籍探亲，一朝归来，满盘皆输，“全军覆没”，命运弄人的几率，有时候就是蛮不讲理达到了百分之百。

前期报纸上发表了科学家用自动相机在刚果森林里拍摄到的“獾伽狓”照片，让爱好自然的人们十分振奋，因为近百年来从没有人见过这种神秘的大型动物，有人相信“獾伽狓”就是欧洲独角兽的原型，如此一说，又给这张照片蒙上了几多神秘色彩。由此我不禁再次想起了神农架野人，我虽然兴趣浓厚但始终没有报名前往湖北腹地参加志愿者组织的野人搜寻，因为我知道这种里程碑事件被我一名外来的南京人发现的几率不高。一个匆匆来去的旅游者亲眼目睹神农架野人的机会，和一位王爷在希尔顿饭店总统套间打开窗户伸出双手等待一颗陨石落到掌心的机会大致相差不多。几十年来我热衷野人、湖怪、外星生物等神秘题材，满脑子全是各种“目击记”而导致信息严重消化不良。探险发烧友们之所以频频出击但始终没有斩获，因为野人昼伏夜出，动作尤其敏捷，极难为人类发现，至今尚无照片或者活体可供佐证。越是如此，自然爱好者们越是心痒难挠，他们执意要与无比稀罕的“野人几率”放手一搏，作为他们的忠实同志和疯狂粉丝，我圆睁眼睛兴致盎然地等待着奇迹发生。

公交车上遇到大声聊天的前后同座，在中国发生的几率其实比较高，聊天声音分贝有时候“响遏行云”，旁人只好极力忍耐。噪音虽不是不可抗力，但一般没有人会出面提醒当事人降低嗓门。你有闭门计，我有跳墙法，大家都知道用不了多久自己就会下车，从而彻底摆脱这些令人厌恶的噪音制造者。但是，有时候事情就远不是那么简单了，譬如购房时人们多是冲着房屋位置的坐标和建筑结构而去，较少考虑到新邻居的因素。一旦付款装修住了进去，生米煮成了熟饭，“邻居几率”就不显山不露水地展示出来了，这时候你才明白，自己的百年购房大计究竟是如同掷骰子连投了几个“六点”，还是一骨碌径直把骰子丢进了狗屎堆。楼上的购房人是不是酷爱养鸽子？鸽毛和鸽粪会不会始终如同“六月雪”一般不离不弃伴舞在你家阳台。楼下的购房人是不是正宗的农民基因？一日不浇大粪种蔬菜便觉得枉费了大好人生，于是花坛变成了菜圃，大葱取代了灌木，母鸡咯咯地在小区里寻食。还有左邻右舍午间弹奏钢琴和清晨练习小号，更糟的是高空抛物或违章建筑，摊上了这种邻居你只能一连声叫苦不迭。购房对谁来说都是人生的一件大事，选上好邻居，该是人生概率最重要的事情之一。一旦与邻不俶，买房子又不是说换就能换的，邻居几率一般是“在劫难逃”，让不幸的购房人在精神上“连脱几层皮”。

本篇文章写着写着，三鹿奶粉就爆出了“三聚氰胺”事件，连带着全国 22 家奶制品企业集体跳水，陷入万劫不复的泥沼。这场恶劣事件的受害人多是娇柔无比的婴幼儿，让年轻的爹妈们一个个心痛不已，谁都没想到亲手喂食的“国产名牌”奶粉竟然暗藏毒物，钩心锥肝，摧残健康。从表面上看，这又是一个典型的几率事件，年轻父母们多在懊悔，如果当初不买三鹿奶粉改买进口奶粉或其他没有问题的国产品牌奶粉，或许就有可能侥幸逃过这一劫。但是实际上，如果真如农业部所承认的那样“原料奶中间收购环节基本处于失控状态”，如果庞大臃肿的官僚机构到处存在着这样那样的管理真空，如果一个国家健全法制体系后不能依法治理，那么，本来该是属于几率的事件，对我们全体公民来说，就一定会变成命中注定的一种必然。

一夫当关

中国警察的种类是不是世界上最多，我没有经过考证。稍微做一下统计，就会发现仅在公共安全领域就有交警、户籍警、刑警、治安警等好几种，这还不包括国家安全警察和司法警察，更不包括武警，后者实际上是内卫部队，有着自己的事情要忙碌。

警察分类是细线条好，还是粗线条好？这是见仁见智的问题，不能一概而论。中国分得细些，而西方则有点笼而统之。如美国巡警是一个"一专多能"的典范，既要追查犯罪线索和治安隐患，这是治安官的本职工作；又要纠正和处罚交通违章，这就又把交警的活儿给"包圆了"；还要监督店铺经营是否合法，这又有点类似行使工商局的职能了；还要监督居民装修和扩建房屋是否合法，这一下又兼顾了城市管理大队和房产局的功能。美国巡警的"差事"并没有到此结束，他还要负责与社区居民进行沟通交流，帮助居民提高防范意识，传授防范侵害知识和技能，有计划地发展秘密力量。一名普通的美国巡警要干的事情可真不少，如果在中国，完全可以分解出许多差事给许多行业的许多别人来干，大大有利于社会就业率的上升呢。

警察分类不论是细线条还是粗线条，关键在于工作效率。一专多能的警察有点类似修缮行业的多面手，屋顶漏水能够换瓦，下水道管道堵塞可以疏通，电线短路能够排查故障，地板断裂不声不响地就更换一块新板。而中国警察的架构显然不是这方面的典型，我们在生活中经常遇到这样的例子，居民到派出所去办事，接待人员一听事由，便告诉你办理此事的警察现在不在，需要你打道回府，换一个时间再跑一趟。那位身穿制服的接待人员很少会说"没关系，我来帮你办，省得你重复跑路"之类的话语。这个例子还是居民上衙门求官的遭遇，倘若户籍警在走访群众的路上看见车辆逆向行驶严重影响交通，他绝不会怒目向前严厉制止，通常会只当是没这回事，头一扭走人，在他来说这完全是分外事，再说交通法规定只有交警有权没收驾照，户籍警连没收户口本的权利也没有，他又何必自找没趣呢。这样看来，警察分类太细，就会浪费警力资源。交通事故不一定全给交警碰见，偷盗抢劫也不会都给刑警出门撞上，我曾经亲眼目睹出租车司机在警察眼皮底下闯红灯，当我表示担心时，出租车司机大大咧咧一笑说，没事，我早看出来了他不是个交警。

此外，我一直有个强烈的观点：警察要有权威性，要威猛正直，必须要对歹人有强烈的震慑作用。警察不是用来被人杀的，警察也不是用来给车撞的，警察更不是用来给人打的。现在媒体上动不动就宣传警察“骂不还口，打不还手，”仿佛这是值得赞誉的一种职业道德或是警察素质的一份光荣，其实我觉得这是一个极大的思想误区，是一个极其危险的舆论陷阱。有时中国警察会在社会上挨打挨骂，但这不是他们个人的无能，而是制度建设和政策导向的责任。如果请我来写警察条例，我就要补充上一条：“具有保护自己不受侮辱和侵犯的能力。”江苏卫视的一位主持人一次曾在电视上痛心疾首地反问道：如果警察也被人在大街上追杀，连自己的安全也保护不了，我们还能指望他来保护我们老百姓吗？

在这方面美国警察是我们的一个榜样，尽管美国是个允许私人拥有枪支的国家，民间坐拥几亿支长长短短的枪支，但很少有人敢跟美国警察叫板，更少有人斗胆主动向美国警察寻衅甚至动粗，除非他是大脑有严重问题。美国巡警承担了辖区内几乎所有的日常警察勤务，只要发生在本巡区之内的事件，从未成年人离家出走到杀人放火或劫持人质，都由巡警负责处置。美国巡警上岗期间始终处于高度戒备状态，武装齐全，装备精良。车载电脑，对讲机，手铐，辣椒水，电击警棍，手枪一应俱全。只要情况必要，他会毫不犹豫地使用武力，及时制止犯罪行为，真正做到了一夫当关，万夫莫开。

一夫当关，要有一夫当关的本领。在上海袭警案中，以一杀六，令人匪夷所思。被害警察固然令人同情，但是徒手面对白刃，不一定非得收获“六死四伤”的悲剧结局，凭借砸碎茶杯也可以与凶徒斡旋一阵子，为什么竟会出现“完败”的局面呢？结论只有一个：名分忝列警官，技能已逊平民。

一夫当关，要有一夫当关的权利。警察是国家司法机构在最前沿的代表，警察要制止犯罪，要纠正违章，要捕人入狱，要断人“财路”，总而言之，警察被推上社会正邪冲突的第一线，是歹徒忌恨的第一对象，最容易受到伤害，所以警察应当拥有依法保护自己不受侵害的权利。当警察在冲突中遇到谩骂或遭到殴打时，要有完整的权利保护自己并有效约束对方。这一点不容置疑。

一夫当关，要有一夫当关的装备。警察在执勤过程中应当“武装到了牙齿”，这样才能让市民有安全感。倘若警察身上没有十八般武器，两手空空，你凭什么以为你穿着警察制服人家就一定怕你呢？你用什么来保护市民呢？在那些作奸犯科的歹徒面前是“逆我者亡”，警察也不例外。但是，如果面前立着一尊目光严厉，双手握枪的警察大叔，歹徒就必须要自忖一番是不是见好就收，他得仔细掂量一下犯罪成本会不会大得把自己的小命也赔进去。中国警察近来也配置了辣椒水，但是我随即看到媒体爆料说歹徒作案也配置了辣椒水，我想，两军对阵，街头一定会像泼水节那样热闹聒噪了。

一夫当关，要有一夫当关的个人素质。警察在群众眼中之所以缺少威信，关键在于个别警察的素质不高。现在警校的毕业生越来越多，高学历人才层出不穷，部分缓解了专业人才不足的问题，但是文明执法，清白执法、廉洁执法，公正执法，则不会随着警察队伍教育程度的提高就会自动地随之变得更好。在关系网错综、利益诱惑和人治第一的国情背景下，警察要摆正个人事业的位置，有时真是一件难事，必须有所不为，才能够有所为。

一夫当关，要有一夫当关的社会制度基础。政治上要开明，腐败贪污要减少，司法要公正，人情关系要不买账。假如警员前脚拦下了一辆违章行驶的渣土车准备扣车罚款，后脚顶头上司就打来了电话要求免除处罚立即放行，这样自相矛盾的做法，会令才华横溢的警员也无法精忠报国。关键在于政府官员一个个要好自为之，不能自毁长城。前纽约市长朱利安尼上任伊始，纽约的治安情况很糟，被称作是全美最危险的城市。他大刀阔斧整饬社会秩序，坚决支持警察部门与非法行为抗争，取得了极大成效。纽约市的总犯罪率在过去 12 年里下降了 73%，在全美人口超过 10 万人的 227 个都市里，纽约市的总犯罪率排名第 211 位。难怪联邦调查局报告说，到 2005 年纽约市是美国 25 个大都市里最安全的。警察要做到一夫当关，最重要的是背后有一个身正影直的政府一夫当关地作为他们的强力支撑。

中国警察由于条件的种种限制，很难做到一夫当关，效率因此而低下，执法成本也相应增加。此外，中国警方在司法程序上袭用了封建社会的一些“有用”的传统，譬如说“坦白从宽，抗拒从严”。企望从犯罪嫌疑人那里换来合作，态度温顺或者伪装合作者便往往重罪轻罚甚至庶几脱身，而态度顽劣者只好呆在狱中把牢底坐穿。中国警方经常会参与“严打”行动，既然冠以“严打”之名，处罚或量刑便取上限为界，法制的天平有时会畸重畸轻。

成鲜明对比的是，美国警察在执法现场比中国警察要雷厉风行得多，但在尊重犯罪嫌疑人的权利方面却又称得上是和风细雨，秋毫无犯。美国警员在就案件有关事实开始询问之前，必须向被捕的犯罪嫌疑人宣布米兰达权利，即“你有权保持沉默……”云云，否则犯罪嫌疑人所作陈述一概无效。美国宪法修正案第 5 条规定，在刑事诉讼过程中，包括侦查过程中，公民没有义务自证其罪。……公民个人不具有举证责任，“拒不认罪”不仅不被认为是与警方对立的表现，反而作为其应当享有的权利而受到警方的尊重和保护。

而中国警察一旦得到重要疑犯，便会“加大审讯力度”，多是强逼口供，让疑犯自己供认犯罪事实，这种执法成本最低，因为摧毁疑犯的意志并不需要花费多少物质代价，大不了轮番上阵连审上几天几夜，直到疑犯从精神到肉体完全垮掉为止。

两相比较，孰优孰劣，差别还是很明显。在美国，警察和消防员待遇优渥，在人们心目中有着很高的地位，人人好自为之。而中国的民调机构在 2009 年春作过一次调查，公信力最差的前三种职业中，就有教师、医生和警察。中国警察也试图改善形象，增加服务项目，如一些警局主动提出了“公民提取大额款项，可请警察护送”的服务。但有趣的是在美国这项服务明确属于对警务资源的滥用，一般 911 指挥中心就会予以过滤并婉言拒绝，建议公民寻求商业服务并支付费用。

美国警察在拦截肇事车辆时，有一个细节引起了我的兴趣。警察走出警车向前接近被拦截车辆的车尾时，会习惯性地用右手按一下对方车辆的后备箱盖，一是确认后备箱是否处于闭锁状态，因为曾经发生过歹徒藏身在未闭锁的后备箱内乘机袭击警察的案例。二是将自己的指纹留在违章车辆上，一旦对方司机驾车逃走，事后又矢口否认曾被警察拦截，警察可以凭此指纹作为曾经拦截过的证据。根据美国法律，被拦截后私自逃离是犯罪行为。

在那时候，一个指纹，就可以“一夫当关”。

分水之梦

久在城中住，乔迁到河西。

“河西”是指秦淮河西。早先此地多是农田，菜花芬芳，稻浪万顷。河西地区以清纯靓丽的“农家处子”之身，摇身一变成为南京繁华都市圈的豪门贵族，前后只用了短短二十年时间。2002 年 7 月，我从鼓楼搬家过来的时候，河西地区已无一棵水稻生长。高楼林立，绿树亭亭。

河西地区“农转非”的进程如此之快，引起我一丝淡淡的忧虑，按照这种方向和如此速度发展下去，南京人未来的粮田和菜地存之不多矣。也许再过上一段时间，本地居民宝马香车锦衣豪宅，互赠的贵重礼品却是白花花的一公斤大米。谁知盘中餐，来之殊不易。

搬家甫定，开始搜集新家的地理位置和文化坐标。蓦然发现，一箭之地外，坐落着大名鼎鼎的明初南京龙江宝船厂遗址。

一股强劲的历史潮流哗哗涌来，冲刷我的胸襟。

走进南京龙江宝船厂遗址，紧张施工的气氛扑面而来，为纪念郑和下西洋 600 周年，“宝船厂遗址公园”正在抓紧建设之中，吊车旋转，重型卡车轰鸣。远远望去，郑和碑廊已初见端倪，郑和文化墙和宝船部件雕塑等景点工程正在收尾。

我跨入工地，深一脚浅一脚向当年的第六作塘遗址走去。明初，南京龙江宝船厂共有七座船坞，第六船坞在明代叫做第六作塘。我在轰鸣的挖掘机旁停下，从泥土中捡起一块木板，翻来覆去端详。挖掘机的巨爪折断了这条木板，已经看不出木板原先的用途，我凑近闻了闻，木板断裂处散发出淡淡清香，传递出来自遥远岁月的一些信息。

南京的航海造船事业自古以来十分发达，早在孙吴时期，南京就造出了二十多丈长、载重千吨的远洋舰船，驶往东南亚和夷洲（台湾），当地载运粮食和物资到北方去的“运漕船”也大多选在这里生产制造。明朝永乐年间，郑和率领船队七下西洋，南京是这一盛事的策划地和始发地，大批宝船，战船，战座船，兵船，马船，粮船和水船正是在龙江宝船厂诞生。我围着第六作塘走了一圈，此处地下究竟掩埋着多少不为人知的秘密啊。以我脚下的这块土地为起点，当年曾开启了一条由长江内河入海、抵达亚非三十多个国家和地区的海上“丝绸之路”，就像一颗光辉灿灿的分水宝珠，打开了中国在蓝色大海上的洲际通途。

据史记载，到了明朝永乐年间，南京造船工业的规模已然十分宏大。为适应造船业发展的需要，钟山南麓还建立了漆园，桐园和棕园，各植漆树、桐树和棕树上万株，与龙江宝船厂的造船工程配套成龙。据《明实录》记载：仅永乐元年至永乐十一年之间，为下西洋而改造的海运船就达 642 艘之多。前些年，在南京龙江宝船厂遗址的第六作塘出土了一根十一米长的舵杆，装有如此硕长舵杆的大船，其规模一定非常可观。

龙江宝船厂坐落在长江南岸，依托丰富的水资源，南中国的能工巧匠在南京集合，承托起一个海上帝国的伟大梦想。铺开 15 世纪中国的版图，以明朝开国首都南京为一个点，以郑和船队访问过的南亚和东非许多国家为另外的点，用线条把南京和这些国家一一连接起来，这些线条跨越大陆海洋，穿过赤道，形成了一把巨大扇骨。当年，正是这把无形巨扇的轻轻摆动，荡涤了中国几千年来闭关自守壅塞落后的阴霾局面，透进来外部世界一片清新活泼的空气。至今我们在世界地图上引颈探索当年郑和船队的航程，还能感受到阔海长空，天高地广，一阵阵带有海腥味的历史气息扑面而来。

南京第六作塘，一个海洋大帝国的脐带断点。在数千年中国文明史上，轰轰烈烈建造大船，又以朝廷的名义大张旗鼓去航海，只发生在明朝永乐年间那几回。目前存世的一幅明代航海图《郑和航海图》（原名《自宝船厂开船从龙江关出水直抵外国诸番图》）是在继承前人航海经验的基础上，以郑和船队的远航实践为依据绘制的。从 1405 年至 1433 年，郑和共进行了七次大规模远航，先后到过亚、非三十多个国家和地区，最远到达红海和非洲东岸，开辟了二十一条远洋航线，总航程约七万海里以上，相当于绕地球三周有余。僧人胜慧参加了郑和第五次下西洋远航，后在临终时命弟子用他遗留的资财发愿刻印的《太上说天妃救苦灵应经》于 2000 年被发现，其插图描绘了郑和船队在海上航行，海神天妃护佑的情形。画中“郑和船队图像，计五列，每列五艘”，其“艏艉高翘，船舷高，吃水深”，气势磅礴。遥想当年，“观夫海洋，洪涛接天，巨浪如山……而我之云帆高张，昼夜星驰，涉彼狂澜，若历通衢。(《天妃之神灵应记》)”那是何等壮观的场景。

在纪念郑和下西洋600周年的活动中，太仓刘家港频频见诸于宣传资料，曝光率很高。太仓刘家港连接江海，是古代重要的贸易口岸，曾有“六国码头”之誉。逢春夏二季，“万艘如云，毕集于海滨”。海外贸易十分繁荣。“九夷百番，进贡方物，道途相属，方舟大船，次第来舶”。郑和船队离开南京后，正是在太仓刘家港编队启航。

包括刘家港、泉州港和广州港在内的沿海重要口岸，唐宋元以来次第重复着上述的繁荣气象。一个不能忽略的严酷事实却是，在有明一代，这些著名港口多数时期呈现萧条、凋零和荒凉景象。除了以官方名义派遣的郑和七下西洋之外，明朝的统治者自洪武三年（1370年）禁海以来，实行了长达200年的海禁，朱元璋先后四次诏令“片板不许下海”，朱棣颁令将民间海船全部改造成无法远洋航行的平头船，并焚毁违禁的双桅海船，“濒海居民不得私自出海通蕃”。泉州、明州等处的市舶司相继关闭。从洪武到嘉靖，尽管200年间海禁时松时禁，对中国拓海事业的破坏却是致命的，它遏制了航海技术的发展，钳制了海外贸易势力的成长，断送了唐宋元发展起来的中国民间航海贸易事业。清初海禁更加严厉，为防止沿海抗清武装同郑成功等人联合，于顺治年间颁布迁海令，强迫沿海居民搬离海边三十至五十里，同时还实行禁海，“寸板不许下水”，敢出界或下海者杀无赦。明清两代王朝沿着中国漫长的海岸线实行了长达400年的闭关锁国政策，中国彻底退出了海洋。也正是从这个时候开始，1450年后西方列强十分踊跃地进入了海洋，远洋航海、国际贸易和其后的工业革命把西方世界推向了现代化。明清帝国一脉相承，日复一日地向内收敛，这一离心运动使中国被世界发展的主潮流抛出了很远。数百年后的清政府终于还是被欧洲人用坚船利炮轰开了国门。

其实中国远在宋朝时海上对外贸易已经相当发达，13世纪意大利犹太商人雅各·德安科纳在《1271年的泉州》一书描写南宋的泉州城市写道："……这是一个很大的港口……整个江面上充满了一艘艘令人惊奇的货船。每年有几千艘载着胡椒的巨船在这儿装卸，此外还有大批其他国家的船只，装载着其他的货物。就在我们抵达的那天，江面上至少有 15000 艘船……在这里你可以找到来自世界遥远地方的商品。"在 14 世纪之前，中国拥有当时世界上最大的海船，最大的港口城市泉州和最有实力的海商。忽必烈远征日本和爪哇时征集的船队，也是当时世界上规模最为宏大。中国民间和官方的航海高潮，在元末明初达到鼎盛时期，然后，双双成直线下滑和萎缩的态势。

郑和下西洋船队的庞大支出十分惊人，这也是官方举办远洋航行不能维持下去的根本原因之一。举一国之财力来供应庞大的官方船队出海，耗资巨万，散金无数，这种大型销金窟的方式，肯定是难以为继。"下西洋"一直在明朝廷上受到百官詬病和强烈非议，最终被皇帝强力废止，问题看来出在于下西洋执行的是一条"厚往薄来"的既定方针，不是使用经济的方式来发展航海事业。与之相比，与郑和同时期走向海洋的西班牙人就显得智慧得多。从西班牙女王与哥伦布签订的《圣达非协定》中可以看出，哥伦布将拥有新发现领土全部财物的十分之一，并且一概免税；对于同领土进行贸易的船只，哥伦布享有投资取得八分之一股份的权利；哥伦布还享有新领地的商务裁判权，其后代世袭其一切爵位、头衔和权利。这样一来，西班牙人大航海的积极性就得到了空前刺激，民间资本就有了极大的参与积极性，官方的负担也可以降至最轻。航海目的不同，航海政策不同，航海利益分配方式的不同，凡此种种对于那个年代世界各国能否打通海上坦途起到了决定性作用，而南京龙江宝船厂数百条船舶大兴建造的意义，则只能退而求其次，或再其次。

我无声叹息，把手中捡起的碎木板重新放回到土壤中去。朱棣在历代君王中毫无疑问属于做大做强一派，神话中的分水宝珠一度光彩万丈地出现在南京这片不同凡响的土地上，中国在历史上从来没有这么接近过打造一代海上强国的梦想。但是，在"用合适的方式，去做合适的事情"这条铁的规律面前，任何人——哪怕他是不可一世的皇帝——必须顺势而为，否则他或可能成功于一时，必不能维持胜势于长久。

“分水宝珠”的神话，在中国历史上没有成为现实，也不可能成为现实。这是先天注定的事实，谁也无法改变。在纪念郑和下西洋 600 年时，朗朗地说出这番感悟，以作为龙江“宝船厂遗址公园”的奠基石之一。

以河为邻

前半辈子一直居住在南京市区的中心地带，随着城市逐步发展和扩大，闹市区的居住环境越来越跟不上趟，拥挤噪杂，空气也变得朦胧而混浊。五十岁后，一家人乔迁城西，从此枕边多了一条宽阔的大河——秦淮。

年轻时就喜欢观水。上中学时，学校位于城市北面，放学后我经常独自骑车去到下关江边，静静地偎依在长江江堤上，眺望浩瀚江水从容舒缓地在身边流过。目光所及之处，没有一段江流不是千变万化。湍急水流争先奔腾带来的视觉感受和思想启迪，比起静止不动的山峰来更具有启发性和感染性。江中有多少浪花，那时我心中就有多少奇思妙想，极目望去，一望无际。我久久陶醉在视觉拼图的无穷演化之中，浪漫地思考人生，向往未来。

如今临河而居，用不着车马劳顿出门观水了，在家中推窗远眺，百多米开外的依依垂柳下面，就是一条名播海内外的古秦淮河。河水从遥远的南方流来，平静舒缓地向北流去，并在不远处汇入万里长江。几千年来，秦淮河的位置和形状都没有什么太大的变化。《舆地志》称："秦始皇时，望气者云'江东有天子气'，乃东游以厌之。又凿金陵以断其气。今方山石硊，是其所断之处。"由此看来这条河还曾在稳定国家大一统方面做出过特殊贡献，至少在秦朝统治者的心目中是如此认为。

长江是南京的街坊，秦淮河是我家的左邻右舍。

我的祖先几百年来一直是枕河而居。子牙河、大清河和南运河分别从天津杨柳青镇蜿蜒流过，滋润着这座华北名镇。欸乃作声的大橹昼夜不息，载来了南方的纸张和颜料，成就了杨柳青"齐健隆"字号几百年来的年画宏大事业，享誉海内外。

如今我家枕河而居，倒想不起来需要这条河为我做些什么。我没有什么特别的物资需要动用船只劈波斩浪运送到门前。再说，秦淮河中好像只允许指定的个别游船行驶，平时河面上空荡荡的，仿佛是假期中的校园寂寞而安静。我如果真的急需一船木头建房，恐怕也无法获得航道当局批准沿着长江驶入河口。对于南京市民来说，这条河目前只有观赏意义，没有什么实用价值。

如此说来，南京就比不上苏州，“君到姑苏见，人家尽枕河。”京杭大运河中至今帆樯如云，舳舻千里，俨然是一条重要的经济交通要道。苏州水域面积占到42.5%，三万六千顷的太湖，两万多条河道，四百多个湖荡，组成一片浩荡的水域。极而言之，苏州的文化基因主要就是水之基因，苏州的文化生态就是水之生态。不去计较河中船舶究竟是载人还是运物，单就河景来说，“窗含西岭千秋雪，门泊东吴万里船”，现代都市人家，能有几多消受得起如此佳美意境。

如今，家园与一条大河结为芳邻，邻里之间如何友睦相处，我理应一探究竟。

秦淮河穿城而过，流经南京市区，这一段是秦淮风光带的精华所在，号称是十里秦淮。秦淮文化的主体历来是商业文化，也就是消费文化。泛舟秦淮的习俗始于南北朝时期，北方的豪门望族南迁后，仿照北方马车的华盖，在南方的渔舟上营造出了秦淮画舫。烟笼寒水月笼沙，夜泊秦淮近酒家。日日歌舞，夜夜笙歌，这种歌舞升平的习俗一直保留至今。

近些年来，地方的市政当局耗费巨资，按照园林化的规格把秦淮河两岸修葺一新，号称是打造22公里“银腰带”。河边一律修成了三级平台，砌栏光洁，垂柳透绿，曲径通幽。这样做法的好处显而易见，市民们可以朝夕漫步河边尽情享受波光粼粼的风景。但也有些许美中不足，那就是失去了很多野趣。这条河曾经是大自然的宠儿，如今被人类社会用巨资“收藏”在玉匣中间，闲云野鹤有被豢养成家禽肥鹅的危险。

窗外有一条宽荡浩瀚的大河，毕竟有效地屏退了城市的拥挤、噪杂和逼仄，让市民疲累的心可以轻松地泊一下港湾，让市民“笼居”的视线无限地放松、舒展和延长。我应该没有什么不满足了。但是，我总感到这条河还是有一些不协调的地方。

思来想去，问题主要还在于秦淮河上那片压倒一切的寂寞，这条河缺少与人类之间的互动，河是河，人是人，两者之间有不小的隔阂。一条名登“市河”榜首的潺潺流水，不仅在感情上要让市民 “邻水亲水爱水赏水”，还要求在功能上让市民可以“游水渔水航水用水”。可是现在，人不下河，河不运输，各行其道，各干自己的事，彼此有一些不融洽。

秦淮河上水鸟稀少。水鸟不肯亲近的原因之一是秦淮河的水质欠佳，导致鱼虾难以繁衍生息。秦淮河的水质长期在劣五类等级徘徊，水质污染的主要原因是上游工厂排污和生活垃圾排放。长期以来的大面积的污染，让这条河变成一个命运多舛的老病号，严重的时候走近河边目睹混浊的河水已无美感。

河边有人垂钓，河里也有鱼鲜，果真捕到活鱼估计轻易也不敢送下厨房，污染超标的水体养殖出来的鱼虾，重金属镉、锌、铅往往超标，成为毒素传播的“传媒链”，威胁到了市民健康。南京的一所大学对南京水域进行过定量定性的分析，在检出的 50 余种有机物中，有 49 种被列入美国 EPA(美国环保署)优先污染物黑名单，存在不同程度的“致癌、致畸、致突变”性物质。

受到条件的约束，南京人越来越谨慎控制自己的亲水行为，下河洗澡只会越洗越脏，夏季下河游水还容易患上皮肤病。我家附近这一段河道离长江已不算太远，市民们就更要慎行知止，千万不能随随便便把光脚丫子送出去让浪花亲吻，专家告诫说，近些年来“瘟神重返”，一旦出现血吸虫很容易侵入人体。不过血防专家又指出，秦淮河污水严重的环境已经不适于钉螺生长。这莫非是说，秦淮河的污水浓度已经达到了可以杀灭钉螺的地步了？在我想来灭螺效用也许相当于数万元一吨的血防专用药氯硝柳胺了吧，这件事真是黑色幽默，虽然有些逗乐但一点也不好笑。逢到了夏季江水暴涨会反灌进秦淮河，钉螺完全可能会孤军深入，“溯河而上”，谁知道最远的“一哨人马”最后到达了哪里？没人想以身相试。

既然是渔捕也不能，游泳也不行，剩下来航水这一条，似乎没有什么问题了吧？谁知道偏偏在这一条上，缺憾是最为突出。目前南京似乎没有几条私人游艇，也没有码头可供私人游艇停泊。现代南京普通百姓的行藏，主要是维系在陆地上。而在天空、水面和海底，南京人的身影都是微不足道的，几乎是一片空白。中国的古老文明属于大陆文化，是清一色黄土地的颜色。有人自嘲说，中国人现在还无法完全理解游艇所代表的海洋文化，以及那种从几千年前的爱琴海延续至今的蓝色梦想。对这种观点我总是感到有些疑惑，江南如此发达的内陆河网几千年来孕育了独特的河湖文明，把我们描绘成一脉相承、万古不变的旱鸭子，似乎有些自惭形秽了吧？

秦淮河上偶尔会有一两条经营性质的商业游船孤零零地驶过，按照一定的路线，一成不变地北上或者南返，内容单调，乏善可陈。据说南京现在有游艇出租，豪华游艇平时的出租价是每半小时 1068 元，一般游艇每半小时出租价也达到 768 元，一般市民少人问鼎。我想倘若市民自己私人拥有一条游船，节日期间邀上三五亲朋好友，在河面上从容驶去，再转入江中来回浏览，那一定是一件富有吸引力的赏心悦事。私人游船不一定要十分奢华，船上的空间与大客车相仿佛足矣。又听说一艘普通家用新艇的年养护费、清洁费、水电费和泊位费在 5 万元左右，这还不包括维修费、牌照费、航道使用费等。

媒体屡有报道说有市民在家里造出了直升飞机，我想肯定也会有人在家里造船。造船的技术、成本和风险，我想一般来说要低于其他的交通工具吧。泛舟河上是一个多么诱人的梦啊，为避免内燃机排放加重河水污染，可以鼓励发展电动机船舶，或者返朴归真直接利用风力来驱动船只。

老子在《道德经》第八章中云："上善若水。水善利万物，而不争。"水是人类最亲密的朋友，对此我深信不疑。

以河为邻，期待着与上善为邻。尽管这条秦淮河目前只提供了观赏价值，我还是心神向往，充满幻想。晚间我常会梦见水清鱼游、人欢鸟唱的时候，那时我会纵情游览赏玩，或滑水，或驾船，或垂钓，或潜泳，从形式到内容真正拥有一条实质意义上的激荡大河。

水井之恋

都市居民在大城市中住得久了，置身于商品经济的严密封锁和重重包围之下，逐渐变成了一群过度异化的人，他们只会使用钞票来与周围世界打交道，买米，缴电费，付餐费。以至于一旦离开了金钱，他们立刻就手足无措，就不知道如何是好。也许，只有当他们外出郊游途经一所马厩、一爿菜地或者一口水井时，童年的回忆会蓦然跳将出来提醒自己：曾几何时我们与大自然是如此亲近和密不可分……

水井之恋，谁人能忘？它既是一泓碧清凉水的源泉，还保存着童年生动活泼的回忆，成为了蕴藏我们几代人的人生体验的一座信息库。放出一只水桶徐徐下井，桶底触水后，轻荡一下长长的井绳，水桶便会侧翻入水，随即沉没下去。双手交替轻轻收回井绳，棕绳在手臂上越挽越长，很快地满满一桶井水便拎出井栏来，清澈冰凉，清洁宜人，可洗，可濯，可冲，可饮。冬天井水是温热的，最适宜漂洗衣物。而盛夏季节的井水无比清凉，母亲常把西瓜浸入井水中，令孩童们在一旁欢呼雀跃，期待着在三伏酷暑天里嚼冰饮雪，大快朵颐。青石井栏镶嵌的井口，是市民亲近大自然的一扇窗口，让人们暂时摆脱工业文明的沉重束缚，直面朴素的田园风光，如同回到农耕时代那一个个水波荡漾、清澈透明的记忆永远刻骨铭心……井边还是四方邻居传输生活信息的热闹场景，那是都市居民一边忙于家务、一边交流聊天的水花四溅的一方天地。

南京红庙街上原有好几口水井，我家大门口东边不足三十米远处就有一眼水井，那是母亲和左右邻居经常光顾的地方。此方井台约有 15 平方米大小，在城市的井台中属于中等规模。井台周围地上有一圈水槽，凡是洗菜水洗衣水一下子在地上连盆掀起，便沿着水槽流入下水道排走。青石井栏约有凳子般高，厚实古朴，看上去已消磨过好几代人的光阴了。井水通常深三米左右，夏天阵雨过后井水暴涨，弯下腰去手持桶柄有时几乎就能直触水面。自古以来，井边一直是城镇家庭妇女聚集的重要场所。如今红庙这条街上大厦林立，水井却一口也没有了。

不久前，南京六合瓜埠公园附近挖掘出一口古井，高 10 米，直径竟达到 2.6 米，算得上是迄今为止南京地区直径最大的古井了。古井周围全是岩石，可见当年这口古井硬是生生地打穿了岩石层，才取到了水源，实属不易。古井壁上砖块排列整齐，井底积水约有 2 米深。经专家考证，这口古井造自东汉时代，距今 1500 年以上，当之无愧是南京的“井王”。六合瓜埠临近长江口岸，经济一向繁荣，古人建造出如此一口大井，可想当年人烟之旺盛，生活之闹猛。现代游客见到这口巨无霸式的古井，都会忘情地大叫起来，把恋井情结的喜悦释放到了极致。

我对水井的眷恋由来已久，水井的模样在我心中基本已经定型，直至近期在水乡苏州与另类水井的一次不期而遇，我才明白，水井可以是各式各样。2008 年春节开车去苏州的路上遇大暴雨，两百多公里的车程，沿途疾驰而过的大货车巨轮滚滚溅起大片积水把新洗过的福特天霸车变成了泥潭怪兽。苏州连襟见了便邀我第二天开车去他那里，说是有一孔井，“冬天用井水洗车子，很暖热的。”吴侬软语具有很大的诱惑力，我无法拒绝。再说正月初二大家都猫在家里过年，你想上别处去洗车，也没有人肯提供服务呀。

第二天我应约开车前往指定地点，下车后一看，完全瞧不见水井的影子，周围水泥铺地，一马平川，连个碗口大的地洞也没有，我不禁疑惑起来。连襟指着冒出地面上的一小节约有手电筒粗细的塑料管说，嘿，这就是井。他转身从室内取出一台小型水泵，一头插入塑料管，接通电源。约一分钟后，一股清泉从地下喷涌而出，转眼之间便注满一个塑料大桶，亲戚立刻换上一只空桶继续接水。我尝试着把手放进水桶，井水温热，大约有二十来度，感觉很舒服。在滴水成冰的寒冬能有这样的温水洗车，如同是温泉浴一般，对于洗车一族来说简直称得上是一种“帝王式”的服务了

我仔细打量着这口“井”，心里升起一种奇怪的感觉。江南有些地方称呼水井，不用“口”、“孔”等量词，而使用“一眼井”这样的叫法。在我印象中，“眼”该用来譬喻极小的孔径单位，如一眼泉水之类，用来形

容水井似乎并不合适。然而，眼下我所见到的实际情况，分明就是地地道道的“一眼井”，“井栏”可能还没有牛眼那么大呢。

当然，我当时看见的是一口简易的机井，与中国传统的敞开式水井相比，机井具有种种优点：如占地少，借助机械或者电力提水更加省力，可以避免污染和意外事故等。连襟介绍说打一口机井十分简单，打井队拖车开来，固定好钻架便呼呼地往下钻孔，钻到供水层后，在钻孔内放下去一根长长的塑料管，塑料管下端事先钻出许多小孔，便于地下渗水进来，然后投一些细沙淤积在管道下方用于过滤水质。一切便大功告成。

我十分羡慕幸福的苏州人民，这里的自然条件得天独厚，美不胜收。苏州是著名的水乡泽国，全市水域面积达到了42.5%，两万多条河道编织成一张密集的水网，四百多个湖荡星罗棋布，背后还依靠着三万六千顷的太湖，“绿浪东西南北水，红栏三百九十桥”，水资源的丰富可想而知。我想，即使在苏州土地上随便挖个高尔夫球洞，说不定都会意想不到地喷出一股清泉来呢。与苏南相比，我国许多地方饮用水至今仍十分困难，多数地方的机井动辄深达百米，报载2009年春季地处浅山丘陵区的河南安阳铜冶镇为抗旱保苗全部依赖机井汲水灌溉，该镇最深的机井达到了603米，每浇1亩地平均花费60元至70元。我想，在苏州即使是做一名穷人，至少他还是“富”于水的，而在干旱地区，穷人一贫于财，二贫于学，再“贫”于水，那真是沦落为不折不扣的贫苦阶层了。

我和太太访美期间，看见美国居民普遍住得十分分散，也曾关注过把house建造得过于偏远，会不会产生饮水困难的问题。我不相信美国的公用事业局会无限度地屈就用户，无论居民把房子盖到哪里，自来水管会一律任劳任怨地铺放到位。后来听一位久住美国的华人朋友介绍说，住在远郊的美国居民多用小口径的机钻深井，井口安有一台电动水泵，接在一个压力罐上。压力罐内半是高压空气，半是井水。在水泵和压力罐之间有一个压力开关来控制水泵的开关。当住宅内的水龙头打开放水，压力罐维持的水压下降，水泵开关就自动打开供水。当龙头关闭后，压力罐的压力达到一定水平，压力开关自动关闭，水泵就停止工作。这一套设备通常在小镇店铺有售，居民自己就可以安装。这就是美国的远郊家庭自来水常流不断的诀窍，一件大事就这样化解于无形。华人朋友还介绍说，钻井公司在钻一口新井时，钻到地下水后，一般要经过检验达到饮用水标准才可以交付使用。地方上还有专门为居民服务的商家检验老井水质，检查从细菌到重金属的各项指标，这一切都是免费的，如果水质达不到标准，才收费为你做出处理，直到达标为止。

我想，水井的意义不仅在于触景生情勾起市民对于童年生活的美好追忆，还在于营造一种令人放心的稳定的自然供水模式。这种“藏水于民”的惠世方式有着许多意想不到的优势和好处，既解决了水的供应，还避免了水的质量问题。如果我国水资源丰富的一些二线城市和三线城市不是像现在这样绝对“单打一”地完全依赖当地半官僚化的自来水公司的服务，许多突如其来的“水危机”事件或许就可以减缓危害程度，或者削弱危害等级，避免成为一场大规模的公害。无锡市数千年来在太湖滋润下一直是一座含苞怒放的花园城市，因水而生，灵秀多姿。2007 年 5 月下旬，这座花园城市曾经由于水危机而一度面临枯萎。当时气候炎热少雨，一个夹带大量腐烂蓝藻的约 3 平方公里大小的污水团幽灵般侵入了无锡贡湖水厂取水口，无锡的自来水里突然开始散发出异常气味，市面上继而哄抢纯净水。当天傍晚，无锡城区拥堵，一些旅游团队临时取消了在无锡的行程，一些市民打点行装前往邻近城市暂避……有专家认为，太湖作为平均水深只有 1.89 米的浅水性湖泊，它的一个平均换水周期需要 300 天。即使从今天起不往太湖里排进一滴污水，太湖水质的全面恢复，起码也需要 10 年。

无独有偶，两年后苏北的盐城市再次爆发水污染事件，2009 年 2 月中旬，盐城市某化工有限公司将 30 吨危险液体废物高浓度含酚钾盐废水偷排入厂区外河沟，污水通过打开的河沟闸门下泄到水源地新洋港河的上游蟒蛇河，造成了盐城市大规模水污染事件。受到污染的城西、越城两个水厂实施紧急关闭。由于事发突然，停水很快影响到了近 30 万居民的生活用水，部分宾馆、酒店和企事业单位受到了直接影响。超市里的瓶装矿泉水、纯净水被抢购一空，一辆辆消防车临时改作供水车开往小区、学校和医院，排水的居民排起了长队，停水带来了难以预料的麻烦……30 万市民经历了三天“水危机”。

这两起水危机事件，一是天灾，一是人祸。没水喝的城市，有着没水喝的烦恼。而有水喝的城市，又有着有水却不能喝的苦痛。过度的商品经济使人们的生存能力大大弱化，应对能力直线下降。倘若当时这两座城市中百分之一的居民家中有一口水井，一以济十，甚至一以济百，挈妇将雏举家出走避难的困境，或许可以暂时避免。

一口水井，可以解决供水的问题，潜移默化最终还会部分解决城市人群的异化问题。

珍馐与鸩毒

——化工与食品一席谈

化工公司经营的产品绝大多数属于生产资料，在清一色销售衣食住行等生活资料的南京新百集团中间，我所供职的南京市化工原料总公司是一个异数。南京市民很少有人知道“乙酰乙酸异丁酯”、“1—溴—3—氯丙烷”这些产品的抽象名称背后，有什么具体含义，这一切为化工经营蒙上神秘色彩。

其实，化工与南京市民的生活之间并无距离与隔阂。今日的衣食住行，无不与化工息息相关。如果此时您正戴着有机材料制成的眼镜，啜吸着一罐果汁在读这篇文章，阁下已经与化工实现了“零距离”。

1

民以食为天，与600万南京市民生活关系最为密切的化工产品，就“入口”而言，莫过于“食品级化学品”了。化肥，农药，以及吲哚乙酸、芸苔素交酯之类的生长调节剂等，主要在植物的生长期施用，不直接送入口中，因此不属于本文描述的化学品范畴。尽管农药残留有时比较严重，洗不尽也烧不灭，常常伴随美味佳肴一同吃进我们的肚子，令我们一次次地人仰马翻。

食品级化学品一般指调味剂、甜味剂、增稠乳化剂、营养强化剂、膨松剂及发酵剂、酸味剂、着色剂、保鲜防腐剂及脂肪代用品等。目前世界上被批准直接使用的食品级化学品约有4000种，我国允许使用的有22大类1330种。

有些食品添加剂的使用是为了增补人体所需的某些营养成分，如氨基酸、含氮化合物、维生素和微量矿物质等；有些则是为了改善食物的“色香味”以及保鲜。糖精是南京市民最早使用的甜味剂，甜度是蔗糖的500倍。此外还有安塞蜜（乙酸磺胺酸钾，AK糖）、甜蜜素（环己基氨基磺酸钠)、阿斯巴甜、阿力甜、三氯蔗糖等。甜味剂的发展方向是低热量、非营养和高甜度，一般在体内不吸收，24 小时左右完全排出体外。美国孟山都公司近期开发出高甜味剂 Neotam，甜度为蔗糖的 8000 倍，正在向美国食品药品管理委员会申请允许使用手续，即将成为甜味剂中的新秀。

一则日本资料披露，一听罐装果汁，最多时含有千种食物添加剂及其相关技术，读后实在是难以置信，也不知道是如何计算出来的。据说食品包装容器材料、罐头内壁涂料及加工助剂等直接接触食品，皆可能因残留物而影响食品的安全性，都必须符合食品添加剂有关法规的要求。来自美国的一项统计资料表明，现代都市人每年要吃下超过 14 磅的食用化学品和添加剂。这意味着一名都市人一生共计要吃下超过 1000 磅的食用化学品和添加剂。这对于我们娇嫩、挑剔、有时候并不安分守己的肠胃来说，实在不是一个可以忽略的负担。

人体其实是一个小小的生化工厂。所有的人体生化过程，如蛋白质，酶，核酸，糖，脂，氨基酸，核苷酸，肝脏生化，血液生化，骨骼与钙磷代谢，水电质和酸碱平衡，都必须保持正常运转，不可发生意外。如果糖代谢出现障碍，即罹患糖尿病。人类细胞包含数十万种不同的蛋白质，不同的蛋白质具有不同的生理机能：有作为化学反应催化剂的蛋白质酶，有作为信号物质的人体荷尔蒙，还有在人类免疫系统中发挥重要作用以及决定细胞样式与结构的一些特殊蛋白质，关系到细胞循环、DNA 修复、人类基因转移和最新产生的人体蛋白质数量如何控制等，这些化学现象都是非常重要的生物化学程序。

绝大多数经过批准使用的食用化学品不会妨碍上述人体生化过程，也就是于“人体无害”。如果在您的菜碗里添加进适量维生素和某些微量元素，那就不仅无害，而且有益。华灯初上，烛影摇红，阁下也许正在南京一家餐馆就席，面对热气腾腾一盆红烧鲈鱼食指大动，您此时面对的是调味剂、甜味剂、增稠乳化剂、营养强化剂、酸味剂、着色剂、脂肪代用品等大批食品添加剂中的精华在高明厨师手下的一盆杰作，光辉灿烂，芳香扑鼻，“教我如何不想她？”您怎能不下箸如飞，大快朵颐。

苏东坡诗中曾经写道：“豆荚圆而少，槐芽细而丰，点酒下盐酸，缕橙莛姜葱。”把豆苗嫩叶用香油炒熟，放盐、酱、橙皮、姜和葱花，便是下酒的好菜。食用化学品在市民生活中间，一步步臻入化境。

2

并非所有的化学物都是按照人类善良的愿望添加入食物链中来的，我们惊讶地发现：今日的饭菜中间，有些化学物质属于“不请自来”。环境污染常常导致病从口入。

典型的例子是 DDT，即二氯二苯三氯乙烷，瑞士科学家缪勒研制的这种农药一度曾大获成功，他本人因此获得 1948 年诺贝尔医学生理学奖，名利双收。时至今日 DDT 已经在这座星球上全面被禁用，因为科学家发现在物质反复循环无数次之后，DDT 分子充斥这个世界，无处不在，在鱼类体内，在蚯蚓身内，在鸟蛋里面，在绝大多数人体内，甚至在母亲的奶水里都发现了这种药物。DDT 在人体内的积累，危害了保护身体的酶，障阻了躯体借以获得能量的氧化作用过程，阻滞了各部器官发挥正常的作用，还会在一定的细胞内产生缓慢且不可逆的变化，导致恶性发展之结果。DDT 之类的微小药量就会引起人体的巨大变化，在动物实验中发现，百万分之三的药量能阻止心肌里一个主要的酶的活动，仅百万分之五就引起了肝细胞的坏死和瓦解。

此外，我们水杯中的茶水质量也令人担忧。水质污染是令国人头疼的一件大事，淮河里流动着什么混浊液体且不提它，600 万南京人枕着一条世界上的第二大河长江，却被宣布面临水质性缺水，真令人啼笑皆非。南京的水资源十分丰富，长江上游水质近年来一直呈现出恶化趋势，石油类超标已达Ⅴ类，显示出硫化物、酚类、苯类等有机污染特征。南京各大水厂附近的水源保护区已不能全部达到二类标准要求。

秦淮河上游水清如许，到了下游就变得混浊“醇厚”，这条河似乎是长江的缩影。水质污染的原因是一路上工业污水和生活污水的排放。自来水厂一直以污水治理成本上升为由嚷嚷涨价。令人不解的是排放污水的企业治理不达标，冤有头债有主，这笔账理应由“放毒”工厂自己承担，凭什么要下游所有的居民和企业来为上游污染企业买单呢？这究竟是哪门子道理呢？

南京的著名品牌“桂花鸭”长期不能飞出国门，其主要原因也不外乎是找不到一块合适的不受污染的活鸭养殖基地，外国人对于食品检验“斤斤计较”，根本不允许不达标的食品进口（import），更不允许进口（eat）。

3

至于那些偷用禁忌的化工原料加工食品，肆意荼毒消费者的行为，那就不是一般意义上的不正当谋利，而是明目张胆地谋财害命。

与牛肉注水、鸡鸭填砂不同，在食品加工过程中滥用工业化工原料会直接危害消费者健康。常见的有用松香去鸭毛；二氧化硫熏蒸黄花菜、白木耳、豆芽、削皮芋头和削皮荸荠；用剧毒氰化物毒狗卖肉；年糕添加漂白剂焦亚硫酸钠；卤菜添加日落黄色素，虾米添加碱性玫瑰精，染海带，染黄鱼，香肠加红色素；在咸肉、水产品腌制过程中使用敌敌畏防蝇；石蜡代替牛油制作火锅调料；外用消毒剂福尔马林浸泡笋干、鱿鱼干、猪蹄筋、海带等水发食品，等等。在当代中国的食品加工环节上，令人匪夷所思的化学魔术花样百出，一干人等“大智大勇”。

硼酸能够增加食品韧性和保水性，延长保存期限，一些不法厂家使用硼酸掺进粉丝，全然不顾硼酸容易在体内蓄积，每日食用 0.5 克就会引起食欲减退、消化不良，食用 1 至 3 克就会引起中毒、休克及昏迷。坊间还普遍使用甲醛、烧碱和双氧水来加工水发海参、虾仁和牛百叶，一则可使变质异味的食品去除异味，二则可使蛋白质变性改观，三则有氧化漂白作用。这些化学品均对人体有害，会刺激胃肠道和口腔粘膜，导致恶心、呕吐。工业甲醛、工业烧碱、工业双氧水含有铅、砷等有毒有害物质，会导致人体急、慢性中毒，甚至致癌致畸。

至于不良餐馆把地沟油回收后“隆重奉献”给顾客反复使用，我个人认为，这种行为已经超出了职业道德或行业规则范畴，伤天害理，人神共愤。应将这等餐馆老板扫地出门，列入黑名单，广而告之，将之永远钉在耻辱柱上。然而地沟油市场的黑幕远未揭开，罪恶的利益链远未斩断。

佛教认为人的罪孽有不同深重，那些盗用具有毒害作用的化学品制造食品以害人牟利者，理应堕入18层地狱，万劫不复，永世不得翻身。消费者应该有权利直接以“谋害罪”起诉那班可恶透顶的家伙。

4

如果上苍注定人类食品的“化学化”进程不可逆转，我们要设法努力吃得干净、“清白”和健康，而不能任凭那些唯利是图的供货商、菜贩子或肉摊主摆布。一味地听其“大显神通”，只会把成千上万的消费者变成农药味刺鼻、性早熟、半畸半残、一碰就碎的塑料人。

前些时日，南京化工原料总公司的化验室面临动迁与调整。目睹大批坛坛罐罐和设备仪器的搬运过程，我思索着，对于整个社会的食品安全来说，目前最缺乏的正是化验室承担的这种“鉴别”功能。蓝天下必须要有明亮的眼睛如同日月高悬中天，在市民浑浑噩噩把杂七杂八物什吞下肚去之前，及时指证那些危险的食品。

当前食品市场上狼烟四起，地沟油、石蜡米……此起彼伏，政府监管部门顾此失彼，难以有效应对。需要广大群众积极参与，还需要社会各界有大批仪器参与检测，更需要有大批专家提供咨询服务，这一切建立在“全民联合阵线”的基础之上。

呼吁有识之士，有“财”之士，有为之士联合起来，协助政府在食品安全方面抵制滥用“化学”手段坑害百姓的不法行为。可尝试建立诸如绿色和平组织似的南京民间食品安全检测机构，筹资参与食品安全鉴别，群体披露和群体抵制，大家一起联手在家庭餐桌前建立起一道绿色防线，不让我们的孩子受到危险化学食品的荼害。

每一名参与其中的人，善莫大焉。

写于2005年1月

灭蚊专利

在灭蚊方面，人类一向投入而且努力，但做得并不成功。其实人类在消灭其他物种方面一向是战绩累累和卓有成效，许多现代物种的大规模灭绝都是由于人类的活动造成的。北美旅鸽的数量最多时在北美大陆有 50 亿只，由于这种飞禽肉质鲜美，遭到了人类的狂捕滥猎，导致这一物种在不到 100 年的时间里彻底灭绝，1914 年 9 月 1 日下午，最后一只人工饲养的雌性旅鸽在美国辛辛那提动物园中死掉，代表着旅鸽在地球上从此销声匿迹。2006 年，中、美、日、英、德和瑞士等 6 国科学家组成的国际考察队在长江干流搜寻白鳍豚，来回 3336 千米的考察一无所获，白鳍豚很可能成为世界上第一个被人类消灭的鲸类动物。白鳍豚处于长江水生生物食物链的顶端，在长江水域中没有任何天敌，它所面临的所有威胁都来自人类：酷捕滥捞，繁忙的水上交通，大规模的水利工程设施建设，严重水污染。现代人类拥有消灭地球上其他物种的一切手段，但凭良心说，中国人对于白鳍豚并无敌意，只是稍不留神，人类就在无意间又报销了一个上帝在创世记工程中留下来的珍稀物种。

依我之见，人类在折腾世界其他物种方面拥有如此非凡的身手，而之所以灭蚊不成功，主要是因为无利可图。倘若蚊子个个长得像火鸡那般硕壮和大小，后腿结实得像巨型的槌衣棒，我敢保证说，早在几个世纪前蚊子肯定就会完全灭绝了。又假如蚊子体内富含油脂，像一粒粒会飞舞的油菜籽那样可以榨出油来供人类点灯或驱车，那么商业寡头们也会早就设法搜罗河边草丛中的每一只蚊虫，将之变成工业化链条中的重要一环，进行大规模生产，而决不会弃置一旁不闻不问。换句话说，蚊虫之所以能够成功地躲过人类的注意力，苟延残喘地活到 21 世纪，还时不时地斗胆发动夏季战役来袭击一下人类的腿脚，完全是拜其瘦小干瘪、毫无利用价值的体形所赐。否则的话，蚊子一族早已失传，成为了历史回音壁上生物学范畴的一种绝响。

别人不重视灭蚊工程，也许情有可原，我却不行，我必须把剿灭该死的蚊子看作是抗击外侮、保家卫国的重大事件。原因很简单，我是一个特别受到蚊类眷顾并屡遭蚊虫欺侮的人。在蚊虫们的菜单上，我的血液很可能被赫然列为“开胃菜”一栏，蚊子们都喜欢先尝尝我的血液，然后再品味其他的美味食品。我想蚊子们恐怕是误把我当成了“女体盛，”除了性别不对，我好像在各方面确实很符合蚊子们饕餮的胃口呢——我不吸烟不饮茶，没有不良嗜好，身体健康也从不吃药，大概在蚊子菜谱上我就属于生态环保型食品一类。

每年春夏秋三季，我大脑中“防蚊抗蚊指挥部”的应急警示灯，忽黄忽红忽橙，迅速上升到最高级别。在一个寒冷冬季里舒适懒散惯了的我，又变得整日提心吊胆，草木皆兵起来。白天还马马虎虎，到了晚上，我简直就像是惊弓之鸟，四处躲藏皆不安全，最后只好退守到蚊帐里面拉紧拉链隐蔽起来，把外界偌大的活动地盘全部放弃。我恨恨地想，当年宋端宗被元军逼得离开陆地逃亡海上，大概就怀有我现在这种不共戴天的心情吧？

人类与蚊虫的正面过招，有些属于单兵作战的方式。譬如在农村插队的时候，晚上有一个年轻人手持煤油灯悄悄地向蚊帐上某个可疑的小黑点逼去，那就是典型的冤家单挑战略。还没等狡猾透顶的蚊虫思考明白为什么身后的光线和温度发生了如此古怪的变化，煤油灯的灯罩口已经平移到蚊子的身下，瞬间出现的高温一下子烤坏了蚊子精巧的飞翼，它随即以十米跳台跳水的方式一个高难度倒栽葱跳入闪动的火苗中，姿势之优美，让人仅来得及发出一声由衷的赞叹。

电蚊拍的出现，为人类的单兵作战又增加了一件攻击利器。这种羽毛球拍一样的武器，握在手中十分有利于伪装，让蚊虫的侦察部队见了误以为你正要去健身，所以麻痹大意，没有及时地放倒消息树向大后方发出警报。谁知你悄悄拨动了电源开关，不失时机地在空中一挥，顿时传来“噼啪”的触电声，又飘来一股烧焦的糊味。在人类画满“正”字的灭蚊记录本上，便又多填上了一个笔画。

在科学家们发明的几种大规模灭蚊措施中，我比较欣赏“种族灭绝”这一损招，也就是利用放射线照射的“昆虫不育技术”。科学家先大量繁殖蚊子，然后给雄蚊照射放射线使其失去生育能力。这样的雄蚊被放回到自然环境后，跟雌蚊交配产下的卵就不能孵化出幼虫了。从理论上讲这种方法是可行的，但是我始终没有等来看上去很美的“种族灭绝”效果，我只是觉得这些年来蚊虫反而越来越多。也许是科学家们囿于经费问题还没有大面积地施展他们的计划吧？我建议国家在年度的财政预算中间，应该增列出“夏季灭蚊”的专项支出，直接划拨到这些疯狂科学家们的账户上，鼓励他们放手大干一场。

在灭蚊战线上，有时候求人不如求己。我痛定思痛，经过苦思冥想，也算发明了几招阴险的灭蚊办法，现在公布于众，供有兴趣也有资金的组织或企业来转化为行动力。

一种属于是化学方法，可借助草船借箭的原理，一次性大批量制作假人安置在草丛里。假人散发出各种汗味，狐臭，臭脚丫子气味，总而言之，蚊虫喜欢什么味道，假人就投其所好散发出同样的味道，吸引蚊虫光临。假人体内满是蚊虫喜欢叮吮的与人类血浆成分相似的汁液，敞开供应蚊虫大吃大喝。当然，蚊虫的这番自助餐吃喝是要付出一定代价的，或者是“三步倒”，或者是从此一次性节育。这种暗算敌手的方法如在中国实行从技术上讲没有什么难度，君不见现在一般餐馆里制作的“鲜榨果汁”，据说只有添加剂，根本没有原果参与，顾客也完全吃不出来。如果科学家感觉难度较大无法亲力亲为，那就重金聘请餐馆厨房里的假果汁“专家”一起来协助研制这种汁液生产技术，我想那还不是三通鼓响，酒杯尚热，蚊头取来嘛。

另一种纯粹是物理方法，蚊虫类天生结构精巧，但也有一个致命弱点，那就是分量太轻，容易被风暴所左右。我设想制作一种机械，有些像是大型吸尘器，一旦开动起来，方圆五十哩——啊，我不应该意气用事，还是应该理智行事——方圆十米之内的蚊虫类全部应声入瓮。就像是平地刮起一阵龙卷风，又像是孙悟空手中的宝瓶悬空打开，我带着复仇的快意突然揿动按钮，再怪叫一声“收”，周围的蚊子面对摧枯拉朽的巨大吸力拼命挣扎无效，一股脑儿被卷入透明的塑料管道，无力地东碰西撞，溃不成形，最后还要在一个我特别设计的微小钉板上滚几滚，撕烂掉翅膀。最后的结局有时候出人意外，这些小小的俘虏在解除武装后统统被放生了。可是劫后余生的蚊虫一定会更加痛恨我，它们原先是航空兵，现在变成了坑道兵，连一只蚂蚁也对付不了，一只只蚊虫被困在地面上大喊，不如让我们痛快死去吧。我只是嘿嘿地冷笑，转身悄悄离去。

还有就是利用生态原理，建立起消灭蚊子的统一战线，我设想把蚊子的天敌集合起来，如青蛙、蛤蟆、蜻蜓、燕子等，每年在拉斯维加斯组织一次“食蚊超级大胃王”的比赛，精选出优胜者，向全世界推广。

在我看来，灭蚊其实不应该算作一件难事，因为蚊子的幼虫必须生活在水里，没有水，蚊子就不能繁殖下一代。所以只要抓住水来做文章，人类就可以稳操胜券。譬如工厂可以专门设计和定制特别的“水体”，让生活在其中的那些孑孓一辈子长不太，不会羽化成凶恶的蚊子，这样一来蚊害可除，养鱼业也有了足够的饲料，我的这个专利应该特别向渔业协会大力推荐，鼓励他们来投放一笔研究资金。各种不同的蚊子会把卵产在不同的水体里，如肘喙钩蚊仅见于芭蕉叶腋中，巨型阿蚊孳生于竹筒的近于发酵的水中，石穴伊蚊和乳点伊蚊孳生于石穴清水中，骚扰阿蚊和华丽巨蚊在小型积水的环境下孳生，骚扰阿蚊一般常见于严重污染水体，如粪坑、粪池等。致倦库蚊和淡色库蚊一般常见于轻度污染水体，如污水坑（沟）、清水粪坑，洼地积水等。中华按蚊及三带喙库蚊一般常见于面积较大的清洁水体，如稻田、荷溏、沼泽、灌溉沟等。微小按蚊一般常见于清洁而流动水体，如山溪或溪床等。白纹伊蚊与仁川伊蚊一般常见于小型自然水体，如树洞、竹筒、坛、罐等积水。埃及伊蚊一般常见于家宅内外的器，如水缸、椰子壳积水等。我们只要特别定做这些不同的水体，置放在露天里，请君入瓮即可。那些孑孓从此会很享受这些水体，乐不思蜀，尚来不及羽化成面目狰狞的蚊子，就有一尾柳条鱼闪电般游来把它一口吃掉。

倘若这些计划能够实现，那将是多么的妙不可言啊。我期待着在不远的将来，世界各大媒体一起争相报道说：“2050 年 3 月 31 日下午，最后一只人工饲养的雌性中华按蚊在美国辛辛那提动物园中死掉，代表着蚊虫在地球上从此销声匿迹。”那样我会装腔作势地掬一把眼泪，干咳一声，然后在墙上正儿八经地刻上一个记号，嘴里念念有词地说：“上帝呀，请收回你的这个没人欢迎的赏赐吧，从此以后请不要再让我看见任何一只俯冲攻击的蚊子，阿门。”

唱响树名

一株身心磅礴的大树矗立在庭院中央，向蓝天白云舒展开繁枝茂叶，袒露出振翅欲飞的身影。树下聚会的同学们有人赞叹了一句："哎，这是棵什么树？"数十双目光齐刷刷向大树投射过去，皆不识也。大家谈话各自继续下去。

过了一会儿，我独自走到大树下方，举首仔细端详。树叶圆润，枝杈茂密，时序农历八月，枝头有一团团簇生的白色小花。辨识再三，我还是不认识这棵树。眼前有树识不得，别样滋味在心头。在这棵胸怀坦荡、荫蔽四方的大树面前，很显然我和在场的同学是一群"树盲"。

作为树盲，我可不缺少同伍者。走在南京的大街上，郁郁葱葱的绿荫一直伸展向地平线的远方，朝夕相见，却很少有人能够识全身边的树名，也从来没有人对此感到不安。我曾经做过一个试验，请与我谈话的南京市民列举出自己认识的南京行道树名称，多数人能讲出法国梧桐、雪松、香樟、银杏、樱花、广玉兰、槐树和榆树等十来种树名，经过提示，还能够报出公园里柳树、白杨、翠竹、紫藤以及松、柏、杉等其它常见树种名称。这恐怕就是一般成年市民认识树木水平的上限了。尽管大多数对话者根本识不清油松、马尾松、黑松、五针松、雪松、罗汉松、金钱松、水松的区别，他们只要一看见披针叶，便一口咬定是松树，你就不能判他是错。

对于树名这么一点可怜的认识，相对于中国现有 8000 多种树木的事实来说，当然是远远不够。中国的树种十分丰富，仅次于巴西、印度尼西亚和马达加斯加，居世界第四位。南京的绿化远近闻名，身边又坐拥一座四季常青的紫金山峰，树木的品种往少说也得在七八百种以上。虽然国家教育部没有公布过一项专门性的"树名四级"或"树名六级"测试，不曾要求一般公民掌握最低数量的树名的知识，但是，只掌握不足 30 种树名，树名与树木还经常对不上号，连落叶还是不落叶也说不清楚，这种状况无论如何不能令人满意。这种树盲的程度，参照当下英语水平测试，迹近于仅会嗫嚅“爹地、妈咪”有限单词的幼儿。中国有号称是世界上最庞大的教育体系和近似残酷的考试规则，公民识树，本领则差矣。

这并不意味着人类不爱树木，恰恰相反，人类除了爱自己，最爱的就是绿色大自然。都市人无论男女老幼一看见莽莽森林的图片就会惊叹发嗲，两眼放光，似乎不立刻投身其中就会贻误终身并抱憾百世。现代人对于树木的这种爱慕，现在看来只是一种十分模糊、异常笼统的感情，成天嚷嚷生态保护，绿色环境，爱护大自然，却根本不认识几棵树，这种朦胧的爱情其实有些荒唐。人类对于具体的树木越来越陌生，离开大自然的距离也就越来越遥远，照这样下去，将来计算机世界用水泥和化学纤维制造出一片“林海”，我们的子孙们依然会双膝落地，山呼“森林，人类的妈咪”。

同是植物，市民关于花卉的知识显然要丰富得多。一谈起鲜花，我的试验者们顿时判若两人，他们与树木的那种距离感和拘谨感完全消失不见了，一个个口若悬河能报出几十种花卉的芳名，关于花卉栽培知识也能说上个八九不离十。鲜花以其艳丽色彩取悦人类的视线，又以芬芳气味讨好人类的嗅觉，时不时还扮作爱情、关注和仰慕的化身，扎成一把把地送来送去传达人类之间的友谊。人类就是这样目光短浅的一群家伙，过分注重既得利益和可以目睹的好处，一个个深刻而长久地记下了鲜花家族的名称和习性。花卉固然可爱，实际上树木和森林对于人类生存的干系更加重大，意义尤为深远。

树木和森林，是来自于自然界的一笔巨大珍贵的“绿色财富”。除了它们自身的经济价值而外，树木和森林还调节着自然界中空气和水的循环，影响着气候的变化，保护土壤不受风雨侵蚀，减轻环境污染给人们带来的危害，保护和改善了人类的生存环境。据说一棵椴树一天能吸收 16 公斤二氧化碳。150 公顷杨、柳、槐等阔叶林一天可产生 100 吨氧气。1 公顷森林一年能蒸发 8000 吨水，起到了调节气候的作用。樟树、夹竹桃、丁香、枫树、刺槐、臭椿、桧柏、女贞、橡树、红柳、木槿、榆树、马尾松、法国梧桐等都有很强的吸收二氧化硫、氯气、氟化氢等有毒有害气体的能力，有毒气体通过绿化林带，通常有 1/4 可以得到净化。树叶绒毛、分泌的粘液和油脂等对尘粒有很强的吸附和过滤作用，城市绿化地带空气的含尘量一般要比非绿化地带少一半以上。许多树木能分泌杀菌素，如松树分泌的杀菌素就能杀死白喉、痢疾、结核病的病原微生物。林木还能吸收噪声。一条 40 米宽的林带，可以降低噪声 10～15 分贝。如果没有树木和森林，陆地上绝大多数的生物会灭绝，绝大多数的水会流入海洋；大气中氧气会减少、二氧化碳会增加；气温会显著升高，水旱灾害会经常发生……一句话，没有森林地球上的高级生命就没有生存位置。

树木的观赏性更是品味不俗，就拿著名的南京栖霞秋景来说，每年深秋，层林尽染，山上山下 10 万余株树木绵延十数里，怒放光彩。红叶类的有枫香、鸡爪槭、乌桕、盐肤木、黄连木；黄叶类的有银杏、无患子、马褂木；橙色叶有榉树；紫红叶类的有山麻杆等。其中色彩最耀眼的莫过于鸡爪槭和枫香，入秋后转为鲜红色，色艳如花，灿烂如霞，为优良的观叶树种。但对于南京市民来说，这些林林总总的植物都属于“红叶树”，至于是哪些具体树种，十有八九无法说清楚。

如此看来，从提醒和帮助市民正确认识树木的角度出发，确立一个树盲的标准还是有必要的。这种“树盲”证书的授勋仪式可以秘而不宣，但可以帮助当事人清醒认识到在自己的博士硕士学士头衔而外，还有一块自然常识的空白，需要自己及时补课和认真对待。

当然，一个人死记硬背千百个树种的名称也无必要，重要的是普及一般常见树木的基本知识，但要做到这一点，首先你必须认识它。面对本地区最常见树木能准确报出名称只要超过 30 种，即可授予“菜鸟”级烫金树盲证书一册；如果多于 40 种但是少于 70 种，可以发放“大虾”级金箔蒙面的树盲证书一册。假如南京市“大虾”级树盲一时兴起成立了常青藤联盟并发放专门纪念章，我相信几乎所有走在南京大街上的市民胸前都会光芒闪闪。

十来年前，曾在南京图书馆借到一本介绍常见树木的硬封面大书，清一色是彩版精美图片，附有树叶、种子的详细资料，林林总总介绍了上百种树木，令人爱不释手。一册翻开，满室生辉。我当时想，作为收藏这是一部珍贵的知识宝典，假使作为生日礼物或结婚礼品送给别人，其意义和价值又何其佳也。可惜，我自借阅过一次后，再未有机会与此书谋面。每次在南京图书馆书架前逗留时，我都会恋恋不舍四下张望，“去年今日此门中，人面桃花相映红”，那本精装本大书曾给予我的，又何止是一份珍贵的记忆。

树木对人类的赠予，并不因为人类对于植物知识水平的浅薄而有所保留，绿色世界拥有宽容襟怀和大方气度。我们今天居住在水泥钢筋和砖块搭成的房屋里，心里一直向往着那些木料构筑的珍贵建筑。我在美国旅行期间，从南方新奥尔良到北方水牛城大瀑布，从东面华盛顿市到西面洛杉矶和旧金山，看见大多数标准的美式 house 主要是由木材建成。合理的设计与布局使得木结构别墅好像一座天然的空气调节器，四季如春，冬暖夏凉，居住十分舒适。木屋的最大优点就是防震，对于震区人民来说这个优点就意味着生命和生存。难怪日本政府在神户大地震后曾明令所有的民用住宅必需采用北美的木结构别墅，以最大程度减少灾情发生时的人员伤亡。

树木从来是人类最好的朋友，我想，我们完全有理由在认识树木方面做得更好些。譬如，杂志和报刊每期一图介绍本市各条街道的主要树种，教科书上留下几页介绍本省本市的若干主要树种，民间的“爱树”组织一直在观察、研究和整理资料，蛰久思起，可以出版爱树刊物，举办大型爱树公益活动。植物园标示树名的直观效果很好，可惜一般市民很少有机会去植物园，其实在市区标示树名的意义更大，可让成年人和孩子朝夕得见。此外，可以开展各种类型的树木知识竞赛活动，优胜者每人发放两棵桂花树苗以示表彰等。顺便说一句，都市的优胜者可能囿于居住条件限制而无处栽种桂花树苗，还是给前十名各奖一部“树桩”外形的手机以资鼓励更符合目前中国的“高楼”国情。

自然知识的贫瘠其实是一种生存危机。知识贫乏会引出什么长远结果姑且不论，但对于大大小小的树盲来说，外出旅游时，在深山老林随意掰断一根见血封喉的树枝当作临时筷子，忘乎所以地往自己嘴里填去，这种情况未必不会发生，那就是一种现实危险。

树名话题的另一重要警示是，除了树盲症状之外，平时还有多少基本常识是我们“视而不见”、“见而不识”的呢？

“倍减定律”

如果读者一开始就没看懂本文的题目，那我得先说一声抱歉。因为“倍减定律”这个词汇直接来自于“齐氏词典”，完全是我自己杜撰的。我为图省事随手拈来这么个词汇，意思大致是说电脑之类的 I T 产品有这么个发展规律：每过 18 个月，性能就会提高一“倍”，价格随之下“减”一半，大体是这么个意思。从字面上来看，这个生造的词汇勉强能够表达内容。我的这种省事，也许让读者会意起来倒是麻烦了。但至少不像“犬儒主义”那类词汇误人子弟，字面上的理解往往让人误以为知识分子行为举止像犬类一样忠于社会和承担责任，大家都知道这个词汇的本意并非如此。

一说起电脑产品的性能和价格，我就忍不住满面春风，喜笑颜开，仿佛我是一名赚得钵满盆流的 I T 大亨，又好像我在微软和苹果公司各持有一定股份。其实我只是电脑和数码相机产品的一名普通消费者，作为一名资深的消费人士，在这十几年内充分体验到了“倍减定律”给我带来的愉悦和快乐，让我屁颠颠地成天喜不自禁。

在人类漫长的历史上，何时曾发生过这样阔意任性优惠民生的事情啊？产品性能在日新月异递增，而产品价格不断地“高台跳水”一次次扎深猛子。昨天刚刚够买一只羊羔的价钱，今天就喜孜孜地购进了一条牛犊。囊中羞涩的消费者进店之前算清楚口袋里的现金只够买一条村头土犬，可店家慷慨成全死乞白赖硬塞给自己一只顶天立地的藏獒。I T 新产品像春天的树叶层出不穷大量面世，每一个新产品的性能与价格都让消费者心跳加速，面部潮红，腼腆害羞。这样的美事，在数千年的人类文明史上能有几回逢？

10 多年前，我买进个人的第一台电脑，属于“奔二”系列，当时自我感觉很好，因为比起我的电脑启蒙者——我的三哥齐贯之——的那台奔腾 386 来说，我的电脑性能先进许多。当三哥汗流浃背还推着一台“奔腾 386”独轮车在乡间小路上彳亍蹒跚，而我早已骑上了一辆 28 大杠的“奔二”载重自行车在国道上一路飞驰。“洞中方数日，世上已千年。”10多年后的今天，PC机的更新发展经过了无数阶段，其中的差异，说是由三叶虫一路发展到了人类那么遥远，也不为过。用当年买“奔二”台式机的同样价格，今天再买一台个人电脑，我的乖乖，技术进步和功能升级所带来的那种震撼感觉只能用这么一句话来形容，那就是我可以随便扔出一只乒乓球在键盘上随意颠簸这么半天，打印设备那边已经完善完美地输出来一篇精彩的硕士论文了。

我们不叹服不行，我们不心领也不行，我们不震撼不行，我们不涕泪俱下，神魂颠倒，死去活来，也——不——行。

很可惜，目前符合这条“美不胜收”规律的，并非是工业产品中的多数类别，而只是突飞猛进发展的微电子技术领域的高科技产品，譬如电脑啦，笔记本啦，服务器啦，数码相机啦，摄像机啦，存储设备啦，电视机啦，PSP啦，手机啦等等。这类行业有着一定的特性，一是原器件集成程度高到匪夷所思，二是节省能源，三是对环境污染较小，四是自动化程度往往很高，五是惠世速度十分惊人。一项I T高新技术从实验室里“投胎”到产品批量生产再“下凡”到市场上全球同步销售，只需要比一道闪电拉直了自身的曲线稍多一点点的时间。北京陶然亭有乾隆皇帝题观音大士祠的一副对联云：“泡影乾坤，妆成宝相；色香世界，幻出空花。”把这一幅联语移来誉美IT产品给人类生活带来的巨大福祉，我看还是蛮合适的。我幻想着人类世界明天有许多行业能够陆续“复制”这方面的成功，譬如昨天买“奔奔”的价钱，明天就可以买一辆凯迪拉克或迈巴赫，那多么来劲，那该多么鼓舞人心。

令人遗憾的是，只要我转身离开光毫闪闪的IT产品展台，巨大的价格阴影立刻就从四面八方围拢和挤压过来，把我沾沾自喜的“倍减定律”残酷地打翻在地还弄成了个底朝天。与民生关系巨大的许多行业产品价格蠢蠢欲动汹汹猛涨起来，无缘无故地就变得越来越贵，一次次惊天动地的“价格海啸”吞没了吾侪小民。

譬如住宅建筑业应该算是纯工业化的产品，水泥黄沙砖头，水管门窗电线，预制板可以在车间里大量生产，一天盖一层楼早已不是什么新闻。可房地产商“萝卜变人参”像变戏法似地硬是把住宅卖出了别墅的价格，又把别墅卖出了独家庄园的价格。由于是高度垄断的卖方市场，市民们没有选择，只好忍痛交出毕生积蓄又背上银行债务的沉重负担。然后，“债民”们才被荣耀地迎进了一家家“花园”、“公馆”、“山庄”，其实说穿了就是些普通公寓楼，有些楼层还高得离奇，在一家的宅基地上向高空垒出了三十几户甚至更多。楼盘名字虽然忽悠得好听，却掩饰不了强剥百姓头皮的恶名。

又譬如医疗，医疗行业明明也是IT 产品“倍减定律”的受益者，诸多医疗设备随着微电子技术飞速发展性能翻倍价格下降，但是“享受”一下医疗服务正变得越来越昂贵。病人是十分特殊的一类消费者，身患疾病，走投无路，才不得不投医求药。自古以来，病人的就诊就有着“有钱就付账，无钱就免费”的良好传统。现在一切向钱看，医院的财务部门变得跟“榨坊”的功能完全一样，没有钱你试试看，那医生本该为您缝合伤口，一旦听说您没钱，他不变成“开膛手杰克”就算您走了大运。

再譬如教育，把“教育市场化”变成一项基本国策，把百年树人的优良传统当成了千年难遇的摇钱树，当代中国教育体制的这点出息真叫人不足挂齿。无论是校长还是老师，一个个把人民币当作圣经一般叩礼膜拜。可怜天下父母为了培养孩子咬紧牙关倾囊而出，学校认准时机拖着偌大的钱袋子紧跟在后面敛财。

就连城市保姆的价格也变得叫人看不懂，前几个月，江苏省家庭服务业协会在全国率先推出了一个家庭服务业指导价，搞得保姆待遇比刚就业的大学生工资高出明显一截，一时市场上议论纷纷。我大姐家的钟点工更是得理不饶人，成天跟着嚷嚷要涨工资。没料到紧接着来了场全球性的经济危机，钟点工霎时噤口无言了，那份“指导价”委委屈屈地变成了空中楼阁，原先一统江湖、“规范整个市场”的宏大愿望也幻化成了一枕黄粱。

我陡生怪想，要想拯救这个认钱不认人的世界，看来还是得靠ＩＴ行业了。如果ＩＴ行业在机器人研究和制造方面再努力一把，于不久的将来在全球大规模普及廉价的机器人劳动，来取代越来越昂贵的人力资源，嘿嘿，那么这个世界将发生什么情况？

首先机器人教师会在各家的客厅里单独授课，孩子不需要再背起沉重的书包出门，机器人教师会根据每名孩子的特点，一对一地制作个性化的教育计划，如影随形地辅助孩子们一一完成，充分突出优势，缺点予以校正。课余时间机器人教师还会陪孩子下棋，打球，做手工。到了中午，机器人教师摇身一变就成了机器人保姆，烧饭，煲汤，无所不能。如果孩子头疼脑热，机器人保姆的角色又让位于机器人家庭医生，电脑预案集中了全世界所有医学权威的典型案例和处置方案，在做完基本检查后立刻自动拨通药房电话，快递公司立马三刻地把所需药品送上门来……中国正在全方位地步入老龄化社会，亟待大批量地引进护理机器人的服务，如推动轮椅，协助翻身和定时沐浴，很显然这些不苟言笑的护理专家再也不会为了“今天家里要收麦子”或“明天亲戚生孩子要回去吃酒席”之类的借口离开。如此全能型的机器人个个是“倍减定律”的模范样板，没过几年新版本的机器人就把保镖、司机、园丁等角色一起包圆，价格还是一降再降。

如此一来，原先令人厌恶和绝望的“榨汁型”社会价格恶意上涨体系一朝崩盘，人力价格随之大幅缩水，一些缺乏竞争力的校园几乎荒芜了，依门而望的老校长一边叹道世风不古，一边向校园菜地抛去眷恋的目光，希望找到几只漏网的胡萝卜来垫饥。医院倒是继续经营下去了，但是巨斧宰客的历史一去不复返。很多机器人诊所就开设在传统医院的对面，除了延聘一位笑容甜美的护士小姐在门口导医之外，机器人开设的医院里一切应有皆有，它们甚至会把修复你一颗蛀牙的方案研究得如此透彻一下子搞出几十套备用方案来，以至于到了最后，口中的那颗蛀牙本身已经变得不重要了，重要的是每一种修复方案背后的赞助集团都愿意为了本方案的荣誉而倾囊相助帮你重塑一颗钻石牙。

一个不公正的社会体系，就这样一步步被以微电子科学的飞速进步和技术迅速发展而毫不留情颠覆和打垮，“倍减定律”大行其道。我期望这不是一种臆想更不是虚张声势，而是我们不久以后即将面临的事实。

相面有术

鸡鸣寺山下道路的两边，常会见到一些相面人的身影。从事这个行业的人员一向是鱼龙混杂，大抵是穷困不得志的模样，每每见了，会让人对其济世化人的本领产生怀疑，还有些奸诈村姑的市侩嘴脸混迹其中，躲避唯恐不及。偶然见到一位仙风道骨、鹤发童颜的长者，心中便感到一阵宽慰，暗想，相面者起码应该有这样一块有效招牌吧。

相面人的膝前一般摆放着一块纸板，上面写着“周易”等字样，这就是揽客的店招了，俭朴而不招摇。相术算得上是中国最古老的一种职业，与相面这行业离得最近的现代科学大概就是心理咨询了。时至今日，那些心灰意冷、万念俱灰、随时准备把自己身体摆成秤砣形状从长江大桥上笔直扔下去的家伙，与其交谈的最后少数人中间，就不乏街边的相面师。

相士多是些目光敏锐的家伙，一眼就能洞悉来访者的心思和苦恼。即使是那些目力不济的人物，一定也是反应特别敏锐，熟稔人间矛盾恩怨，洞晓世间损益规律。来相面者，大抵有事。“卜以决疑，不疑何卜？”相士们掌握住来访者的这一心理需求，再配合上测字、八卦等功夫，一般能够让来客当下受到一定强度的“思维按摩”，精神得到某种程度的解脱和放松。

当然，相金的支付是全套相面程序中必不可少的一个环节，虽然付酬总是排列在最后进行，但往往是最重要的一个步骤。相士们一般不提供免费服务，逢到“妇女节”或者重阳节也很少打折消费。他们也不随身带一个刷卡器，让你刷卡消费。他们直奔主题：现金酬劳，而且是免税的。

相术在传统文化中归属于方术中的一种，其实就是古代的朴素人体信息学。据《大戴礼记》记载：“昔尧取人以状，舜取人以色，禹取人以言，汤取人以声，文王取人以度。”由此告诉我们，把人物的状貌、面色、语言、声音、风度来作为甄别遴选人才的标准，其实是古已有之。春秋时期范蠡辅助勾践打败吴国，功成名就后，范蠡自行离去到了齐国，他在给大夫文种的书信中曰："……越王为人长颈鸟喙，可与共患难，不可与共乐，子何不去？"于此，范蠡就是站在相面的角度对长脖尖嘴的越王做出一番分析，认为其在性格上难以宽容功臣，必须敬而远之才好。文种不听，后来终遭勾践猜忌，被赐剑自刎而亡，葬于龙山。可见是否相信相术以及相术是否正确，有时候是性命攸关的大事。史书描绘曹操"姿貌短小，而神明英发"，非寻常之辈。有一次他接见匈奴来使，请相貌堂堂的崔季硅做个替身，自己"捉刀立床头"，冒充侍卫。事后曹操请人询问对方："魏王何如？"匈奴使答曰："魏王雅望非常，然床头捉刀人，此乃英雄也。"这位来自北方的匈奴使者可谓是目光如炬，洞幽烛微，十分善于相人。

相术得以流行，还在于自古以来人们普遍接受"命运的可预知性"这样一种观念。相面在历史上既然如此"有用"，遂与测字、八卦、占梦、堪舆一起流行下来，几千年来绵延不绝。

相术的分类有多种，在这一点上，相术有点像是医术。有相面的，相手相的，相笔迹的，相生辰八字等。不过医术仅仅诊断病人当下的健康状况，而相术则包揽了人的前世来生和命运走向。即使是"相面"一个专科，也细分成相额、相眼、相鼻、相唇齿、相耳、相眉毛、相下巴等。也就是说，通过您长相中的任何一处异禀，可以系统地探讨与揭示您的性格特点，进而下一步分析这种性格特点对于您的命运前途以及婚姻家庭的深远影响。这种做法不能说是没有道理，只不过相士们有时候口若悬河，把话说得无边无际，大话唬人，效果就会适得其反。

譬如，在相眼时，相书上提示："眼白球泛青的女性，是患有歇斯底里的象征。眼白球充血的时候，除了是生病的象征外，通常也可能是斗争的前兆。"此外，相书上又说"斜眼看人的人，心术不正。"这些道理十分浅显易懂，让人心服口服，由此可知相术在某种程度上其实是许多生活经验的有益总结。当然我们要把"斜眼看人的人"一分为二，演员们最喜欢在拍照时斜眼望人，不过那与她们的心术和胸襟统统无关，那样拍照更容易显出个人的韵味罢了。

近来一位老同学十分热衷于接受盲人按摩，起因是大行宫附近的一家盲人诊所突然名声大噪。据去过的老同学介绍，诊所的盲人主诊大师抛弃一切“望问诊切”的医学手段，仅用一小块金属板为求诊者刮手掌，据此判断疾病，然后交由盲人医师推拿治疗。少数人刮手掌后“无信息”，便建议先推拿一个疗程再刮，也有可能推拿后仍无信息，那就不是主诊大师的过错，他已尽到了自己的最大努力。主诊大师本人戴一副墨镜，无法判断他的视力如何。但在南京另一家盲人按摩诊所，一位老同学曾遇到过这位主诊大师当年在常州卫生高等职业技术学校盲人推拿按摩职业中专班的老同学，知道了这位主诊大师可能“有光感”。同时知道了这位主诊大师现在业务繁荣，已买下一层楼面，雇佣了三十余名盲人按摩师，显然是十分发达了。

可见相术甚至不一定要“相面”，单凭一块金属板在求诊者手掌上来回刮擦，信息流也一样源源不断地会被得道的主诊大师捕获。虽说主诊大师本人仅仅是“有光感”，却不妨碍他比无数明眼人更加准确地诊断出求诊者的健康疾患，然后对诊按摩，帮助诚心求助的来人“度一切苦厄”。

可惜在生活中真正有本事的相术大师毕竟是极少数，许多相术的从业人员身无长技，仅仅想出来混口饭吃。于是装点门面，故弄玄虚，殚思极虑搞出许多“滑头经”来。如有一次电视上曝光，本市某地相士一说就准，让众多求助者惊为天人。但通过回放镜头，发现求助者身后曾默默跟上一个人，求助者在路上与引路者言及自身的一些基本情况，皆被身后的偷听者及时用手机报过去了。魔术一旦穿帮，把戏就玩不下去了。

现代科学对于相术之类的传统方术，并不完全采取一概摈弃的态度。君之有术，为我所用，何乐而不为呢？约十年前常州一家银行金库发生开枪杀人事件，公安刑侦部门排除了一切可能导致作恶的原因，调查一度陷入僵局。后来指纹分析在破案中发挥了核心作用。专家最后发现凶手的双手手相异常，四个弓形纹，四个正箕和两个反箕，这种指纹的出现概率，理论计算是百万分之三，实际统计是零，也就是说在正常人群中间，基本上不出现这种指纹组合。此外正常人十根手指上的指纹纹线加起来总数大约是男性 145 条，女性 127 条。而凶手十个手指上指纹的纹线相加数量仅有 26 条。这是一个重要的遗传指标，指纹纹线的稀少能够说明人的染色体存在异常。凶手由于基因异常，先天存在着神经系统的隐性缺陷，突发暂时性的思维混乱，很可能导致开枪杀人，然后又以自杀的方式来结束生命。这是迄今为止对这一事件最有说服力的科学假说，而能给出这一假说最重要的证明材料就是指纹。震惊常州的金库枪击杀人案的发生原因，据说最终依靠指纹分析的方法得以破解。

指纹分析，古已有之。民间津津乐道的是“一罗巧，二罗拙，三罗四罗把官做……”而公安机关的专家则可以由此进一步看出一个人在胚胎期的神经类型发育是不是正常。反过来说，如果有人的神经类型真有缺陷，一定会在指纹上或其他体征上有所表现。手相分析的科学今后很有必要进一步加强实用研究，某些关键和要害岗位上的从业人员是不是应该事先进行一番手相解读，或许可以预先避免某些恶性事故的突然发生，做到化解潜在威胁于无形。

相术发展，殊为不易，一直处于不入流的状态。谋取社会的承认还需经历长时间的艰难等待。终有一天风清日暖，相士们时转运来被允许成立相术师协会，建立行规行约，开展职业培训，进行行业自律，把路边混饭吃的“滥竽充数”的骗子清除出队伍，这样做有利于端正队伍形象，精进职业水平。相术师还应该评定职称，根据学术的高低和职业素质的优劣，分别评出高级职称、中级职称和一般职称。前面所述的那位“有光感”的盲人主诊大师可能会评上高级职称，毕竟他已经事业有成，在小金属片上做出了大文章。

经过如此一番整顿和规范，在我看来，相术就完全可以成为一个正当职业。毕竟现代科学仍处在发展的过程中，对外需要宽容，留有余地，求同存异。让许多事情去接受更为广泛的解释，生活就不再那么逼仄。

盲道与“盲人”

近年来在南京大街上行走，总感到心里有些别扭。无论我怎么认真走路，都感到脚下不对劲，仿佛是受到蛊惑一般，走起路来东歪西倒，十分辛苦。时间长了，发现问题就出在脚下的人行道上，具体地说，让人步履蹒跚的罪魁祸首，竟然是盲道的铺设。

城市盲道，那本是一条由各种美丽花纹地砖组成的蜿蜒小路，默默地担负起一种近乎神圣的使命：帮助盲人克服残障顺利出行。南京市自 1999 年底开始大面积铺设盲道，已在全市主次干道、各大广场和公园铺设盲道约 400 公里。南京市铺设盲道无论是长度还是覆盖率都位居全国城市前列，初步形成了比较完整的城市盲道网络。颜色鲜明的盲道与各段马路路口的缘石坡道一起，构成了盲人通行无障碍的基础，造福盲人行路，本意善良而且美好。

就是这样一件人人称许的善举，是如何让像我这样正常行走的路人脚下蹒跚起来的呢？盲道会不会变成“口惠而实不至”的备受诟病的“形象工程”呢？我作为经常在人行道上赶路的“资深的盲道受难者”之一，大致有如下几点体会。

一是“扩大待遇”型。南京马路上的多数人行道本身并不宽，有些仅能并排铺设五块地砖，至多六块。由于受到了快车道急速扩张的强大压力，南京人行道的地盘始终在不断萎缩。但就是在这样面积有限的人行道上，施工当局不由分说，在人行道的正中央铺设下双排盲道专用瓷砖，这一作法令人十分疑惑：究竟有没有这个必要？据世界卫生组织统计，中国盲人约占总人口的百分之五，其中有一定比例是行动不便的老年人，农村盲人的比例又高于城市。也就是说，在南京市区大街上行走并需要利用人行道功能的行人中间，视力能够看清道路的健康人群占据到 98%以上，而让健康人走盲道，有强迫享受盲道之嫌。在有些地段，公用自行车成排停放占据了三块地砖的位置，只剩下中间一条窄窄盲道，事至于此，那就是全体健康的明眼人都清一色享受到了“盲人待遇”。我不明白对于此项工程有话语权的衮衮诸公为什么不下令铺设单排地砖的盲道？莫非他们认为，铺设双排地砖盲道，政绩就放大了一倍？

事实上却是弊病放大了一倍。国际标准的盲道表面有两种固定的凸起图案，长条形的是行进盲道，圆点形的叫提示盲道。行走在盲道上面，硌脚的感觉就比较明显。遇到雨雪天气，行人滑倒的风险大增。一项广泛普及的市政惠民设施，除了应该很好地服务其特殊对象外，至少不应该对其他占绝大多数的人群的日常生活造成新的不便，这是目前盲道的主要问题之一。

二是“暗藏凶险”型。人行道上的盲道，本该是盲人行路中的一种指南和一个依靠。“盲目行路，唯君是求”。但在现实生活中不难看见，一根电线杆或一座变压器如拦路虎矗立在盲道中央，倘若实心眼的盲人真的凭借盲道指引一头撞上去，如油锤灌顶，不死即伤。这些盲道施工方面的问题，“花落根下”暴露出城市管理者眼高手低的老毛病。有些公共建筑在铺张上不惜花费，而在细节上却漫不经心，反映出了建设者的敷衍态度，也导致了公共道路水平的下降。城市利民水准的高低，取决于其服务功能所实际到达的水平，不是单凭装饰一新就可以“拔苗助长”。各大城市关于盲道铺设方面的笑话百出，令人喷饭。其实盲道在架设中拐一个弯绕过电线杆或变压器又费多大的事情呢？偏偏是善小而不为。

三是“严峻考验”型。人行道上，情况多变。公用自行车和电动车的停放往往占据了较大空间，一大排“铁骑”横空出世，毫不留情地侵占到盲道上，让盲道险象环生。据我所见，在南京市许多铺设了盲道的路段，来往盲人必须要有“凌波微步”的功夫，随时准备拔地而起半悬空中，足踏自行车座垫或后架，方能顺利通行。这就暴露出城市管理配套方面存在一定的问题。倘若真有盲人笃信盲道的指引如清道夫一般一股劲儿地径直往前走，又假定他是盲人中的一名超人，走不了多远路，他必定会洞穿几座报亭，碰坏公交车站的广告站牌，脚下拖拉着几十辆乱停乱放的公用自行车……噫吁戏，危乎险哉！盲道之难难于上青天。

根据专业人士对南京盲道开展调查的一份资料，得知南京盲人对城市盲道的使用表现出了意想不到的冷淡，有一半盲人表示不愿意使用盲道，这与市政当局广泛铺设盲道的热忱形成了鲜明的对比。为什么专门为盲人设计和建造的盲道却得不到盲人的欢迎和好感呢？原因主要在于现实中的盲道许多根本无法使用，如杂物占道、盲道砖条纹不适宜、盲道的连续性较差等。明眼人没想到的是，大多数盲人对现有的盲道砖的条纹也不满意，认为提示性不明显，走路不舒服，易滑倒。与提示行进方向的纵向条纹盲道砖相比，他们更愿意走横向条纹的盲道砖。盲人关心更多的是盲道砖条纹的触觉与密度。由于盲人的触觉要比正常人灵敏得多，故横向纹路盲道砖上的凹凸不必太悬殊，可适当增加条纹密度，以大大增进盲人和全体明眼人在行走时的安全感和舒适感。调查资料还显示，65%的盲人更愿意在路牙石附近的慢车道上行走，通过盲杖敲击路牙，来明确了解自己的行进方向。

盲道诞生的初衷，就是要通过辅助方法和扶持措施对盲人给予特别的扶助，以减轻或者消除残疾影响和外界障碍，改善盲人参与社会生活的条件，一句话就是要实现无障碍通过。铺设盲道的社会动机善良而美好，效果却欠佳，这就暴露出需要认真研究盲道究竟该怎么铺法。盲道铺设至今已建成一项政绩工程，一项面子工程，但是无论如何，对于每天用脚板来“砥砺”城市人行道的平民百姓来说，它尚未建成一项民心工程。

盲道的问题，暴露出我们的社会中还有另外一种“盲人”，这些人从未失明，一个个视力很佳，目光炯炯甚至能看到对数视力表上的第十二行，达到5.2的标准。这些人多数权势在手，对于城市建设拥有很大的话语权。但是他们有时候会陷于工作决策的盲区不能自拔，变得盲目、盲从和盲动。不然的话，为什么他们会轻率做出在不太宽的人行道中央铺设两排盲道砖以“动员”全体市民享受硌脚滋味的决定呢？要知道，只要稍微计算一下盲人利用城市人行道的几率，就会明白在人行道上铺设一行盲道砖足矣，而且这一行盲道砖根本不必要太宽，依我之见，40厘米足矣。而目前这种无视现实的决策，暴露出某些当事人确实是有眼无珠。另外，盲道的铺设与城市建设其他环节之间的协调问题，是市政当局责无旁贷的管理责任。如街边报亭的设置，公交站台的广告站牌的影响，公用自行车摆放等，见到有抵触的现象，当场要去处理和解决。让问题拖延不办，任凭“盲道”问题积少成多一而再地变得凶险起来，这些人实在是“盲”得可以。

对于这一类决策“盲人”，社会有必要开设第二条运营和监督“盲道”：加强科学决策教育，广泛接受公众监督，以减少工作中的盲目性和失误，避免社会财富的浪费。市政管理部门凡制定重大行政事项，往往事关到全局性、长远性和公众利益，决策时应力求具体明确，细化量化，避免抽象笼统。应当制定两种及两种以上可供选择的预案，认真进行论证、比较和鉴别，以选择出最佳方案，促进决策的科学正确和有效实施，使市政管理更加科学、规范和具有效率。

与此同时，这个社会上还有第三类“盲人”存在，那就是眉清目秀、身体健康的一些市民。民众明明白白看见社会问题存在，既不向有关方面反映情况，又不去寻求积极纠正的方法，而是听之任之，参与意识十分淡薄，致使问题成堆并恶化。这些市民目光炯炯，但是其“视若不见”的态度表明，斯人“心盲”久矣。此外，广大路人在盲道上任意停放公用自行车和电动车，一些街边店铺在盲道上随便摆放物品，致使盲道上险象环生。这些有欠文明的行为与广大市民平常的不拘小节、社会责任感淡漠密切相关，“事关自己，奈何他人？”

所以，还要为第三类人开通一条“思想和道德教育”盲道：引导大家严格要求自己，提高公民素养。呼吁增强参与社会管理的主人公意识。一方面集中民情、民意和民智，为政府决策提供咨询和参谋，使政府的决策和管理更加规范和透明，更符合民意。及时反映实际情况，有效降低政府提供公共服务的成本。另一方面自己以身作则，在停放车时辆时确保不妨碍盲道顺利通行，并宣传他人努力保持盲道畅通。

只有当所有的明眼人全部睁大眼睛，恪守住自己的职责和本分，我们城市的盲道才能做到真正无障碍，包括盲人在内的全体市民才能实际受益并且畅通无阻。

灭蚊新招

“天下英雄，唯使君与操尔”，这是当年曹操对刘备说过的一番话，流露出三国时期鹰扬天下的枭雄“舍己其谁”的英雄主义气概。长期以来我一直有一个梦想：在对付春夏秋三季恶意挑衅的蚊虫方面，人世间能有一位或几位天下豪杰挺身而出，嘴里喃喃重复着这句闻名天下的曹操语录，指挥着资金和技术大军一路掩杀过去，直把个蚊子世界屠戮得横尸千里，火烧连营。

显然，我的梦想一直没有变成现实，从三国时期一直到了 21 世纪，蚊子还是那个蚊子，祸害还是那个祸害。在生物链上居于最高位置的人类，每年的春夏秋三季仍旧还是被居于最低位的蚊子追得满世界乱逃。丢盔卸甲，溃不成军。

我明白，这多半是因为灭蚊无利可图的原因。倘若灭蚊这一事业有利可谋，就会有许多企业争相加入进来，围追堵截，烧杀扫荡，最后一定会把蚊虫搞得成了稀有物种，以至于像华南虎那样绝了迹。在暂时看不见消灭蚊虫有任何利益的前景下，作为蚊虫的资深受害者之一，我义务返顾地挺身举起义旗，要来造蚊虫的反，针对大城市的特殊环境，向这个不时挠痒痒的星球献出几条自以为是的灭蚊新计谋。

一是批量制作仿真人体，要能发出足够体味和汗臭，汗液中含有大量氨基酸、乳酸及氨类化合物，蚊子对此非常敏感，一旦嗅到这些物质的气味就食欲大开，“此时君会来”。仿真人体还要善于模仿那种分泌和呼吸旺盛的人，总之一切正如“蚊虫的最爱”那样，让那些小吸血鬼一旦闻见就爱不释口，很容易就通过二氧化碳和人体分泌的乳酸自动找来。这条计谋来自于三国时期的“草船借箭”，看来还是与曹操和刘备扯上了一丁点儿关系。仿真人体可大可小，不一定非整成 1.75 米的四肢发达汉子模样，做成袖珍洋娃娃一样有效，反正蚊虫并不一定是非成人不食，它们通常是有机可乘就猛叮上一口，然后抽身就开溜。仿真人体要做成多汁型，方便那些微型食客就餐的需要，它的杀伤力来自于两方面，一为毒性，就跟河豚之魅那样三步倒。二为具有很强的粘性，一旦鬼祟蚊子落下脚来，对不起想再抬起腿来就没那么容易了，它们唯一的选择就是从此以后义无返顾地亲亲热热搂抱着仿真人体，迅速变成一具具蚊虫木乃伊。

二是设计一批袖珍无人机，靠太阳能驱动，每天晒晒太阳就解决了能源补充的问题。每家买上一大纸盒，打开一看如蜻蜓般大小，或更小，一盒足有 50 架之多，可以编成一个空中方面军。如果消费者是军迷，建议纸盒里还附有册封为空一军司令之类的委任状和领肩章。如果是航模和舰模的狂热爱好者，尽可以在浴缸里放满一大池水，摆上一只脸盆作为航空母舰，然后部署几个中队的“小黄蜂袖珍舰载机”。每一架袖珍无人机具有超声波定向寻的系统，在阳台上、客厅里分别部署起来，每天傍晚主人打开开关后，便分别进入了预警状态。一旦夜空中传来“嗡嗡”的熟悉声波，袖珍无人机立刻自动升空，迅速定向并接近来敌，利用锋利旋翼，在空中一举粉碎蚊子的翅膀，使其彻底失去飞翔能力落到地面。这样一来蚊子就基本上断绝了一切念想，它的下半生就只剩下一件事情：如何躲避蚂蚁或人类的脚板。如果旋翼在空中顺便削去了蚊虫的脑袋或者下半身，那则是本产品的附加值，友情馈赠给所有顾客。

问题在于对空作战结束后，袖珍无人机利用机载电脑的引导要能够有效地返回到原先出发的地点，以浴缸为基地的舰载机还要实行一番无灯光夜间盲降。否则那些兴奋过头的袖珍无人机一旦越出门窗不受约束地飞向旷野，一发不可收拾地投入到全球范围的灭蚊事业中去，家庭大后方就会再次失守。

三是布署微型“爱国者”反导系统，自动运行，一旦侦知空中敌情，立刻“点对点”地发射一枚芝麻大小的蝙蝠型导弹。只听得夜空中轻轻地爆响一处电火花，那就意味着一架蚊式战斗机命运的结束。不过这方法也忒昂贵了，不是平民化的产品设计，无法普及开来。为了消灭一只可恶的蚊子，需要主人花费几天的工资作为代价，那也太费工本了。于是建议改用激光替代导弹，于是深夜里卧室内有可能出现这样的情况：主人正在酣睡中神游世界四方，屋角上空骤然有了动静，一种极微弱的“嗡嗡”振翼声响若有若无地传来，这种频率立刻自动激活了防空装置，突然一根极细的激光丝出现在半空中，瞬间又消失了。随之空中飘来一缕蛋白质烧糊的气味，“嗡嗡”振翼声同时完全消失。主人酣畅地摊平了手脚，翻个身继续深沉睡去，完全没有意识到刚才在低空有一番遭遇战，而侵入者已经寿终正寝了。

四是推出强力吸尘机，不过在这里应该更名为强力吸蚊机才更为准确，平时静静地布置在客厅卧室的各个角落里，不耗能源。这种机器唯一的自动启动信号就是蚊虫翅膀的“嗡嗡”频率，一旦蚊虫靠近，机器马上启动，方圆几个平方米的范围内，飞禽走兽就立刻中招，就像《西游记》中妖精葫芦一样，风卷残云，有请蚊子少奶奶、姑奶奶、祖奶奶全体入瓮。

关于吸蚊机的内部结构设计，则十分耐人寻味，根据用户的需求可做成多样化，譬如滚钉板型、下十八层地狱型、半死不活但是欲死不能其实生不如死型之类等等。视受害者对蚊虫的怀恨程度深浅而定。当然，如果世界昆虫保护组织出面前来干预，那还是一律改成千刀万剐型好了，我们不虐待俘虏。

五是采取驱逐出境的方式，这种模式并不杀生，而是利用音频设备来驱赶蚊子，因此也可以定名为佛祖模式。这类设备的驱蚊原理一般是这样：在阳台或者门口蚊虫通常越境之地，利用扬声器发出一种让蚊子“心惊胆寒”的特殊波长和频率的声波来进行驱蚊。一是低频驱蚊：模拟蜻蜓或雄蚊翅膀拍动频率的声音，雌蚊在吸血之前一般反感雄蚊近身，就会刻意避开。二是高频驱蚊：模拟蝙蝠等蚊子的天敌相同频率的声波。这样只需要开发出专用的超声波扬声器就行了。这类设备是清理外围环境的利器之一，一天到晚开足马力静静地发出超声，足以把雌蚊们搅得心神不宁，腹中空空地徒劳飞行，最后心力交瘁，一命呜呼。

说到这里，也许会有人建议说，不如直接大量饲养蝙蝠和蜻蜓得了。一只蜻蜓每天灭蚊成百上千，蝙蝠食蚊的胃口就更大了。但那只适宜在室外大面积范围应用。城市家庭的蚊患特点是：在纱门纱窗的保护下室内蚊虫的数量寡少，但游兵散勇会偷袭主人搅得人睡不好觉。家里如果饲养蝙蝠和蜻蜓由于活食稀少没两天就会活活饿死了，再说客人坐在客厅里恳切谈话，一只蝙蝠在客人面前来回穿梭飞舞，“疾飞呼呼如急雨，慢飞切切如私语。”实在也不成个体统。所以大城市家庭里对付零星蚊虫的最有效武器就是高科技产品，也就是我在前面隆重推出的五大类产品。虽说是我一时性起，纸上谈兵，异想天开，倘若果真推向市场，“高射炮打蚊子”也许真的会变成事实。

从更加务实的角度出发，也许当前在阳台上培植食虫植物是个不坏的主意。食虫植物是一个稀有的种群，已知的食虫植物全世界约有 600 多种，典型的如猪笼草、捕蝇草、茅膏菜、瓶子草、捕虫堇、狸藻等。大多生活在高山湿地或低地沼泽中，以诱捕昆虫或小动物来补充营养物质的不足，从而在贫瘠的土地上顽强生存下来。但是食虫植物是以静制动，而我上面的奇思妙想是以动制动，各有各的优势，互相补充，互相协作，蚊患消弭可矣。

柔情似水

病房里静极了，唯有墙上的氧气滤瓶里传来“滋滋”的水泡声，声音轻微、纤细而且遥远。母亲困倦地睡去了，我坐在病床边，把母亲的一只手轻轻收握到自己手掌之间，母亲的手消瘦而且无力。我的目光停滞在母亲凌乱的苍苍白发上，一时间泪眼婆娑。

床头的标识牌上，记载着病人“97 岁”的年纪，母亲目前可能是南京这座大型医院年事最高的病人了。往来的医护人员、病人或家属见了标识牌，会不由自主地叹出一声：“真好福气”。母亲没有反应，或许是没有听见。即使她听见了，对于一位接近百岁高龄的老人来说，福气这个词汇会不会显得是那么肤浅、虚无缥缈和不真实。

护工小戴睥睨我一眼，对于我突如其来的情感流露没有表现出任何惊讶。小戴是安徽和县的村姑，约四十多岁，在这所医院担任护工有些年头了。护工虽然是不固定的临时工作，可目前城市各大医院对护工的需求量很大，俨然成为一门新兴的热门行业。小戴的亲戚和同乡呼朋引类，半脱离或者全脱离了田间活计，纷纷来城市大医院谋生活，一眼望去，走廊、病房处处尽是穿着护工纯蓝工作背心忙碌的身影。小戴又检查了一次母亲的导尿管，蹲下又立起，她最近刚从田间农忙归来，一身皮肤晒得黢黑。

手机震动发出了讯号，我退出病区，在走廊上找了个僻静角落，把手机贴近耳廓。远在长春的大哥和住在上海的二姐这两天不断打来电话探寻母亲病情，我压低声音一五一十清楚讲述母亲近况。哥姐们对南京弟妹们不辞辛劳日夜厮守和看护母亲表示感谢和慰问，这时一句话突如其来涌上心头，我说，我不感到辛苦，我很满足了，母亲在 97 岁之前全部生活完全自理，没有麻烦过我们子女任何事情。此时此刻，母亲患病，我们所做的一点点事情，远不能报答伟大的母爱于万一，我感激上苍还来不及呢。

从闷热的走廊返回到病房，空调环境顿时让人一爽身心。时序九月，南京的暑热开始消退，但是中午时分骄阳似火还是营造出热浪滚滚的大阵势。母亲住院一个多月了，已晋级为本病房的资深病号，邻床的病友换了几茬，而母亲病情未见明显好转。母亲这次入院的原因是脑梗复发。记得六年前母亲九十一岁时，也于夏秋之交因脑梗首次住院，那次是我们第一次见识到脑梗这种疾病对于家人产生的消极影响。

六年前突如其来的脑梗疾病，创伤了母亲的语言能力。自那以后，在很长时间内，母亲的话语表述受到了一定程度的影响，在多数情况下母亲会靠单词和短语来表达自己的意思，但如果要说出一个长句子，就感到勉为其难。最不易的是在谈话时企图说出老邻居或旧朋友的名氏，这时，每当母亲提起某一个人，我就会按照其时的语境一口气报出好几个名字来，让母亲从中挑选，这样才能保证对话顺利进行下去。但从总体来说，那一次母亲的恢复能力还是十分惊人的，除了语言表达有少许障碍外，母亲很快就能够自己料理一切个人事务，包括穿衣、剪指甲、上厕所。早饭能吃一大蓝边碗豆浆，外加一套烧饼油条。爱看电视中的戏曲节目。每天还要在旁人陪侍下拄着拐杖外出散步一圈。母亲又回到了从前模样，是一位干净整洁、和悦开朗的老太太。

六年之后的今天，母亲第二次脑梗发作，就有点来者不善的意思了。医生们仔细看完核磁共振的片子后，否决了我们姐弟几人所持的“老太太一直好好的”的说法。一位专家指点着胶片上两颗芝麻大的亮点，告诉我们这是脑梗最新的出血点，也是此次肇事的元凶。他又指着零散的一些暗淡的小点，神情黯淡地告诉我们说，其实母亲这些年来脑梗现象一直不断，只不过是一直未压迫到重要的神经部位，所以病情一向未曾表象化，形成了表面健康的假象。而这一次母亲没有这么走运，那两个小亮点，恰好压迫到母亲关键的神经部位，溃堤决圩，厥状惨重。

闻医生言，我们姐弟如遭棍击。我们这才知道，六年来母亲一直在默默地与疾病在抗争，与身体的衰弱在对峙，向阴霾的压迫在角力。这是一场无声无息的孤军作战，没有得到子女亲属的了解和支持。我们作为母亲身边最亲近的人，竟然长期以来认为天下太平，只顾饮太平酒，颂太平歌，谁想到表面上的一切光鲜景象，竟是母亲忍辱负重、刻骨铭心所换来的呢。

母亲这次倒下，一时间病魔来势汹汹。强寇犯边，势如破竹，几天后母亲不思食物，也不饮水，随之吞咽能力和吐弃能力急剧下降。起初我喂葡萄，母亲尚能自己吐籽，时隔一两天就不行了。嘴里的食品难以下咽，葡萄籽又吐不出来，得花费很多时间和精力，设法用筷子一一夹出。喂药很快成了困惑我们的一个大问题，前几天母亲尚能勉强服下一把药丸，转眼形势急转直下，眼见得药丸在母亲嘴里反复打滚，任凭我们怎样努力示范，大声指导，母亲就是吞不下去。后来我们只好把一把药丸全部砸成粉末，用水调成药泥，送入母亲口中。要命的是其中有几味药注明不能砸碎后服用，一种保肝的糖衣药丸砸碎后更有一股刺人心肺的异味，别说入口，闻见后就要掩鼻，如此安排，实属无奈之极。

为了维持母亲的生命，我们申请医院点滴白蛋白、氨基酸和脂肪乳，以维持母亲生命的能量和营养。但我们心里明白，这样做只能作为一种辅助方案，关键在于母亲重新恢复自己进食的能力系统，从那时开始，母亲每天的喂水喂食都是大工程，每次需要千方劝说，万般引导，母亲才能艰难进一口食，饮一口水。

我想起以前多次在书中读到，老人遭遇疾病后，几天不食不喝，最后故去了。读得多了，逐渐觉得这种老死方式似乎是很正常的事情。不食不喝，是“天诛我也”，人绝食物于天，岂有他哉。只有到自己母亲病重的这个时候，我才蓦然想起：那也许是一件不正常的事情呢！也许那些老人仅仅是像母亲一样由于脑梗压迫神经，造成临时性的吞咽能力下降，而非是产生于生命本能的一种自觉自愿 “弃世”的选择。古往今来，有多少老人就这样在子孙和外人“想当然”的情况下而并非按照“天意”仙逝。想到这里，未免心惊。

那些时间，某一日我身体不适，自己不欲进食，到了晚上我勉强往嘴里扒拉进一口米饭时，这才深刻感受到，母亲在我们子女的劝说下，勉为其难，主动进食，是克服了多大的困难，体现出多么顽强的精神。

父亲于 1979 年秋去世，时年母亲 68 岁。自那以后，在接近三十年中间，母亲始终是分别与一名子女生活在一起。母亲这次病重的几十天，中夜醒来，我深深内省，这三十年来，我们六名子女庸庸碌碌为了工作和照顾自己小家庭的生活而奔忙出力，有几个人真正关心过母亲的内心世界？我们六名子女，这三十年间，能有几次坐下来与母亲促膝长谈，听一下她老人家叙述心中的担忧、烦恼和不安？

平时总是聚少离多，即使是每周定期前往看望母亲，也是蜻蜓点水一般来去匆匆忙忙。母亲六年前第一次轻微脑梗后，言语表达不如原先流畅，我们子女前去探望母亲，实际上直接和母亲对话交流的时间并不多，更多的是兄弟姐妹之间在高声畅谈，而母亲坐在一旁，默默地听着。她如果想插话，会跟不上我们很快的语速，实际上有时候就被边缘化而置于直接谈话的范围之外。如此想来，我心中是多么痛楚，我们这些做儿女的是不是太过自私了呢？难道我们连陪高龄的母亲好好聊天的耐心都没有了吗？世界上究竟有什么更重要的事情竟然让我们变得如此分心、浮躁和麻木。

回想起来，世间没有任何一件事情能够重要到可以置母亲内心世界于不顾的状态，只有子女的寡恩和薄情能做到这一点，想到这里我不禁痛切在心。自责愧疚，千刀万剐。

人是自私的，即使是对于自己的父母，做子女的也难逃自私的樊笼。

为什么当母亲健康的时候，不能多与母亲交流，多讨母亲喜欢。让母亲“与子女在一起的愉快时光”更多一些？

如果时光可以倒流，我们有更多选择，我们一定会噙泪重做一遍，力图做得更好一些。可惜，时不我待，机不我予。

现在，年迈的母亲，在你最艰难的日子，儿子该做些什么，来弥补自己往日的不足呢？

可怜的我，又可能有什么机会呢？

从前，中国人引以为自豪的是传统道德，仁义根本，礼孝为先。虽然中国社会的物质生活长期落后穷困，总认为自己还有强大的精神支柱支撑，可以与物质发达、精神“空虚”的西方社会相抗衡。而今中国的市场经济兴起，中国人表现出特别轻理想和重功利，既把自己的优良传统抛弃，物质生活又没有西方社会发达。一方面精神赤贫，一方面物质温饱，陷入两难的尴尬境地。

万能的上帝，我祈祷，我反省，我祝福，我誓言：

用心爱戴和呵护自己的母亲吧，明晨出门，莫让身后少了一双企盼自己的眼睛。

写于 2007 年 10 月

母爱浩荡

窗外，汹汹作势的台风“莫拉克”一举造成台湾南部近 50 年来最严重水灾，又令大陆东南一千多万人受灾，直接经济损失百亿多元。窗内，医生和护士不断采取各种急救措施，各种药剂和针剂相继用上，但是再也没有取得效果。母亲静静躺卧在南京市鼓楼医院急诊病区的病榻上，在本次入院的第 18 天走完了人生的最后一段路程。2009 年 8 月 9 日上午 8 时 27 分，母亲病床前的心电监护仪上出现了一条直线。医生脸上露出了失望的表情，急请心脏科医生赶来床边加做一次心电图后，证实了生命迹象已经停止的结论。护守在一旁的哥姐们泪如雨下，我悲痛欲绝，紧握着母亲的手，我觉得，台风“莫拉克”已经活生生撕碎了我的心。

母亲刘育和女士，以 99 岁高龄，辞别了这个她热爱和坚守的世界，前往天堂与父亲相聚。母亲辞世的前一天晚上，是我在母亲病榻前值夜，是我陪侍母亲度过了这个不平静的夏夜。三十年前，也是在这家医院，也是一个夏夜，当晚也是我在病榻前值夜，1979 年 9 月 11 日凌晨 5 时许，父亲齐植果因病不治，与世长辞，终年 76 岁。

氧气面罩拆除了，导尿管卸去了，深静脉留置针拔掉了，自动气垫的插头拉下来了，心电监护仪也被推开了。当天的早些时候，正是心电监护仪的屏幕上最先透露出一些不祥的信息，母亲心率从每分钟百次左右滑落下来，恒定在每分钟 49 次。血氧跌落到 70 以下。此前一天，其实病魔已然初露凶相，原本累计推注 40 毫升“速尿”便能日排尿两千毫升，而前一天累计推注 80 毫升“速尿”，母亲排尿仅 400 毫升左右，暗示着继心肺衰竭之后，肾衰竭接踵而来。

前一天夜里，我与全日制护工小李一起，共为母亲翻身 4 次。第一次我摸到母亲后背的衣服汗湿，还与小李为母亲换了一件干净的病服。当天早晨 6 时许，小李为母亲梳洗过后，我用奶瓶为母亲喂食了约 100 毫升鱼汤，母亲费力地做出吞咽的动作。这些温热的鱼汤，是母亲最后一次品尝人间美食，这顿早餐，也是母亲最后一次享受子女的服务。生命之烛，即将燃到尽头。生命之珠，行将黯然碎开。生命之竹，正在开花毁灭。生命之朱，褪去灿烂色彩。

长兄师之从长春发来短信："母亲的美丽、风采、睿智、健康和高寿一直都是我们做儿女的骄傲，母亲远去了，但骄傲永存。安息吧，妈妈……"

远在成都的二姐桔之闻讯泣诉说，母亲终身信佛，佛门信徒最盛大的佛事之一莫过于给观世音菩萨过生日了。香雾缭绕，奇妙庄严，除灭一切人间疾苦，远离一切怨怼怖畏。2009 年有一个闰五月，母亲去世的这一天，恰逢是农历六月十九日菩萨的生日，母亲选择在这一天撒手西去，前往极乐世界的楼台宫殿，也许仅仅是一种巧合，但可不可以视作为是一位阅尽世间沧桑的老人功德圆满了呢？

2007 年 8 月 13 日那次母亲患病，是母亲晚年生活的一道分水岭。在此之前，也就是母亲在 97 岁之前，基本上没有给子女们增添任何麻烦，全部生活——包括梳洗、如厕——基本自理。每天在旁人陪护下外出散步一周。远些走到中科院南京地理所大院的池塘边上，欣赏锦鲤缤纷的游影。近些便绕南边的住宅楼走上一圈，留意一下春去秋来的花事和叶长叶落的树情。

自打 2007 年夏天患病之后，卧床不起便成了母亲无奈的选择。从此外出观光变成了一种奢侈的想法，临南的一面大窗户，成为了母亲与外部世界联系的唯一通道。2008 年 1 月，正值大雪纷飞之日，三哥齐贯之联系买来了专用病床，可以通过手柄调节，把上半截床架摇升起来，母亲由此可以采取一种半倚半坐的姿势，来设法调整一下由于疾病重创而受到了损害的人生积极姿态。凭栏处，潇潇雨歇……

这两年来，每周下班后我都要绕道前往九华山地理研究所大院萍姐家中，参与护理母亲的活动。周末双休日便从家里专门去一趟，一周六次，风雨无阻。在最初的一年多里，我与萍姐总是设法搀扶母亲下床，穿戴整齐坐在藤椅上。母亲显然很乐意这样安排。2008 年夏天，我照例每周给母亲买去一小袋"和路雪"可爱多巧克力蛋筒冰淇淋，这是母亲最爱吃的一种冷饮，她静静地安坐在藤椅上津津有味地享受美味，每一次都把蛋筒吃得干干净净，一点也不滴洒。在其它季节里，我通常会选择购买“花牛果”苹果，切成两半，用小调羹刮苹果泥喂给母亲吃。只有这种品质的苹果经得起手工的再处理，如果是红富士这样多汁又脆的水果，调羹过处，汁液四溅，颇有些令人为难。

这两年中，恰逢我原先的那辆“太子”摩托车服役到期被要求强制报废，其实那辆车我只骑行了 3 万多公里，成色还很新，由于到了购买 12 年的“大限”，只好拱手交出。此间我一直在等南方某款电喷摩托车面市，这一等就是一年多，是我始料未及的。在这一年当中，春去秋来，炎暑寒冬，我上下班主要是靠骑自行车代步，每天从家里骑到单位，再从单位骑到城东九华山，最后再骑回河西家中，每天至少要骑 25 公里。“苦其心志，劳其筋骨”，可见一斑。

既然母亲卧床不起，各种床上纸质用品便必不可少。最常用的是纸尿片、纸尿垫和纸尿裤这几样，还有就是各种形状的厕纸。粗估一下，两年间我为母亲采购的这些纸质用品足够塞满一个大房间了。我只选择在金润发超市或者苏果超市这两家购买，而且只认准“包大人”这一个品牌购买，为的是确保产品质量。包大人品牌在国内家喻户晓，比起其它品牌产品，包大人产品更专业些，舒适度、吸水量和防漏性能比较理想，卫生和品质也高出一筹，不过价格要略贵一些。我很庆幸我做出的这个决定，那应该是一个十分明智的抉择。如果购买某些批发市场的其它产品，可能价格会低廉些，但是卧床老人被感染的几率也会随之增加，这时候不允许有任何节外生枝。于是路人在南京马路上经常可以看见这样一个场景：一辆摩托车离开超市后向九华山方向疾驰，两个大尼龙丝包分挂在摩托车龙头的两侧，包里面满满当当地塞满了刚买到手的纸尿片或纸尿垫，骑手一路上心事重重，行迹匆忙，那是因为惦念到一位年近百岁的老母亲辗转在床，是受到了远方亲人目光在召唤。

为母亲剪手指甲，是我坚持多年的保留节目。母亲的手十分柔软，剪指甲时，儿子笨拙的粗手捧起母亲的纤细手掌，逐个手指修剪轻锉。这项工程结束后，母亲会满意地举起自己修饰一新的双手端详半天，那时我心中会浮起一个念头：当我小时候，母亲为我剪指甲时的镜头大概也和现在差不多吧？唯一不同的是，那时幼小的我不会“满意地端详半天自己修饰一新的双手，”而是时刻挣扎着要尽快脱身，好去投身室外一班孩童的集体游戏事业。

母亲很享受与子女一同外出用餐的那种氛围和情调，2008 年 5 月初，由二姐夫钱洪教授安排的“三寿星”宴在北京东路与龙蟠路交汇处的“太平盛世”大酒店举行，一方面给母亲过 98 岁生日，一方面庆贺二哥覃之和钱洪两人的“七十大寿”。这是母亲最后一次外出参加宴会。母亲乘坐轮椅，由一班孙男娣女推着往返酒店，那一次钱蔚的男朋友刘罡来宁，也帮助推了一段路程。在宴席上，母亲专心对付自己面前的精美菜肴，又面带笑容作为“主要人物布景”陪同大家拍了很多照片。

自那以后，母亲就再也没有外出用餐。到了后来，母亲咀嚼和吞咽食物已很困难，萍姐每次都需要用粉碎机把食物打碎，然后一勺一勺地喂，每顿都要喂上很长时间，多数超过一个小时。

母亲卧床的两年期间，我一直未能停止拷问自己的心灵：在母亲最需要得到子女贴身照顾的那些岁月里，我有没有尽到“人之子”的责任呢，我怎样才能表现得更好些呢……后来我发现，我之所以在相当一段时间内一直不让自己的心灵得到安静，并非是一定要用如何报答母爱作为一把尺子来衡量自己行为的得与失，而是要把自己的思想从原先习惯了的那个带有安全感的光线阴暗处逼出来，查看一下自己到底是哪一种人？是不是追求灵魂的高尚，敢不敢披露自己的内心世界，有没有走出道德上的炼狱，能不能拔擢自己脱离开精神的苦海？

在母亲辗转病榻的两年间，“每周六天”密集的护理频率，从上班地点前往母亲住处的漫长来回路程，在我感到疲倦和困顿的时候，我究竟有没有暗地里啧有烦言？

当日复一日的重复劳动没有尽头，夏日曝晒，隆冬冰寒，我的言行举止有没有虚以委蛇，会不会内心里巴望这一切早日结束……

森森天光，直射我的内心深处，我一再强迫自己直面这样不留情面、咄咄逼人的道德伦理拷问？面对来自于自己的剑拔弩张的一系列荆棘般容易伤人的问题，我不禁以泪洗面，以头抢地。为人之子啊，真正要做到在双亲离去后无愧于心，那是何其艰难啊！

人类世界就是这样，以“一代欠一代”的方式，组织并连接成一个完整的链条绵延下去。从总体上来看，绝大多数下一代人亏欠了上一代人的抚育之恩，每一代人总是把倾力倾情的重点放在了优育自己后代的身上。人类这种明显“负情”的结构，说不上是对是错，更像是自然选择的结果。因为一般来说，一双夫妇既要哺育孩子又要照顾双亲还要参加工作，必定陷入顾此失彼、焦头烂额的两难境地。如果多从年幼孩子的未来发展着想，年迈父母的恩情往往就会被置于一种较次要的地位。久而久之，儿女们的愧疚之情，多会从最初的十分强烈变得习以为常、自然而然起来。人类会不会由此变成一种寡恩和绝情的动物呢？人的自私和无耻是不是由此而埋下了祸根并须眉毕现地在全部道德架构中得以体现呢？这是我经常思索和反省的一个问题。

儒家传统的一些家庭伦理观念对于当代中国社会或多或少发生着影响，论语中说：“事父母，能竭其力”，意思是说侍候父母，要做到尽心竭力。在传统儒学中，孝为百行先，被视作“天之经”和“地之谊”，这也应视作为当代人的品德良知和精神文明的必然要求。子女尊敬和赡养父母是不可推卸的义务，应无条件地照顾他们的起居，供应他们的生活。“谁言寸草心，报得三春晖”，双亲的爱最真诚无私伟大，父母的爱永远报答不完。

母亲的爱宽广无边，母亲的爱浩荡广阔。

我轻轻地询问：母亲，我努力了，我是不是也做到了？

写于 2009 年 8 月 31 日

信息过剩

我们这一代人曾在较长时期内经历过信息严重匮乏的时代，比较突出的是“文化大革命”的那十年，虽说没达到历史上十分极端的“焚书坑儒”的那种运动强度，但是连孔老夫子都被打倒了，历史上原先有价值的书就没几本能够拿得出来供读者交流和分享了。书店里清一色是工业学大庆、农业学大寨和毛选积极分子的经验体会，信息的严重缺乏，真实信息的严重缺乏，有价值的真实信息的严重缺乏，一度到了令人窒息的地步。人们对于信息的需求，也一度达到了若饥似渴的境界。

时过境迁矣，当代社会媒体的种类和数量激增，再加上互联网迅速普及，信息来源多元化，信息渠道多样化，海量信息一时间像无数个堰塞湖在头顶上同时溃泄，早已经令人瞠目结舌，左躲右闪，招架不住。

“信息就是财富”，这句话总是令人惊疑交集，不敢轻易相信。在当今信息社会，信息似乎来得分外容易，信息量又大得惊人，而 make money 又总是如此艰辛，信息和财富似乎根本扯不到一起去。倘若这句话果然当真，倘若当代人可以根据自己占有信息的数量来重新编排一份新的“福布斯富豪榜”，读者们会无比惊讶地发现，吾等一干百姓早已经跻身于亿万富豪之行列，早已经拥有了购置庄园、岛屿、飞机和游艇的相应经济能力。“有羹一杯兮，天下分享之”，于是乎一个个心头大悦，忍不住要当场慷慨宣布：邀请浏览这篇文章的读者全家到马达加斯加群岛度假二十年，食宿费用全免。

可是且慢，在“信息富翁”们向国际旅行社开列出一张又一张巨额支票之前，我多留了一个心眼，我得先搞清楚“信息就是财富”是不是确有其事？这笔巨大财富会不会像海市蜃楼一样虚无缥缈，无处觅芳踪。

托互联网的福气，当代人“一夜暴富”占有了空前庞大的信息资源。美国一项主题叫做《膨胀中的数字世界》的研究对全球信息增长给予了一个全新的定位和分析。从 2006 年来看，新的信息量当时已经是已有出版的书籍量的300万倍，未来五年内每年都要将近增长57%。也就是说，无论你是自觉还是不自觉，喜欢还是不喜欢，乐意不乐意，信息“十字军”的滚滚铁流早已经挟裹着你一路前行，或天涯，或海角，或天堂，或地狱。

人没有嫌钱太多的时候，假如说“信息就是财富”这句话当真，我隐约感到不安的是，目前闪烁着金银钻石光芒的信息如同山洪激流排山倒海般涌来，但实在是太多太滥太苦太累，令人应接不暇，莫辨真假。中国可能是互联网管理最严格最苛刻的国家之一，即使如此，网管们不屑一顾挥手放行的那些剩下来的信息，仍然庞杂过剩，就像是滔滔雪崩铺天盖地从天飞降，一下子就撑爆了哪怕号称是天下第一的啖冰好胃口。

譬如我闲来请客，搜索一下“中华美食”，一下子涌出来几百万个网页，让我的信箱里挤爆了邮件。刚看完一篇文章告诉我螃蟹和柿子相克，吃完螃蟹千万不能再吃柿子，否则后果很严重——轻则腹痛腹泻，重则重度休克。下一篇文章又说民间传说的184对食物同食相克的说法基本都是讹传，一位营养学博士、某大学食品营养与安全系副教授连吃4只螃蟹之后立即再连吃4个柿子，结果啥问题也没有，以此证明柿蟹相克之论纯属于无稽之谈。其实在我看来，螃蟹和柿子是不是可以同时入口，本来是一件无足轻重的事情。但是正因为其不足挂齿，还有如此海量的信息争相报道，别的比它重要的事件，其信息会是怎样泛滥成灾，就可想而知了。

经历过信息极度匮乏的年代，今天的我们出于本能，总是善意地以为信息爆棚本不该是件坏事，何况这些信息多数是免费午餐，不需要付出真金白银的代价。这种观点其实不然，个人用于接收、处理信息的时间和能力相当有限，一旦信息洪水呼啸而至，真正有价值的信息即被大量无用信息所淹没，求知的人不得不耗费大量时间和精力来甄别和处理，大批无关的没用的重复的冗余的信息严重“超载”，大大超过了人们的处理能力和有效应用的需要，严重干扰了受众对相关有用信息的准确分辨和正确选择。每天早晨打开电子邮箱，上百封邮件一下子“哗哗”倾泻出来，把自己团团围住，无数条嗓子同时在呼喊我的名字，七嘴八舌地与我讨论房产、网络、旅游、培训、会议、物流、外贸、中药、留学，股市，令我心烦意乱，无所适从。一日之内总是在设法摆脱如影随形紧跟不舍的海量垃圾信息，这时候的感觉与海啸发生时岸边逃生的人群差不多，只恨爹妈少生两条腿，躲避唯恐不及。

在多数情况下，庞大的信息流对我来说就像是经历一场战争，声波、电磁波、音响在空中呼啸而过，语言、文字、图像、符号在身边爆炸和飞舞。许多重复的信息犹如叫嚣的重机枪不间歇地扫射，惹人厌烦。手机信息不请自来，就像是灼热的自喷泉动不动就会从地下窜出来，冷不防地就烫你一下。虽然收取短信是免费的，但是机主保持清静的权利又在哪里？

信息沟通的渠道越来越多，人们对于如何有效沟通却越来越茫然。根据企业的一项研究，普通知识型员工每天需要管理 200 多条信息；39%的知识型员工平均每天有六次或六次以上要被信息打扰；27%的员工必须分心去处理大量信息；而有 19%的员工表示，他们收到的信息太多，已经难以招架。信息社会，民无宁日。除非你保持无线电缄默，否则猖獗发送信息的人一定会整日纠缠你不放，上马一提金，下马一提银，用信息迅速淹没你。

一个“信息爆炸”的社会，却未必是一个“知识爆炸”的社会。互联网上大量重复的信息，挤占了有用信息的位置。由于信息来得太容易，人类开始越来越不重视读书，渐渐变得肤浅和实用起来，反而挫伤了知识生产者和传播者的积极性，带来了知识匮乏的效应。信息量的增长也并不与一个国家经济的增长成正比，最典型是中国市场，别有居心的海量不实信息加剧了弄虚作假的负面作用。

过多过滥的信息随之引发了信息污染，产生了大量的信息垃圾。我先后更换过多个电子邮箱地址，原因是相同的：垃圾邮件越来越多，令人不堪忍受。算起来本人使用 hotmail 邮箱的时间较长，正是看中其过滤垃圾邮件的责任心和管理技能，但是现在防不胜防，每天都会有垃圾信件突破 hotmail 的马其诺防线，赫然出现在我面前。信息的侵入早已由直接转为迂回，几年前我曾接收到来自墨尔本的外甥的电子邮件，主题叫做什么“中国缘”，我点击一下，立刻中招。这个“中国缘”程序随即自作主张，自动代我向我邮箱通讯簿中的所有朋友亲属同学发出许多成批的邮件。后来我才明白，外甥并没有给我发过这封邮件，那封来邮纯粹是居心叵测的信息“自告奋勇”的结果。问题在于我还一时删不掉这个程序，一个木马程序从此在我电脑里安营扎寨，令我陷入长久的困惑。

这还是一个伪信息时代，政府网站有时候是这方面的典范。最令人印象深刻的是某些官网下面的“联系我们”的那个链接，煞有其事，摆出一幅虚席以待的样子，似乎是有求必应，虚怀若谷，其实是最会装模做样的翘楚。假如你真有急事要与某政府部门衔接，噼哩啪啦花费了半小时写成一个邮件发过去，你就长久地陷入了焦急等待之中，三五天，十来日收不到回复是常有的事，你的邮件从此泥牛入海无消息。这时候你真的不知是应该哭还是应该笑。官大人呀你何必搞这种面子工程呢？你的邮件信箱如同废井干脆就公开承认“本部门联系无门”好了，何必害得小民还贴上半小时去做无用功呢。所以我后来一见到“联系我们”，就直接称之为“联系无门”。

拜搜索引擎之赐，我们可以在互联网上方便快捷地查找到自己需要的各种资料，但是，即使像Google、雅虎、百度这样的搜索引擎巨无霸，至少是在汉文字搜索方面，还有很多内功需要勤加练习。譬如过去我在Google上面搜索自己的名字，一下子能涌出来几万个网页，让我大为吃惊，自谓是区区的无名小卒不至于如此轰动啊。定睛一看，原来是信息搜索并不精确，甚至会把“倪匡”也搜索进来了。可见洋引擎那时还不适应中国国情。现在Google改掉了这个毛病，雅虎又误步后尘，同学告诉我说，在搜索我的时候，我有时候又变成了日本德川家族第十六代的一个成员，名叫“田安德川齐匡”。看来，有时候著名的搜索引擎也可以视作是通往信息垃圾场的著名路标呢。

索尔仁尼琴1978年在哈佛大学的演讲中说:“过度的信息对于一个过着充实生活的人来说，是一种不必要的负担。” 终有一天，实在耐受不了信息社会这样的聒噪，我会祈求科学家们发明一种无线电真空，设法让自己隐藏在信息的绝缘地带，让那些无孔不入、高速运转的信息，像群飞的蝙蝠飞撞上隐身的玻璃大厦，碎成粉末，随风飘散。那样或许可以还自己一个清静洁净的思考和生活环境。

两种文明

在我看来，人类世界物质文明与精神文明的关系大抵如此：物质文明犹如是放大器，是乘号，精神文明在这个放大器的作用下，“善”能放大1000倍，“恶”也能够放大1000倍。譬如比尔·盖茨先生发明微型个人计算机程序空前绝后，假如物质文明没有发展到今天这样发达的程度，微软公司不可能在短暂几年内一统办公软件天下而他也绝不可能一跃而成为世界首富，他后来的散尽浮财兼济天下的善愿也会落为乌托邦式的空想。又如某些国家的独裁者公然地向其人民施放毒气，实施种族灭绝手段，在军用飞机下饺子一般连连投放毒气弹的那一时刻，他一定在心里暗暗赞美现代化大规模杀人武器的威力。

反观人类数千年历史的厚重积淀，对照人类物质文明和精神文明的演化进程，我很疑惑人类的这两种文明形态，是按照完全不同的进化态势各行其是地在独自发展，彼此之间并无一定的关联和互补，更无相同的发展规律可言，甚至用“剪刀差”来表示其中的区别犹未准确。总而言之，物质文明的进步是渐进、稳定、持续提高和不可逆转的，10世纪的物质文明要明显优于1世纪，当代的物质文明极大地优于古代，这样的进步无可置疑，今古之间，物质文明形成了巨大落差。而精神文明则不同，纵观古今，人类精神文明的进步和倒退始终是犬牙交错，你来我往，不辨主线，不分今古，分歧严重和危机四伏。也就是说，今人的精神文明建设在某些方面也有可能落后于两千年前的古人，譬如尊师传统的“立”和“破”就是如此，当代中国人在一个世纪内曾几次咬牙切齿要打倒孔老夫子，事实证明这一切举动基本雷同于一种集体精神癔症。

人类物质文明的发展进程，一直系由低级、落后、粗糙、原始，向高级、先进、精致、现代发展，有一个明显的渐进过程，这是一种全球性大趋势和大方向，具有共性的特点，一般不会改变。物质文明几千年来还有一个趋势就是基本上是“上升线发展”，只要条件许可，就会节节进步而不会倒退，这在衣食住行各方面皆有较一致性的清楚的客观判断标准。当火器的获得成为可能，以弓箭、抛石机、旋转飞镖为代表的原始武器便失去了现实意义，变成为了一种象征。以蒸汽发动机为动力的运输工具一旦面世，便压倒性地取代了以自然能源或者牲畜为动力的旧式工具如马车或帆船。坦克方阵在战场上的露面，几乎就同时宣告了骑兵时代的结束。当代社会的冰箱、电视、飞机、手机等皆属于古代人的梦中之物，现代通讯方式如互联网更是彻底改变了人类生活的面貌。

而人类精神文明的发展，则很难洞察其进步的规律，或者说是其本来就没有什么线性优化的规律性可以期待。各大洲文明的起点不一，发展阶段不一，在不同时段具有不同特点，客观上也没有一致的判断标准，自不必说。就拿中华民族自身的精神文明史加以纵向比较，也不能肯定说具有某种与时俱进的意义，古代人的道德观念或操守或许远远胜过现代人一筹也不一定。譬如两千年来封建社会的君主们无一例外把政权看作是家传的私器，绝对不允许旁人染指，一众官吏和亿万百姓也是愚忠跪地，山呼万岁。这时候我们似乎总是能听见来自远古的嘲笑声，禅让制是中国原始社会末期推选部落首领的制度，尧年老的时候推举舜为继承人，舜继位后也用同样方式经过治水考验选拔禹成为首领，禹继位后先后用同样的方式选拔了皋陶、伯益作继承人。“禅让”的故事，古书上有不少记载。泰伯是周太王的长子，有弟仲雍和季历二人，泰伯得知父亲欲立幼子季历继承王位后，为不使父亲为难，遂携仲雍从西北潜行到无锡梅村，纹身断发，以示永不为周君。但是在后来几千年间，禅让制几乎成为了历史绝响。

我们总能明显看到，几千年来无论物质文明进步和优化到何种程度，同时代的精神文明始终表现出一种明显脆弱的态势，起伏性和反复性比较明显，经过历朝历代的天下板荡、人事乖变、冲突折腾，有时还会一次次倒退，甚至“创造”出新的落后和堕落，总而言之这是一种大起大落的态势。清王朝时期中国社会的物质水平比起秦汉时期不知道进步了多少，而政治上的专制和黑暗则比起两千年前有过之而无不及，清王朝的文字狱和株连法比起古代更加野蛮，清王室的腐败与堕落也达到了历史上无以复加的地步。

在人类文明史上，正义也有胜出之时，但更多时层出不穷的是邪恶战胜善良，奸佞战胜正义，无耻战胜道德，卑鄙战胜高尚，阴谋诡计战胜光明大方，谎言战胜诚实，阴暗战胜光明，这几乎成为了一条亘古不变的规律，覆盖了几千年来的人类精神文明史。一切真善美多是依靠自律和自我约束，“软”性向外推广，不具有强制性，譬如孔孟之道的宣传和普及。而一切邪恶势力完全倚重暴力“硬”性推行，强迫他人服从，否则进行镇压，直至肉体消灭，威慑效果十分显著。“硬”和“软”之间的对抗，其结果就可想而知。太平军在定都南京后，焚书灭籍，太平军的禁律中就规定：“凡一切妖书，如有敢念诵教习者，一概皆斩”。如果一把屠刀不由分说地就把你的脑袋砍掉了，局势较量立刻就一边倒，恶势力宣布胜出。精神文明出现退步和反复，统治者往往是始作俑者，统治者总是根据自己的需要去约束和限制当代的精神文明发展，顺我者昌，逆我者亡。焚书坑儒的悲剧之所以一再上演，就是因为“书”和“儒”妨碍了统治者为所欲为，解决这个矛盾的方式也很简单：“焚”就是了，“坑”就是了，一焚一坑，岂有他哉。

在物质文明高度发展的 2010 年，精神文明的“弄虚作假”也达到了登峰造极的地步，就拿目前食品的作假水平来说恐怕达到了历史峰值，令世人难以置信：三聚氰胺超标奶粉，地沟油，嗑药多宝鱼，苏丹红“红心咸鸭蛋”，瘦肉精超标猪肉，“人造蜂蜜”，含有剧毒工业酒精甲醇的散装白酒，“大头娃娃”劣质奶粉，“毒海带”，“金华敌敌畏火腿”，含有剧毒氰化物的“毒狗肉”，假“鸭血”等，触目惊心，历史罕见。如果建立一座当代中国食品安全事件博物馆，参观者无不将体味到五雷轰顶、五内俱焦的感觉，对人类某些精神文明现象呈恶性发展不再存有一丝儿幻想。由此是否可以深刻地看到：动物性是人性的一种组成成分，动物性本恶的存在，永远地导致了人类精神层面危机重重，从而引发人类世界的种种潜在危机。

物质层面的进步有时会直接地促进精神层面的进步，譬如抽水马桶的出现就导致了人类社会卫生条件的极大改善，从而全面提高了人类的卫生意识。前两年英国著名的《焦点》杂志邀请本国 100 名最权威的专家学者和 1000 名读者，评出了世界上最伟大的发明，位居榜首的就是抽水马桶。

英国发明家约瑟夫·布拉梅在1778年取得了抽水马桶的专利权，在此之前，巴黎、北京等大城市在中世纪街道上经常是屎尿横流。物质进步最明显的作用是挽救了大批人民的性命，据母亲说，我姥姥家原有好几个孩子，但20世纪初中国城镇缺医少药，流行病一来，镇上的孩子一个个病死，母亲的兄弟姐妹都夭折了，最后只剩下母亲一棵独苗苗。但时间没过多久，药品发明和研制的进步就令病魔再也不可能在中国乡镇肆虐了，过去索取了无数孩童性命的白喉、疟疾等疾病后来已经有药可治不再危及生命。但有时物质的进步也会助长于精神文明的倒退，譬如居心不良者利用发达的影视器材和先进的偷拍技术制造网络淫秽传播等。人类一切物质文明的进步都基于精神的要求，精神的横加干预和蛮不讲理也会打乱物质文明发展的秩序，甚至会严重干扰物质文明的发展，促使物质文明倒退，当代中国环境的污染和生态恶化，就是这方面的一个活生生例子。

在物质文明这个放大器的作用下，精神“恶”行放大1000倍的一个极端例子是：时值今日，这个地球上仍然有几位独裁者不约而同地“挟核弹以自重”。把世界看作是自己手下的人质，为所欲为，动辄威胁玉石俱焚，草木皆灰。对此万夫所指。核弹无疑是武器库中的大杀器，是物质层面的高端产物，但是如果落入独夫手中，就可能产生重大危机。看来人类的物质文明越繁荣，就越会暴露出人类精神文明的局限性和不足，这是一个值得人类扪心深思的问题。

当60岁如期而至

这座星球上的一切在变，唯一不变的是时间的节奏。欢乐不会使一天变得更长，痛苦也不能使之缩短。成功人士大多是抓紧时间的典范，在别人不经意间，隔三差五便做出了一件件惊天动地的成绩。而荒芜时光的人们也没有理由抱怨，他们本来有着同样的机会，造物主对于全体人士一视同仁：一切都是变量，只有时间是定数。

当2010年的新年钟声轰然鸣响的时候，所有出生于1950年的男士和女士迎来了自己的60周岁生日。按照中国的天干地支和十二生肖，这也叫做进入了花甲之年或本命年。1950年出生的人属虎，根据国家有关部门的数据，1950至1995年间中国年均出生人数超过了2000万，也就是说今年中国大陆会有大约两千万左右的“老虎”们在人生的跑道上脚步纷沓越过60周岁这道纪录线。不久前，中学同学隆重聚会，集体庆贺花甲之年的到来，在阔别46年之后，当年稚嫩靓丽的初中毕业生们重新聚首，一个个华发丛生，目光宁静，脚步沉稳，心态平和。一时间突有睽违四十余年的书香袭来。

用“成熟”二字来形容60岁的人群，料来定不会错。颠踬了大半生，经历过了大半个世纪的风雨，这种年纪的人们见识过人事的起伏更迭和市面的深浅出入，逐渐变得心境平静如水，不以物喜，不以己悲，不打诳语，不作无稽之梦。

大约在我三十岁左右的时候，移居香港的一位文学朋友曾谆谆告诫我说，大陆上当时的文学作品在香港和海外没有什么市场，基本得不到世界的承认，也缺少读者，说到底就是一钱不值与垃圾差不太多，这主要是世界观不一样，价值取向更是判然有别。闻此一说当时我甚为震撼，“石破天惊逗秋雨”，便又追问说如果是写爱情题材的呢？他答道：即使是爱情题材的作品，别人也不要看，因为爱情从来不是纯粹的情感，而是与精神世界和物质环境千丝万缕地联系在一起，人家根本不屑一睹，言下之意，大陆上当时的一切价值体系，在别人眼里都是毫无价值的，弃如敝履。当时我如井底之蛙被严密的新闻封锁所困惑，尚不能完全理解这一事实，后来我才明白这位朋友的话句句都是真理。按照这位朋友这种说法的逻辑，我们这一代人其实是在30岁以后才开始过上了在外界看来算得上是比较正常的有意义的生活，而前面的宝贵岁月基本上是全部浪费了。这也就等于说，我们这一代60岁的同龄人，前半生与后半生在做完全相反的事情。如果其他国家60岁的同龄人的经历有点像是符号“——”的话，我们这些60岁中国人的经历则有点像是符号“∠”。前后的生命历程互相矛盾，南辕北辙，当然，那也是不得已而为之，是历史、局势和强权越位操作的直接结果。

纵观我一生的定位，从工作层面上说，也就算得上是名普通的小职员。虽说一生中我在几家公司或协会组织先后待过，也轮换过不同的职位，但从总体上来看，我一生中扮演的各种工作角色均以领取工资为目的，充其量就是职员而已，在这一点上，我与我的父亲齐植果十分相似。

从个人的追求方面来说，我其实就是个痴迷的写作者，借用高淳老乡的话说，就是个“写字佬”。四十多年前我去高淳县顾陇公社松溪大队插队，老乡进屋来串门，如果我在写作，他们总会恭敬地问候一句：“在写字啊？”我当时还有点不太理解，觉得老乡们认为我仅仅是在写字并没有说到点子上，事到如今我才透彻省悟并理解到老乡们的话语非但是“一语中的”，而且是“入木三分”。全能的文字记载下了全面的生活，如果老乡问候你在写诗啊或者写小说啊，反而是小瞧了你，只有问候一句“在写字啊？”才让你在博大精深的汉文字世界游刃有余地显现出身份和地位。就像我们现在看见朋友在户外慢跑或练拳时会习惯性地问候一声“在运动啊”一模一样，一句话就提炼出了本质意义。

月晕而风，础润而雨。站在60岁的高度，反观此前走过的人生道路，骨清神爽，静如秋水。觉得如同登上了紫金山头陀岭，周围的风光历历在目，一览无遗。

一是能够静下神来心平气和地看待人生。气定神闲，态度豁达，持有一颗澹定的心，能够从宏观上审视和认知生活，从容地应对周围的处境，较透彻地体会到了退一步海阔天空的意义，这大概就是人们所说的可遇而不可求的“化境”。

世界上的人大抵如此：逐天下者，得江山；逐金钱者，得红利；逐山林者，得虎豹；逐江湖者，得鱼龙。而我充其量只是一介秀才，毕其一生的努力拳拳追逐的就是锦绣文章，一旦得之，心满意足可矣，又何必这山望着那山高，徒生出许多不必要的烦恼呢。种瓜得瓜，种豆得豆，不是十分简单的道理吗？如果我在某个时间段没有把握住机会，没有及时买下两套房产或者吃进股票，从而坐失了一番发财的大好机会，那也是我咎由自取。在我一生中从没有过营营逐利的想法，我不理财，财不理我，那是天经地义、自然而然的事情。

对于自己的优势和不足看得更加清楚，取舍更加有度，如此一来，神闲心安，可以做自己想做同时也适合自己的事情。我本来就不是一个看重机巧善于钻营牟利的人，温饱即可，文章则力求满意。

二是阅读习惯的“形而上”。思辨性强的文章和书籍越来越多地进入了自己的视野范围。一个以形象思维为主的文字工作者，随着年岁的增长越来越注重逻辑思维的文字，这样做有助于强化思辨的能力，优化审美意识的结构，可以更好地在形象思维工程中“斧正，捋直，榫卯，开光”，使之成为一件件有用的器物。理论书籍中一些“掏心窝子”的真知灼见，常常博得我朗声笑和，击案赞赏。

长期持有的“开卷有益”观点不知不觉发生了改变，这倒不是我对于“开卷有益”的宗旨产生了什么怀疑，而是文字的泛滥、不合格书籍的泛滥、强权或利益控制下出版书籍的泛滥，逼迫现在的读书人不得不有选择性地安排自己的阅读行为。否则，即使你不会在无边的书海里迷路，也会在无谓的思想搏击中累伤。

阅读如此，看电视节目等也是如此，一些流行的娱乐节目往往让我敬而远之。这也并不是主持人不够敬业和专业，也不是参与节目的嘉宾做秀的水平较低，而是表演的痕迹在我们这个时代无处不在，实在是太多太滥了。当社会上一切都是表演的时候，表演烂了市。识破行藏，表演本身就失去了任何价值。

三是忧患意识和自觉的批判精神。态度上的心平气和，与自身的忧患意识和自觉的批判精神之间并不矛盾。心平气和也并非是事不关己就高高挂起，而更多地是以一种审视的眼光冷静思索和领会世间百态。国际国内的新闻、动态和事件，通过网络和其他媒体，每天洪水一般地流过眼前，心系社稷，关怀民瘼。只有做到是非分明，爱憎也鲜明，才能避免成为一个颟顸懵懂的老糊涂虫。

平心而论，除了南京地区的物价上涨、道路限行、停水停电等少数事件与我的切身利益相关，每日里浏览的绝大多数新闻完全都是别人的事情，南方大旱，玉树地震，杀手在幼儿园逞凶，冤狱在黄河故道边大白于天下……凡此种种，一再引起我的喟叹、激奋和震惊，激发我去探求政策、制度和环境中的深层次原因。国民性的弊端、消极和不足，一再引起我的困惑和不安，

批判别人是容易的，解剖自己难上加难。自我批判之树 30 载一开花，60 岁一结果，在 60 岁到来的时候，我对于自身的懦弱、虚荣、贪念和弱于行动力有了系统全面的反省，严格地审视自己的消极一面，识别生命个体每一个标志性的符号，把批判自己作为净化道德、推进个人素质建设的一个新起点。

四是家庭的本位观念。珍惜和爱护家庭的意识与日俱增，营造稳定、安全和温馨的大后方，始终是我人生最重要的目标之一，有时候也可以视作是我唯一的目标也无妨。

在家里我是多面手，什么活儿都干，包括择菜，洗菜，涮碗、擦地和整理房间。“君子远庖厨”只是象牙塔里的一种梦境和神往，完全不能作为现实生活中间的参照系。现在的家庭多为双职工，男子君子也，女子是女君子，一起都来“远庖厨”，那除非是不食人间烟火才行。此外，在我家里缝纫机从来处于一线战备状态，维修和保养得相当不错，而最称职的家庭缝纫机工则更是非我莫属啦。

60 岁，是职业生涯的一道分界线，工作阅历的一页经典记录，人生赛场的一番历史验证。

60 岁，也是生活态度的一次沉淀，一场广泛深入的全面深思和反省，一个不能称得上是华丽但是动作绝对准确到位的人生转身。

在精神层面全面升华的同时，生理方面发出了节节退步的信号，“发苍苍，视茫茫”是最先倒下的“消息树”。白发渐增在50岁前后就开始了，借助现代染发技术的帮助，人们普遍使用焗油的方式来掩饰顶上的衰老信息，就像是秋天的原野上使用绿色涂料把大片金黄稻穗全部“抹绿”一样，中国老人对于焗油术的爱好和依赖形成了一片不同寻常的作假风景。西方老人在这方面好像一直是“望尘莫及”，在G8和APEC峰会上，西方领导人一排排地袒露出了苍苍华发，我只是在后来才知道，诚实是他们更重视的品质，而政治家如果染发会被视作是通过作假的方式忽悠他的选民，那是他们的一大忌讳。

老同学聚会，一旦传阅读物，越来越多的人会不约而同地伸手去取老花镜。一次一位老同学来到我的办公室忘记随身带老花镜，他双手把报纸放在面前忽远忽近地调节着距离，妄图得睹读物的内容，我在一旁见了抚掌大乐。近来碰上阴雨天，我自己分辨电脑上的小字也逐渐遇到困难，有一种眼花缭乱的感觉，我明白这是60岁的视力对于主人的一种无声的提醒。

老去是一个渐进的过程，首先是“五十肩”的困惑，许多同学难逃此咎，接着是腰腿方面容易暴露出问题，上台阶或下楼梯，膝盖或者脚踝护疼，走起来一瘸一拐。还有些人的颈椎或者腰椎不由自主地便被冠以“突出”之名，可惜那不是表现突出的意思。

然而老来更有老来独有的魅力和美丽，远树芊芊，重岩秀起。最值得一提的是从此不再容易被蒙蔽，虽说我们这一代人此生的许多时刻都处于被蒙蔽的状态中，如当自己处于水深火热之中的时候还上街游行誓言要解放天下三分之二的受苦人。但是60年积累的知识、经验和教训已经足够地解放了我们这一代人的心智、胆略和视野，腹笥充实，见识卓荦，从此不再作诛心之论。有廉耻，识去就，守信义，稟然诺，重操守。较快地一眼就看出孰真孰假，孰优孰劣，孰好孰坏，孰善孰恶。

当60岁如期而至，我和我的中学同学们真心叹道：60岁的光景真好。

初稿于2010年3月31日

二稿于2010年6月25日

也说磨练

1965 年春夏时期，在南京市玄武区的长江路和珠江路之间，从红庙 41 号附一号的小院子里，经常传出一阵阵不甚和谐的磨擦噪音，不断引起邻居的好奇心。那是初二学生的我在课余时间从事一项“齐氏探月工程”，亲手磨制一块天文望远镜的物镜，以便最终手工制成一架天文望远镜，好把月亮上的环形山状态和动静，尽数收入自己的眼底。

1

父母对于我的自制天文望远镜的计划，是既不参与，也不反对，在我的理解中，这是一种属于默许的态度。或许他们对于我的动手能力早已有了先入为主的印象。我在香铺营小学上二年级时，为了开展班级活动，就曾自告奋勇地动手制作了一台简陋的幻灯机，那年我 8 岁。那台由 8 龄童制作的幻灯机其实就是一个方形的木头匣子，里面安置了一个电灯泡，拆了一个小放大镜作为镜头，然后又设计了一个来回拉的“穿梭式”的幻灯片架子。下午下课以后，当我在班级的墙壁上演示五彩斑斓的幻灯影像时，所有的小朋友们都欢欣鼓舞，乐不可支。特别是当我得意忘形只顾编造幻灯片内容忘记了适时换片，灼热的灯光一下子烤糊了赛璐珞幻灯片，我的那班没心没肺的小同学们更是开怀大笑，前仰后合，包括我在内的一群小屁孩们由衷地体味到了彻骨的乐趣。

我当时制作天文望远镜的这一计划，与一名伟大的法国科幻作家对我的影响密不可分。儒勒•凡尔纳先生是 19 世纪法国著名的科幻小说和冒险小说作家，被誉为“现代科学幻想小说之父”。令人庆幸的是在文革之前他的许多作品被翻译到中国来了，我在小学期间就系统拜读过他的《80 天环游地球》、《海底两万里》、《神秘岛》、《地心游记》、《气球上的五星期》、《格兰特船长的儿女》、《机器岛》、《培根的五亿法郎》等多部著作，我被作品中的曲折情节和生动故事引诱得神魂颠倒，五迷三道，不能自拔。倘若不是我先被城市街道的人民公社食堂“限食”政策狙击胃口，后被全国性的连续几年大饥荒搞得整日里饥肠辘辘，营养不良，萎靡不振，那我是一定要披挂停当，登山下海，追随儒勒•凡尔纳先生的指导去见识一下光怪离奇的外部世界。

在我的父母看来，就像潮升潮落一样，一名少年的兴趣或许很快就会转移，也许几天之后我的探月工程就会虎头蛇尾无疾而终。他们也许还会暗自感到庆幸，幸亏当时我只是幻想多看几眼神秘的月球而不是痴迷上《海底两万里》里的惊险情节，假如我走火入魔一门心思投入制作一艘迷你式潜艇然后一头扎进波涛汹涌的江河湖海，那么壮士一去不复返的后果，可能就很难避免。

2

动手制作天文望远镜那年，我接近 15 岁，孔子曰“吾十有五而志于学，”确实在那个年纪，对于男青少年来说，好奇心、上进欲、幻想力和理想梦就像在激烈赛马场上一样你争我抢、齐头并进、不分胜负。当时学校里推行“又红又专”的教育改革对我没有什么吸引力，我那时喜读《天文爱好者》这类远远脱离地球政治的杂志和刊物，受其影响决定自制一架天文望远镜，这一举动倒很像是一种“又白又专”态度的宣言。

每逢晴朗的夜晚，抬起头来仰望浩瀚的宇宙，在一名十几岁年轻人的眼里，那色彩绚丽的星空琳琅满目，是多么令人神往啊。那时候新街口北侧中山路上的文体商店橱窗里会展出一台家用天文望远镜的样品，价格大约在百元左右，比一辆自行车便宜不了多少。我一旦路过那里就走不动路，多么希望自己能拥有一架小型的天文望远镜，用来观看月亮上的环行山、金星盈亏、土星光环、木星的卫星、火星上的极冠以及仙女座大星云、猎户座大星云等等。恰巧此时《天文爱好者》上六期连载系统介绍了反射望远镜的制作方法。一个主意渐渐浮上我的心头，既然买不起，我可以选择自己动手制作一台天文望远镜呀。

天文望远镜根据结构的不同大致可以分为三类：一是折射式望远镜，二是折反射式望远镜，三是反射式望远镜。前两种均要求采用昂贵的光学镜片，对于磨制技术的要求又非常高，于是在我的预算中间立刻被否决掉了。我又不是受虐狂，我何必去自讨苦吃呢？惟有第三种反射式望远镜甚合我意，反射式天文望远镜是著名的物理学家牛顿先生发明的，它的构造简单，主要是由底部的一面反射镜和一组目镜所组成．由于反射镜片研磨容易，光线又不通过镜片内部，镜片成本要比同口径的折射镜片便宜好多，所以一时间成为天文望远镜的主流。那时一般天文望远镜常使用的物镜直径大小约为10到40厘米之间。这一方案非常吻合当时我技术和水准的“初级阶段”水平，得到我的首肯。

我首先搜集到了两块圆形的玻璃砖坯，直径约15厘米，厚约2.5厘米。玻璃的质量相当不错，完全经得起一名新手的练习、折磨甚至摧残，这是一个十分重要的前提。因为在后来耗时旷久的研磨过程中间，我很难保证一直维持正确的研磨手法，精疲力竭之时或者分神他用之际，我的手式也许会由标准同心圆运动不由自主地变成为“飘雪穿云掌”或者“截手九式”，我梦寐以求的凹镜的完美抛物面，也许会一下子变成“怒目金刚”，那么我还得费时费神把抛物面给磨回来。

一张小板凳被临时征用为研磨工作台，一块圆玻璃砖坯被固定在台面中央，撒上金刚砂，加上一点水，双手捧起另一块圆玻璃砖坯，就开始做圆周旋转运动。“滋拉滋啦”的噪音随之产生了。从理论上来说，当上镜坯离开中心位置时，由于重力作用，上镜坯中心的磨削量较大，而下镜坯的边缘磨削量较大，所以久而久之，上镜坯逐渐凹下成为了一块凹透镜，而下镜坯逐渐凸起成为了一块凸透镜。当然这样的描述只是一句高度概括的总结，就像我们说“上下五千年”这句话一样容易，而实际上这五千年的历史还是要区分为一天一天地历览才行。这样辛酸的务实体会，是我在长达数月的研磨进程中刻骨铭心地感悟到的。

在此过程中间，我有幸得到一位高人的指点，他就是邻居汪大哥，他的父母是我们这幢大院子的房东。汪大哥比我年长十来岁，在南京江南光学仪器厂担任高级技工，这家工厂是一所专业生产显微镜、图像分析仪和航空摄影仪的大型企业，自然而然地汪大哥就成为了我这个邻居小孩在磨制镜片过程中的技术顾问。汪大哥在我心中有“三高”：身材高大，技术高超，高深莫测。他当时其实也不过是二十来岁的青年人，但是他十分懂得保护年少气盛的小同学的积极性和进取心，不会轻易打击毛头小子的胆大妄为。他经常亲临现场默默观摩我的工作，半天一言不发，既不说好，也不说不好。面对这么有城府的一个人，我自知自己实际上还是做得不够好，或者说做得很不好，因此更加发奋努力。

3

磨制镜片的工期远比我想象中来得更长，原先我期待着个把月就结束任务，没想到拖拉到一个季度之后，工程仍然遥遥无期不能收尾。平常我只有在周末才投身到磨镜工程中去，放暑假后我的磨镜进度大大加快。

漫长的磨制过程十分枯燥、乏味和单调。而且好像看不到什么进展。一天辛辛苦苦工作下来，口干唇焦，满面灰尘，两只手粗糙肮脏，但是两块镜面基本上保持原有的形态，仔细端详也与昨天结束时的状况差不多，一连干上十天半个月，也没有一丝诱人的曲线出现，这令我常常感到沮丧和消沉。

噪音则是无法避免的，在这个地球上谁听过两块玻璃中间加上砂子反复磨砺的刺耳声音而不抓狂，那么这个人一定是个聋子。好在我的加工地点设在我家厨房里，这本是一间公用厨房，但是里面大院的两家邻居由于路程较远轻易不在这厨房里露面，所以对别人的干扰不大。厨房与我家隔开一个小院子，厨房的另一扇窗正对着这幢住宅的一条小巷，所以来自于厨房里的噪音，大多被我自己吸收、消化和享用了。

汪大哥经常在下班后过来打一个招呼，指点一下我的技术要领，譬如他告诫我说磨镜的时候要不断变换方向和体位，使得两镜坯的不同部位得到均匀的磨砺。他还直接帮助我控制球面曲率的研磨进程，一方面防止我轻率冒进，一鼓作气磨得凹透镜球面曲率半径过小甚至把镜片磨穿出个大洞；另一方面他要坚定地对着我热烈期待的目光连连摇头，防止我偷懒草率收工。他告诫我说，如果我急于求成球面曲率磨不到位，那么我必须要制作一根比电线杆还长的镜筒，而观测者必须设法悬浮在云彩中间才能看到镜片中的月亮。

我的中学同学郑从光是我的“制镜事业”的坚定拥趸和积极参与者，他曾经多次代替我坐上那只后来在我眼中与受刑椅无异的小板凳，脱衣卷袖，“滋里嘎拉”地奋力磨上一通镜片，换下我在一旁闭门思过，揣测自己的方案有没有发生什么偏差，为什么我总觉得成功的希望离自己越来越远，我是不是南辕北辙地奔错了方向？

一次次校正，一次次重新开始，一次次咬牙负重前行……

磨制过程分为粗磨、精磨、抛光等几个阶段。分别使用了若干袋、若干筒粗细程度不同的金刚砂和抛光膏。在此期间遇到过重重困难，譬如临到最后的抛光阶段需要在两块镜片之间铺垫上一块厚呢绒，再加上抛光膏进行磨制，这块厚呢绒从何而来，就难倒了我，总不能在父母大衣上偷剪一块下来“拆东墙补西墙”吧，外面也没有零头呢绒可买。东寻西找，后来还是一位走街串巷的裁缝卖给我一块手帕大小的厚呢绒，救了我的燃眉之急。在暑假即将结束的那几天里，汪大哥的脸上终于露出了一丝若有若无的笑意，他暗示我说，我的面壁工作可以告一段落了，这面历经磨难的凹透镜在我这个初出茅庐的新手里“整”的有点儿像样子了，“歪打正着”这句成语从此即将新添一个事例。

开学以后，在中学化学老师柯绮霞女士指导下，我走进南师附中化学实验室，利用硝酸银、氢氧化钾、氨水、酒石酸、浓硝酸等化学原料，给这面“齐家有镜初磨成”的凹面镜镀上了一层银，抛物面上顿时闪闪发光，好像是一只顽皮地向着天空眨眼的大眼睛。

后来的其他工作相对来说就简单许多了，我找到一段尺寸合适的粗纸筒，用黄板纸条卷绕两三层，用浆糊和牛皮纸固定好。里面涂上墨汁，以消除杂散光线。镜筒制好后竖直放在室内彻底晾干。

然后将物镜固定在镜筒内的一端。这样外部的光线进入镜筒后，会首先在凹透镜的抛物面反射膜上汇聚，然后反射到位于镜筒前端的一个平面镜上，再由这个与主轴光线之间夹角为45° 的平面镜把光线转向90° ，反射到镜筒一侧的目镜里聚焦成像，此焦点被称为牛顿焦点。在牛顿焦点上安放目镜便可以进行观测了，这样我便第一次观测到放大了的星空影像。当我最后放下手边所有工具的时候，我的面前终于出现了一台就像三百年前牛顿哥哥当年使用的那种牛顿式反射望远镜。

唯一不同的是，我没有材料也没有花费精力去制作三脚架，我的天文望远镜一直是架设在一张倒过来的方凳中间的，因此我对于天体的搜索和调节，有点儿像是炮手捧着一门迫击炮，在那里苦苦与星空对峙，看上去仿佛是在演绎星球大战的前传，其实我是在忙于调整镜筒位置和调焦。

反射式天文望远镜的优点是造价要比使用透镜的折射式天文望远镜低得多，牛顿式结构可以很好地会聚光线，在焦点处得到一个非常明亮的成像。缺点是开放的镜筒里空气可以流通，这样不仅会影响到成像的稳定度，而且一些尘埃会随着流动的空气进入镜筒并附着在物镜上，长此以往会破坏物镜表面的镀膜，使其反射力下降。一般来说镀在物镜表面的铝或银，受空气污染影响，要半年再镀一次。不过一块良好的真空电镀镜面可维持数年之久。

人类眼睛直接观看星空，在最好的环境下仅能看到约 6 等的星星，而且通常是恒星，至于星云星团星系，则大都看不到。而使用我制作的天文望远镜，我可以清晰看见月亮上的环形山等图像，虽然我一直没有看见传说中吴刚的那片桂花树林。

在磨制镜片的漫长时期里，我多次刻骨铭心地感受到，这根本不像是我自己作为行为主体在主动地磨制镜片，而是这副镜片和这项工程联合起来先发制人地在磨练我本人。一天天斗转星移，双手机械地不停运动，一次次点滴不剩地耗尽了我的全部耐心、毅力、意志和兴趣，在万劫不复之后，我心头枯枝发芽再一次地萌生出新的希望、幻想、憧憬和追求。我的精神世界有时候竟会达到“一天一枯荣”的惊人频率，每天刷新一次，每天 update 一次。那一年磨镜进程的副产品是超大剂量地产生出了坚韧品质这种元素，让我此后的一生受用不尽。

写于 2011 年 6 月

公民自卫

前些时日在电视上看到一段网吧命案的录像回放，心绪受到强烈波动，连续几晚睡不好觉。那案件发生在华北的一座省会城市，夜深时分，一身材瘦小的歹徒打劫网民时凶残无比，连续用匕首猛捅，又出门换来一把砍刀肆意砍杀，生生将一名男青年当场活活砍死。这伙凶徒一晚上连续作案6起，无一不是所向披靡。从录像上可以看到，手无寸铁的网民们完全没有自卫的手段和办法，面对武装到牙齿的恶少和匪棍，局势完全“一边倒”，只好一味退却和忍让，任其随意宰割，直至自己一命呜呼。

社会局势如何保持安定，警察办案效率怎样提高，司法公正如何得到体现，这些都不是本文关注的话题。我关心的是：什么原因造成了一般百姓无法与歹徒进行对抗？剥夺去百姓持械自卫的权利，究竟对谁有利？这个国家有着数目庞大的警察治安机构，却应付不了此起彼伏的犯罪事件发生。于是，在这里或那里，歹徒偷盗抢杀，为所欲为，百姓鲜活的生命“被驱无异犬与鸡”。

一方面是公安机关的新一轮缉枪和收缴凶器行动全面展开，声势浩大，大有“收尽天下兵器”的劲爆势头。现在连仿真枪也在收缴范围之内，警方解释说，那些大部分为塑料件、由压缩气体发射塑料子弹、射程在5米以内的仿真枪，可以击穿10张纸的厚度，“如果打到身体要害部位，也能对身体造成比较大的伤害。”警方宣布，凡是形状与制式枪支相似，大小在制式枪支的二分之一到一倍之间，均为仿真枪的范围。于是，南京六合一家CS真人对抗项目新购进来的几十万元的仿真枪均被没收，警方对投资人的解释是，凡有扳机，有枪管的都不行。投资人一下子就犯愁了，那谁会拿着条吹火筒去CS真人对抗呢？

这边厢收缴仿真武器的活动方兴未艾，那边厢各类恶性案件日益高发。走进中国任意一座城市，触目可见的是居民小区门窗上层层叠叠的防盗栅栏，防盗刺和监视探头，暗示着难以言喻的普遍的安全隐患。据重庆警方统计数据显示，至 2009 年 1 月 1 日前，“我市尚有未破刑事案件数十万件，其中 1980 年以来未破命案 1447 起，除故意杀人以外的严重暴力案件也高达 2800 多起，网上逃犯数千人。” 2009 年 4 月下午四时许，南京闹市区发生一件“正不压邪”的大案，市民们见义勇为徒手抓住一名劫匪，没料想匪徒的同伙忽然猖狂反扑，结果使用一把匕首捅死一人，重伤 2 人，两名劫匪随后逃之夭夭。虽然两天后此案宣布告破，但那已是当局调动了整个司法机器，投入了很大的执法资源，不惜成本一搏的结果。匪徒作案成本之低，与当局破案成本之高，均达到两个极端。

青天白日，朗朗乾坤，一般百姓谁也不会在怀里揣着把利刃以防万一。而歹徒则不然，一条条凶险汉子均是有备而来，腰间肋下，往往是横刀藏剑，随时准备和事主近身肉搏，杀伤无辜，以便脱身逸去。两厢力量的对比，悬殊实在太大。当然，遇见匪徒后，百姓首先还是会拨打“110”，指望着依靠执法系统来扶正祛邪。但是市民的指望需要一个最低标准，一是看警察能否及时制止犯罪，上述那桩网吧命案发生在省会大城市，匪徒伤人杀人，一晚上连续作案 6 起，在当时根本没看见警察的影子。二是破案率的高低，网吧命案后来是告破了，犯罪分子一个个也绳之以法，但话说回来，如不破案，这个案件也有可能“暂时”不会公之于众。由于信息不对称，公众无法得知还有多少重案大案还“待字闺中”至今未破，所以心里存有大大的问号，必须向公众交代清楚。三是受害人赔偿怎样得到实现。

如果以上三项要求得到实现的比例过低，那么我们只能主观上认定，“我们的”司法系统由于种种原因无法完整地保障我们的人身安全，百姓们需要力争持械自卫的权利。原因很简单，窄路相逢，赤手空拳的老百姓无论如何也敌不过武装到了牙齿的匪徒。

国家禁止私人藏有武器的法令，在百姓眼中看来其旨煌煌，威风凛凛，但在匪帮眼里往往无异于一纸空文。“刀枪入库，马放南山”始终不过是来自官方的一个幻想。1912 至 1913 年，革命党人胡汉民、陈炯明主政的广东军政府曾举行了持续一年的大规模清乡，行动的目标主要就是清除盗匪、收缴武器。但时人的评论是：“举办清乡，搜查军火，治盗者久持之不二法门矣！然行之经年，盗贼未尝少衰，军火较前转盛。”此后十多年里，广东的盗匪是越清越多，盗匪手中的武器则越来越精利。前车之鉴，后车之师，严峻的事实放在面前：匪徒作案，无不是“兵马未动，刀枪先行”。小到匕首和砍刀，大到手枪猎枪和手雷，耸人听闻的是国内某地黑帮分子甚至还拥有装甲车招摇过市在街上巡逻，可见匪徒皆是有械备而来，从来不打无准备之战。国家的权威受到严重挑战，那主要是官员们考虑的事情。百姓更关注的是自己生命财产受到威胁和侵害，谁可以来保障我们的安全？

由此引出的一个问题是：不准私人藏有武器的一纸禁令，到底对谁有效，又对谁有利呢？良民百姓遵纪守法，禁武法令，令行禁止，但是他们却因此成为吃亏的一方。因为匪帮们完全不为禁令所动，无论如何严厉的禁令从来对于歹徒无效。他们自有各种非法渠道弄到枪支弹药，把自己武装到了牙齿。自古至今，不许私人藏有武器的禁令一直在客观上对于行凶的匪帮有利，两人对决，刀枪先赢。百姓在被剥夺了各种有效的自卫武器之后，正好成了歹徒们的“砧上肉，斧下糜”，后者可以从容不迫下手，舒舒服服掠财。

人人皆知的一件事实是：私人如果可以合法地藏有武器，会对匪帮产生极大的震慑力，逼迫他们不敢轻易犯罪，不敢嚣张地行凶，因为犯罪的成本有可能会大幅地提高了。如果他再一次“如履平地”地私闯民宅和烧杀奸掠，很有可能会被愤怒的主人迎面一枪给崩了，“事未成功身先死，长使歹徒泪满襟。”

美国，芬兰等国家的法律许可公民合法地持有武器。在美国旅游期间，听朋友介绍说，连“沃尔玛”超市里都设有枪柜，顾客只要符合条件，就可以像买一把手电钻一样，选购一把自己中意的手枪。而在专业枪店里，货色就更丰富了，猎枪，冲击步枪应有皆有。以拥有 360 万会员的美国“全国步枪协会”为代表的“主枪派”团体坚决反对把持枪犯罪与持枪权挂钩，辩称“枪支不会杀人，是持枪者杀人”，竭力维护公民拥有武器的权利。美国超过三分之一的家庭拥有枪支，3 亿人口的美国，民间拥有枪支达 2 亿，超过了成年人口的数量。瑞士鼓励全民皆兵，服役期满的老兵可合法携带自己的枪支和配送的数十发子弹回家，当局认为让老兵拥有枪械是确保后备役人员在第一时间投入战斗的物质保证。我可以想象得出来，在私人合法持有武器的国家，如果一名身强力壮的宵小手持砍刀夜闯民宅，突然灯光大亮，八十老叟颤巍巍地端着一支 AK47 步枪瞄准不速之客，喝斥他赶紧滚出去，那夜贼一定会涕泪皆下，再三拜谢不杀之恩，飞也似地逃离开现场。而这幅场景如果发生在民众手无寸铁的中国，后半段故事就要完全改写，变成“突然灯光大亮，八十老叟颤巍巍地拄着一支拐杖，喝斥不速之客滚出去，那夜贼仰天大笑数声……第二天警察发现老人尸体已经僵硬了，钱财被洗劫一空。”

2007 年哈佛法律与公共政策杂志发布的研究报告称，在世界上人均枪支最多的 7 个国家的犯罪率，要低于人均枪支最少的 9 个国家。可见禁枪与遏制犯罪之间并不是“想当然的”的正比例关系。话说回来，禁枪也不是不可以，禁枪应有一个重要的前提，那就是当局的司法政绩卓然，社会秩序相对良好，老百姓能够离开自卫枪支而安居乐业。如果一方面法律禁止公民拥有自卫起码的武器，另一方面在客观上又不能提供一个约束暴力犯罪的生存环境，不能尽最大努力去制约犯罪行为的发生，那么对不起，这一纸禁枪的法律条文就有可能沦为犯罪分子的帮凶。再加上执法机关不作为或乱作为，民间的诉求经年累月得不到满足，于是客观上就产生了黑帮需求。如果是司法也不公，老百姓对于黑帮仲裁的需求就必然上升。

一个公正的社会，一个有效率的社会，一定是私人权利最大化的社会，包括个人拥有武器的权利得到最充分的尊重。如果单方面考虑对国家机器有利，而置百姓的生命安危于不顾，即使把普天下的兵器和菜刀全收缴来铸成铜人，政权也不会稳固和谐。

上面提到的仿真枪的伤害力：在 5 米以内……可以击穿 10 张纸的厚度，“如果打到身体要害部位，也能对身体造成比较大的伤害。”我不禁莞尔，对于来自警界的幽默表示最大赞赏，要知道一把儿童手中的弹弓，其威力就比这样的仿真枪要大得多，是不是明天也要把孩子们的弹弓们也列为收缴范围之内？

满满一车身强力壮的乘客，被迫向一两名持械抢劫的歹徒低头屈服的故事，在中国各地的高速路上一而再、再而三地演出了无数个版本，简直赛过了百老汇著名的经典剧目《I Love You》的风头。媒体上甚至还列出了“全国七大车匪路霸出没地带”，如广东至湖南石门的客运线、从北京到广州的 106 国道、 山东省聊城至苏州、陕西潼关、郑州至临颍、310

国道三门峡段、320 国道醴陵地区等。下面一个例子很具有典型性："……6 时 05 分行至临颍至许昌段时，车上突然站起 4 个人，其中一人上前用一支枪指着司机的头，让司机把车速放慢，另外 3 人则每人手持一把长刀在车上挨个搜了起来。"你说，乘客们能不能仅用牙签就保护住自己的财物呢？

依赖治安当局治理匪徒，只会使政府早已过分庞大的执法机构叠床架屋，变得更加臃肿。而辅之以依靠公民自卫，则可以灵活高效地解决治安问题。如果一口气连公民手中的打狗棒全收走了，那么，街上的疯狗只会越来越多，这难道不是必然的趋势？

把酒持“螯”

《荀子 · 劝学》中有记：“蟹六跪而二螯。”蟹螯是螃蟹的战斗武器，具有较强的再生能力。新生螯一般要小于原生螯，两只螯如果大小悬殊，看上去既不般配又不顺眼，还会严重影响主人的格斗能力。

对于一个国家来说，物质文明和精神文明恰似是现代社会强大的“二螯”，两强并举，则足以发挥进取功能，博弈四方世界，赢得发展空间。一些发达国家在这两方面做得较好，经济强盛，国泰民安。另一些国家则相反。

余生也晚，明事不多。半个多世纪以来，也经历过物质和文化“二螯”畸大畸小、互为消长的对比强烈的日子。1979 年之前，政局板荡，中国大陆上物质极端匮乏，柴米油盐一律配给，每个人每月供应二两菜油，人人面有菜色。当时与物质奇缺相对应的却是当局文化的空灵虚幻和膨胀庞大，如大跃进诗歌震天撼地，主义盛行，语录歌流传，还有忠字舞层出不穷。那个时候，社会的“二螯”相差很大，经济之“螯”小得像把袖珍老虎钳，文化之“螯”极度膨胀像巨型吊车的大挖斗。当然，当时生成的文化之“螯”并不正常，今日已多被摈弃。

改革开放以来，市场经济得到长足发展，物质生产迅猛进步很快就缩短了与文化之间的距离。国门渐开后，外国的先进技术、资金和企业一拥而入，数十年间，经济的快速增长带动了城市建设迅速发展，当年袖珍的经济之“螯”一举成长壮大，很快反超过文化，成为了揽星望月的擎天柱，相比而言中国的文化之“螯”正变得既小且弱，相形见绌。

对于热衷于市场化的现代中国社会来说，“大物质，小文化”的格局已然不可避免。发达国家“器物之长”的优势像热带风暴一样恣肆滂沱地飘洋过海入境而来，数码相机、手提电脑、卫星电话……信息技术的兴起如日中天，推动着全人类快速进入了信息社会。物质产品美轮美奂，令人爱不释手，日前曾利用 photoshop 软件帮助公司在电脑上设计一份宣传册页，在此过程中间深切领略到 IT 技术的博大精深和无穷奥妙，分飨到了物质技术进步的美好。2005 年 7 月，为送女儿去上海浦东机场，特意向朋友借了一辆“马自达 6”。车出中山门后，打开自动巡航，轿车似有灵性一般行云流水往前驶去，当时沪宁高速公路正在维修路况不佳，但轿车优异的操控性能依然令我心旷神怡。车身阔大的内部空间，澎湃的动力，自始至终张扬着一种力量之美。驾者和乘者不稍劳神，心定气闲，如居茶室。我本属于“手动档”轿车的铁杆粉丝，禁不住“马自达 6”的诱惑，身在曹营心在汉，开始对“自动档”轿车一往情深。

“器物之长”就这样一举俘虏了我们的心。相对而言的是现代中国文化的尴尬：长期以来作为政治的工具和附庸，体制文化的泡沫尚未退去，一种以消遣性、浅阅读、市井趣味为特点的文化娱乐化浪潮又已经席地卷来，形成文化消费主义的新时尚。中国传统文化中的审美精神被淡化，一大批甘于平庸、拒绝深刻、追求感官满足的出版物充斥市场，大量浮光掠影的文化泡沫和媚俗卑下的文化垃圾应运而生。那些代表着国家和民族悠久历史、体现民族创造力和审美水准的传统文化优秀作品不知不觉与我们久违了，而中国文化在世界文化市场上的竞争力与地位则进一步萎缩。

文化的萎缩只能归咎于自身原因，怨天尤人无济于事。教育事业的失误最先招来谤议。释疑，解惑，授业，树人，本是教育的宗旨。教育作为人类知识和智慧存留、延续和发展的唯一路径，作为物质再生产和人类社会进步的重要手段，其贵重程度不可方物，犹如是人类存续的生命线，这就决定了教育绝对不能去走所谓产业化的道路。而眼下教育事业的产业化轰轰烈烈，方兴未艾，正成为一种嫌贫爱富、“择钱教育”的实验，不知何时才会修成正果。作为文化之本的教育事业尚且如此，对于文化的前途，世人又能作何奢望呢？

医疗产业的市场化和商业化，更令包括文化事业在内的所有行业雪上加霜。人的身心健康既是社会发展的重要本钱，也是社会发展不能突破的底线。如今一群搞文化的人一旦生病以后病恹恹地无钱去医院治疗，最后身家不保，连小命都要丢掉了，文化事业的建设和兴起又从何谈起？由此反衬出文化的虚弱和无奈。

在城市精神现代化的发展进程中，文化总是一再为经济让路，有时候文化甚至不得不沦为经济发展的牺牲品，去迎合短命的审美时尚和不尊重历史的规划，南京主城区的行道树被毁就是一例。南京的行道树一度蔚为壮观，被誉为“绿色隧道”，那时候我住在鼓楼，每天骑自行车去新街口上班，中山路上六排高大的法国梧桐一字排开，均是三十多米高的大树，树冠广阔，枝叶茂盛，为行人避日挡雨，气势非凡。在我眼中，那不光是一棵棵悬铃木科悬铃木属的普通植物，而是南京这座城市含金量很高的文化品牌和文化属性，弥足珍贵。可怜一朝链锯响，数千法桐倒下地。物质生产假借拓宽道路的需要轻而易举地戕害了南京的这一宝贵文化资源，令南京市中心的绿色隧道景观从此风光不再。其实，布局完整的行道树体系其价值要远远高于新增加两条快车道。可怜法桐们引颈就义仅十来年后，城市建设的经验就已经一再证明，城市的传统建筑是无价之宝，砍树拓路不如重设城市功能定位，比如一步到位直接开拓郊区。

比较那些发达国家而言，中国的物质之“鳌”过去一向弱小。反右、大跃进、文化大革命，一连串的社会折腾没给经济发展留下多少宽裕时间，今日的物质主义泛滥，也算是一种迟来的弥补和反动吧。可一旦物质主义的盛行要以文化的牺牲为代价，这就让人认识到了“恶”的本质。如旅游本是文化盛事，可世界上收费公路三分之二在中国，利用职权把天下为公的大路和桥梁当作长期赚钱工具，大路是我开，留下买路钱，令人就觉得此类物质发达后的外在虽然庞大但其形象有些渺“小”。又如名胜古迹的管理者占山为王，门票动辄飙升至数百元，与中国平均工资收入水平相比过高，这就叫人匪夷所思。美国黄石公园门票价格自 1916 年建园时确定乘载 10 人的一辆汽车为 10 美元，80 年未提过价。1997 年调高到 20 美元，仍不及美国一般劳工月薪的百分之一，而且是可以 10 人分享同一张票。中外门票价格的差别，相去不啻天渊。当游客们来到传统文化气息最为浓厚的历史风景名胜之前，文化“已乘黄鹤去”，此处空余“铜臭味”，实在是羞煞人兮愧煞人。至于中国那些著名佛教圣地收费之昂贵，入门之不易，说是唯利是图并不为过。

尽管有着数千年文化传统作为贴金，中国文化之“鳌”的原生状态仍是畸小畸弱，积弊积贫。体现在现代人的文明程度上，丑陋就不可避免：缺乏诚信，人情冷漠，公共场所喧哗，无视一米线，污言秽语，随地吐痰，乱抛弃物，闯信号灯，争抢上车……全社会文明缺位的现象比比皆是，这一切让我们汗颜，令我们不能安之若素，无法视若无睹。

南京参加文明城市评选，我不禁捏一把汗，GDP 发展速度再快，开发区再多，支柱产业再强，统统与精神文明建设不搭界。相反，物质的长处、优势和进步，在文化欠佳的条件下会轻而易举转化成短处、劣势和退步。如马路拓宽伸长本是好事，但是人车争行加剧，违章现象丛生，占道经营严重，文化短板导致经济建设进程中对传统文化继承失力，再好看的经济指标徒有何益？假若当年不忙于磨刀霍霍砍伐巍峨参天的行道树，而是注重物质生产和精神生产并举，这座城市可以少走多少冤枉路，少办多少冤枉事啊。

一个国家在未来的国际竞争中是否具有影响力，除了经济实力等“硬件”外，还在于文化实力的“软件”。未来的经济发展和社会进步须臾不能离开文化的支持。而最能体现一个发达时代一个先进民族智慧结晶的文化，必是具有丰厚的历史积淀、富有前瞻性的宏阔境界、充满活力的精神创造物，而绝不可能是那些过目就忘的文化垃圾和文化泡沫，更不会出自那些轻视文化、玩笑文化、鄙弃文化的人物之手。

《易经》曰：“观乎人文，以化成天下”。“化成天下”是指化物化人的过程与成果。文化作为精神层面的创造性活动，包括思想、道德、哲学、教育、文学艺术、社会心理、宗教信仰等广泛内容。一个健康公平的社会为了可持续发展，须追求物质与文化之间的动态平衡，做到综合、协调、全面。如果做不到这一点，在经济高速发展面前，倘若文化之“鳌”浑如侏儒，完全不成比例，先富起来的人为富不仁，蚕食鲸吞，暴戾恣睢；富不起来的人鹑衣百结，文辞鄙俚，一伙泼皮“牛二”的斗筲之辈，经济发展又有何意义可言？金山银海，亦无价值。

我憧憬有朝一日，狷傲一时的重商主义退出社会舞台的中央，偏于社会一隅的文化事业艰难地发展壮大起来。到那时候，市民礼貌待人遵守秩序，公园博物馆旅游景点免费对中外游客开放，京骂“宁骂”不再充耳可闻，教材书籍音乐体育价格回落到大众可以接受的水平，人与人之间一言九鼎，“行者有其路，病者得其医，少年就其学”……

到那时候，把酒持“螯”，就会少一些不公平和不尽如人意的碍眼现象，物质文明的璀璨光辉也有机会在精神文明的如洗铜镜上全部真实地折射出来。李白诗意“蟹螯即金液，糟丘是蓬莱，且须饮美酒，乘月醉高台。”指的大概就是此种境界吧。

宝库之钥

我曾经使用过好几种不同样式的名片，上面林林总总印有一些头衔，时过境迁纷纷成为过眼烟云。我自己最看重的一个“最高头衔”从来不曾公布在名片上，自诩是金不换，星转斗移，珍惜愈加，此份荣誉就是南京图书馆的“重点读者”。

成为重点读者，表明南京图书馆对本人过去勤奋读书有一种小小的认可，是属于精神层面的一份光荣。虽不足以沾沾自喜，但一旦迈过了这道门槛，顺之而来也获得了一些小小方便。譬如别的读者每次借阅 2 本书而我可以一次借阅 10 本书，又譬如过去别的读者被挡在柜台外面需要递条子等待工作人员入库取书时，我被允许“孤军深入”独步于阔大的藏书库中，在上百万册图书中自由选阅。“芝麻开门”，纵横宝窟，每逢其时我都有一种眼花缭乱的快感。实践证明“自选书籍”权对于借书人非常重要，过去或者时下，题文不符或者大题小文的书籍未免多了一点，盛名之下，其实难副。粗略浏览一番，取舍顿时分明，就可以有效避免读书郎隔山看花“抛错绣球”。

旧址位于成贤街 66 号的南京图书馆当时馆藏 717 万册书籍和文献，名列全国第三，知识宝藏极其丰富。在我眼中，这幢庞大的建筑不折不扣是一座宝库，而我就仿佛是一名执着的、不知疲倦的寻宝人。一份重点读者借书证是我开启宝库的一把钥匙。根据南图电脑系统纪录，二十一世纪最初的五年半时间内，我在馆内共借书 864 册，平均每年借书 157 本。

自 1977 年获得南京图书馆的借书证并于 1996 年成为南京图书馆的首批重点读者，我与馆藏图书结缘近 30 年。如果从我 10 岁在玄武区少年之家图书馆办理第一张借书证算起，本人腰悬宝库之钥的历史，至今已逾 40 载。

1、精神绿荫

上个世纪八十年代，由于工作的缘故，我得以在国内多次出差天南海北开会，在长途旅行中，辽阔山河一览无余。行万里路，读万卷书，成为我一生孜孜追求的宏大目标。

读书对于我个人的生活主要是发挥了“形而上”的影响。我信奉开卷有益，读书门类一向很杂，哲学经济历史军事艺术文学科技体育自然交通环境游记……无所不读。在我阅读的过程中，一册册书页墨香四溢，犹如是南京著名林荫大道数万大树上的千万树叶，常青长绿，高参云天，为我的精神世界庇护风雨，遮挡烈日，呵护生命，陶冶性情，潜移默化铸就我生命的特质。

曾经有过很长一段时期，我和周围的人们一起受困于愚昧封闭的蒙难时代，种种极端的学说和偏颇的行为模式，以相当难堪的方式严峻拷问我们的心智，挑战我们的良知，左右我们的命运。在那个异常困难的年月，图书馆里浩如瀚海的藏书以其不容忽视的自身价值起到了无声地拨乱反正的验金石作用。一家臧否之言难以改写数千年人类文明史，古今中外积累的人类智慧读本为后人提供了大量丰富经验以供鉴别真伪。南京曾是太平天国“定都”十一年的重灾区，在宣传材料中天朝领袖被奉为圭臬，加冕“农民起义英雄”的桂冠，可我一直对“天王”的所作所为深深存疑。如“天王”在南京发布诏书曰：“凡一切孔孟诸子百家妖书邪说者尽行焚除，皆不准买卖藏读也，否则问罪也。”天京的焚书情况更是一锅端：“读者斩，收者斩，买者卖者一同斩。”我实在难以理解，那些否定一切文化传统、视书籍为祸水，公然猖獗焚书的人群，其居心能不黑暗？我后来在南京图书馆馆藏书籍中读到潘旭澜先生著的《太平杂说》，作者笔挟风雷摧枯拉朽地抨击了那个极端黑暗的时代，指出一切以愚民为手段的独裁政权的最大障碍，就是智慧和精神力量的载体——书籍。禁书焚书，直至囚儒坑儒，永远是独裁政权维持自身生存的必要前提罢了，恰如巨蟒缠人，碎其筋骨为的是便于吞噬动作云云。我很感激众多的馆藏书籍像火炬接力引导我在暗夜中前行，不曾堕入愚昧，不曾走火入魔，从那个时代的认识迷宫和意识误区中艰难地走了出来。

明火执仗焚书的魔影今日已无处去寻，时过境迁，人们头脑中的读书意识却已经在消失和淡化了，世人变得越来越懒于读书，火不焚书人弃书。

远离了焚书的火把，“厌书情结”的魅影依旧森森然，巍巍然，积极活跃在四周，其危害性不弱于焚书一族。近年来电视和网络作为文化媒体的新生力量迅速崛起，商业化程度又很高，媚俗的取向便不可避免。现代人终日沉浸其中，甘于平庸、拒绝深刻、追求感官满足而淡化审美精神，结果导致了大量浮光掠影的文化泡沫和文化垃圾应运而生。在人口全球第一的中国，读书人的比例相当地不容乐观，新书如云兮人不肯读，书籍书籍兮奈若何？每次望见图书馆和书店里三五成群俯首苦读的身影，我不禁心生感慨，那些流连在在网吧和电视机前的大部队啊，何时君归来？“读书清苦”，然而正是在不断阅读的过程中，我努力充实和更新自己，明确了自己一生努力的大方向。

一次，朋友打电话来嗓门很大，他读我的诗集《今夜无梦》，声称是压抑得喘不过气来，抱怨我说为什么不把作品搞得轻松点，好让读者舒舒服服地享受阅读过程。我一时无言以对。我的写作风格和审美意识也许与“市场化、商业化”标准相去甚远，但是我从无“从众”与“合流”之意。后来，我的中篇小说集《简单程序》相继出版，我欣慰地看到，作为一名资深读者，我写的书像两滴清澈的泉水成功地汇入书籍海洋，我以我的“读书写书”方式，反哺南京图书馆三十年借书之恩。

2、如杖随行

并不是我在南京图书馆借阅的所有书籍，作为读者的我都是为了满足精神层面的受益。我承认，在有些书籍的阅读方面，我显得“功利性”十足，有着明显的“形而下”目的。

前几年我所服务的企业需要筹建数据库，要运用计算机技术帮助分析化工贸易的进销存业务。作为一家老牌的国有批发企业，公司历年来的数据统计和资料分析过去主要依靠手工劳动。我本人并不是一名 IT 人员，编制企业的数据库的任务跟我八竿子打不着边，也没有人对我施加任何压力，我完全可以心安理得地做一名旁观客。但我还是想试一试自己的能力。那时我对微软系统的 Access 数据库仅有初步了解，以我当时的“入门级”Access 知识，与我所希望建立的企业数据库完整架构以及企图“收编”企业税务开票机的诸多项增值税发票信息的“痴心妄想”两相比较，不啻有霄壤之别。我只好老老实实从头学习，连续几个月在南图借阅 Access 数据库有关书籍，埋首苦读。分门别类搞清楚了表、查询、窗体、页和报表之间的关系和相互作用，一步步顺利攻关。我后来终于利用 Access 系统为公司建立起一座较完整的数据库，更重要的是我巧妙地“借道”税务开票机上的增值税发票信息，把历年来逐渐累积的客户信息、销售商品、价格等十余项十数万条重要信息一股脑儿采集到手，避免了一一重新输入电脑的“超级”繁重劳动和人工误差。事成之后，总经理只要一打开电脑，就可以轻而易举地调阅本企业任意时段任意商品的任一销售资料，也可以随意检索任意客户的档案资料。这一成功对于企业开展“信息化管理”不言而喻起到了很大的促进作用。那时候我作为“主其事者”的愉悦，远非言语可以形容，我像中奖彩民，忍不住手之舞之，足之蹈之。在这种情况下，读书对我来说，有着极强的现实性目的。而这个功利性的目标，通过勤奋读书，加上有效联系实际，结合计算机操作，近乎完美地实现了。

无独有偶，后来一段时期的一系列读书活动，也一并与学习电脑技术有关。2005 年初，为纪念我所服务的企业成立 50 周年，公司领导决定更新企业网站，同时制作一本企业宣传画册。制作画册牵涉到运用 Photoshop，而制作网页的最佳选择方案之一是运用 Frontpage，当时只要肯花钱，社会上专业制作网页和画册的广告公司多的是。但由于我个人对这两个项目一向很有兴趣，便抱着自我提高的想法，斗胆“没有条件创造条件也要上”，先行砥砺自己手中的刀剑。同样是从南京图书馆一包一包地借回大批电脑书籍，同样是一页一页地苦苦捉摸字里行间的意思，捕捉每一个操作细节和步骤的信息。那些编书的电子专家在专业技术上无疑是精湛的，但在文字表述方面则往往不敢恭维，时而佶屈聱牙，时而上下脱节，令人百思不得其解。这种阅读令我费尽九牛二虎之力，留下了一段何其独特而又痛苦的阅读过程啊。我的阅读总是在极其抽象的概念中彳亍前行，我的思路和理解经常变成一团乱麻，不得不剥茧抽丝，一遍遍地重头再来。终于在当年 9 月之前，借助馆藏书籍的帮忙，我分别完成了这两项任务。虽然我的作品还说不上完美，而且紧跟着企业隶属关系发生巨变，一切事前安排的计划全部暂时停顿。但是我通过自学独立地掌握了有关的专业知识和基本要领，锻炼了自己的动手能力，这不能不说是我读书的又一成功。

有了这样一次次得益于读书撷取的经验，我读书的信心更足了。《孟子 • 公孙丑下》云：“如欲平治天下，当今之世，舍我其谁也？”我易其一字，变作为“舍书其谁也？”立为读书的座右铭。

3、心中期冀

南京图书馆长江路新馆的建成可庆可贺，可对于远居河西龙江小区的我，借书路程变得更加漫长，一趟来回要超过 20 公里，确实有点不方便。“路漫漫其修远兮，吾将上下而求索”。新馆嵌入了繁华闹市的心脏地区，其实那本该是商业的风水宝地，我心里一直在嘀咕停车也不方便。

几年前，在南京图书馆的安排下，我曾经短期获得国家数字图书馆的阅读权。网上阅读不同于传统书籍的阅读方式，长时间面屏而坐，有些人可能不太习惯。然而网上阅读的优势十分明显，首先是选书更加快捷，其次是免去了“负荷”的劳作，其三是真正做到了风雨无阻，其四是节省了来回图书馆或书店的路上时间，其五是不用担心无处停车。心仪数字图书馆久矣，网上图书馆大大方便了阅读，从此豁免去“大龄读者”往返借书的车马劳顿。我尤其希望南京图书馆介入并开放这方面业务，让我们这些忠实读者再续“网上书缘”。此外，我很期待数字图书馆开放“付费下载”业务，针对读者选择的重点内容，如果按照下载流量适当进行收费，一方面有效保护作者的知识产权，另一方面读者可以“各取所需”，岂不是两全其美之策。

“读书四十载，大方求无隅”。知识海洋至深至阔，无论自己主观上如何奋发努力，把自己的全部读书经验累积起来，面对不计其数的古今中外读本，都好似在“以莛扣钟，以蠡测海”。我真心追求不断读书，持续进步，以书为镜，以书为友，以书为师，终身爱惜南京图书馆重点读者这份荣誉，做一名合格的读书郎。

写于 2005 年 9 月

情愫井喷

1

春节期间，手机不停鸣响，短信息如雪片般飞来，节日的问候随着手机的铃声连续叩响心灵。常常是刚看完一条，又收到了多条，感觉就像是被朋友们团团围住，握手寒暄不断，一瓣心香，常伴左右。

汉乐府云：“客从远方来，遗我双鲤鱼。呼童烹鲤鱼，中有尺素书。”手机短信息就是现代版的鱼雁传书，尺牍传情，无远弗达。2006 年春节八天，全国短信息的提交量超过 126 亿条，其中仅南京人就发出 7 亿多条。在每则短信息的背后，都唤起了人们对一位含笑面孔的记忆，表达了一颗炽热心灵的牵挂，透露出一股殷切的思念，传递去一份诚挚的问候。节庆是收获亲情与友谊的日子，手机在掌心把玩，俯察之间顾盼生辉，喜形于色。经过文化大革命等一系列极左运动的重度摧残之后，中国社会的人际关系一度冷硬如铁，如今国人重拾传统，回归亲情，短信息一字一句，弥足珍贵。

有些信息来自于群发，如工会，总经办等……一句句嘘寒问暖，传播情意，代表着组织的问候。有些信息来自业务合作的伙伴，平时公事公办，一本正经，此刻三言两语，调剂了心情，更增进了个人友情。有些原先的同事各奔东西失去了音信，临近年关突然署上姓名发来问候信息，如烟往事一起涌上心头，低头细读之间不禁低低心语：你们现在过得还好吗？有些同事朋友原先交往一般，突然发来情味浓郁的祝贺，一下子拉近了彼此距离。有趣的是有的办公室同事受魅惑于“短信息情结”，一发再发，意犹未尽，隔天发现更加精彩的短信就又“传书”一次，我便有了多重的收获。

也有一些短信息是不请自来，在一大段热情洋溢的文字后面，缀着个陌生的名字如“哈尔滨蓝太阳曲华”。对于错信我常是一笑了之，有时礼尚往来也会回复一条祝福，成就一番美意。自己发出去的短信息也有一些迷途忘返，我想陌生人见了也会博得会心一笑吧。

在去苏州过年的火车上，偶然接到一位厦门朋友的短信息，跟着又打来了电话，旧友重逢，个中愉悦自不待说。此君原是厦门一家大型进出口公司的总经理，飞黄腾达，前程不可限量。突然一日主动辞职，急拐弯转向市残联工作，朋友同事皆不理解。嗣后“远华”案发，当地许多重量级人士落马，身陷缧绁，唯有此君全身而退。朋友这才明白此君高标绝世，特立独行，是“大隐隐于市”级的人物。以人为镜，可以明得失，这条短信息让我沉思良久，领悟颇多。

春节期间在苏州上海之间往来，苏州、昆山和上海移动服务商的服务信息便接踵而至，纷纷前来添热闹。问候语，气象报告，酒店预订……不一而足，真个是熙熙攘攘闹新年了。

2

从本质上说，国人性格含蓄、收敛和内省，喜怒哀乐一般不外化于言行举止。手机短信息的出现，完全契合了汉民族的这种沉稳性格，既提供了遣信传书的最大方便，快捷顺当地表述了祝福问候，又不拘泥礼节上的敷衍，省却了重复的客套话。当今国人在沟通情感方面达到短信息这个境界，几至化境了。

短信写手的职业化，又提供了另一种方便：大量短信素材可以信手拈来，任意撷取，弱水三千，取一瓢饮。对于不善雕饰词藻的同胞来说这不啻是一种福音。其实，国人感情丰富细腻，追求心迹的深刻表达，绝不逊于任何外国民族。短信写手们口吐珠玑，叱石成羊，他们像一群不知疲倦的矿工，努力开掘人们意识深处闪闪发光的秉性和情感，给饥渴的心灵和干涸的人际关系注入汩汩清泉，挥袂则九野生风，慷慨则气成虹霓。时逢狗年，“汪”字处处可闻，“福”字叠成宝塔，吉祥话语不绝于耳。

细读手机屏幕上的形形色色留言，可以觉察出发信人截然不同的性格、品味和兴趣。有人性急发信即回，有人性子较慢斟字酌句迟迟地酿成一杯醇酒。有人喜欢排比句，有人喜欢创出新意，有人辛苦撰出“首字联”，也有人利用词句组成一幅图像，有人借力省劲一概套用“网络版”信息，有人一个字一句话从自己心窝子里掏出来……无论如何，空中短信的飞舞和往来，都成就了一番甜美甘醇的心意。

3

手机短信息发展到今天这个地步，当之无愧成为一种新的国粹，与年画、春联、庙会、灯节一起组成民族节日的独特文化内容。短信息急遽增长，赢得了一席可观的市场地位，也揭示出一种不容忽视的中国文化现象，阿基米德说过“给我一个支点，我可以撬起整个地球”，手机短信息为国人的精神交往提供了一个有力的支点，让彼此借以更新和升级原已淡漠冷寂的社会人际关系。

在西方的手机世界里，短信息事业也许远不及中国发达吧。女儿原在南师大读书是手机短信收发的一把好手，每月的短信话单打出来有一人多高，看去令人目眩头晕。女儿前往美国攻读法律硕士后，她入乡随俗早已习惯直接打电话交流，冷落了自己擅长的“拇指文化”。中外在手机短信方面的发展差异引发了我们的思索，其中美国的话费便宜可能是一个重要因素，在美国每晚 9 时至次日 7 时以及双休日的两个整天，女儿的手机拨打美国国内电话全是免费的。既然如此，短信就不得不退居次席了，毫无疑问语音交流永远是最为快捷方便。

有朝一日中国电信费用下降后，直接通话也许将挤占掉一部分短信息市场。但仍可以乐观地相信，在相当一段时间内短信息事业将依然辉煌发达，继续在国内发挥出重要的“友情大使”作用。哪怕是在遥远的未来，手机短信息会像寻呼机的使命那样收缩并中止，从此结束自己的历史责任，那一度光辉灿烂的短信世界也将升华成为美丽的回忆，永远定格为中国当代通讯文化的一部分

每当怀中的手机传来温馨的短信息提示音，我便心头一暖，这又是谁在挂念我了呢？目光轻垂，泰戈尔的一首小诗便悄悄浮上心头：

“当我从睡中醒起，
我发现一筐橘子在我脚边。
我正忖想谁能是这礼物的
　　赠予者；

我的猜测从这一名字飞到那一名字，
但是美好的名字
　　像春花一样的繁多，
一切不同的名字联合起来，
使它成为一件完美的礼物。”

是啊，节庆的手机短信息正是一件完美的礼物，丰富，多样，饱含情谊，从四面八方汇聚而来，在心头酿成极甜的蜜。

写于 2006 年

清凉南岳

1987年8月中旬，去湖南衡山参加一个商业系统的会议。9日先从南京出发去上海，乘坐的是91次特快，当时票价刚从7.50元调整为8.70元，加上0.90元的空调费，票价合计9.60元。当晚六时，又转乘207次列车卧铺去长沙，列车横越热浪滔天的江南和赣湘大地，历时27个小时于10日晚九时许抵达长沙。第三天上午，会议主办方安排代表分乘数辆日本进口面包车南下，疾驰四小时后驶入南岳衡山的半山腰，住进了南岳宾馆七号楼。

久仰南岳“五岳独秀”的盛名，放眼望去，千峰排戟，万仞开屏，山峻林茂，黛色参天。走着走着，来自“火炉”之乡的南京客人突然发现，自己已不知不觉地进入了一个清凉湿爽的世界。在“三伏”天里，我们外出登山走很长的山路，同伴们全无汗颜。一片片凉丝丝空气像冰毛巾轻轻擦拭游客的身心。

我讶然了，这爿清凉世界缘何而来？

山中逗留四、五日后，我逐一收获谜底。清凉首先来自于衡山树林茂盛，荫泽深厚，日照不易透入。此处山土膏腴，孕育着旺盛的生命力，藤绕老树，巨木参天，奇花瑶草，修竹乔松。衡山山脉重峦迭嶂，逶迤八百余里，难觅方寸赤地。福严寺前有一株千四百年的古银杏树，胸径大于八仙桌，虬枝碧叶，峥嵘盘空，俨然是南岳绿色世界的领袖。周围百年金桂，摩天香樟，环绕掩映。针叶、阔叶植物的树冠参差毗连，把来自外太空的骄奢阳光高高托出天外。我耳边回响起杜牧《晚晴赋》中的句子：“松数十株，切切交风，如冠剑大臣，国有急难，庭立而议。竹林外裹兮，十万丈夫，甲刃摐摐，密阵而环侍。”文中之义，眼前之景，情景交融，浮想联翩。沿途山泉潺潺，晶莹见底。远处枯藤化龙，腾空遁去。

其次，衡山山势陡峭，一举左右并干预了气候的冷暖变化。祝融峰高达海拔千三百米，为南岳绝顶。左右四旁，屏立着芙蓉、祥光、天柱等千米以上的峻峰，一座座背天而立，直插云端。南岳全年云封雾锁的日子多达二百五十天。山中气候瞬息多变，时晴时雨，早晨也许还是晴空万里，中午就会乌云吞山。淅淅沥沥小雨常常不约而至，云雾弥漫在楼台亭阁和走廊之间，游客行走其中顿时飘飘欲仙。此地年平均最高气温在摄氏二十一度，可谓是境界弥高，气候弥佳。

山间车道直通主峰极顶，主峰顶上有一条通衢大道，从上封寺伸向制高点。一路信步踱去，但见南岳主峰睥睨六合，气雄万古，一空依傍。我们这些来自江河湖海和平原都市的游客久居低处，习惯了由下往上的视角，从来都是一副仰视万物的视野。如今突然乾坤挪移，由上而下地鸟瞰万峰紫烟，幽谷峻崖，云海烟波，顿时变得神清气爽，通体舒泰。我们一行自由自在地漫步在宽敞的山顶大道上，一路坦坦荡荡，身心轻松进入了大写意的洒脱世界。上仰日月经天，下俯江河行地，一洗胸中块垒，达到物我两忘的境地。大方无隅，大器免成，南岳衡山就代表了这个境界。

南岳一带，佛教渊源深远，宗系繁衍，蔓及海外。山中佛寺道观林立，香客云集。南台寺被日本高僧梅晓视为祖庭，祈福禳灾，日作佛事多起，钟磬鼓竹，不绝于耳。深山古刹，六根清净，远离尘世的无穷烦恼，给人留下了特别宁静和清凉的感觉。

15 日上午自由活动，我有时间独自攀上宾馆附近的掷钵峰，此山海拔 810 米，整座山峰为花岗岩构成，因山形似覆钵而得名。沿途森林幽静。我在山峰顶上久坐，远眺诸峰被山岚山雾恣肆涂抹，瞬息万变，一时心如止水，思绪进入一种晶莹透彻的境界。

附近有一处胜迹“磨镜台”，在一块六平方米的巨石上面，赫然刻着“祖源”两个擘窠大字。传说唐朝居住在福严寺的佛教禅宗七世祖怀让和尚看见蜀僧马道一终日在石上打坐念经，便问：“你终日打坐图什么？”道一答：“图作佛。”怀让便用一块青砖在他打坐的石边摩擦作响，以期解悟。道一遂问：“你天天磨砖作甚？”怀让答：“图作镜也。”操飞天法轮的佛徒马道一顿悟法门，谙通“磨砖既不能成镜，打坐又怎能成佛”的哲理，刻苦修行，终成正果。徜徉在磨镜台前，一级级石阶如一组组琴键，脚下飞扬起无声的音符，撞击着游客的荡漾深思。

石径弯曲，山麓赫然矗立一组纪念建筑群，是一九四二年为纪念“七七”事变的抗日阵亡将士修建，灵堂巨匾是蒋介石先生手书“忠烈祠”几个大字。“七七”纪念碑由五颗巨型炸弹模型构成，造型极为醒目独特。先辈先烈费尽移山心力，发扬以狮搏象精神，朝斯夕斯，念兹在兹，顽强奋斗拼搏，几度沉沦的土地才从水深火热中拯救出来。

通过几天的参观，从意识深处切切实实升起一片十分惬意的大彻大悟清凉，起先发之眉端，继而漫渲胸襟，精神世界为之而豁然开朗。南岳一连串史迹和人文景观的启示，犹如空谷足音，透彻阐释并帮助认识人生意义和行为努力，像雪山冰川徐徐沃进游客久旱燥热的心田。或许，每个人心中的清凉之源是原已有之，此时此刻借助南岳这一把景致钥匙的契机，当下地重新发现了一遍，体会得更深沉罢了。

心中的清凉，也非是到了南岳或者其他著名景区才可以唤起。身心的一次彻底放松，其实是从登上火车离开南京的那一刹那就已经悄然开始了。人在生活的本位，往往是百种俗事缠身，只有暂时离开“那一个”固定位置——譬如是出差或外出旅游的时候——临时摆脱无数烦恼和牵挂，轻松和愉悦自然就像清凉泉水瞬间汩汩升起，让自己身心四大皆空，为自己临时卸去负担，令自己神清智爽。

记得在南岳宾馆，我与同事小郝曾经邂逅了一位湘妹子，即长沙工业学校劳资班的一年级女大学生杨小姐。杨小姐的舅舅是南岳宾馆的经理，外甥女刚放暑假便跑到舅舅这里来游玩。这是一位健美活泼的女孩，快人快语，主动担当起东道主和导游的双重角色。12 日晚陪我们游览了麻姑仙境。13 日晚上又陪我们去南台寺参观和尚做佛事。杨小姐性格爽朗，朝气蓬勃，给我们留下了深刻印象。南岳的景色和人物就这样完美地融为一体，熠熠出彩，相映生辉。

南岳归来，精神深处始终保留一处冰清玉洁的清凉世界。此后社会上雨斜风狂，烈日蒸腾，赫赫炎炎，于我何妨哉。

一稿写成于 1987 年 8 月 26 日

二稿修改于 2011 年 7 月 26 日

隐士品质，标举文章

——更的的作品《鱼挂到臭，猫叫到瘦》赏析

初次接触更的的文学作品，留下一种卓尔不群的印象，格调高古，意趣深远。近读他的知青题材长篇小说《鱼挂到臭，猫叫到瘦》，进一步印证了我对他创作手法的分析和预期，那就是大巧若拙，流水无痕。

此君果然不凡，他遁世离群决心之坚定，或许只有他文学创作手法之精妙恬淡可以媲美，而他造词遣句功夫之娴熟，堪与他淡泊人生态度之玄深一争高下。至今不谙此君姓名身世，也不见他登堂入室积极推销自己的锦绣文章，有人要帮助他出版文集，一句淡淡的“可以”就是全部的应酬。朝野传佳文，江湖无此人。这若不是现代作家中的隐士，又作何解？

题材：尴尬处世和本能宣泄

长篇小说《鱼挂到臭，猫叫到瘦》的时代背景，是全国逾两千万知识青年离开城镇，上山下乡去插队落户。他们与故乡的一切联系都被社会属性这支无形巨手生生地扯断了，这一离去就仿佛是遥遥无期。一年又一年过去了，青年们似乎成了沧海遗珠，陷入长久迷茫和彷徨，不得不抖擞精神“做稻粱谋”，一箪一瓢，耕稼耒耜，为了当下的生计和看不见的前程苦苦挣扎。

一边是万斛乡愁，一边是情窦初开，知识青年当时正值青春年华，萌生了热烈的丰富情感，充满了对异性的幻想和好奇心。然而，冰冷的现实世界犹如突兀高大的冰山挡住了绝大多数知青追求爱情的去路。竹窝里生产队 1974 年一个工分只有三毛几分钱，“大约有四分之一的人家一年工分所得连口粮也秤不回来，秤不回来的人家就是超支户。”何况占多数的知识青年不善农事，室如悬罄，野无青草，在农村谈恋爱和成家立业几乎就是一个冷峻笑话和奢侈梦想。

再加上多数知识青年压根儿也没有在农村“打万年桩”的想法。一旦在农村结婚，上调回城肯定会受到影响，这是没有人愿意下押的一场博弈。除了极少数“把生米煮成熟饭”的特例，绝大多数知青的爱情只好长期“悬空八只脚”根本不着边际。严峻冷酷的现实与理想之间有着巨大的不可逾越的差距，“性饥渴”是知青在物质世界极端匮乏的一重痛苦之外的殊为惨烈的另一重精神世界痛苦。这部小说酣畅淋漓地表现了知青阿毛的感情经历，把那个特殊阶段知青心灵受到的苦痛折磨再现一二。

时势云谲波诡，世人与时俯仰。《鱼挂到臭，猫叫到瘦》这部小说的副标题是“原竹窝里生产队队长坤生如此评论男女知青的婚姻问题”，用一句乡间俚语最形象不过地阐释了知青爱情的尴尬、无奈、绝望、矜持和破败。青春岁月时不我待，而前途根本没有希望，一个个心慵意懒，即使父母有本领另找门路樽俎折冲——譬如唐娟娟最后到了新疆——也落得个间歇性情感障碍住院接受治疗的下场。知青爱情，大多以悲剧收场。

阿毛回城探望过“虾子精”后返回农村，“蒋芝萍说，城里热闹吗。阿毛说，还不就是那个样子，大家忙着上班下班，我们倒像是多余的影子。”多余的人，多余的影子，多余的情感，知青的爱情不是多余又是什么？

于是，阿毛的感情生活错综复杂，他在自我约束和自律之后碰到的几次乡村艳遇，就格外地引发读者关注。作者直白地剖解那个时代知识青年的感情纠葛，宣泄异性相吸的欢爱本能，演绎出狂热灿烂的几个章节片断。知青的爱情悲欢尽在这部小说里沉浮，立此存照。

人物：乡土本色和点石成金

知识青年插队期间，中国政治进一步呈现出多样性和复杂性。天高皇帝远，具体到了苏南浙北那些名不见经传的僻远山村诸如“竹窝里”之类，仍是“不知有汉，无论魏晋”。“为稻粱谋”始终是小乡村村民生活亘古不变的主题。

作为小说的主角，阿毛下放插队六七年，担任了生产队长，与“竹窝里”这块土地的关联度空前加强，就不能像“虾子精”云游四方去叉妹，也不能像“哈嘴塌子”全力以赴积极办病退，他必须集中精力搞好农业生产管理，身先士卒看水挑秧检查安全。知青在农村真正拔擢成为“一把手”

的机会不多，概率也不大，但阿毛是个例外，阿毛在屏退“五湖四海”千军万马方面的智勇作为，一度令二十来户村民对他推崇有加，愿意对他言听计从。一来二去阿毛就成为了村中的领袖人物。

即使阿毛身为乡村基层“一把手”，即使他表面上与村民们一般无异，干同样的农活，出同样的死力气，吃同样的饭食，后来也与年轻貌美的村姑眉来眼去，打情骂俏，甚至缱绻缠绵，貌似阿毛在广阔天地里已经茁壮成长为一名优秀的本色农民，是“再教育”成功地点石成金的一个典型。但是骨子里阿毛的知识青年身份才是他唯一的社会血型，他对前程的思索和追求最终受到他校园教育程度和城市生活环境的左右，他决不会让“竹窝里定式”干扰和决定他的人生路线，相反，倒是“阿毛”典型让竹窝里村民看到了山外有山，天外有天。

从这个意义上来说，阿毛形象在竹窝里村的出现以及以他为代表的一班知识青年在广大农村牧场边区的作为，让新思维光茫无比强烈地投射照耀，向所插队落户的地区放进来一彪彪热带风暴似的新鲜空气，撕挣开更大更开阔的精神活动空间，这是知青下乡作为一种运动在为偏远闭塞的乡村点石成金。当然，这种点石成金的过程并非是指竹窝里村因此脱离蒙蔽、改革开放而经济上一夜暴富，或是半文盲的村民们突然开了天眼夜夜举办赛诗会，而主要是指村民借助知识青年这面镜子清楚看到外部世界精彩从而对于数千年传统生活模式的动摇、怀疑、游离和思索。小说结尾的 1975 年立秋前后，知识青年大规模返城潮即将展开，上千万的男阿毛女阿毛们即将就像沙滩上的沙蟹和贝壳那样被巨浪席卷一空霎那间就从农村中永远消失了，其兴也勃焉，其亡也忽焉。但是阿毛的故事，阿毛的样板，阿毛的印象，如烙印般留在无数的竹窝里村，永远地改变了那里人们的心智和生活。

众多女性活跃在小说中间，一个个美丽知性，调皮大胆，性感活泼，譬如城市女生唐娟娟和蒋芝萍，又譬如年轻乡姑小美头和心妮。悲剧的知青身份、单调无聊的务农生涯、毫无前景的未来展望先后毁掉了两名如花似玉的城市女孩唐娟娟和蒋芝萍，而乡姑小美头和心妮已婚后更泼辣些，生命力更加顽强，她们对于热烈奔放爱情的渴望和追求，在阿毛干柴烈火感情的呼应之下，演绎了一段又一段泼辣辣的激情故事，成为了本部小说充满诱惑的亮点和看点。

阿毛对于唐娟娟们和蒋芝萍们充满由衷的同情、爱护和怜惜。“阿毛突然觉得很感动，他突然感到，这些女孩子其实非常惶惑、孤独和寂寞，面对不可知的未来也许更加无奈、无助，一场与她们完全无关的什么革命彻底改变了她们的生活，彻底破坏了她们的全部梦想，使她们离开了生活的常态，剥夺了她们本来可以拥有的对未来选择的权利，面无表情地把她们扔在一个与她们毫无关系的地方自生自灭。青春正在毫不留情地离她们而去，她们在毫无希望的等待中失去等待。一天又一天，她们痴痴地等待着，她们在无望中挣扎着希望，她们只是等待着回到生活的常态。”

语言：乡俚俗语和恬淡大雅

本部小说的语言相当独特生动，作者成功地运用一种“场面性语言”来描摹人物和刻画故事。所谓的“场面性语言”就是指在那个特殊时期人们——尤其是知识青年——在公开场合下不得不采用的混杂着领袖语录和诗词、样板戏唱词、红歌歌词和古代诗词的一种言语大杂烩，亦庄亦谐，亦真亦假，亦古亦今，亦有亦无，只在那个时代产生，流传和影响深远。现在于更的的作品中重新得见，更是调侃多于铺陈，讥讽甚于严肃。

作品中的知青插队地点在吴语区，与我有缘。我曾在南京以南一百多公里的高淳县顾陇公社笠帽墩生产队插队，距离桠溪镇 7 华里，那里属于古吴语区。当地方言把男子称为“男子汉”，显得雄壮威武，把妇女喊作“妈妈娘子”，又透出风韵优雅。男女少年则分别称作“阿尼嘎”和“妹头嘎”，小女孩就叫做小妹头，发音颇似小说中间的多情少妇小美头。加上我太太又是苏州人，所以更的的作品中的乡土语言，于我十分亲切，理解全无障碍，句句入心，字字贴意，诸如“歇盼吃点心”、“点把点”、“早点歇夜”、“滚丝烂壮”、“没有数目”之类。阿毛说“屌知识青年，下放鬼子”一句自嘲话语一再引起我的窃笑和回忆，人物身份定位和造词遣句，十分精彩和准确，仿佛昨天我们多数知识青年也说过同样的话语。

小说中的胥河是世界上最早的人工运河，春秋时期由吴国大夫伍子胥主持开凿，如同是一条横贯东西的丝带，由苏州通到太湖，经宜兴、溧阳、高淳，穿过固城湖，在芜湖注入长江，曾在吴国击败强楚的战役中发挥了决定性的作用。河东河西，一脉传承。小说中的许多乡俗乡习，江南的知青一直是烂熟于心，譬如结同年，过年做炒米糖，休息时竞技“驳扁担”等，文中所说驳扁担是“双方各握住扁担一端”，使劲地掰。我曾经多次与高淳当地农民“驳扁担”，不知凡几，输赢相当。小说中的前民兵营长华子手上有硬茧，不太怕疼，所以能胜过阿毛，那是以己之长，击敌之短的一套驳扁担竞技战略。

小说作者作为一名资深的知识青年，胸中块垒，激愤和不平，通过清淡通达的明快文字，波澜不惊地一路信笔写来，扫云听风，自得自乐，实在是恬淡大雅之至。这样的文字，和那些体制文人追思知青生涯的文集，其间的情思寄托，自然是判若云泥。作者迹同隐逸，笔锋却轻轻扫破了世间风云。唯余绠短汲深，难以道尽文中精妙。

写于 2011 年 8 月

重塑 • 精神之阿房

夫子曰：五十而知天命，六十而耳顺……到了我们这一代人，生活在这个折腾的时代，退休之后仍有一件未毕之事需要忙碌，那就是重建这一生的认知体系，或称作是重新整理和收拾自己那只标志着“世界观”的杂物箱。因此，夫子的格言也要委屈改动一下，若换做是“五十而知天命，六十而塑心……”或许更为合适。

1

物质世界的重建现象，在我们这个时代，从来是屡见不鲜，而且形成了一条基本规律：前二、三十年，基本上是“拆、烧、砸”为主，也就是毁坏占据了主流地位，譬如北京的古城墙，又譬如各地的古建筑和寺庙，有一段时期被统称为“四旧”，必欲除之而后快。而到了后三十年，基本是以重建为主。

1951 年北京开始拆古城墙，长安左门和长安右门相继被拆，古建筑的拆除势不可挡。1953 年，林徽因为了保住永定门城楼，当面直斥主张拆迁的北京市副市长吴晗：“你们拆去的是有着八百年历史的真古董……将来，你们迟早会后悔，那个时候你们要盖的就是假古董!”一语成谶，被林徽因端端地说中了，在明代的永定门城楼被拆毁 51 年之后，当代重建的永定门城楼这座巨型“假古董”于 2004 年 8 月 18 日宣布竣工。

南京的明城墙有幸，劫后余生。但随后在那场声势浩大的大炼钢铁闹剧中，遭殃者众。如南京总统府门楼三樘拱型门洞各装有双扇连顶镂空铁门，门涂黑漆，正中镀金，铰链、插销、铁锁和暗扣等五金大件均为法国进口，此三樘门于 1929 年 12 月竣工一直沿用到 1958 年，大炼钢铁时被众人拆下回炉，化作一堆废铁。总统府只好换装上三扇木门。直到 2003 年，三樘大铁门才按原样恢复，算是重建成功的一个例子。

重建不成功的例子也比比皆是。南京近期在酝酿大报恩寺及五彩琉璃宝塔的复建计划，古代匠人在烧制琉璃时一般都有备件，以济不时之需，大报恩寺琉璃塔在建造时也不例外。据《陶庵梦忆》中写道：“闻烧成时，具三塔相。成其一，埋其二，编号识之。今塔上损砖一块，以字号报工部，发一砖补之，如生成焉。”1959 年末，南京文物考古工作者清理窑池，曾发现三套完整的琉璃拱门构件，现分别存于南京市博物馆、南京博物院和中国历史博物馆。可见史料记载的两套备用的构件确实存在。1958 年大炼钢铁，南京的“钢铁工作者们”在当年的窑池下面挖掘出大量地下埋藏的琉璃备件，然后砸破——磨碎——充作耐火泥。据一位曾经参与当时收购耐火泥的人士声称，收购的碎琉璃耐火泥足足有几万吨。我相信，每一块明代琉璃瓦的价值要比同等份量的优质钢铁贵重得多，更毋言“大炼钢铁”并没有产出任何有价值的结果，唯一产物就是令人痛苦欲绝的政治反思和长久的经济绞痛。大批珍贵文物一去不再复返。愚昧无知就这样一次又一次玩弄国人于股掌之上，从这种意义上说，大报恩寺琉璃塔不是毁灭了一次，而是毁灭了两次或更多。那个时代的那些人们，曾经做出了怎样不可思议的一些蠢事啊。

毁坏和重建，就这样环环紧扣，亦步亦趋，顾此失彼，颠三倒四。

2

物事如此，精神亦是如此。

对于形而上——也就是意识形态来说，前二、三十年自然是毁坏占据了主流地位。后三十年是重建与继续毁坏并存。有些精神层面的毁坏过程，在后三十年颇有“一而再，再而三”后来居上的势头，尤其是公民道德、社会诚信和社会公正成为了重灾区，导致公信力无存，世风日下，徇私腐败，社会“假话、大话、空话”泛滥成灾。

现在看来，“与共和国同龄”的我们这一代人在此一生中艰苦建立起来的认知体系，犹如把别墅建造在暗流四伏的沙滩上，大抵经不起时代考验和认真推敲。从懂事时开始，我们认识历史的参照系，基本是虚假的；我们对于外界的观察和了解，基本是片面的；我们对形势的估算和价值判断，基本上一无是处。

读小学时，初辨好与坏，当时阅读小说《红岩》中提到的中美合作所的所谓黑幕，现在知道都是假编的。

上中学后，再识是与非，让我们十分震惊的雕塑收租院反映的历史环境和人物关系，也是假造的。

此后，历史文学，思想文化，一般是假上加假，一假到底。我们被要求参加过的几乎所有政治运动，后来被证明是浩劫。我们被号召去反对的几乎所有的人物，事后全部被平反，或者将要被平反。

我们一生的经历，到头来只是充分证明了一点，那就是自己的这一辈子长期生活在一个黑白难分的时代，我们对外部世界的认识，从材料、观点、逻辑、思辩方式到推论手段，全部是不靠谱的。既然如此，我们还有什么理由自信地声称，我们对这个世界拥有经得起考验的认知体系？我们怎能自我安慰说，在自己精神世界的那一片残墙断壁里，还保存下来可以拼凑成套的真知灼见？

我们对于人生价值的思索，对于生活意义的求证，对于真理本质的寻求，从来没有中止过。不然的话，由于客观世界的缘由，我们这一生在美丑、是非、善恶、爱恨、好坏、喜忧、生死、得失这些基本的命题中一再迷茫和反复错失，我们怎有机会变成神清智爽、厘清既往的飘逸长者？我们怎能奢望自己不变成一帮颟顸糊涂、僵化顽固的老翁老媪？

3

物质毁坏，有望重建。精神硬伤，遗痛久远。

由于资料封锁，信息不对称，造成了我们这一代人认知体系的天生的“营养不良”。所言所语，谬错不断。譬如，时至今日，有人还会脱口说出：“三年自然灾害时期……”这样的词汇。殊不知根据历史记载，1959、1960、1961 那三年中国的气象基本是风调雨顺，至少是没有发生成规模的洪涝灾害。偏偏就在这个时期，发生过饿死数千万中国人的惨剧。连国家主席刘少奇也承认说是“三分天灾，七分人祸”。“三年自然灾害时期”这种概念，真正是何来之有？

太平天国，我们这一代的许多人还会认为是伟大的农民起义，最不济也算是对于封建王朝的正面意义上的一次有力冲击。却不知道，在同一个时代，马克思是这样评论的：“显然，太平军就是中国人的幻想所描绘的那个魔鬼的 inpersona（化身）。但是，只有在中国才能有这类魔鬼。这类魔鬼是停滞的社会生活的产物。”

至于圆明园的被烧，公众批判的矛头更是直指八国联军，满清朝廷似乎这一次倒成了受害者的象征，历史真相果真是如此吗？八国联军登陆塘沽后，屡屡把清政府的军队打得溃不成军。1860 年 9 月，英国公使巴夏礼一行打着停战白旗前往通县和清政府谈判，却被蓄意报复的怡亲王载垣和僧格林沁蛮横逮捕并监禁了一个多月，百般拷打，肆意凌辱。39 名来使中有 20 人在监禁中死去。这种公然拘禁虐杀英法外交官的行径，在八国联军方面看来既违反西方的国际法，也同样违反中国自古以来“两国交兵，不斩来使”的行为准则。时任英国对华全权专使额尔金勋爵得知清政府的暴行以后，决意报复。在报复行动的前几天，额尔金命令在北京全城张贴公告，宣示英法联军火烧圆明园的目的：“任何人——哪怕地位再高——犯下欺诈和暴行以后，都不能逃脱责任和惩罚；圆明园将于 1860 年 10 月 18 日被烧毁，作为对中国皇帝背信弃义的惩罚。只有清帝国政府应该对此负责，与暴行无关的百姓不必担心受到伤害。”火烧圆明园的损失，当然是英法联军之手造成的暴行，其中却还有着满清皇帝和政府的迂腐野蛮所造成的不可推卸的直接原因。读到这段史料，我心头浮起一个念头：圆明园其实是清王朝那帮腐朽的皇族自己假借八国联军之手烧毁的，如此而已，岂有它哉？如果公众无从知道这一段详情，只会产生单向度的“盲恨”，会认为八国联军在华的所作所为，与义和拳一般无异。

在过去的一个甲子，事实被隐瞒，真话被打压，消息被封锁，历史被曲解，如此这般刻意地蒙蔽真相和单向度地曲意宣传，积累经年，终于产生了民心民愿民意冰崖崩塌式的无奈结局。2012 年 6 月 17 日上午，上海电影节产业论坛举行第一场活动“向世界讲述中国故事”。导演冯小刚尖锐地诘问：“你是个造假的民族，这样一个民族凭什么你的电影能够让别人去听，关键是世界有没有兴趣听你讲故事？”

九十年代，一次我去杭州出差，回宁时列车在上海滞留了 6 个小时，旅客们再三打探消息，方才得知是邻近南京的一座城市的部分市民由于集资问题上街请愿并涌上铁路致使沪宁线受阻。回宁后的几天、几星期、几个月里，我没有从媒体上获知有关这一群体事件的只字片语，任何消息不曾露面，就仿佛这件事情从来没有发生过，就仿佛我乘坐的那列火车一度驶入时间黑洞，就仿佛成百上千的邻市市民的激烈举动只不过是空穴来风。

从那以后，媒体风格和行径如此一而再，再而三。我们获知事实真相的渠道基本上是完全闭塞。有关方面一以贯之地恪守“沉默是金”的原则，让我实实在在地明白了，我们的认知与客观实际之间，有着很大——有时候是无穷大的距离。时至今日，上升到维稳的高度，“假大空”将会继续下去。

如此这般，我们不得不反思：这一代人懵懵懂懂的认知体系，在我们的后人看来，究竟是怎样不可思议的一番特殊造像呢？又会有着怎样的地位呢？

我很怀疑，在外界或者后代看来，我们这一代人的世界观体系浑似是一种无门无窗的地堡式的结构，既缺乏清醒空气的输入，也无从邀请丽日明月光线进入。闭塞，昏暗，潮湿，闷热……有些像农村的蘑菇房，也有些像是沙尘暴下的蔬菜大棚，不仅缺乏建筑美学上的意义，而且简直就可以称之为是现代政治风云下的一堆残壁颓垣。

5

“网天下，王天下。”

幸亏有了互联网，开闸泄洪，一下子成为了十数亿人民认知真实世界消息的主要来源，通天江河，浩浩荡荡，四海云天，波谲云诡。

学界普遍认为，在中国历史上，春秋战国时代曾是中国文明的开拓创新时期。儒、道、墨、法、阴阳等学派系统地提出了自己的哲学思想和社会政治主张，学者们或周游列国献计献策，或退隐林下聚集门生讲学，或独善其身著书立说。那时节，学派蜂起，百家争鸣，是中国古代一次思想大解放大飞跃。每忆至此，我总回想起《阿房宫赋》中的描写：“五步一楼，十步一阁；廊腰缦回，檐牙高啄；各抱地势，钩心斗角。盘盘焉，困囷焉，蜂房水涡，矗不知其几千万落。”这般视界里的雄奇壮阔，既是“覆压三百余里，隔离天日”的阿房宫的真实写照，可不也是先秦中国哲人的世界观曼妙多姿、丰富多彩的一种逼真描绘吗？

我期待，在有生之年，有望迎来思想开明的新时代，各种灿烂的精神活动，如民主主义，新自由主义、新儒家思潮……犹如琼楼玉宇，穿云破雾傲然耸立在半天开外。再现“长桥卧波，未云何龙？复道行空，不霁何虹？高低冥迷，不知西东。歌台暖响，春光融融；舞殿冷袖，风雨凄凄。一日之内，一宫之间，而气候不齐”的瑰丽景象，展现出光辉灿烂的意识形态景致。湖边山下，高楼大厦摩天而立；林下泉旁，精致花园接连不断。如果我们此时此刻还没有做好这样的思想准备，待那时代到来之际，就只有手扶茅棚之柴扉，遥望宫阙之入云的落寞份儿了。

当然，本文所谓的重塑世界观，对于多数老年人来说，在退休之后，充其量也就是修修补补工程。一俟某些资料解密或者猛料曝光，原有的“成见”随之统统报废，就需要更换一副全新的眼光来看待过去的那些问题和现象。一个崭新的视角，一种全新的认识，有时候会产生联带效应，推翻一系列旧的观点。“零打碎敲”的更新世界观方式，有时候又会拖泥带水引出更多的不解之谜，让思想陷入更深的迷茫……这也许就是我们这些上了年纪的“现代人”在重塑世界观的过程中所必须付出的代价吧。

写于 2012 年

辗转反侧

“辗转反侧”这个词汇，由来已久。《诗经·周南·关雎》中说：“悠哉悠哉，辗转反侧。”意思是说当事人脑海里有所挂念，以至于心事重重，夜间在炕上翻来覆去，睡不着觉。由此可见，失眠这种毛病源远流长，延续了至少有几千年的历史。

青年人恋爱，中年人养家活口不易和地位升降，老年人疾病缠身，都有可能会引起情绪波动，轻则日间烦恼不安，重则影响到夜间的睡眠。夜深人静，万籁俱寂，这世界沉沉睡去，唯有当事人圆睁双眼，全无倦意，通宵在睡榻上打滚，颠来倒去，无法入睡，折腾得死去活来。

据世界卫生组织调查，在这个星球上 27%的人患有睡眠问题。“辗转反侧”就成了人类社会的一个较为普遍的现象。恶吏逼供，常会采取连续几晚不给嫌疑人睡觉的酷刑来勒取口供。而“辗转反侧”则成了良民自己无形中给自己上酷刑的典型。两者性质不同，效果完全一样。

1

现代人生活节奏快、压力大、负担重，动辄就会遇上这样或那样意想不到的事情横亘在面前绕不过去，从而心智大乱，手足无措，应对失着。体现在夜间，就是在黑暗中睁大眼睛不能入眠，一更天，二更天，三更天……星移漏转，即使眼睛勉强闭阖，精神却无比清醒。早上下床，整个人就像是一名背夫高强度劳作夤夜登顶了一次珠峰，变得疲累不堪。

在《抉择时刻》这本自传中，美国前总统小布什写到，一次在白宫东厅的午宴中，他向胡锦涛提了一个他经常向各国领导人提起的问题：“有哪些事情会让你夜不能寐呢？”小布什告诉胡，他自己担心的是会有针对美国的再一次恐怖袭击而彻夜难眠。胡马上回答说，他最牵挂的是每年要创造 2500 万个新的就业机会，这表明中国领导人担心那些来自于无法就业的毕业生和下岗群众的影响。

权贵有权贵的烦恼，百姓有百姓的苦愁。2005年孩子去国外念书，太太就曾经大大地辗转反侧了半年或更长时间。太太平时钟爱孩子，晚上常常陪读到夜十二时，孩子突然远赴异国它乡求学，太太一下子的失落感可想而知，一时忧莫甚焉。那时段，太太下班回家后立即卧床，但那绝不是休息或睡觉，而是无心去作任何事情的表现。到了晚上则通宵难眠，反复在心里“过电影”。陈年往事，如缕不绝。作为枕边人，我是深谙其苦。所幸太太很快就摆脱了这种境地，恢复了常态。但这种辗转反侧的痛苦给我印象之深刻，达到了刻骨铭心的地步。

那是一种持续的、放不下的思念，夜间作用在人体，表现出星夜不眠的行为，生生地能把金钢钻化成绕指柔。

2

在深切同情少数人不幸失眠的同时，我留意到另一件更加沉重的事实，那就是更多的同胞仿佛患上了重症的“嗜睡症”，即使身边发生了大事件，即便是小行星明天来袭地球面临天塌地陷，今晚许多同胞还是“泰山崩于前而色不变”，该吃的绝不少吃一两，该睡的更不耽误半分，倒头就睡，梦会周公。

当然，面对着桥垮路陷，环境恶化，生态劣变，食物有毒……种种重大变故，大家如果都熬夜不睡，统统圆睁着红通通的布满血丝的眼睛，对于解决事端或许完全无补。但是，面对乱麻一样的社会困局，盘点顾此失彼的生存态势，再回过身来环顾那一片此起彼伏、响彻云霄、呼呼大睡的酣畅鼾声，身心的反差就未免过于强烈。心中不禁有疑：从这种贪于酣眠的现象当中，是不是也反映出相当多的一批同胞——包括我自己在内——性格中的麻木、冷漠和无动于衷？

酣然入睡，诚然是福。但是，如果国计民生的几多烦忧完全不能影响到自己心智半分，假如良知和诚信的塌陷暴露出国民习性深层次的危险结构，也不足以稍少影响个人的起居秩序和习惯……那么，我们身边这种貌似健康和正常的酣然入睡现象，恰恰就显得很不健康也很不正常。从中暴露出许多同胞的铁石心肠和民族的某些劣根性来，那正是迹近于迟钝、冷血和没心没肝。

天塌归天塌，酣睡归酣睡，外界与内心互不干联，其中有几个原因：一是事不关己，作壁上观，这是冷漠。二是力所不逮，索性放弃，这是无为。三是听天由命，消极悲观，这是放任……凡此种种，皆暴露出社会人共同的冷血弊病。

3

少部分人夜间“辗转反侧”，于是被人类社会引起重视，目为肘腋之疾，这个容易理解。本文的主题恰恰相反，乃是面对种种大事要事怪事，大多数人夜间非但不曾“辗转反侧”，而且一个个蒙头酣睡，口涎畅流，欲醒不能，这种酣睡不醒的魔怔现象，被我视为迫在眉睫的心腹大患。

在需要全员远睁双目、抖擞精神来应付危机的当口，大多数人却像染上了昏睡病一样无法自拔。只要丽日西斜，乌鸦归巢，立刻呵欠连天，睡眼惺忪。进而恋床成癖，四肢平躺，鼾声雷动，一梦成谶。这是一种无意无为的全民退让态度，一种大无畏的自我放弃和自我放逐精神，一种无语了的民族文化病。

这个国家脱胎于两千年皇权专制社会，其文化基因里有一系列有害的封建元素，近来有快速放大的趋势。譬如斗争文化长期受到官方舆论的追捧迅速成长为强势文化，其他包括诚信民主公正在内的道德文化等退于一隅，沦为弱势文化。中国孙子兵法三十六计，这些在你死我活的军事战场上频频赢得先机的古代兵法和谋略，却在和平时期被大量地、乐此不疲地、经久不息地使用在各种非军事领域，滥用于人际关系和企业竞争，这就构成了极为复杂的社会态势，也让人对这些斗争文化遗传基因不分场合滥用的可怖效果产生深深疑虑。

劣币驱逐良币，丑恶露出了狰狞笑脸。长期以来社会厉行意识形态方面的“思想政治教育”，专注于政治化、行政化，假大空左，混乱荒唐。广大公民无力恪守平等、博爱、诚信、法治、人权、宽容妥协等公民文化的底线，人文精神、民主素养、守法意识等公民素质节节下降。在有些人身上，现代公民意识几乎化为乌有。这一切助长了社会腐败，道德沦丧，法制失衡，诚信缺乏，全民拜金，人和人之间互不信任，以邻为壑，充满猜疑。

对于这些日益加剧的社会裂痕，很多人经久以来视若不见，白日三餐，夜晚一觉，天天如此，年年重复。诚如梁启超在《饮冰室合集》中叹道："今有广厦……风雨猝集……而室中之人，犹然酣嬉鼾卧，漠然无所闻也。"如此下去，放任自流，真正是情何以堪？

该睡却不能眠，固然是一件令人扼腕痛惜的事情。同样，在应该蹙眉疾首、深思熟虑的时候，却一味地扮婴儿状沉首酣睡，不肯睁大眼睛面对严酷的社会现实，则更是令人伤心之举。前者是"世人皆睡我独醒"，后者是"世人皆醒我独睡"。前者固然是一种生理病态，我想问的是：后者是不是也属于一种病态？一种人文精神和社会道德的病入膏肓症状？

"行不得也哥哥。

行不得也哥哥。"

4

人类面临的主要危险其实不完全来自于外界，更多是来自于人的内心。其中主要危险之一，来自于这个过度组织化或曰超级组织化的社会带来的人格异化。

中国长期是农业社会。农业生产需要治水，《孟子》一书中提到治水有十一次之多，可见其重要性。上古时候，一条浩浩荡荡、恣肆奔突的江河横在面前，很显然，个人或少数人根本就没办法治理洪涝或旱灾。当农业生产面临水资源匮乏或过剩时，中央集权往往首先向大型水利工程要效益。手握重权的帝王掌控全局以加强社会的组织来调度民工和物资，这种大规模的组织性是导致东方专制社会产生的重要原因之一。

这种高度组织或曰过度组织的社会，其领导者充分尝到了甜头，进而通过制度化不断强化这种组织的刚性和张力，其弊端一直在不断暴露出来，导致畸贵畸贱，畸富畸贫。一些社会潜规则伺机自行扩张，越来越强势，越来越高压，逐渐控制社会和个人的进退。个人自由发挥和创新的余地极度收缩，渐渐地沦为微不足道，人的个性变得无足轻重，久而久之，具体到一个人的性命也变得微不足道。处在这个社会里的每一个人的面目开始模糊不清，只剩下庞大强势的社会规则像宇宙黑洞那样的巨磨一样无情转动，碾碎一切，撕裂一切，掌控一切，扬弃一切，统治一切，抛洒一切。

有点可笑的是，这个无比强势的社会正是所有参与者本身亲手造成的，这一坛苦酒可谓是出自于当代每个人之手。正因为绝大多数人的不作为、纵容和放任，导致了一个强势社会泰山压顶般覆盖在自己的头顶上，控制我们的生活方式，人生价值，思想模式，行动习惯……每一个体到了最后，眼睁睁地困在网中无法挣脱，仰鼻息进退，唯马首是瞻。

人格的“异化”，在某种程度上是社会厉行“同化”的结果，一种无限制的强制性同化，造就了一个无比强势或曰过度强势的社会组织。这个社会组织强势到最后连自己也无法调控自己……风沙过后，大漠荒荒。

人格异化带来的负面影响很多，绝大多数人与生俱来就接受了来自于制度或社会的安排，从生到死，按照旁人规定的模式去复制去重复去照抄。一来二去基本没有个人选择的余地，让你关心你就得关心，不赶紧问寒嘘暖则不成；不让你关心你就不得瞎操心，你要是想自主干预那就是犯了天条，就要“请喝茶”你“隔省抓捕”你“无疾而终”你……面对如此强势的社会组织，久而久之，局中人个个习惯了见机行事，敷衍了事，胆小怕事，若无其事，多一事不如少一事，直至呼呼睡去不省人事。

5

一方面是现代人的社会属性空前强化，另一方面则是现代人的自然属性极大削弱，没有了手机，就无法联络；失去了电脑，就不会办公，离开了汽车，则无法出门；学生在操场上跑步猝死的现象也屡有发生。假如今日一群中国大陆游客在原始森林迷路，则根本无法生存下去，既不辨良菌或毒蘑，也不识醴泉或魔潭。那些野狼或者熊罴还用得着气喘吁吁再去追撵身手矫健的麋鹿或羚羊吗？面对着处于生态链条顶端的当代人类，它们只要低吼一声就得吓瘫一大群人。当然如果连这些猛兽也厌弃现代人缺乏锻炼的“白斩鸡”似的肉体没味道，猎而不食，那也是没办法的事情。

超组织化，恶果重重。以城市居民的高昂菜价为例，据 2013 年一季度媒体报道，南京市场上的菜价往往是地头收购价的 8 倍甚至更多，这个结果着实令人乍舌。我们真的需要那么多的中间环节来层层盘剥市民的工资和养老金吗？难道没有更好的直通渠道来打压疯狂抬升的副食品价格吗？还有教育产业化，医疗市场化，城镇化规划……身边林林总总的艨艟巨制，无一不在中国历史上投射出长长的黑暗影子。

超组织化的社会，一旦建立在人治的基础上，被扯得最紧的是由上而下的控制链条，由于各行各业都不按章法出牌，一方面弊端丛生，贪腐横行，从根本上动摇了社会存立的基础。另一方面直接导致社会分裂和分化严重，让“超组织化”社会成为一口高压锅。

“超组织化”最终的唯一结果，就是导致无组织化。

假如在万难忍受、无法忍受、不必忍受之时，我们还在企图一直忍受下去，那我们就是最没有希望的一族。倘非如此，我们就需要唤醒良知，需要大家白昼睁大眼睛，夜间辗转反侧。

此时此刻，确实需要一大群人在夜晚里辗转反侧，清楚思索国家、民族和自己的命运，那也许正是关怀、爱心和责任焕发出强劲能量之时。

在需要变革的时候，一个民族需要辗转反侧。

临近重大的转折点，一个时代需要辗转反侧。

让我们时刻保持怵惕之心和警醒之心。此时，窗外夜幕降沉，繁星满天，天籁在耳，今晚就有必要一再地辗转反侧，透彻考虑和清楚思索一个无法躲避的问题：无论你选择的是清醒还是沉睡，什么将会是我们迎来的明天？

写于 2013 年 6 月

若轻若重

举重若轻，是一个妇孺皆知的成语，形容有些人能力超群，可以轻松胜任繁重工作或从容处理困难问题，是一个典型的褒义词。而“举轻若重”这个词汇则名不见经传，大概是随之衍生而来的一个准成语，其意不言自明，褒贬也不一，有时候也用来看轻某一类人，形容用了千斤力才做成四两事，貌似有点儿得不偿失。由此引发一番思考。

1

现实生活中间，果真就有一众举重若轻的人群。如 2014 年 4 月 3 日下午，南京南湖公园体育场聚齐了南京各区、江苏扬州、姜堰，安徽蚌埠、淮南等地赶来的 200 多位“石锁高手”，展开一场精彩角逐。在两个多小时的竞赛中，百多斤的石锁在空中上下翻飞，稳稳落在表演者的拳、臂、肘上，看得人心惊胆战。《扬子晚报》使用了《 抛接百余斤石锁，像玩花式篮球》为题进行了报道。77 岁的郭老先生一出马就上了 100 斤的“重量推龙”，百斤石锁被重重抛出又稳稳地接住。 64 岁的王先生一上来就将 40 斤重的石锁抛上了四五米的高空，接着那石锁在他手中如陀螺般地转了起来。这个高难度的动作叫“雪花盖”。金陵石锁在全国比较出名，以势大力沉为主。35 岁的陶先生平常在单位里开车，他现在可以抛接 145 斤石锁，他已经报名参加“我要上春晚”节目，要把南京的石锁运动介绍给全国观众。

面对一只沉重的石锁，每个人都得认真掂量一下自己的实力，要满满地深吸一口气，才敢站上去试摸一下，或者试拎一下。石锁运动不但需要强大的腕臂力量，更考验人的腰腿功夫，再说即使你能够拎得动，你未必敢伸手去接应一只在空中快速翻飞的沉重石锁。只有当力量和技巧高度协调和统一，才能够完成一次石锁抛接的动作。

那些石锁玩家，无不是坚持多年的训练和循序渐进，才逐渐熟练掌握这项民间体育技艺，才配得上“举重若轻”的称谓。

当然，成语中所说的这个“重”不一定非得指分量，并不是在磅秤上面的读数越高，才能称之为重。有的时候而是特指难度，譬如发雕之类。举凡别人不能为之而你为之，就可以誉之为举重若轻。

2

对于一般人来说，举重若重，举轻若轻，都是一件正常的事情，不值得大惊小怪。只有逢到了“举重若轻”和“举轻若重”，才会拿出来叙说一下，表示一下惊诧的意思。

在中国人的生活中间，但凡提到“举重若轻”，更多的是一种欣赏和羡慕的态度，有一种褒奖的成分。久而久之，这个词汇在当代中国的语境下逐渐变味，开始演化成了官场上一种恭维的谀辞。如果你在某种场合听见有人颂扬领导“举重若轻”，或者报刊上赞誉领导的指挥方略“举重若轻”，那就要提醒自己不要错判了形势，因为这个词汇不一定与领导实际能力相关联，这句话很可能是在明目张胆拍马屁，这也是时代的显著特征之一。

举重若轻虽然是一个褒义词，可在我们这个时代，并非是媒体以此成语称谓的人都是名副其实。恰恰相反，有越来越多的掌权者徒有举重若轻之名，却无举重若轻之实，其结果就是误国误时误事误天下。

一旦听见了媒体响起了一片“举重若轻”的颂歌声，当事者说不定有点熏熏然飘飘然，然而自己果真是才智超群，一脚迈过了门萨俱乐部的门槛，“治大国若烹小鲜”么。

表面上是“举重若轻”而实际上却是一而再、再而三地弄巧成拙，这样的例子比比皆是，如中国曾经遍地开花的经济开发区，又如严重举债的千城万县的城市大开发，听上去这一切颇像是一些独断孤行的政治家突然之间在一夜之间“举重若轻”能力超群就把解决经济危机之类的难题当作是炒一盘番茄鸡蛋那么轻松，其实不然，国家的经济正在他们手下变成越来越多的烂摊子。“举重若轻”这个成语冠名在现代社会的重要战略决策方面每每是成事不足，误事居多，如三峡工程，又如南水北调。每当我们看见报刊电视上面誉美一级级领导人怎样大张旗鼓大搞各种工程的时候，就不免心生惕虑耳边警铃长鸣。

相对来说，“举轻若重”这个词汇，由于不具备褒扬他人的功能，所以在当代中国少有人用，甚至少有耳闻。这个词汇往往代表一种“慢工细活，谨慎务实”的态度，弄得不好反有轻慢的意思，与这个急功近利、虚火攻心的浮躁社会南辕而北辙。

石锁运动只在南京等少数地方兴盛，而对于“举重若轻”的赞美，则地不分南北，人不分东西，滥夸滥誉，滥赠滥封，滥用滥授，整个是烂了街了。

3

相比较“举重若轻”和“举轻若重”这两个词汇，我觉得后一个词义才是中国当代社会和未来时代迫切需要的稀缺元素。

前数月曾有欧洲之行，我感觉在中国大陆和欧洲诸国之间确实存在着一条精神上的界线，这种观念之间的差异犹如深沟大壑，又像是云泥之别，远比国界鲜明得多，森严得多。譬如两边的行政当局在城市建设的态度、思维和方法方面，就再鲜活不过地提供了“若轻若重”的截然不同样例，泾渭分明，对比强烈，并由此看出截然不同的结局和判若霄壤的效果来。

欧洲各国在城市建设方面无疑是一直持有谨慎、小心和智慧的态度，活脱脱一副“举轻若重”小心翼翼的端重模样。

我在巴黎游览期间，目睹许多广场还保留着拿破仑时代的石块地面，即经济又实惠。巴黎如今有大约 5000 座建筑被列为历史文化遗址，被很好地保留了下来。保留这么多遗址并没有成为巴黎市政府的负担，许多遗址都被赋予了新功能，如冷藏仓库成了时尚设计中心，农舍粮仓成了大学校园。20 世纪五六十年代，巴黎老城区的街道狭窄，房子设施陈旧，从实用的角度完全有理由拆掉另建新楼。当古色古香的旧民居面临毁灭时，巴黎人挺身而出，在报上写文章，办展览，成立街区的保护组织（如历史住宅协会、老房子协会）宣传观点。巴黎人认为，正是这些老屋老街构成了宝贵的“历史文化空间”，这是巴黎文化的根系，应当重视保护和保留下来。经过数十年不懈的努力，巴黎有了一整套清晰的民居保护区和严格的保护民居的法规，正是巴黎人自己起来“鼓与胡”坚定地捍卫历史，巴黎的老屋老街才得以原汁原味地保护下来。

在《我家房子 160 岁》这本书中，一对完成学业后留在德国工作的台湾学人写下了在异国买下高龄 160 岁的“屋瑞”的一段经历，“1843 年建造、古迹保护、3000 平方米……”然后他们自己动手改造和维护，在朋友、亲属和邻居的协助下，最后让一幢 160 岁的老房子复活起来。在古屋改造开始之初，他们与当地的古迹保护官海纳•希普锐进行了一番“讨价还价”。譬如说一座很不起眼的陡窄的荷兰式楼梯一直被新主人一方视为“危险的眼中钉”，几乎到了“必欲除之而后快”的地步。但希普锐从谈话开始就敏感地意识到了这一意图，这位文物保护官最后友好地给出了一个折中的建议：“你们可以拆下来之后，重新整修，然后按原样搭起来，把它放到一个合理的位置。”后来拆、建这座荷兰式楼梯就花了三年多时间，邻居逗趣地说，“超级市场大甩卖，一座木梯才 199 欧元。”为了保护这座古老但没有什么实用价值的荷兰式楼梯，他们耗费的工时和投入的精力，早已超过了市场价值。“幸好希普锐之后不断为我打气。”通过这种保护古物的过程，女主人也越来越明白德国人这种严谨坚持的道理所在。“这不仅是古迹保护的问题，也是我们改造时必须考虑的现实问题。如何在尊重房屋的基础上，把自己的生活痕迹巧妙地融入这栋屋子。”

德国吕贝克市的市民自豪地把“世界历史文化遗产古城”的牌子作为自己城市最宝贵的一笔财富，每隔五年自觉地接受一次联合国科教文组织的检查。早在 70 年代中期古建筑进行大规模整治前，市国民议会以多数票通过决定，把二战空袭遗留下来的所有建筑都定为文物。这样既不能因建造新建筑强求风格一致而拆除老建筑，又不能因为保护古建筑强求风格一致而建筑一批失去时代真实感的仿古建筑，因此采用了“以老形式修旧复旧，以新形式建新造新”的方法，从而形成了不同时代的建筑风格共存共容的独特的街景立面。这种保护方式的好处在于真实地再现了不同时代的艺术成就，自然地坦露各个时期的建筑风韵，游客走过老街不同的建筑，如同电影蒙太奇式地进入了不同的时代。后来在大规模整治中，这座城市 40%的破旧的原来认为应被拆除的房屋以各种形式保存下来。当时建筑整治花费的代价比拆掉重建的费用高出二、三倍，而大部分资金需要市民支付，市民愿意接受，这一切无不与德国市民强烈的古城古迹保护意识紧密相联。

在德国市民的意识中，一是坚持把保护古城古迹同保护环境联系在一起，认为保护古城古迹就是保护环境免受污染。二是把保护古城古迹同发展德国社会经济联系在一起，20 多万人口的吕贝克市每年能吸引 200 多万游客到来，是社会效益和经济效益的最佳结合。三是把保护古城古迹同保护家园民俗联系在一起，正是这种强烈的保护意识才产生了自觉的保护行动。

而近年来，就在我们眼皮底下，南京的城市建设一直在高速度地大干快上，一会儿建高架桥，没几年又拆高架桥挖隧道，而城市主干道一直在反复挖反复填……仿佛在城市开膛破肚挖心取胆已成为了一代代城市领导人“意气奋发”、“举重若轻”、颐指气使的大跃进舞台。南京是六朝古都，明皇宫和陵寝遗址也好，城南老宅青砖小瓦也好，民国建筑中西结合也好，都是十分值得保护的建筑对象，须在刻意呵护下珍惜留存。可怜一声拆迁起，千古巷陌无处存。当代中国式的城建，完全是一种“举重若轻”的大拆大建，大破大立，造成了数不清的历史遗存一朝毁灭，后期又催生了异想天开的刻意复制造假，这一切永远地成为了中国城市传统文明遗存的一场劫难。

4

可是在城市规划和建设方面，倘若有关当局一味地盲目采取“举重若轻”的自信态度，报应随时都会出现在面前。

2014 年 5 月 11 日，一场六年来最大的暴雨袭击深圳，这座年轻的现代都市在 30 多年的时间里，陆续修建了 13700 多公里的下水道，却依然在暴雨面前不堪一击。150 处道路积水，20 处片区发生内涝，5000 多辆公交车无法正常运营，约 2000 辆汽车被淹。市民反映说，开着车在路上走着走着，忽然感觉是在开船。深圳是新建城市，为何会成这个样子？

暴雨袭城对于深圳而言已经不是第一回，今年 3 月底，深圳就据说是遭遇了 50 年一遇的暴雨，暴雨还带来地陷等次生灾害。据统计，仅在 2013 年深圳就发生 10 次地陷，造成 6 人死亡、多人受伤。地陷事故多发的主要原因之一是排水管网老化，地面一旦遇雨冲刷就容易发生垮塌。表面光鲜的现代大都市在暴雨面前居然如此不堪一击，反复上演暴雨一来就要“看海”、雨后地陷还要“走路死”的悲剧。

深圳是上世纪 80 年代才诞生的中国最年轻的城市，建市初期当局“举重若轻”地采用了前苏联的城市建设理念，殊不知高寒少雨的苏联模式其实并不适宜南中国的多雨城市，据闻深圳大部分的排水管道是按照 1 年一遇来建设的。遇到特大暴雨，只能汪洋一片。

对于深圳排水系统早年学习苏联模式，深圳市水务局副局长李长兴近期在接受媒体采访时也并不否认。不过他说，深圳早年学习苏联也并没有什么错误，而且深圳近些年也在不断地吸取西方国家的先进经验。不过，李长兴并不觉得需要把排水系统修缮得特别“高大上”，他觉得够用就行。

他觉得够用就行？他这样一种轻松谈事的表态方式，让我们分明看见了一种“举重若轻”的自信态度？

联想起汶川的校舍……当初不也是当局觉得够用就行吗？

与一个浮躁马虎的民族心态形成鲜明对比的，则是青岛的下水道的经典范例。

1898 年 3 月，《胶澳租界条约》签订后，一批当时德国一流的城市规划专家、建筑设计师带着最新的科技成果和城建理念来到了青岛，而青岛当时还是一个只有 2 万人的胶澳渔村，德国人按照 100 年的高标准开始设计和营建青岛城。德国人为青岛奠定了最新的城市建设理念，即始终遵循基础设施先行，把城市道路、上下水管网、电力照明、绿化等建设放在首位。同时又极注重人与自然的和谐，到 1913 年，“红瓦绿树碧海蓝天”的青岛已凭借城市的整洁美丽闻名于世，被认为是“东亚最完美之商埠”、“东方布莱顿”。

德国占领青岛的 17 年间，关于青岛饮用水和地下管网的建设，一直未有中断，他们总共修了 12 个相互独立又彼此连接的排水系统，包括若干条地上明渠和地下管道暗渠，至今覆盖着整个青岛西部老城区，其中雨水管道 29.97 公里；铺设污水管道 41.07 公里；雨污合流管道 9.28 公里，总长度约为 80 公里。铺设下水管道所用的水泥、钢筋均来自德国，而铺设的下水管道尺寸之大，甚至连当时德国人都称之为“怪物”。

青岛的德国造 80 公里下水道直到今天仍然在正常运转。“过去老城区下完雨，地面就干干净净的。”青岛一直被公认为是中国最干净的城市之一，这正是“德国造”排水系统遗留的财富。

青岛市档案馆中保存的《胶澳发展备忘录》是当年德国殖民当局组织编写的青岛城市建设原始文献，17 年间从不间断地详尽记录了建设青岛地下管网的基本理念及施工进度等。后来在德国弗雷堡联邦档案馆中，中国人又发现了国内版本中缺失的《胶澳发展备忘录》残件及还有没来得及刊印的备忘录原始材料，一段近乎于传奇的青岛下水道乃至早期青岛城市的营建过程细节点滴呈现……

同样是城市的下水道建设，若重，还是若轻，结果就完全不一样了。

5

治家也好，治国也好，到底是应该 “举重若轻”？还是应该“举轻若重”？这实在值得当代的中国人为之深思。

看来，在公共事务方面，还是提倡“举轻若重”的态度比较好，这更有利于坚持严谨和细致的工作作风，从一开始就留下了去伪存真的运作空间。

大破大立的作风看上去固然痛快，但是这种“举重若轻”的花架子毫无价值，并且历史的经验证明后来往往会付出巨大代价。“破”掉的如果是有价值的“旧”，那则更是一种愚昧，有时还会成为历史的罪人。因为无论你后来仿制的假文物如何逼真，仍不能比肩原先真文物的价值于万一。

若轻和若重，这组词语折射出何等截然不同的方略、智慧和教训啊。

此外，在我们这个时代，相同的例子还有很多：譬如——

若真和若假

若优和若劣

若智和若愚

若正和若邪

若仙和若魔

……

审美分歧

长期以来心中一直存有一个悬问：人和人之间的认识行为举止，为什么会出现差距？而且差距为什么会是如此之大？

纵观周边世界，有些人对文革深痛恶绝反感洗脑和愚民，另一些人却钟情红歌和样板戏缅怀前三十年；有些人反对煽动民族主义情绪盲目排外，另一些人则闻风而动上街游行怒砸合资的外国品牌车辆；有些人一生迷恋书法摄影唱曲，另一些人则终身嗜好赌博牌九；有些人志愿义工乐于助人，另一些人则染指高利贷债台高筑；有些人出国留学创业有成，另一些人则官场失足身陷囹圄……假如一个班级有 50 名毕业生，就可能写下 50 种迥然不同的人生轨迹，即使是一母同胞，也是龙生九子殊不相同。这是什么原因呢？

1

社会给出答案也是见仁见智，五花八门：诸如家庭遗传，亲友关系，生活和教育环境，成长经历，升学就业和提拔的机会，单位领导的好恶，个人理想和爱好……凡此种种，都可能作用和影响一个人的前程，并最终塑成与众不同的气质、素质和人格。

然而，如遗传基因和亲友关系相对一致的堂表兄弟姐妹，又如成长经历类似的校友，抑或是爱好兴趣仿佛的发小朋友，还有生活环境雷同的小区邻居……这些内在的关系或外部环境的影响因素或多或少总有部分相同，最后仍然产生了殊不相同的形形色色人生结果，良莠不齐，天北地南，这又是怎么回事呢？

这些来自内在的或外在的种种因素，归纳起来统统属于推动力，一旦作用在一个人身上，既有可能推动一个人大步流星直起穷追力争上游，也可能会把一个人在原地推得团团旋转头晕目眩甚至反向逆行，什么情况都有可能发生。譬如官二代、富二代海外留学，长辈用银子铺路，创造最优的就学环境，甚至连房子和车子都代买好了，用心良苦。这样的助学推动力不可谓不大。至于“二代们”能够学到什么程度，则一直还是个未知数，物质条件与学习成果能否成为正比，始终还是大大的问号。

我想，一定有一个看似无形、但是实实在在的某个着力点存在着，才会在外部或内部的力量施加并作用于一个人后，主要决定了究竟是产生前进的推动力，或带来阻滞作用，或微调人生方向，或大手笔改写人生，或铸造消融一个人的理想（因此这个着力点不可能是人的理想本身），或强化衰减一个人的素质（同理，这个着力点亦不会是人的素质本身）。

这个神秘的暗中发挥不同作用的主要着力点，究竟是什么？

这问题困扰一生，一度百思而不得其解。

2

也就是在前几年，我自以为渐渐接近了答案。

教育首先被排除出了答案的选择范围，很简单，无论是东方式的灌输教育，还是西方式的启发教育，也无论是来自家庭长辈的独特亲子教育，还是来自教育产业化后流水线式的批量化教育；由同样的老师教育，读同样的教材，而一代代受教育者历朝历年的人生多样性和发展不确定性，不言而喻就把教育本身置于这个答案的局外。

教育是对人生产生最大影响的外在因素，如果教育可以排除的话，我想，这个答案可能应从人的内因去寻求。

但是教育也提供了有助于找到终极答案的线索和方法，中国的高等教育模式早早地把来自于高中的莘莘学子区分为工科考生和文科考生，在十几岁就让学生们的人生理想提前亮相，这也许是这帮大孩子们人生中的第一次重大选择，是一个慎重的取舍。想到这里我的脑空中掠过了一道微弱的闪光，这个选择在学生的高中时代对于大多数人来说尚不是功利性的，研究学生们这个选择的由来，或许会对于寻求上述答案有着启迪作用。

没有疑问的是，无论选择工科或者文科，学生们都是依据“最适合自己”这个标准，换句话来说，就是去挑选接近自己理想的那种类型学科。喜欢数理化、擅长自建网站和编程的青少年就比文学、法学、音乐和美术才子们更多地去选择工科，而后者则更中意文科。这中间有一个审美的过程。审美是一种主观的心理活动过程，人之所以需要审美，是因为世界上存在着许多的东西需要我们去取舍，最终找到最适合自己需要的那部分，即美的事物。

会不会是“审美”观呢？莫非“审美”体系就是人生道路上那一个看似无形但是实实在在存在的着力点呢？

3

审美与理想十分接近，在不经意的情况下，人们很容易就把审美简单地当成是理想本身。男孩爱刀枪，我小时候自己曾多次用木块和火药纸制做玩具枪，拴上牛皮筋，一扣扳机就“啪”的一响，连个蚂蚁也打不死。家长们听见后就会说：长大送你去当兵吧。其实那是儿童期审美意识的一种天然流露，并非个个有意将来去做拿破仑或者邓世昌。也幸亏那些事发生在过去，若换到了现在，一个孩子自制火药枪如果做得太逼真，与柯尔特 M2000 型或者伯莱塔 92F 型手枪又或者格洛克 17 型手枪太过于相似，在中国那会是一件严重招惹麻烦的事情，审美也会招惹警察上门。

以我之见审美与理想的关系可能会是这样：凡是理想，一般来说都会主动地与本人的审美观点协调一致，譬如一个孩子如果对于烹炸煎炒这门艺术十分痴迷，把世界各地米其林三星餐厅里的大厨资料弄得门儿清，立志将来当上一名出人头地的厨师，他将来则一定有望在餐饮业得到自己的第一份差事。又有人的耳朵对于音乐十分敏感，一听则知音响里刚才播放的是 D 大调或 b 小调，而现在又是升 E 大调或重升 c 小调，钢琴考过了十级，笃信作曲是世界上最神圣的事业，他将来则极有可能会选择音乐事业以表现自己的天赋。这样一来，两个人都会觉得各得其所。

假如把以上两个在审美方面有较大差异的人的未来对换一下，把前者送进茱莉亚音乐学院深造，又让后者阴错阳差去了法国的蓝带烹饪学院，两人都会感到不自在。他俩的审美情趣不同，兴趣也有较大差异，原先这个世界有希望得到一名顶级大厨和一位音乐神童，由于殊途不能同归，结果只得到了一位精通烹饪科学的普通音乐助理和一位以作曲闻名海内外的闹市大排档的夜锅掌勺人。

审美与个人发展愿景、个人的特长息息相关，但是审美又不等同于理想。人的一生中可能会有多个理想，随着时间进程和对社会环境认识的加深，人的理想会有一个自适应和调整的过程，如学生时代渴望自己将来获诺贝尔奖，工作后理想降格想当上一名院士，到了四五十岁锋芒收敛只盼望在核心刊物发表几篇文章评上高级职称……而审美则不会随同理想的改变而改变，一个人的审美方式、审美观点和审美直觉自成一套体系终身完整保留下来，并在一个人理想改变的过程——即旧理想摒弃，新理想成型——中间起到遴选或支配的关键作用。

审美方式决定了理想的实现方式，街头的蛊惑仔崇尚武力解决矛盾，一语不合，便拔出砍刀和斧头来殊死较量。而亚太大专华语辩论公开赛的参与者们更器重理性和智慧的力量，不逞匹夫之勇，无论是讨论“行成于思”还是“思成于行”，或者激辨“单一货币政策对欧元国家利大于弊”或“单一货币政策对欧元国家弊大于利”，均是彬彬有礼，舌战群儒。纵观开题，立论，一辩，二辩，自始至终有理有节，发言结束还要弯腰鞠躬谢谢听众。

4

审美方式因人而异，每每不同，审美的复杂性和多样性，有助于解释在内外部环境大同小异的情况下，同一批成长的个体行为为什么会出现千差万别这个问题。

各种文化背景，各个利益集团，各种利害关系，粗线条地形成了不同的审美体系，彼此之间认识世界的眼光、行事风格和个人品味往往有霄壤之别。

个体都会根据自己的审美方式行事，乡间少年初学吸烟一定是因为自己觉得吸烟这件事够酷够帅，像名男子汉的作为，才会去主动吸烟。没有一名初吸烟者会在审美上觉得吸烟是一种不佳行为，更不会去面对吸烟有碍健康导致肺癌的后果。而那些自始至终不认为吸烟是件好事的少年，在其审美观的护佑下沦为烟民的几率大大减少。

假如以上两类人的经济条件都比较宽裕，那么金钱通过审美这个杠杆发挥作用时，会促使第一类人首先为自己置办好充足的烟草资源，以备不时之需。又促使第二类人利用省下来的烟草银子从事其他活动。

假如以上两类人的经济条件都不宽裕，金钱仍然会通过审美这个杠杆诱使第一类人挪用早饭或其他开支，优先购买烟草以慰烟瘾。

对于吸烟这样一种行为，个体的审美观根本性地决定了他的取舍和举止，而以金钱为核心的经济基础等外界因素，只是致使个人的行为方式发生相应变化，也就是说并不是“经济基础决定上层建筑”，而是“上层建筑特立独行，任由经济基础如影随形。”——写到这里，笔者自己意识到这种观点与当局过去填鸭式灌输的大套理论有些脱轨了，简直就有离经叛道之嫌——中国影视界数十年来曾经正面表现国家领导人及各级干部大口吞烟的镜头，直接影响到了几代国人的吸烟审美观。改革开放以后万宝路的硬汉广告更是把烟草的影响渲染到了极致，牛仔形象深入人心，让烟民和准烟民们无法拒绝，一时举国上下烟雾缭绕。我曾供职的那家公司，逢到总经理室开会时，外人进入会议室后几乎需要略微弯腰才能避开天花板下浓厚的烟雾层以找到自己要寻的那位大佬。

中国的农村烟民多于城市烟民，欠发达地区的烟民多于发达地区烟民，而受教育的顺序则正好反过来，是“农村烟民受教育少于城市烟民，欠发达地区的烟民受教育少于发达地区烟民。”于是，简单朦胧的吸烟审美意识成为了多数准烟民的那个“着力点”，一辈辈、一群群下意识地跨过了吸烟这道门槛。至于后面“吸多久”或“何时禁吸”，那主要看尼古丁对于不同个体的诱惑力了。

盖洛普的调查数据表明：10 个中国人中经常抽烟的人数为 2.5 人，偶尔抽烟的人数有 0.5 人，总体而言，中国有 3.2 亿成年人抽烟，60%中国男子宣称抽烟，也有 3%的女子宣称抽烟。2015 年 5 月 31 日是第 28 个世界无烟日，世界卫生组织确定的主题是“制止烟草制品非法贸易”。中国烟民占到世界烟民总数的 35%，中国是全球最大的烟草生产国和消费国，中国烟民每年死于吸烟相关疾病的有 120 万人，7.4 亿人饱受二手烟危害。

都知道吸烟有碍健康，不同的审美观引导出不同的选择，东方西方都一个样。东方的知识女性吸烟较少，而有些西方发达国家的知识女性吸烟反而较普遍。2013 年 11 月我陪太太在巴黎游览，眼见大街公交站台上候车的优雅女性通常会指间挟一根细长烟卷，或吞云吐雾，或闭目遐思，形成一道独特的风景。烟蒂在巴黎可以随地丢，这是一个特例，因为扔入垃圾箱反而容易引起火警。在吸烟这件事面前，审美的“着力点”究竟如何具体运作？我每每陷入费解的沉思。

2015 年 1 月 10 日，被网友称为“布鞋院士”的中科院院士、北师大遥感与地理信息系统研究中心主任李小文因病在北京逝世。这位凌乱头发、赤脚穿着布鞋、外表酷似“扫地僧”的老人却是一位名副其实的国士，一名充满知识力量的专家，上世纪 80 年代在美国拿到了硕士和博士学位。他为人低调，从不顾忌周围世界以貌取人的刻薄目光，是一位身居闹市、长啸山河的学界隐士。他的审美观可谓是达到了一种极致：精神追求上乘，物质完全忽略。

而江苏一位本土企业家陈光标的慈善现场到处秀起红灿灿的人民币墙，从数千万元到更多，去台湾救济时如此张扬，去美国也如此张扬。这可正是救助穷苦人未始，财阀的豪华声势先行。此君可真称得上是一位咄咄逼人的强势慈善家，我担心那些庞大体积的钱山银海会如重型坦克来势汹汹碾碎了一般救助对象的脆弱心灵。

在陈光标的纽约慈善午宴上，“两百名中国青年身穿统一的绿色军服，佩戴统一的红色领章、红色帽徽和红色袖章，看起来像是上世纪 80 年代以前的年轻军人……不仅如此，在志愿者的帮助下，几名纽约穷人还穿上了这些道具军装。一位胡子花白的救助对象胸前贴着中英文‘学习雷锋好榜样’的贴纸，对着媒体镜头做出了敬礼的姿势。”

这可真是一种怪异的美，一种百般“搔首弄姿”到无法理喻的美，常人实在难以评价这种作秀的惠世价值。自我标榜为中国慈善大佬的标哥，与美国首富比尔盖茨的慈善行为相比是大异其趣，后者也永远都无法理解在捐助现场秀出一道道人民币墙的意义何在？可见即使是在做同一件慈善好事情，由于审美观点的差异，也会导致出行为的巨大差异性，给旁人的感觉同样是冰炭不同器。

都知道慈善是善行，具体到自己实际去操作，隐姓埋名和大张旗鼓的意义就完全不一样。由于审美“着力点”的方向和力度不同，那边厢是捐款如流水，表面看不见；这边厢是钱墙如长城，未曾受益先诛心。

审美啊审美，就是这样暗中操纵和驾驭着人类的思维和行为。

6

文革审美，则是中国历史上一种十分独特的文化现象。

在那个时代，公开地暴虐对待他人——师长、亲友、管理者——成为了一个可能，并且被有关当局赞美和纵容。“快意地践踏现有的一切权威和制度”成为一种时髦，那些还不懂事的大孩子们纷纷向师长及陌生人露出了他们的牙齿和拳头。

文革审美，从某种程度上来讲是中国暴力文化的继续。

中国曾经是匪盗纵横的地盘。一位亲戚曾对我讲述过，抗战时他还在念大学，后来转移到昆明去改读西南联大。当时大学生们排成一路纵队，夹在两排国民军的中间，步行向西南方向撤退。路过河南和湖南时经常可以看见这样的场景，学生和军队在山下的大路上行进，两边的山顶上可望见大批土匪也在行军，有时候山上的土匪队伍连续几天几夜也没走完，由此可见中国盗贼之多和声势之壮。

水浒好汉聚啸山林，一百单八名将领济济一堂，打出“替天行道”的旗号，这是以宋江为首的一伙好汉审美观的贴金外化，也是一种比较策略和含蓄的打劫借口，毕竟他们为了自己的生存和发展要去攻城掠寨，还有智取生辰纲和吃大户。他们自称杀富济贫，哪怕是杀掉了 100 名富人只救济了一个穷苦人，也容易哄诱并争取到社会底层大批贫民的支持，于是一时间声势大噪，其实贫民对于梁山的支持对于社会进步并没有任何积极的意义。

张献忠屠川则是审美方面十分极端的例子，今日的精神病学者或许会给他戴上“分裂人格”、“杀人强迫症”等几顶帽子。三百多年前，张的部队纵横中西部十数年，史载杀人如麻，迹同一方巨匪，胜似混世魔王。他入川后滥杀无辜，以至于造成四川人口灭绝性大锐减，体现出了他不折不扣的屠夫审美意识。四川一时间人烟稀少，后世政府不得不移湖广，填四川。

后来的洪秀全也好不到哪里去。在攻下武昌后，太平军血腥镇压清兵、士人和一切反对者，破坏衙门、寺庙、学校和藏书楼，没收一切财产，存入设于武昌原丝绸货栈的“圣库”，并把居民编入25人为一组的军营，男女分营。又强迫当地人搬运或劳动，太平军胁裹全城男女，一度膨胀到50万人之众，沿江而下，“专意金陵”。

中国历史改朝换代，一脉相承是暴力美学的血统。迷信暴力者，暴力以待人，暴力受人待，无有其他。中国社会文明的进步总是受到了人类暴力的阻挠。而文明过于儒雅，一而再、再而三在凶残暴力面前落败，这是人类社会发展曲折缓慢的主要原因。

7

当然我们不能武断地判读，说某一审美意趣或某一审美态度，就一定会直接导致某一类行为的出现或者发生。但大体的方向和因果关系是确定和不会错的，专注佛教文化的香客才会入庙礼佛，同理虔诚的基督教徒关注感恩节和圣诞节等。

正是审美观的千变万化，千头万绪，千差万别，造就了人与人之间在认识、行为、举止方面的大大小小差异。

佃农挑走地主家的粮食，搬走地主家的太师椅和龙凤床，一定是相信“打土豪，分田地”是世道变了的天赐良机。

暴乱中向警察丢石块的青年，一定认为自己在做一件诸如伸张正义之类的值得赞美的事情。

那些在大饥荒年代强征粮食、禁止饥民外出乞讨至其集体饿死的干部……

那些给老师们戴上高帽浇上墨水，又剃成阴阳头的红卫兵……

那些强拆民房，扫荡古迹遗存，擅造鬼城的当权者……

那些充斥神州的无数告密者、诋毁者、行贿者……

哦，审美审美，天下古今几多罪恶，正假汝之名以行。

某些人眼中的大美，在另外一些人眼中其实是大丑。出现美丑不分现象不足为怪，主要是社会的大是大非观念混淆，黑白颠倒，好人噤声，奸佞横行。

如果我们社会所谓的美，始终和全世界其他国家其它民族认可的美，相差太大，相距太远，相离太久，那就一定有问题，而且是重大问题。这岂是一句“中国特色”的口号能够掩饰得过去的呢？

什么有助于正确的审美呢？读书和旅行。

这两件事决定了审美眼界的开阖与审美品位的高低，有利于避免思想狭隘，有益于销弭胸中块垒，有助于对形形色色的审美观起到微调、中调或大调整的作用。

审美意识接受调整后有可能会日趋理性和完美。本来这应该是教育完成的职责，但是众所周知当代中国的教育体系出现了种种大的偏差，无力也无法完成这种释疑解惑授业度人的崇高职责，只能退而求其次，效仿古人“读万卷书，行万里路”，然后知晓真理。

当读书和旅行成为一种本能，审美观经过一再调节，就接近了上上的境界。

其他无求，期待更多读书和旅行。

局限之限

人老落伍，历代使然。上年纪的人之所以会落伍，自身的原因往往要占多半。主要是退休以后渐渐脱离了社会大环境，知会与认识陆续与周围的人群脱节，渐渐地形成了越来越大的差距。人知人会，我懵我拙，这就带来了局限性，这是一种退步现象，最后以至于“不知有汉，无论魏晋。”闭塞的结果直接导致知识短缺，其人固可悯，其情不可怜。

局限，在自然界中无处不存在。据说蚂蚁是二维生物，只能感觉到前后左右，没有空间概念。另外，牛羊马狗猫等动物几乎不会分辨颜色，是色盲。人类号称是万物之灵，但是现代的都市人哪怕是徒步追上一只鸡都非常困难，所以很多农家乐里专门设置游客捉鸡的节目。如果游客捉鸡易如反掌，那些农家乐以赚钱为目的岂不是要赔本甚至破产？君不见众目睽睽之下，一名健硕的成年人撵跑扑爬，鱼跃翻滚，累得汗水涟涟却逮不到区区一只乡野草鸡，体能和技能的局限是明摆着的。

1

人生来皆有局限，近视眼是其一也。裸眼则望之不远，属于“目光短浅”一族。我读书不够多，也成了近视眼，这是一份小小的遗憾。一旦下水游泳，只能选择蛙泳或仰泳，其他泳姿会致眼镜在浪花汹涌中遗失不见。

在我读过的那些十分有限的书籍中间，也由不得我爱读或不爱读。很多中文书籍在国外普及了而唯独身边的中国大陆却没有，造成这一局面的精英阶层可能是觉得这样做比较便于“驭民”。却没想过由于读书少和偏造成了民智钝愚，长此以往更丧失了创新力和鉴察力。在本文写成的当口，全国各地的当局都热衷于开发创新和创造，到处打造创新开发区和创新企业，殊不知道自己治下的这些知识残缺不全的民众犹如是一群精神近视眼，一样的“望之不远”，一样的“心智不全”，如何能够寄予重望要求他们一击而中如陨石掠空一般瞬间即逝的市场创新机会呢？可惜不管怎么说，读什么书的决定权始终不在读者的掌控之下。

平头百姓局限如此，即使贵为天子，一样也逃不脱被蒙蔽被欺骗的局限，其局限性也许更大，后果往往也更严重。譬如当年西太后相信义和团如有神助可以“同仇敌忾，陷阵冲锋”而在京城向西方列强 11 国的使馆区公然开战，就是上了一个弥天大当。

即使精明如西太后这样的厉害角色，在宣战前也被端王等一班昏聩的王公重臣蒙蔽，一时也黑白不分，演变成狂热的角斗士。从来是忠言逆耳，西太后一举处死了主和派许景澄、袁昶、徐用仪、立山、联元等五大臣（三汉一满一蒙，三名诤言祸身的汉人竟然全是浙江籍，这真正是越人的一份光荣），这批忠义敢言之士不顾个人安危，企图力挽狂澜，反对启衅外国、滥杀洋人和进攻使馆，最后慨然以身殉国。

清政府向西方各国宣战后，派重兵围攻北京的西方大使馆区和西什库教堂，妄图杀尽西方 11 国在京所有的外交人员以及躲在西什库教堂里的所有外国传教士和教民，这可真正是近代世界上闻所未闻的奇葩故事，满清当局统治者在这一事件上的局限之大，简直大得没有个边了。西太后还自以为是，“彼仗诈谋，我恃天理；彼凭悍力，我恃人心。无论我国忠信甲胄，礼义干橹，人人敢死……”庚子战争是一扇历史窗口，集中暴露出清政府的寡头统治者和一班无知臣民百姓表现出来的令人难以置信的愚昧、野蛮和狂妄。

战败后，除了巨额赔款，在各国的强烈要求下，清廷只好痛定思痛下令惩治“祸首”收拾主战派了：礼亲王载勋被赐自尽，山西巡抚毓贤被即行正法，刚毅本应斩立决因已病故免其置议，启秀、徐承煜即行正法，载漪、载澜被发往新疆，徐桐、李秉衡因已临难自尽故免其置议，左都御使英年被赐自尽，赵舒翘也被赐自尽……一共惩处各级官吏 100 多人。

清廷对十一国宣战是自身昏聩不明事理，但外省督抚重臣多是头脑清醒的明白人，如李鸿章、刘坤一、张之洞、袁世凯等发起了“东南互保”，公开声明在战争中保持中立，与各交战国达成协议：东南各地方政府不奉行宣战诏令，列强也不得在东南地区启衅。就这样中央政府一门心思飞蛾扑火置身于酣战和逃难中，而地方政府却宣布中立并与各敌国互相保护，这正是近代史上很有中国特色的一片历史真实。可见局限性与官大官小不成比例关系，有时候官大，局限性也大。

2

天生局限不可避免，而后天局限令人诟病。

在体能上，人类的天生局限多多，步不满五尺，跃仅有丈余，一只鸡被追急了也能飞上房顶甚至飞越小河，而一名汉子瞠乎其后只能干瞪眼。

但是人类的优势不在于体力而在于智慧，人类善于创造工具并使用工具，从而在视力、听力、速度、力量和耐久性方面远超世间一切生物。望远镜，喷气式客机，50 万吨巨轮，飞天航空器……灵长类动物的天生局限就这样被智慧一一突破和化解，人类一举成为了这个星球的主人。在《海豹突击队》这本书（湖南人民出版社，2014 年 12 月第一版，作者（美）格雷格•E•马蒂逊/戴维•加特利）中的 298 页，左上图，显示了一款 AN/PPS-26 穿墙探测器，“是一款新型技术，它可以透过厚达 8 英寸的加强混凝土墙壁，探测另一边的移动目标和固定目标。这项技术也使得海豹突击队在突入一个房间前，能够先明白门和墙另一边的情况。”隔墙睹物，由此成为了现实，看来封神演义中的各路神仙使用的各种不可思议的功夫和招式，今人借助科学技术逐渐可以创造出来并掌握。

相对而言，后天的局限一举上升成为人类社会本身发展的主要障碍和拦路虎。譬如一些团体为了最大限度攫取利润而人为地给市场和他人营造局限，如盐专卖，烟草专卖，铁路专营等。超市里销售的食盐种类五花八门有食用竹盐、烹调海盐、无碘湖盐、宝岛海盐、碱性盐、无碘低钠盐、深井盐（分有碘无碘）、海藻盐、泡菜盐……价格从一袋/400 克 2 元至 12 元不等。碘盐一度在中国市场上大行其道，占到食盐种类的九成左右，近年来被曝已经造成了民众补碘过量，导致甲状腺疾病高发，甚至有患甲状腺癌症的风险。“碘盐致病”的说法一出，各家主流媒体先后报道，一项网上调查显示，85%的人认为应该取消食盐强制加碘，近 89%的人表示今后会减少吃碘盐。我国碘盐中含碘浓度每千克为 20 到 50 毫克，以城市居民平均每天吃 11 克盐，农村居民每天吃 17 克盐计算，每人每天摄碘量达到 220 到 850 微克，超过世界卫生组织推荐的 150 到 300 微克的标准。碘摄入过量对人体健康的危害主要包括以下几个方面：一是高碘致甲状腺肿(IH)和高碘性甲亢，二是高碘地区学生的智商明显低于适碘区，三是食用碘盐可能导致男子的精子计数减少。中国的盐务部门喜欢在百姓的食盐中擅自加碘，并非是衮衮诸公一朝垄断权柄在手就倾情扮演悬壶济世的角色，而是看中了添加剂带来的高附加值，舍此其有它哉？因此在很长的时间内，大城市的超市里面很难买到不加添加剂的普通盐，迫使老百姓只好去买花头精百出的添加剂多多的高价碘盐，给百姓生活设置了一道巨大的局限。

当今中国，垄断多多，垄断就是最大的局限，而教育属于绝对垄断的行业之一。教育本是青少年知识体系和世界观形成的主要推手之一，通过教书育人提高青少年的综合素质，建立正确的价值观。多快好的教育体系助人成才，而少慢差的教育体系轻慢学生，如果整体的教育环境本身十分差劲，误人子弟有矣。几十年来，官方意识形态强行介入，把传统的舶来的文化科学知识统统削足适履，形成一套严密的封闭的以考分为中心的僵硬的教育体系（当然权力阶层给自己的子弟们留有予取予夺的空间和套路），驱赶莘莘学子千军万马踏上了高考独木桥。

随着教育产业化的提出和实行，中国教育产业化的弊端日渐披露且危害无穷。扩招成了高等学府盈利的一大措施。各高校不顾现实的限制大量增加生源使得原本的精英教育变成了大众教育，导致教育质量明显下降。教育产业化带来的金钱利益比起教育质量下降得不偿失。在传道授业解惑宗旨的幌子后面，一批批教育工作沦为了利欲熏心的商人。国家制定的科教兴国战略成了空中楼阁，随处可见的“百年大计，教育为本”标语岂不成了一纸空话？大国崛起始于对教育的切实推动而不是相反，更非是锱铢必较利用教育谋求账面上的金钱利益。教育是国家和民族的支柱，一旦偏离轨道，教育没落，国家和民族危矣。

此外，近年来教育部长袁贵仁口口声声强调“去西方价值论”令人觉得困惑不解，如果此公在名片上印着“大清帝国学部 学务大臣”的头衔，一点也不会使人感到意外。这位学务大臣要在现代大学学堂里“去西方价值论”引起人们普遍的质疑。中共的十八大以来，高度重视培育和践行社会主义核心价值观，中办下发《关于培育和践行社会主义核心价值观的意见》提出了“富强、民主、文明、和谐，自由、平等、公正、法治，爱国、敬业、诚信、友善”共24字的核心价值观。其中富强、民主、文明、和谐是国家层面的价值目标；自由、平等、公正、法治是社会层面的价值取向；爱国、敬业、诚信、友善是个人价值取向。这24字的社会主义核心价值观，并非来自于中国传统的儒家价值观，实际上主要就是参考了西方价值观，西方价值观首倡的许多概念已经被社会主义价值观认可、参照、接受和吸纳。袁大臣鼓吹的“去西方价值论”这种提法，给中国的教育事业在面对西方思想文化的影响方面挖一个大坎，布一片雷区，设一个大大的局限。

上有所好，下必甚焉，几年前成都市教育局下发通知严禁学生上街参加圣诞活动，引起舆论喧哗。其实当代中国的圣诞节活动主要是商家促销运作和青少年的狂欢派对，反对圣诞的人却上纲上线读出了西方文化侵略之类的内涵，暴露出把东西方文化处于敌对状态的一种不正常心态。儒家传统也有“有容乃大”之说，继承传统首先要继承先进的包容性强的文化精神，宽容就是不要简单关门而是努力发挥出自己的文化优势，宽容就是多元。当前与其说是要警惕所谓的西方文化侵略，不如说是更要警惕自己这种与人为敌的心理畸形。

3

局限带来种种遗憾。

人生局限的两大遗憾，之一是“自以为是，其实不然”。

孔融让梨，自幼闻之。孔融让出去一只大梨，收获一片赞誉，中国传统文化交口称赞，并鼓励后来人效仿。然而局限性总是与文化紧密联系在一起，有时中国传统文化那种平面的、直线的、二维的教育理念，似一顶太小的帽子把青少年的无限想象空间给约束住了。其实可以尝试一下另外一种思维方式，事实证明，当代中国每一位成功的企业家，当一只大梨子来到面前的时候，都不是简单地拱手谦让给别人，而是牢牢把握住机会，“让梨生梨”，“让梨生金”，“让梨生息”，以至于最后做大做强，成为员工万千的大企业家，把“惠一人”变成了“惠万千员工”和“惠天下”。

局限性“一叶障目”而几几乎与真理和事实失之交臂则有很多例子，有时候这种局限还会假以科学——譬如说统计学——的面目出现。二战期间，盟军需要对战斗机进行装甲加厚，以提高驾驶员的生还率，一致决定采用统计调查的方式来解决，即仔细检查每一架战斗机返回时的受弹状况，根据大数据分析，决定出哪个部位最关键，最值得把有限的资金来用于装甲加厚以抵御敌方炮火。统计数据很快出炉：盟军飞机普遍受弹最严重的地方是机翼，有的机翼被打成了筛子。相反，受弹最轻处是驾驶舱及尾部发动机。

正当军方根据这份确凿无疑的报告准备给机翼加厚装甲时，一位统计学家（Abraham Wald）阻拦下他们并提出了一个完全相反的方案：要加厚驾驶舱与尾部，理由非常简单：这两个位置中弹的飞机都没有回来。盟军高层最后听取了这个建议，加固了驾驶舱与尾部，果然空中战场局势得以好转，驾驶员生还率大大提高。事实证明这是一个无比英明的措施。

统计学是一门精确的科学，统计数据来自于第一手资料谁也无法辩驳，但是我们分明看见了：如何正确地应用科学本身也是一门重要的学问。有时候我们的判断虽然来自于货真价实的科学数据，但是在如何准确判读科学数据等方面一旦受到了眼光和思维的局限，就险险乎出现重大偏差。

另一个与局限相关的例子则困惑了我几十年，我在小学时就是一名天文爱好者，喜欢阅读《天文爱好者》、《UFO》之类的杂志，喜欢仰望繁华的星空浮想联翩。宇宙之大一再地出乎我的想象，星际旅行动辄亿万公里，即使飞船的速度达到了光速，要航行到最近的一个星系，动辄需要数百光年时间，银河系的跨度达 10 万光年。这让我觉得人类走向宇宙几乎是不可能的梦想。

其实……也不然。80 多年前，爱因斯坦就提出了“虫洞”理论。简单地说，“虫洞”是宇宙中的隧道，它能扭曲空间，可以让原本相隔亿万公里的地方近在咫尺。根据时空可以弯曲的理论，通过虫洞即时空隧道，就可以迅速到达宇宙中遥远的地方。例如从地球飞往最近的恒星——半人马座 a 星相距 43 万亿千米，需 4.545 光年，与最亮的恒星天狼星为 8.6 光年，与牛郎星和织女星的距离分别为 16.63 和 26.3 光年，与参宿七的距离为 850 光年，目前人类探知的最遥远的星，距离地球已达 150 亿光年。根据“虫洞”理论，从地球飞往最近的恒星——半人马座 a 星的旅程，如通过虫洞，原本需 4.545 光年的旅程其实只需几小时就够了。这真是匪夷所思。

譬如一张报纸上面有一只蚂蚁，要让它从纸左边的一点爬到纸右边的另一个点，需要走过整个纸张。但还有一种距离更短的走法：把纸对折，使两点靠得很近，再用一个纸筒(它提供了通过第三维的一条捷径)将两点接通，蚂蚁可经纸筒而到达彼点。这就是传说中的虫洞。把二维空间弯曲，就得到了三维空间。

1988 年，美国加州工学院的桑恩等人对虫洞作了较为深入的研究，肯定了虫洞的两端皆可出入，并非像黑洞那样是“单行道”。此外，旅行者在洞内仅受到一般的加速度，不像在黑洞中巨大的引力场足以把身首撕开。

科学的飞快发展，不断刷新人类对世界的认知和理解，我们在认知方面的种种局限性也就像春雪不断地融化，化作淙淙的溪水欢快流淌。

4

人生局限的两大遗憾，之二是“自以为知，其实不然”。

互联网在中国的兴起是近十几年的事情，随着电脑、网络、智能手机的普及，人们应知应会的方式得到了翻天覆地改变。只要学会操作搜索引擎，几乎每个人都立刻成为无所不知无所不晓的原本几千年才出一个的聪慧大师。

互联网时代是局限性的头号大克星，不会烧海鲜的人只要在点燃灶具的同时登陆一下互联网，就会被汹涌而来的教你如何烹饪海鲜的大量知识团团围住，什么烧海参、大黄鱼、雅片鱼、多宝鱼、象拔蚌、大鲍、三文鱼、八爪鱼、夏夷贝、柽子王、乌鲍螺、麻蚬子、海蛎壳、文蛤带子、白蚬子、大龙虾、竹节虾、尤鱼须、沙鱼脑、蛰头蛰皮、鲜海蛰、沙鱼肚、柽子嘴、虾仁、海狗鞭、蟹黄、红鱼子……虽然不足以立马让你这个海鲜外行坐地成佛混上一本三级厨师的执照，但是让你对付厨房水池中间那批新鲜的海鲜产品完全是绰绰有余。

在其他领域也是一样。当然，假如有关当局少弄些敏感词，少搞些删贴和限贴，让互联网的高速公路真正畅通和开放，现代人的局限性就有可能做到是有史以来最少。

正当我们这代人为赶上了互联网时代而在沾沾自喜、乐开心怀的时候，正当自以为成为了一名基本合格的网民就不会再有人来批评咱们落伍和局限的时候，突然之间当头一棒袭来，2015 年　1 月 23 日据英国媒体报道，谷歌执行董事长埃里克· 施密特预计我们目前所认识的互联网将消失。他是在瑞士达沃斯世界经济论坛会议上被问及他对未来网络的预测时发表上述言论的。

施密特称："我可以非常直接地说，互联网将消失。未来将有如此多的 IP 地址……如此多的设备、传感器、可穿戴设备以及你甚至感觉不到的却与之互动的东西，无时无刻在伴随你。设想下你走入房间，房间会随之变化，有了你的允许和所有这些东西，你将与房间里发生的一切进行互动。"他表示，这种变化对科技公司是一次大机会，"世界将变得非常个性化、非常互动化和非常、非常有趣。"

美国市场研究公司 Gartner 预测：到 2020 年，即将到来的物联网时代将带来每年 300 亿美元的市场利润，届时将会出现 25 亿个设备连接到物联网上，并将继续快速增长。由此带来的巨大市场潜力已经成为美国科技公司新的增长引擎，包括思科、AT&T、Axeda、亚马逊、苹果、通用电气、谷歌与 IBM 等在内的美国公司争相抢占在物联网产业的主导地位。

2015 国际消费电子展（CES）上，物联网概念成为最大看点之一。智能家居、数字医疗、车联网等产品的推出，使得物联网技术真正服务于智能生活。如芯片巨头高通向全球超过 30 个国家推出了 15 款物联网设备，涉及数字眼镜、儿童跟踪器、智能手表等多个产品。未来，高通将以智能手机为支点，拓展车联网、医疗、可穿戴设备等领域。

作为互联网的延伸，物联网 The Internet of things 利用通信技术把传感器、控制器、机器、人员和物等通过新的方式联在一起，形成人与物、物与物相联。物联网通过射频识别（RFID)、红外感应器、全球定位系统、激光扫描器等信息传感设备，按约定的协议，把任何物品与互联网相连接，进行信息交换和通信，以实现对物品的智能化识别、定位、跟踪、监控和管理。

互联网已经连接了人和信息内容，提供标准化服务，而物联网则要考虑各种各样的硬件融合，多种场景的应用，人们的习惯差异等问题。相对于互联网，物联网提供更有深度的内容和服务以及更加差异化的应用，也将更加的人性化，鼓励人们不停追求更好的服务体验。

作为互联网时代的一般网民，我怎么也没有想到，新生事物物联网已经不知不觉间快步向自己走来，并将在互联网的基础上，掀起革命性的滔天大浪，将其用户端延伸和扩展到任何物品与任何物品之间，进行信息交换和通信，一举彻底地改变目前的这个世界。

我愣住了，不服老不行，不服局限不行。

看来我们所能做到的是：再多一点虚心，再多一点开放性，再多一点包容性，再多一点想象力。

同时，再少一点自以为是，再少一点固步自封，再少一点所谓的原则，再少一点未老先衰。

世界在变，人生在变。你若盛开，清风自来。

集居之虑

“集中”在汉语中间是一个较新的词汇，是指把人财物汇聚在一起办一件事情，也就是召集、会集、聚集的意思。《诗经》中有“黄鸟于飞，集于灌木 ”的字句，古书称“集中”为“集”，全部意思凝聚成一个字。现在则进一步明确为“集中”，更突出强调了要把分散的权力或人财物统统地、全部地抽调到核心位置的那个人手中去由其控制使用。

对于集中这个词汇，当代中国人是再熟悉不过了，前期如什么大炼钢铁，文化大革命， 近期如什么集中打击治理电信诈骗，大力治理环境污染，无一不是通过强化国家的威权与威势，采用运动的方式，在全境范围之内推行的一种“与人、与天、与地”为目标展开的斗争运动。

凡曰集中，一般都是由上而下进行。普通百姓无权无势，哪里会有影响到别人的集中之举呢？平民之辈充其量只会是聚集自己一家之财力去求购一处商品房或二手房罢了。随着各大城市房价暴涨，这种家庭型的集中行为也就越来越式微了。

1

居住集中，是近几年越来越令人关注的一件事，官方的说法是城镇化运动，也就是大力强请散居在四野八荒的乡民们到城镇去集中居住。到城镇去集中居住本来也没有什么不好，但细想起来，近几十年来，凡是集中运动在中国的影响绝大多数是负面的，就不得不使人高度警惕起来，要用自己的头脑去仔细想一想。

当权者喜欢搞集中，中国的帝王将相们历朝历代更是把集中这项权术演绎得炉火纯青，而且一搞就是无限集中，一般不把相对集中放在眼里。无限集中有个近义词，叫做专制。集中不一定专制，但是专制一定集中。中国式的由朝廷发起的集中到底是专制还是不专制，有时候还真不太说得清楚。

亚洲的水利国家产生专制，《东方专制主义》一书以马克思当年关于古代亚细亚专制国家的论述为出发点，指出中国古代专制国家的权力来源于统治者对东方大河流域“治水社会”所负有的特殊公共服务责任——组织、兴修与维护大型水利工程，以保障用水秩序与水事公正，以保证亚细亚式的灌溉农业文明得以延续。几千年来中国农村的税赋和劳役无不与各种大型水利工程密切相关。持续到20世纪70年代，在人民公社解体之前，我班的一些插队同学们还参加过苏北地区的大型河工工程劳动，辛苦备至。

专制主义在治水方面积累的社会集中的成功经验，随后便由统治者们喜不自禁地源源不断地向其他领域包括思想文化领域转移、推广和应用，也就是大力实施包括思想在内的文化一体化。诸如思想学术、生活方式、宗教信仰，文学艺术、律法制度、思维方式、价值观念、审美情趣，精神图腾等，无不属于文化的范畴，因此皆是“上面的人”企图“集中”的对象。

中国的“文化集中史”由来已久矣，说是有两千年历史似乎不为过。先秦时期——如春秋战国——是中国思想和文化最为灿烂辉煌的时期，出现了诸子百家各逞其长，彼此诘难，相互争鸣的学术局面，盛况空前，在中国思想发展史上占有重要的地位。据《汉书· 艺文志》的记载，数得上名字的学术流派一共有189家，4324篇著作。其后的《隋书·经籍志》、《四库全书总目》等书则记载“诸子百家”实有上千家。春秋战国时期各种思想学术流派的伟大成就，可以与同期古希腊文明交相辉映。然而这一局面显然不为历代的专制统治者所喜闻乐见，汉武帝时开始推行“罢黜百家，独尊儒术”的政策，于是以孔子、孟子为代表的儒家思想成为官家钦定的正统，一举集中统治中国思想文化界两千余年。

文化集中造成的后果貌似无形其实比较惊悚，人类最宝贵的想象力和创造力决定了每个人应该是完全不同的而且有权保持相对的独立性。而专制统治阶层为了便于驾驭民众，全心竭力强制人民在官方允许的思想文化模具里成为“万人一面”，高压之下，百花凋落，中华文化终于面目全非。到了“文革”后期，更是全国上下靠八个样板戏当家，思想文化集中的结果，至此实际上就是一无所有。

文字狱在文化集中的过程中起到了官家“大杀器”的震慑作用，思想有罪，思想入刑，思想导致送命乃至灭族，史载不绝。《汉书》记载，司马迁的外孙杨恽因为《报孙会宗书》中之文字触怒汉宣帝而遭腰斩，这是较早期的记载。到了清朝时期文字狱更是空前绝后，仅乾隆一朝设文字狱130多次。由牵强附会、望文生义、捕风捉影造出的文字狱冤案之多，如脱缰野马不可控制。

文化集中，百弊而无一利。在文化集中模式下蝇蝇生活的子民，无一不是唯唯诺诺，谨小慎微。如今当局为了振兴经济转而大力鼓励这块黄土地上的人民通力发展科技创新，殊不知在长期文化集中的高压之下，人人皆是知识破碎，嗅觉迟钝，鼠目寸光，不辨真伪。官人们这一出到底是要搞哪样？又要小民勇于创新又要小民遵循他们的套路闭耳不闻天下事，实在是难为煞了升斗小民也。鱼与熊掌不可兼得。

2

居住集中，在进入两千年后显然是加快了步伐，国家在“十一五”规划纲要里就已经明确“要把城市群作为推进城镇化的主体形态”。2013年12月中旬，中央城镇化工作会议在北京举行。随后由国家发改委牵头，包括国土资源部、住建部等在内的十多个部委共同参与编制的城镇化发展总体纲要《全国促进城镇化健康发展规划(2011～2020年)》编制完成。一时间，城镇化运动“山雨欲来风满楼”。

专家们纷纷埋头于务实研究解决诸如土地制度、户籍制度、财税制度、公共服务制度、乡镇机构制度等一些基础性的改革议题。与此同时，笔者则务虚而担忧：在那一只看不见的行政之手强推之下，这一次城镇化的集中后果会不会与初衷相左或者适得其反？

城市的形成，一向自有其内在的历史必然原因。明末的中国东南沿海地区已出现规模化的城市化运动。明代《苏州府志》记载：“聚居城郭者十之四五，聚居市镇者十之三四，散处乡村者十之一二。”这是因为明末东南的经济和社会结构发生了巨大变化，松江一地——即现在上海和苏州一带——就有20万织布工人和60万纺纱工人。南京地区每年生产100万件精美瓷器。江浙地区每年能生产出6亿匹棉布。海外贸易浩浩荡荡。

由此可见，东南沿海地区的城市化发展有着商业和手工业化作为基础，另有深厚的文化底蕴依托。近年来，伴随着“土地财政”比重扩大，大陆上兴起了大力发展房地产业的风潮，全国各地造城运动风起云涌，败笔和失误随之增多。而如今城镇化运动希冀以房地产业为中心一味地生硬拼接，缺乏有机的内在联系，甚难形成生气勃勃的大型城市。

近几年来房价畸高，鬼城不断涌现。媒体展示出中国 50 大“鬼城”排行榜，县级城市成主流。标准排名研究院于 2015 第二次推出“鬼城”指数排行榜，样本扩大为中国大陆所有的 658 个设市城市。“鬼城”标准以国家住建部的“占用地标准”为每平方公里建成区容纳 1 万人口(即人口与建成区面积之比的合理比值为 1)作为参考。为了保证数据的权威性，数据来源为 2014 年底出版、国家住房和城乡建设部编撰的《中国城市建设统计年鉴 2013》。结果发现扩城运动下沉，县级城市或成“鬼城”新主流。研究还发现新城新区热正从省会城市向地级、县级城市蔓延。很多县级城市的建成区面积已经接近甚至超越地级城市成为了“超级县城”。如果以规划面积来看，这一趋势更可怕。很多城市的新城新区规划面积和人口普遍远超现实，新增部分有的甚至为现有的两倍以上。江苏的常熟、太仓和连云港三市统统是“鬼城”榜上有名。

当然，当代的造城运动也不能说一无是处，譬如上个世纪九十年代苏州工业园区的横空出世，就是一个耀眼的亮点，更是植根于长三角丰厚的人文和历史土壤，在当时的历史背景下“神来之笔”形成的一个造城奇迹。中国唯一，全球无双。苏州工业园东接上海，西邻南京，具有其他城市望尘莫及的独特的地域发展优势。但时过境迁，今日土地、物价、招商环境和人力成本统统不可同日而语，新加坡方面也已经退出了合作，苏州奇迹既不可以复制，也不能再造。那些现在眼中还紧紧瞄准苏州工业园区为造城版本的衮衮诸公可以休矣。

《全国促进城镇化健康发展规划》有望择日对外公布，该规划将涉及 20 多个城市群、180 多个地级以上城市和 1 万多个城镇的建设，由于多地争相希望将各自区域的城市群规划纳入国家城镇化的总体规划中，这一规划很可能还会不断扩容。

3

说实话，笔者对于目前躁动一时的城镇化运动确实有几点担忧。

一是城市的外形固然可造，而城市的精髓与内在千金难求，因为那从来就并非是资金运作就可以实现的目标。历史上形成的城市多数有着厚重文化积淀和历史名人的精神传承，千市千面。譬如苏州宋元明清的园林，历史的层面清晰可见，至今尚未听说哪个城市敢夸口讲自己会在建城过程中出于蓝而胜于蓝，事实上你费尽官帑照猫画虎在异地也建造一所狮子林试试看，财力也许够用，但是智慧远远不足，文化的内涵更是相差到了云泥之别。从这个意义上来说，称城市是自己“长”出来的或许更准确，而并非纯粹造出来的。历史形成的一座座名城对照着现在的新区新市，正如旷野中一棵棵盘根错节参天入云的千年大树与一棵棵人工装饰的圣诞树之间的区别。

二是城市的蓝图易画，而城市的管理体制亟待优化。由于事关衙门的效率和评价，优劣旁人难以置喙。中国目前的体制，做一件事犹如是扛鼎起舞，牵制较多，效率较差，负担过重，扯皮无数。譬如城市管理就是“化大力气”中的一项，单警种就分交警、户籍警、刑警、治安警、巡警、经济犯罪侦查警、网警、禁毒警、监所警、外事警、科技警、法医警、警务督察等好多种，还包括边防、消防和警卫三个警种，此外还有接受双重领导的警察如铁路警察、航运警察、民航空中警察、林业警察、缉私警察等，林林总总，不胜枚举。即使这样，城市警务居然还是忙不过来，因此具有明显中国特色的中国城管新军应运而生，城市管理派生出了一大支新编的力量。可见当局自己也觉得管理城市的力量已经捉襟见肘，力量有所不逮。如果城市进一步扩容，请问是不是很快还要大开城门欢迎城管的“三方面军”、“四方面军”开拔进来才是呀？

三是城市的谋篇需要大智慧，最起码需要听取包括民间在内的来自多方面的意见。而显然目前当局的格局并非如此。当前政府下辖的城市规划设计院承担了“未来城市”谋划的大脑一职，而所有人都知道，他们只对领导负责，只听从领导的意旨，而难免会与城市主体的居民意愿南辕北辙甚至背道而驰。而最奇怪的是，多年来在“规划、造城”的过程中出现一连串失误后（在官僚体制下这是必然现象），譬如先建高架桥，然后炸高架桥建隧道，居然从来看不见机构或官员为此公开承担责任，所有的失误皆由纳税人来承担吗？

四是城市扩大后百姓负担会成倍增加，拥堵、污染和物价高企则无法避免。教育，医疗、养老等公共资源亦将进一步匮乏。单就副食品供应一项来说，原在市区之内的南京白云亭蔬菜批发市场、南京三岔河畔的果品批发市场、南京下关的惠民桥水产市场等近十年来相继拆迁移向远郊，较大地增加了居民的消费成本。当局做这些事的时候显然轻估了菜价果价会随之大幅波动的可能性，也没有出台有效的控制物价的措施，一则任性，二则懒政。城市如果扩容首当其冲应该考虑居民的实际承受能力，官员政绩的那笔账是虚，老百姓生活水平这笔账属实。祸耶？福耶？

五是公共秩序淡薄和失序。不能不承认的是，城乡居民目前在生活方式、行为习惯、行动准则等各方面均存在着较大差异，这种差异有时候不逊于左驾车和右驾车之间的区别。大量的非城居民在城镇化的过程中涌入城市，假如习惯左驾车的司机偏偏要在规则是右驾车的道路上按照自己的一贯习惯率性驾驶，完全不顾及他人的安全和感受，就会形成一系列悲剧。而且这种悲剧在新市新区仅仅只是个开始。

由于如上诸重原因，一座座新建起来徒有虚表的缺乏创造力的消费型城市，没有留住人才的吸引力。而没有人才的留驻，产业必然凋零，兴也勃焉，败也忽焉。国外的经验已经提醒我们，位于城市中央的老旧小区由于租金相对低廉会成为外来户的首选之地，随着加速破落，对周边小区的居民会形成一种挤压能力，排挤掉中产阶级向城市外边迁移，逐渐形成规模化的城市贫民窟。

4

在目前中国城镇化的运动中，出现了一个耐人寻味的现象，叫做逆城镇化趋势。一些城市居民——其中以白领为主——因为城里的高房价、高成本、高污染、交通堵塞、生活空间不足等问题，寻求去郊区或农村购地建房，准备把居住之地重新置换到城外去，这种现象被称之为“逆城镇化”现象。

城市人口到郊区或农村买地建房从而导致人口从城镇往农村回流的现象在国外很普遍，美国的逆城市化大约发生在 20 世纪 50 年代以后，城市人口开始向郊区转移，大城市外围分散布局形成了一些卫星城镇，随着私人汽车普及和公共交通高速发展，极大地加快了这一进程。大城市的一些中产阶级纷纷涌向新的城郊小镇或卫星城市，城市的空间结构和布局随之发生了相应变化。到 20 世纪末，城郊小镇或卫星城市已由城市边缘地区逐步成为具有各种城市功能的商业中心、文化中心和就业基地。

德国的中小城镇一直是城市化的主体。德国只有柏林、汉堡和慕尼黑等少数几个百万以上人口的城市，人口在 2 万到 20 万的小城市占所有城市比例近 80%。据不完全统计，德国每年有约 20 万人向郊区和小城市流动，逆城市化和城乡一体化进一步发展。

日本在 1975 年以后，受世界经济危机的影响，工业增长速度减慢，逆城市化开始凸显。上世纪 90 年代后，城市居民和企业开始离开市中心，纷纷向城郊和卫星城市迁移，逆城市化运动发展迅速，形成了新的中小城市带和城市群，大城市中心区的人口明显减少。

由此可以看出，逆城镇化是一个现代国家经济社会和城市化发展到一定阶段的必然产物，也是缩小城乡差距的有效路径。那些城市化率高的国家，“农村化率”也非常高。国民既是城市人又是农村人，既是工人又是农民，可谓真正的城乡一体化，切实打破了“城乡二元结构”和消除了“城乡差别”。

当前“逆城镇化”现象在经济发达的长江三角洲地区已经成为一种趋势。城里人向往在乡间购买或建造农村别墅，城里人跃跃欲试“下海”去经营现代化的私营大农场，“逆城镇化”作为城镇化发展到一定阶段派生出来的新潮流，城镇化发展水平越高，“逆城镇化”趋势就越强。“逆城镇化”对农村来说则是巨大的发展能量，“逆城镇化”潮流涌向哪里，哪里的乡镇发展速度就快。利用“逆城镇化”的力量还可以解决“城市病”，促使城乡同发展共繁荣。这既是促使农村实现跨越式发展的捷径，也是推进城镇化的最佳选择。

“逆城镇化”对城乡发展均利大于弊，倘若当局从法理上给予这一现象以观点认同和制度归宿，相关部门也相应审时度势加强对“逆城镇化”

的管理和规范，使其趋利避害朝着健康的方向发展，那该是一件多么令人鼓舞的事情啊！

然而，然而，然而……事实却是：国土资源部部长、国家土地总督察姜大明在 2014 年全国国土资源工作会议上说，农村宅基地制度改革问题，农民关心，城里人也关心。城里人关心能否到农村买块宅基地盖房子、建别墅。必须明确，城里人到农村买地建房属于“逆城镇化”行为，是坚决不能允许的。

这就再次印证了，国家的集中居住政策与民众选择其实是不一致的。他指令的，你不搬，就会强拆你；你企求的，他不准，活活憋死你。当局显然不认为公民应该拥有理想化的迁徙自由，所以部委高官不惜赤裸裸地发出吓阻之声，如雷霆隆隆地滚过天边：“是坚决不能允许的。”

5

中国经济和社会在计划、组织和管理上的缺位及损失，绝不能由老百姓居住形态的密集化来弥补。土地财政直接导致了一哄而上的造城兴趣和轰轰烈烈的造城运动，目前国内城市大肆泛滥的房地产泡沫吸干了出口制造业和实体经济血液。高地价驱使开发商相继去盖 30、50 多层的超高居民楼，这可真正是造孽呀。回忆起新奥尔良的圣查尔斯大街两侧排列着数百栋法式风情的美丽别墅，有些别墅的房龄已逾百年，可见在理想化的居住条件方面，中国落后岂止是一个世纪？

单凭钢铁和水泥无法建造一座现代城市，开发商很难扮演奇迹创造者的角色，促进城镇化发展的运动绝不是创世记。

近来又闻，北上广等大城市在清理低端人口，通过政策将外来人口特别是其中所谓的低端人口‘清理’出去，导致了这些地方常住人口出现增长放缓。在当地政府下一步的工作规划中，核心城区人口疏解、严控城市人口规模等多成为重要内容。超大城市既需要人口增加带来的规模效益，又对人口集聚带来的各种压力不堪重负。这个问题本身是个悖论。看来城镇化带来的一系列问题，今后还会在各方面陆续反弹。

如果这篇文字不能作为事先的提醒和事中的劝阻，那么就留作将来成为各类新兴的城市大型贫民窟被最后荒弃时的挽辞罢了。

念念不忘

（本文发表于天津大学2022年《年画研究》刊物，文化艺术出版社出版。发表时的题目是《杨柳青齐建隆家族史及画店研究》。本文在写作中按编辑要求借用了本人《遥望父亲》一文的部分文字，专此说明。本文有删节。）

小时候父亲告诉过我，祖上在天津市杨柳青镇世代经营年画，堂号“齐健隆”。听父亲说，老家门匾上的那个“健”字是“双立人儿”，书家笔下把单人旁特别写成双人旁，应该是个异体字吧。

就是这个“双立人儿”的齐健隆堂号，轰轰烈烈经营了三、四百年，推送出盛大的动静。

一、齐健隆画店的历史脉络

天津老齐家族原先生活在渤海湾东南一隅，也就是山东半岛黄县和登州交界地区。黄县现在更名龙口市，登州更名蓬莱市。“山阁蓬莱客，储宫羽翼师……”明初，一支浓烈山东口音的齐氏族人隔着波涛汹涌的渤海湾把目光锁定在建卫两年后日趋繁荣的天津卫（注1），决心到那里去建立事业。勇敢无畏的山东汉子拖家带口步上了艰辛的迁徙之路。齐应春、齐应秋兄弟就是这支族人的一部。

齐氏先人抵达天津卫杨柳青镇附近，杨柳青是津西的一座千年古镇，地处直隶腹心，京畿要地，又是交通要冲，重要的地理位置奠定了这座津西名镇雄厚的经济基础，为之带来不可限量的文化影响力。龙舟御辇、南北商船往来不绝，帝子王孙、文人墨客流连驻足，文化氛围十分浓厚。天津杨柳青镇后来成了这支来自鲁东北的齐氏族人世代奋斗的大本营。

根据现在保存下来的天津杨柳青齐氏之一门家谱《齐氏门中先远历代宗亲》相配的《写疏折》记载，这支齐氏族人系“原籍山东登州府黄县城南十二里齐家坞村人氏。于永乐二年（作者注：1404年）迁居静海县西桑园。

由康熙六年（作者注：1667 年）人寄杨柳青东街，武清界内。乾隆年间，冒籍顺天通州。至今三百余年（作者注：系至最后修谱的 1910 年左右），丁税拙抽，人丁日盛，生齒口繁，十二世孙子。”

由此可知，天津老齐家族起先是于永乐二年来到天津静海县西桑园落脚，后于康熙六年迁址于杨柳青东街。

《写疏折》记载，“杨柳青齐健隆画店是余之三世祖守勣（字健功）创业（取其健字，加以隆字）。

“守勣之子，四世祖兄弟三人，大伯祖荧，字崑石；二伯祖璋，字佩亭；祖玢，字彩文。三人继承父业共同经营。

“玢之子五世祖鐸，字警斋（行五）；伯祖镜，字朗轩（行三）；叔祖镗，字金堂（行七）。健隆画店改由七叔祖镗一人经营。其兄镜与鐸不参与经营而享受分红。

“鐸之子六世祖全伸，字引溪；二叔祖全信，字允孚；三叔祖全伟，字倬田。是健隆画店创业人守勣（ji）之曾孙，与镗之子是亲叔伯弟兄。

“全伸之子七世伯祖维龄，字子鹤；余之祖父维增，字崇甫。是健隆画店创业人三世祖守勣的第五代，是独自经营者五世祖镗的第三代，是否仍享受分红，余不知。而此时有了石印画，健隆号木版画日趋衰落。

“祖父维增之子是第八世，大伯父鼎熙，字煐臣（行三）；二伯父鼎焕，字荩臣（行四）；我父鼎鸿，字雁臣（行六）。此时健隆画店在第八世鼎字辈歇业，经历六代人的经营，到此结束。

“第九世孙植柯（时年八十一）追记　公元二零零六年五月”。

《写疏折》后面又有一段记载：“此摺是我父鼎鸿公三十余岁所书，至今约九十多年。朱子曰：‘祖宗虽远，祭祀不可不诚。’我三岁丧父，幼年刚会写字，每逢过年，奉母命写三道文疏，中间是齐氏门中先远历代宗亲，右方是祖父维增祖母张氏，左方是父亲鼎鸿、父之原配王氏，焚香上供。廿岁前，年年如此。解放后免俗，从此淡化，不再有此举矣。第九世孙植柯又记”。

在家谱《齐氏门中先远历代宗亲》中列有这一门家谱牌位：

“一世祖：齐应春，齐应秋；

“二世祖：齐加印，齐加典，齐加祚，齐加玉；

“三世祖：齐守富，齐守贵，齐守荣，齐守华，齐守勷，齐守勋；

“四世祖：齐菼，齐璋，齐玢；

“五世祖：齐镜，齐铎，齐镗；

“六世祖：齐全伸，齐全信，齐全伟；

“七世祖：齐维龄，齐维增，齐维先；

“八世族：齐鼎熙，齐鼎焕，齐鼎鸿；

“九世及以下：齐植柯等（下略）”。

由此可见：

（一）本文确是天津杨柳青齐氏之一门的家谱，但这一门齐氏族人很可能在五世祖的年代就与杨柳青齐健隆年画店的实际经营活动分离了。这本家谱对应的那一支齐氏族人实际上是五世祖齐铎的后人，从那时起已经“不参与经营而享受分红”。而我这一支齐氏族人的五世祖则是齐镗，从那时起“健隆画店改由七叔祖镗一人经营”。至于齐镗究竟是四世祖齐菼还是齐璋的后裔或者也是齐玢之子，这本家谱没有披露，由此不得而知。

（二）这本家谱与我家的家谱应该是“始则一宗，后则分支。”也就是说，后来齐健隆画店的经营者“齐维常——齐鼎乾”一门的齐氏族人，在五世祖以后的年代，其家谱便与本家谱是完全不一样的版本了。从排行上也可以看出来，这一支齐氏族人在“维——鼎——植”之后，有一个“金”字偏旁排行，而我家族是按照“维——鼎——植——之”来排行。据说在上个世纪六十年代天津老家还有人看见过我家的家谱，“文革”后则失踪矣。

（三）从齐守勷开始，朝廷例赠“修职郎”衔，还有一些更高的封号，官方有点重视的意思。

中国木版年画的风格各有千秋，山东潍坊和河北武强的年画粗犷朴实，乡土气息浓厚；苏州桃花坞年画细腻工整；河南朱仙镇年画古朴稚拙。相比而言，杨柳青年画则更突出了宫廷画技和市民趣味。京津的大都市地位决定了本地年画须迎合官宦商绅和市民百姓的美学品位，杨柳青年画常作为贡品进献皇宫，由此杨柳青年画制作尤为精细，色彩柔和，布局完美。“北宗画传杨柳青”指的就是杨柳青年画继承了北宋以来的宫廷画院技法。杨柳青两家大画店“齐健隆”和“戴廉增”经常邀请全国著名画师精心撰构画稿，不断提高年画的创作水平，数百年间这两家大画店印刻的年画珍品不计其数。

图 1、齐健隆年画《麒麟送子》(乾隆)，参见《杨柳青年画资料集》图 73

明永乐十三年（1415 年），南运河重新疏通，杨柳青作为运河重镇，经济日渐繁荣，南方的宣纸和颜料可以直接运到镇上码头卸载，促进了彩版年画业的快速发展。史载明万历年间(1573-1619 年)相继出现了一系列朱、绿、黄、黑等颜色套印的杨柳青年画。清初杨柳青镇上的年画作坊鳞次栉比，店招高悬，彩幌相对。其中数齐健隆和戴廉增两家画店的经营规模最大。秋冬是年画制作的旺期，数百画工和印刷工匠聚集此地，昼夜不停地忙碌工作。据王树村先生在《杨柳青年画史概要》中记载：鼎盛时期，“(齐、戴两家）每家五十多个画案，二百名工人，每年要印两千件活（每件五百张）以上。”每年冬至前后，各地画商云集杨柳青镇，船运车载，把杨柳青年画运往京城和华北、东北及西北地区销售。到清代中叶，全镇画庄作坊近百家，从事年画创作的民间艺人达 3000 多人，形成国内闻名的年画之乡。

遥想当年，走进杨柳青镇上的齐健隆胡同，众多四合院一溜排开，车辚辚，马萧萧，大批纸张颜料络绎不绝运进门来，院落中间，各种画版的半成品堆积如山。朝南正房一概闭门谢客，高薪聘来的国内著名画师正在专心精制画稿，新画稿是一项重大的商业机密，需防走漏风声。管账先生房间挤满了各地画商和供应纸张颜料的商人，静候着交款或者取钱，人们互递烟草，南腔北调各种方言在此交流。流动的印刷技工挤在门口逢人打听有没有活儿干。一批培训合格受聘手工彩绘的年轻姑娘羞怯地望着地面排成长队静悄悄穿过大院前往厢房工场上岗。那些埋首雕版的小伙儿纷纷扬起脸来，脸上同样现出羞怯的笑容，互相交换着神秘的眼神，窃窃私语。院内花木茂盛，姚黄魏紫，香气四溢，高大的石榴树和海棠树分外茂盛，鲜红的石榴花像一片绚烂的彩霞在湛蓝天空上变换着深浅颜色。一名花匠坐在墙角静静吸着旱烟，愉悦地欣赏着眼前热闹繁华的场面，几个世纪以来齐健隆院落的场面一直是这样赏心悦目。他的父亲是齐健隆画店的花匠，他的祖父也是，他们都喜欢种花，他们更喜欢年画之乡鲜花一样美仑美奂的生活。

年画是中国独有的一种绘画体裁，说起来，齐健隆画店与中国“年画”的正名还有些关系。汉唐宋明，年画一直被叫做“画帖”、“画样”，没有统一的名称。清道光年间，李光庭在《乡言解颐》一书中，正式提出了“年画”一词，“扫舍之后，便贴年画……”年画开始拥有了固定含义，专指木版印制的黑白或彩色的年俗装饰图画。此时齐健隆画店刻印了一系列配合社会改革、反映禁吸鸦片、兴办学堂和女子自强等内容的年画，称为“改良年画”，并在《满汉平等》、《女子求学》等年画中刻上了“请看看吧，齐健隆出了改良的年画”的文字，首先使用了“年画”一词。这一举动得到了业界一致公认，“年画”名称从此叫响，自此沿袭应用开来。

在杨柳青年画史上，齐健隆和戴廉增两家画店的经营规模最大，并列“年画双雄”。自清中叶开始，齐家和戴家年画风格明显不同而形成两大派，齐家以表现历史故事为主，“文戏”居多，如《完璧归赵》、《三顾茅庐》、《文姬归汉》等。而戴家则以表现小说戏曲为主，“武戏”居多，如《大破天门阵》、《拿黄龙基》等。为了赶超戴家，齐健隆画店致力于大量增加套版，仅套色就达 20 多版，比戴家多出 10 版，因此画面色彩层次更丰富，人物刻画更加细腻。

有史可考的如齐健隆画店于光绪中叶曾邀请上海著名画家钱慧安先生北上，为齐健隆画店提供《红楼梦》、《皆大欢喜》、《谢庭咏絮》及唐人诗意等四十余种年画样稿并广泛印刷。“娃娃”是齐健隆年画的“当家形象”，形象生动，活泼可爱。“仕女”形象则是“重中之重”，齐健隆年画中的仕女安详悠闲，美丽端庄，举手投足透露出北方大户人家女性娴静贤惠的特点。2003 年国家邮政局发行了《杨柳青木版年画》特种邮票一套四枚，其中第二枚“钟馗”和第三枚“盗仙草”都是齐健隆画店的代表作品，“盗仙草”是齐健隆画店创制于乾隆年间的扛鼎之作，画中三个人物形态各异，鹤童头扎双角髻，乘云而降，仗剑追赶；小青拔剑护主，沉着迎战；白素贞手持灵芝无心恋战，又恐小青不敌回眸凝望。通观全画，人物线条流畅，扮相清秀隽逸，衣装色泽华丽悦目，这幅年画传承了传统绘画的工笔重彩韵味，体现出很高的绘画水平，艺术价值不可估量。

图 2，齐健隆年画《瑞草园》（又名《盗仙草》）

清末民初，现代石印、胶印技术的普及和“洋画”大量输入，严重冲击了中国木版年画市场，对传统木版年画的产销形成很大影响，木版年画的制作和经营一蹶不振开始走下坡路，杨柳青年画市场逐渐衰落。及至二十世纪三十年代，杨柳青年画产业已经式微，残酷的城镇高利贷剥削又为虎作伥，贪婪吮吸年画行业的鲜血。在几重高压之下，杨柳青年画市场难以为继。1922 年，齐健隆画店终于关上了沉重的店堂大门，正式宣布歇业。

二、祖与父几辈人的踪迹

我的曾祖父齐维常在兄弟三人中排行老大，是“齐健隆”画店的掌门人。我的祖父齐鼎乾在兄弟四人中排行老大，继任成为“齐健隆”画店的当家人。“齐健隆”画店于 1922 年在祖父手中正式歇业。

父亲齐植果是“齐健隆”年画家族的直系后裔。父亲在七兄弟中排行第三，七兄弟无一人继承祖业，多数到天津上了大学，只剩下“齐健隆”画店的锦绣历史，在齐健隆后人的无限追思中一代代口授心传。

祖父齐鼎乾于 1866 年出生，1928 年病逝，终年 63 岁。祖父的三名亲弟弟分别是齐鼎谦、齐鼎升和齐鼎恒，另有堂兄弟三人。齐鼎升、齐鼎恒和一位堂兄弟三人曾经留学日本。

祖父先后娶过三位祖母，第一位祖母只生了四伯父便故去了。第二位祖母是我的亲奶奶，生了六伯父，父亲、十二叔和姑姑，由于三祖父齐鼎升只有一个女儿，没有儿子，祖父便将六伯父过继给他了。第三位祖母齐于氏享年 77 岁，于 1963 年病故，先后生了十四叔、十五叔和老叔。

父亲齐植果，字毓仁，1904 年 12 月 25 日出生于天津杨柳青镇。父亲幼时在天津南开小学上学，自南开中学毕业后，直接考入天津南开大学商科。祖父及一大家人返居天津后开始居住在南开附近的平房，十二叔齐植本进入天津邮局工作后，一家人于 1937 年左右迁居到南昌路勤艺里 10 号楼邮局系统的老式多层楼房居住，齐氏家族在那里一直居住到上个世纪末。

图 3、我的祖父齐鼎乾先生和姑姑齐植朴，约摄于 1912 年

父亲诞生在丹青世家，上天赋予他杰出的语言能力，父亲求学期间，正值“齐健隆”画店歇业经济收入来源中断，为此父亲在中学和大学读书阶段就给许多人家当过家庭教师，主要教授英语。父亲有时会同时教授两家家馆，其中有大陆银行董事万弼臣家，剧作家曹禺本名万家宝是万家的亲戚，当时也跟着听过父亲的英语家教。父亲教过的家馆还有张状元家、王家、刘家等。1925 年父亲大学毕业时，“齐健隆”画店歇业已届三年，父亲时年 21 岁，迫切需要一份工作养家糊口，时逢美国驻华机构招聘翻译，父亲应聘时有意识地使用十四世纪古英语作一首诗后即被雇用。

父亲在南开中学、南开大学读书期间，张伯苓先生是他的校长。张伯苓先生早年毕业于天津北洋水师学堂，接受西方近代科学知识，他主张教育救国，强调“德育为万事之本”，德、智、体、美四育并进，为探索适合中国国情的教育模式做出重要贡献。张伯苓先生是南开大学的创办人，亲任校长 30 年，斯人斯德对父亲一生起到重要影响。

1950 年秋，朝鲜战争爆发，中美交恶，社会上的仇美情绪汹汹泛滥危及整个家庭的安全。父亲最大的语言特长一无用处，美国政府支付父亲养老金的联系渠道又告中断，生计一时没有着落。父亲把胡乔木的“中国共产党三十年”这本书翻成英文，寄给北京新政府表明他的合作态度。父亲期望长他三届的南开大学校友周恩来能够明察忠奸，莫伤无辜。同时父亲发奋学会俄文，积极迎对局势。尽管俄语在父亲此后的生涯中没有发挥过什么作用，父亲的杰出语言能力却又一次得到了证实。

1929 年农历九月，四伯父、父亲和十二叔同时结婚，三兄弟长袍马褂，三新娘凤冠霞帔，场面热闹而宏大，可惜祖父没有看见这一喜庆日子，这位“齐健隆”画店的最后一位掌门人已于此前一年撒手人寰。但是齐健隆家族的意志品质，眼光胆魄，千丝万缕融入后代的血脉，一辈辈永远传承下去。

我的十大爷齐植彩曾于 1987 年 9 月 2 日写信给我的长兄齐师之，信中说道：“我们老家是明初从鲁东迁到天津杨柳青镇的，分为老七门。我们的祖辈都排‘维’字，父辈排‘鼎’字。维常有四个儿子，即鼎乾、鼎谦、鼎升、鼎恒。长门人丁最发展，四门次之。我就是属于四门。你们长门就是你和玖之等……”十大爷齐植彩在兄弟大排行中排位第十（即爷爷四兄弟加上堂兄弟共七人的子女大排行），我父亲齐植果生于 1904 年 12 月排行十一，十大爷基本上是属于上个世纪的同龄人，他抗战时期在成都一所大学任教授，后来七十年代在北京首都师大教学并退休，他对于家族历史的回忆和描述应该可信和可靠。

在我印象中，父亲性格十分随和。1950 年我在南京出生，自那时起，家庭长时期处于逆境，经济始终拮据。但我从未见过父亲震怒和失落的脸色，他从不对子女厉声疾言。也许是期待子女沿袭祖风吧，我上小学期间，父亲便送三哥贯之和我一起师从著名书法家“江东周琪”习字，三哥铁划银钩练得一手好字，而我笔下蛇蚓蟠结，父亲也从不责备我。父亲一生大处着眼，小处随便，一个典型的例子是父亲吃完锅贴饺子后，母亲常会笑着考问父亲：吃的是什么馅？父亲基本上是交白卷，答不出来。

我听父亲自己说过他年幼时很顽皮，冬天常在结冰的河面上骑自行车，而且不是一般骑行，是双手撒把、双臂交叉抱在胸前，与小伙伴们比赛看谁骑得最远。自行车轮胎在冰上的摩擦力极小，稍不留神就会连人带车摔出去很远，需要惊人的平衡能力和很强的心理素质，才能做到人车“完好如初”。父亲常常取得冰上竞赛的胜利，这种“齐健隆”式竞技求胜不服输的能力，伴随父亲一生。

图 4，1959 年父母子女一家人合影于南京（母亲发型外界不常见）

父亲长年戴着一副淡色茶镜，春夏秋冬，从不离身。我原以为父亲崇尚时新，从未留意。父亲晚年一次洗脸时，手指在右眼上抹了一下，取出一物放在桌上。我当时恰巧从一旁经过，发现桌上竟然是一只仿真眼珠，内心立刻受到极大惊吓，连忙奔去询问母亲。母亲轻描淡写说明了原因，原来父亲六岁左右与堂兄弟游戏时，被一支竹箭射中右眼，导致一目眇。从此，父亲终生佩带一只义目。

我大为震惊，气急败坏，一时说不出话来。父亲的一生经历了抗战、内战和长久的红色政治风暴，生活大起大落，体魄健全的男子尚且丢盔弃甲，溃不成军，而失去一目的父亲始终含笑自矜，从容应对严酷环境和生活压力，这是何等不易啊！稍后我悄悄做过一次尝试，我掩住一目“独视天下”，方才半个时辰，便感到极大压抑，最后竟产生了窒息的感觉，慌慌地迫不及待解开眼上的束缚，逃也似地摆脱出来。那一忽儿，我本能地明白了，我的笑吟吟的父亲是世界上品格最坚强的男人之一，我心中充满自豪感和幸福感。我敬重父亲，热爱父亲。

终于，我渐渐悟出齐健隆“双人旁”的含义了。“双人旁”的齐健隆，世世代代的每一位成员都付出了双倍甚至多倍的努力，才创造出了历史上的辉煌，才铺展开未来的远大。

三、缀珠成串，镶玉成屏，呼吁编辑专集

中国网在 2009 年 5 月 4 日发表的天津四大文化民俗文章中称，“杨柳青木刻年画产生于 17 世纪初叶明朝崇祯年间，昌盛于清朝雍正、乾隆至光绪初年。最早开业的画铺为崇祯年代(1628----1644)的戴廉增、齐健隆两家，后又有惠隆、美丽、宪章等字号。”此文描绘齐健隆年画“始创于明，大兴于清，衰于民国”的历史曲线基本属实。研究年画的学者和专家一般认为，清道光年间（1821-1850）是杨柳青年画的鼎盛时期，现在多见的藏品是清代嘉庆、道光年间的优秀作品。齐健隆画店到了乾隆年间又分出了很多分店，主要有“健隆，惠隆，健惠隆”等。

“先建齐健隆，后入杨柳青。”有史料记载，齐健隆画店于嘉庆年间入驻杨柳青镇。我电脑中间保存的《四季平安》、《太白醉酒》、《吉庆有余》、

《嬉叫哥哥》等年画上均标识“康熙年印，齐健隆”等字样，康熙年号使用于1662年至1722年，至今已有300至360余年历史。可见“齐健隆画店”在康熙年间已经存在并且作品迭出。很有可能是齐健隆画店在静海县西桑园（今杨柳青镇西桑园）运作时已经冠此店名，后于嘉庆年间则以成熟品牌的身份正式登陆杨柳青镇东街。《杨柳青镇志》对齐健隆年画的记载是：“时与‘戴廉增画店’齐名。其规模虽稍逊于戴氏，然画艺之精堪居首位。仅套色可达20多版（戴氏最多可达10多版），使画面色彩层次细腻，人物能传神送情，跃然纸上，更善武样（武打场面）。多见传世佳品，至今尚有佳作流传。嘉庆末年，分立‘惠隆’、‘健惠隆’画店，并在北京前门外、丰润县东丰台建立分店，及至奉天（沈阳）设庄，产品覆盖京、津及东三省广大地区……”“齐健隆画店”位于杨柳青镇御河沿与戴廉增画店毗邻的健隆胡同。通条胡同皆为齐氏画业作坊，有画师及雇工250多人，各种工序齐全配套，年画品种丰富，是杨柳青年画特大作坊之一。南乡各村多为其加工手绘。健隆胡同于2004年下半年由于城市建设被拆迁了，在其原址位置上修建了天津杨柳青古镇民俗文化馆一系列堂皇富丽的中式大屋顶建筑群。幸亏王树村先生曾于1993和1996两年分别两次拍摄了齐健隆胡同的照片（注3），留下了宝贵的图像资料，让后人有机会目睹历史的真实影像。

我曾从父亲齐植果口中听到他揭示说杨柳青传统木版年画在二十世纪初期衰亡的原因，父亲说，后来石印技术流行开来，再加上胶印技术的发明以及日本胶印技术及设备陆续传入中国，极大地压缩了传统木版年画的生存空间，市场营销发生了急剧变化。终于，称雄北中国年画市场数百年的齐健隆画店日渐式微了。

2005年夏天，我的中学同学刘晓宁出差去天津，曾帮我前往河西区佟楼三合里111号的天津杨柳青年画社去购书。一共买到两本书，一本是《中国杨柳青木版年画集-1-历史故事》（主编：李志强、王树村，副主编：孙宝发，1992年出版，售价260元）。另一本是《中国杨柳青木版年画选》（编者：韩祖音、刘见，1999年7月出版，售价80元）。两本书中皆有若干幅标署着“齐健隆”字样的年画。王树村先生在《中国杨柳青木版年画集》书序中透露，“中华人民共和国成立后，齐健隆画店的六百多套（约三千多块）古代年画版片，全部让给了河北省群众艺术馆。”后面有一个注解：“据毛再生先生讲，1954 年，河北省群众艺术馆以 3000 元购得了齐健隆字号的画版，后经艺人们在正定兴隆寺整理，共计 600 套。1958 年，天津划归河北省辖，正定存放的这批画版移交给了天津市文化局。后来这批画版辗转移交给了杨柳青画社。”由此可见，现在保存齐健隆古画版最多最完整的当属天津市杨柳青画社。

2019 年 1 月中旬，我意外地收到了旅居德国的杭州章芷的信息，她在上网查寻的时候，在钟山文学会网站上看到了我写的“遥想父亲——追思齐健隆家族”这篇文章并得到我的 QQ 号码。她说她有一朋友的祖上在 1900 年前后曾在中国住过并在回德国时带走了一些中国画，其中就有几副齐健隆的年画。后来我们通过网上交流，我看见了那些以前不曾见过的留存在德国的齐健隆年画的照片，也得到了年画的尺寸。其中一幅是三名童子，一托鸟笼，一赏蝈蝈，一蹲地挥拳教训架上的鸟儿。另一幅是一长一幼两位卖艺人，面对着两位外国巡捕之类的角色（其中一位是印度人，另一位疑是黑人警官），估计是租界场景，殊不多见。

齐健隆年画是杨柳青传统木刻年画中的杰出代表之一，传世的作品多数构思完美，笔触传神，制作精良，不愧是那个时代年画作品中间的佼佼者，如《麒麟送子》（对）“此亦为对称两幅，此图绘刻极精细，贵子乘麒麟，仙女为其撑伞，照拂周到，不亚亲情。”（注 5）又如《六国封相》（注 6）、《竹林七贤》（注 7）、《唐王游月》”（注 8）、《桑园寄子》（注 9）、《陈光瑞龙宫招亲》（注 10）、《天河配》（注 11）、《瑞草园》（即《盗仙草》）（注 12）、《红楼梦庆赏中秋节》（注 13）等。

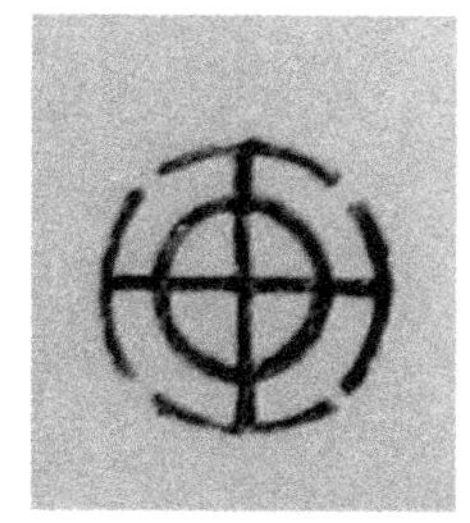

图 5、齐健隆年画商标

齐健隆画店的审美追求、艺术标准和格调品位定型之后，优秀画师的遴选和聘用就成为事业成功的关键。有意义的是齐健隆年画还有着自己专用的商标，而且这可能是中国历史上商标出现得最早、持续时间最长的文化商标。这是一个“画”字的变形符号，在草书中，“畫”字又简写作“画”字。中心“田”字四面出头，形成了对称的布局结构，才产生了这样一个让人一目了然而又印象深刻的符号。根据天津民间艺术研究者方博先生多年前以芥园居士的笔名在新浪博客上发表的一篇题为《老年画上的商标》的文章称，“杨柳青木版年画博物馆的讲解工作人员给作者的回答是，该图案是杨柳青齐健隆画店的专用标志。”方博认为，这个商标可能出现于清中晚期，他写道“我似乎已经从这小小的标志里，看到了古人们高瞻远瞩的眼光和诚实守信的许诺。这小小的图案，当被作为一个画店标志印在年画上时，它就不再只是为了追求美观大方这么简单了，它浓缩了一个商号的信誉。”

俱往昔矣，席终人散，天各一方。其后只留下星散在世界各地博物馆和收藏家密室中的千百幅齐健隆精品年画藏品静静地留存在历史上空熠熠生辉。

齐健隆年画是杨柳青年画的佼佼者，具有代表性和影响力，研究和创新亟待走出“先手”。于此强烈呼吁及时编撰《齐健隆精品年画大集》这样的专著，如画龙之点睛，如龙门之跃鲤。一可以顺利聚焦社会关注力于传统文化精品年画之魂髓；二有益于开展专题研究引据论典于一册循序渐进而脱身于千百无序散页；三可以集合外国外埠的齐健隆经典精品作品于一集而一览无余，方便研究、比较和鉴别其通俗与高雅有机结合的独特审美情趣。凡此以后，提及杨柳青木版传统年画品牌，有典籍可恃，有专著可鉴，功与德皆无量也。

吁请关注年画研究的文化巨擘、高等院校及相关研究人员重视这一建议，争取政府和社会支持，强强联合，捭阖纵横。早日奠定基石，立柱中堂，输瓦屋顶，完成此项文化建设事业于万一也。

录用笔者 2020 年 12 月攥写的一首《题杨柳青年画》七言诗作为文章结束：

隙开历史百扇窗，
透入心底千斛光。
版升纸沉斑斓影，
兔起鹘落矫健郎。

伴君三更无眠眼，
济世五斗心饥粮。
匠心独运墨五色，
日新月异画一张。

2022年3月改定于南京秦淮河畔

注1、天津原名直沽，1404年，明永乐皇帝在此设天津卫，天津即“天子的渡口”，卫是明朝军事建制，相当于警备区，每卫有5600士兵编制。

注2、参见《杨柳青年画资料集》，王树村著，1959年，人民美术出版社，图3。

注3、建隆胡同两张照片，由王树村先生分别拍摄于1993年1月27日和1996年2月23日，照片由天津王树村民间美术研究中心提供。

注4、现存德国的齐健隆年画两幅尺寸分别是《童趣》(暂名）宽58.5cm ，高34cm;《租界习武》(暂名）宽59cm ，高35cm。

注5、参见《中国杨柳青木版年画选》，天津杨柳青画社出版，韩祖音、刘见编著，1992年1月，18页。

注6、参见《中国杨柳青木版年画选》，天津杨柳青画社出版，韩祖音、刘见编著，1992年1月，27页。

注7、参见《中国杨柳青木版年画选》，天津杨柳青画社出版，韩祖音、刘见编著，1992年1月，36页。

注8、参见《中国杨柳青木版年画选》，天津杨柳青画社出版，韩祖音、刘见编著，1992年1月，39页。

注9、参见《中国杨柳青木版年画集-第一辑-历史故事》，李志强、王树村主编，天津杨柳青画社出版，1992年1月，41页。

注10、参见《中国杨柳青木版年画集-第一辑-历史故事》，李志强、王树村主编，天津杨柳青画社出版，1992年1月，54页。

注11、参见《中国杨柳青木版年画集-第一辑-历史故事》，李志强、王树村主编，天津杨柳青画社出版，1992年1月，101页。

注12、参见《中国杨柳青木版年画集-第一辑-历史故事》，李志强、王树村主编，天津杨柳青画社出版，1992年1月，102页。

注 13、参见《中国杨柳青木版年画集-第一辑-历史故事》，李志强、王树村主编，天津杨柳青画社出版，1992 年 1 月，126 页。

www.ingramcontent.com/pod-product-compliance
Lightning Source LLC
Chambersburg PA
CBHW080943190726
48293CB00009B/2634

* 9 7 8 1 9 5 0 7 9 7 5 0 9 *